"十三五"高职院校财经精品系列教材

中级会计实务

主　编◎王　丹
副主编◎潘丽萍　梁　晨

西南财经大学出版社
Southwestern University of Finance & Economics Press
中国·成都

图书在版编目(CIP)数据

中级会计实务/王丹主编．—成都：西南财经大学出版社，2019.1
ISBN 978-7-5504-3625-1

Ⅰ.①中…　Ⅱ.①王…　Ⅲ.①会计实务—教材　Ⅳ.①F233

中国版本图书馆 CIP 数据核字(2018)第 167428 号

中级会计实务
Zhongji Kuaiji Shiwu
主　编　王　丹
副主编　潘丽萍　梁　晨

责任编辑：孙婧
助理编辑：陈璐
封面设计：何东琳设计工作室　张姗姗
责任印制：朱曼丽

出版发行	西南财经大学出版社(四川省成都市光华村街 55 号)
网　　址	http://www.bookcj.com
电子邮件	bookcj@foxmail.com
邮政编码	610074
电　　话	028-87353785　87352368
照　　排	四川胜翔数码印务设计有限公司
印　　刷	郫县犀浦印刷厂
成品尺寸	185mm×260mm
印　　张	23
字　　数	635 千字
版　　次	2019 年 1 月第 1 版
印　　次	2019 年 1 月第 1 次印刷
印　　数	1— 2000 册
书　　号	ISBN 978-7-5504-3625-1
定　　价	48.00 元

前言

中级会计实务是会计及其相关专业的核心课程，它是以制造企业为会计主体，依据企业会计准则，剔除成本会计、税务会计、特殊业务和特殊事项核算后的常规经济业务核算，它提供了从事会计职业必备的知识和应用技能，既是会计知识体系的主体部分，也是企业会计工作最基本、最重要的部分。

近三年来财政部持续颁布实施和修订会计准则及解释，国家会计政策和税收政策处于频繁变动时期，为满足会计学习和人才培养目标要求，适应会计政策和税收政策多变的形势，我们在编写本教材学习内容、学习案例和训练资料时所依据的都是最新会计准则、税收法规和实际工作资料，保障了教材知识的准确性、技能应用的时效性和课程体系的完整性。

为了适应高等院校会计教学学情变化，培养能满足一线需要的高素质高技能型专业人才，本书编写团队在深入调研会计实践工作需求、充分听取长期从事企业会计工作专家意见的基础上，按照企业实际会计工作岗位设置情况，提炼形成八个会计基本岗位，依据会计基本岗位职责任务整合课程内容体系，形成学习项目，结合分层教学，培养多层次、差异化会计专业人才的教育培养目标和中小企业会计应用需求，设置每个项目学习内容、难易程度，形成基本学习任务、拓展学习任务和实训任务三部分。教材结构体系的科学性、合理性和适应性已通过我院教学实践检验，在总结经验取得课改成果的基础上精心编制形成本教材。

汉中职业技术学院王丹担任本书主编，负责全书的总体结构构思、教材模板设计、教材大纲的制定，并对全书进行总纂、修改和定稿。汉中职业技术学院的潘丽萍和梁晨担任副主编，并参与了本书的撰稿和部分修订工作。具体分工如下：项目一“出纳岗位核算”、项目二“往来结算岗位核算”、项目四“资产岗位核算”和项目五“职工薪酬岗位核算”由王丹老师编写；项目三“存货岗位核算”和项目六“资金岗位核算”由潘丽萍老师编写；项目七“财务成果岗位核算”和项目八“主管会计岗位核算”由梁晨老师编写。

在编写过程中，我院课改课题组的其他老师也提出了很多建议和意见，同时我们也参考了大量的书籍和资料，在此一并表示感谢。

由于会计教育改革的道路还很漫长，未来可能面临更多的矛盾和问题，加之编者水平有限，书中难免有不足之处，敬请读者批评指正。

编 者

2019 年 1 月

目 录

目 录

目 录

目录

项目一
出纳岗位核算

【学习目标】

知识目标：
(1) 了解出纳岗位的核算任务；
(2) 掌握出纳岗位的核算流程；
(3) 掌握库存现金核算、银行存款核算、其他货币核算；
(4) 学会利用票据等支付结算方式办理往来结算。
能力目标：
(1) 能进行收付款单据的编制和审核；
(2) 能处理银行收付款业务；
(3) 能进行现金和银行存款序时核算、日常管理和期末对账；
(4) 能进行其他货币资金业务的处理；
(5) 能填制并利用票据等支付结算方式办理往来结算。
素质目标：
培养学生遵纪守法，克己、廉洁、奉公的职业道德。

【项目分析】

学习重点：银行存款及其他货币资金的核算。
学习难点：支付结算方式。

项目概述：本项目主要包括出纳岗位核算任务及流程、库存现金管理制度及核算、银行结算管理制度及核算、其他货币资金核算、库存现金清查等内容。出纳岗位核算内容主要有：负责公司的货币资金核算、往来结算、工资核发。出纳岗位不得兼任的工作有：不得兼任稽核；不得兼任会计档案保管和收入、支出、费用、债权债务账目的核算登记工作；不得由一人办理货币资金业务的全过程。

出纳的岗位职责有货币资金核算和往来结算两个方面。

(一) 正确办理现金和银行存款收付、审核审批单据

严格按照国家有关现金管理制度的规定，正确选择结算方式。根据国务院颁布的《现金管理暂行条例》，单位可使用现金支付的款项有：①职工工资、奖金、津贴和补贴；②个人劳务报酬；③根据国家规定颁发给个人的科学技术、文化艺术、体育等各种奖金；④各种劳保、福利费用以及国家规定的对个人的其他支出；⑤向个人收购农副产品和其他物资的价款；⑥出差人员必须随身携带的差旅费；⑦结算起点（1 000 元）以下的零星支出；⑧中国人民银行确定需要支付现金的其他支出。除上述情况可以使用现金支付外，其他款项的支付均应通过银行转账结算。

出纳应根据稽核人员审核签章的首付款凭证进行复核，办理款项收付，收付款后，应在收款和付款单据上加盖“收讫”“付讫”戳记，对于重大开支项目，应经主管领导审核签字后方可办理。

（二）办理银行结算，规范使用支票

严格按照银行结算制度规定，不符合现金使用范围的款项支付应使用支票或电汇方式支付。

收到支票需及时填写支票进账单并送银行，不可延期送票。

签发支票时应注明收款单位、用途、金额、日期，并经财务经理签批后方可使用。如因特殊情况确需签发不填写金额的转账支票时，必须在支票上写明收款单位名称、款项用途、签发日期，规定限额和报销期限，并由领用支票人在专设登记簿上签章。对于填写错误的支票，必须加盖“作废”戳记，与存根一并保存。严格控制签空白支票。支票遗失时要立即向银行办理挂失手续。

（三）认真登记日记账，保证日清月结

对收到的银行承兑汇票和支票要做好备查账登记。根据已经办理完毕的收付款凭证，逐日逐笔顺序登记现金和银行存款日记账，并结出余额。会计期末银行存款的账面余额要及时与银行对账单核对。对于未达账款，要及时查询，并随时掌握银行存款余额。

登记完毕后，在收付款凭证出纳签章处签字盖章，将记账凭证转会计处记账。月终会计应将银行存款日记账与银行对账单核对，查找未达账，编制银行存款余额调节表。按期填报资金收入及支出的明细表。

每日盘存现金及银行存款，做到账账、账表、账实相符。

（四）正确保管现金和有价证券

保管现金和有价证券应达到安全和完整的要求，现金不得超过银行核定的库存限额，超过部分应及时送存银行，否则因超限储存现金而发生的现金损失，均由出纳员全额承担赔偿责任。

出纳员不得以“白条”抵充现金，更不得任意挪用现金。如果发现库存现金有短缺或盈余，应查明原因，根据情况分别处理，不得私下取走或补足。如有短缺，要负赔偿责任。要保守保险柜密码的秘密，保管好钥匙，不得任意转交他人。

对各项有价证券，出纳人员应根据合法的记账凭证收付，如因情况特殊，先由出纳部门根据核准文件直接收付时，应立即填单或书面通知会计部门补编记账凭证。记账凭证经收付后，收付有价证券的人员及主管出纳人员应于记账凭证上签章，以示收讫或付讫。

（五）合理保管有关印章，登记注销支票

企业财务相关方面的印章应由企业指定部门统一制作，相关人员严禁私自制作印章。财务印章具体分为事项印章、财务专用章与人名章三类。企业财务方面的相关事项印章由财务部指定专人进行保管，人名章由所刻章上的人员自己保管或由本人授权他人保管，财务专用章由财务总监负责保管，未经授权的人员一律不得接触、使用印章。各印章保管人员一律不得将印章转借他人，否则所有后果由印章保管人员承担。财务部编制财务方面的印章登记簿，说明印章的制作时间、内容、发放时间、保管人等。出纳人员要将与财务有关的印鉴簿交于银行，当印章变动时要及时与银行联系，更新印鉴簿。

设置支票领取备查卡及时登记，作废支票要加盖作废章，并妥善保管。

【案例 1-1】大扬机械有限责任公司为增值税一般纳税人，适用的增值税税率为 16%，2018 年 12 月初库存现金账户余额为 2 000 元，本月发生以下经济业务：

（1）12 月 1 日，出纳员李涛开出现金支票从银行提取现金 2 000 元备用。

（2）12 月 2 日，业务员王海准备到上海参加销售订货会，预借差旅费 1 500 元，以现金支付。

(3) 12月5日，从银行提取现金56 000元备发2018年11月工资，同日发放工资56 000元。

(4) 12月10日，业务员王海返回，报销差旅费1 300元，退回余款200元，出纳员开出现金收款收据收回款项。

(5) 12月13日，收到销售部门交回现金销售甲产品2件，单价1 500元/件，共计价款3 000元，增值税480元。

(6) 12月20日，办公室主任张月借现金2 000元，计划采购办公用品，借款条已经领导审核批准。

(7) 12月25日，张月持经领导审批同意的办公用品购买发票、保管员的验收单，报销购买办公用品费2 400元，支付现金400元。

要求：请你帮助该公司出纳员编制上述业务的会计分录，登记现金日记账，并结出余额。

任务分析：该案例经济业务涉及库存现金的使用范围、库存现金的核算，为完成上述业务的核算，就必须系统学习库存现金核算。

基本任务（基本能力）

任务一　库存现金

必备知识（理论知识）

一、认知库存现金

（一）库存现金的概述

库存现金是指单位为了满足经营过程中零星支付需要而保留的货币，包括人民币和外币。库存现金又称现金，它的概念有广义和狭义之分：广义的现金是指除了库存现金外，还包括银行存款和其他符合现金定义的票证；狭义的现金是指企业的库存现金。我国会计核算上所界定的库存现金概念是指狭义现金。

（二）库存现金限额管理

库存现金限额是指为了保证企业日常零星开支的需要，允许企业留存现金的最高限额。通常由开户银行核定企业库存现金的最高限额。根据《现金管理暂行条例》的规定，企业日常零星开支所需要的库存现金数额由开户银行根据企业的实际情况来核定，其限额一般不超过企业3~5天的日常零星开支的需要量，而离银行较远、交通不便的企业，虽可以放宽限额，但最长也不得超过15天的日常零星开支。库存限额一经核定，要求企业必须严格遵守，不能任意超限，超过限额的现金应及时存入银行。如若情况变化，企业需要增加或减少库存限额的，应向开户银行提出申请，由开户银行重新核定。

（三）库存现金开支的规定

根据《现金管理暂行条例》的规定，企业应实行收支两条线管理。企业收入的现金应于当天送存开户银行，如需现金开支，应从银行提取或从库存现金中直接支付，不得从收入的现金中直接支付，即不得“坐支”现金。因特殊情况需要“坐支”现金的，必须报经有关部门批准并在核定的范围和限额内进行，同时，收支的现金必须分别入账。

企业从开户银行提取现金时，应如实写明用途，由企业财会部门负责人签章，经开户银行审核批准后予以支付。因采购地点不确定、交通不便、抢险救灾或其他特殊情况必须使用现金的单位，应向开户银行书面申请，由本单位财会部门负责人签章，开户银行审核批准后支付。

企业在现金收支工作中，还应做到五不准：不准“白条顶库”，即不准用不符合财务制度的凭证抵顶库存现金；不准“公款私存”，即不准用单位收入的现金以个人名义储蓄；不准设置“小金库”，从而保留账外公款；不准谎报用途套取现金；不准用银行账户代其他单位和个人存取现金。银行对违反上述规定的单位，将按照违规金额的一定比例予以处罚。

（四）库存现金管理的内部控制

在企业所拥有的资产中，现金的流动性最大，最容易被挪用或侵占，因此，企业必须加强对现金的管理，以提高其使用效率，保护其完整、安全。现金管理的主要方法是建立和健全现金管理的内部控制制度。现金的内部控制制度包括以下基本内容：

1. 钱账分管制度

出纳人员不得兼管稽核、会计档案保管和收入、费用、债权、债务账目的登记工作。现金总账不能由出纳登记而应由会计登记。

2. 库存现金开支审批制度

（1）明确本单位库存现金开支范围；

（2）明确各种报销凭证，规定各种库存现金支付业务的报销手续和办法；

（3）确定各种现金支出的审批权限。

3. 库存现金日清月结制度

（1）清理各种现金收付款凭证，检查单证是否相符；

（2）登记和清理日记账；

（3）现金盘点。

基本能力（操作技能）

二、库存现金的核算

（一）库存现金的总分类核算

企业应设置“库存现金”账户对库存现金进行总分类核算。“库存现金”账户是资产类账户，用以核算库存现金的收入、支出和结存。收入现金时，记入库存现金账户的借方；支出现金时，记入库存现金账户的贷方；余额在借方，表示库存现金的结存数额。

账务处理如下：

（1）企业收到现金时。

借：库存现金

　贷：银行存款或其他应收款等

（2）支付现金时。

借：其他应收款或管理费用或应付职工薪酬或银行存款等

　贷：库存现金

库存现金总分类账由不从事出纳工作的会计人员登记，一般采用“三栏式”订本账簿。可以根据库存现金收付款凭证和从银行提取现金时填制的银行付款凭证逐笔登记，但是在库存现金收付款业务较多的情况下，一般把库存现金收付款凭证按照对方科目进行归类，定期（10天或半个月）编制汇总收付款凭证，据以登记库存现金总分类账。

库存现金总分类账　　单位：元

月	日	凭证字号	摘要	借方	贷方	借/贷	余额
1	1					借	1 890
	15	科汇字 1 号	科目汇总表	8 800	10 210	借	480
	31	科汇字 2 号	科目汇总表	10 000	9 825	借	655
				18 800	20 035		
2	15	科汇字 3 号	科目汇总表	4 685	4 668	借	672
2	28	科汇字 4 号	科目汇总表	5 570	5 140	借	1 102
				10 255	9 808		
		……	……				
				29 055	29 843		

月份终了，库存现金总分类账余额与出纳人员登记的现金日记账余额应核对相符。

【案例 1-1 解答】

(1) 12 月 1 日，根据现金支票存根，编制银行付款凭证，字号为：银付字第 1 号，会计分录如下：

借：库存现金　　2 000

　贷：银行存款　　2 000

(2) 12 月 2 日支付预借差旅费，应根据审批同意的借款条，编制现金付款凭证，字号为：现付字第 1 号，会计分录如下：

借：其他应收款——王海　　1 500

　贷：库存现金　　1 500

(3) 12 月 5 日提现备发工资时，根据现金支票存根，编制银行付款凭证，字号为：银付字第 2 号，会计分录如下：

借：库存现金　　56 000

　贷：银行存款　　56 000

同日发放工资时，根据工资发放表，编制现金付款凭证，字号为：现付字第 2 号，会计分录如下：

借：应付职工薪酬——工资　　56 000

　贷：库存现金　　56 000

(4) 12 月 10 日，报销差旅费时，根据审核批准的差旅费报销单，编制转账凭证，会计分录如下：

借：管理费用——差旅费　　1 300

　贷：其他应收款——王海　　1 300

同时收回多借差旅费时，根据现金收款收据存根联，编制现金收款凭证，字号为：现收字第 1 号，会计分录如下：

借：库存现金　　200

　贷：其他应收款——王海　　200

(5) 12 月 15 日，收到销售部门交回现金销售甲产品价税款时，根据现金收款收据存根联，编制现金收款凭证，字号为：现收字第 2 号，会计分录如下：

借：库存现金　　3 480

　贷：主营业务收入——甲产品　　3 000

应交税费——应交增值税（销项税额）　　480

（6）12月20日，支付张月借款时，根据领导审核批准的借款条，编制现金付款凭证，字号为：现付字第3号，会计分录如下：

借：其他应收款——张月　　2 000

　贷：库存现金　　2 000

（7）12月25日，报销办公用品购置费时，根据领导审核批准的办公用品购买发票和验收入库单以及现金付款单据，会计分录如下：

借：管理费用——办公费　　2 400

　贷：其他应收款——张月　　2 000

　　库存现金　　400

编制记账凭证时，如果企业采用的是收付转三种记账凭证分别设置，根据领导审核批准的办公用品购买发票和验收入库单，应编制转账凭证，会计分录为：

借：管理费用——办公费　　2 000

　贷：其他应收款——张月　　2 000

根据现金付款单据，编制现金付款凭证，字号为：现付字第4号，会计分录为：

借：管理费用——办公费　　400

　贷：库存现金　　400

如果企业采用的是统一记账凭证，则只需编制一张记账凭证即可。

（二）库存现金的序时核算

为了加强库存现金的核算与管理，详细地掌握企业现金收支的动态和结存情况，企业必须设置现金日记账。现金日记账一般采用借方、贷方和余额三栏式明细账，现金日记账的借方栏是根据审核后的现金收款凭证和银行提取现金时编制的银行付款凭证序时登记，现金日记账的贷方栏是根据审核后的现金付款凭证序时登记。为了简化现金日记账的登记手续，对于同一天发生的相同经济业务，可以汇总一笔登记。每日终了时，出纳人员应做好以下各项工作：

（1）在现金日记账上结出本日收入合计数记入“借方”栏，本日支出合计数记入“贷方”栏，然后计算出本日结余金额，记入“余额”栏。本日余额的计算公式如下：

本日借方余额=昨日余额+本日收入（或借方）合计-本日支出（或贷方）合计

（2）用现金日记账上的本日余额数额和保险库的库存现金的实有数额进行核对，两者应一致。若不一致，应及时查明原因，进行调整，做到账实相符。

（3）以现金日记账上的本日余额和库存现金的限额相比较，超过限额数，要及时送存银行，不足限额部分，应向银行提取，以保证日常开支的需要。在月份终了时，还应在现金日记账上结出月末余额，并同现金总账科目的月末余额核对相符。

【案例1-1解答】编制现金日记账如下：

现金日记账

单位：元

2018年		凭证		摘要	借方								贷方								余额					
月	日	字	号		十	万	千	百	十	元	角	分	十	万	千	百	十	元	角	分	千	百	十	元	角	分
12	1			期初余额																	2	0	0	0	0	0
	1	银付	1	提现备用			2	0	0	0	0	0									4	0	0	0	0	0
	2	现付	1	预付差旅费											1	5	0	0	0	0	2	5	0	0	0	0
	5	银付	2	提现备发工资		5	6	0	0	0	0	0														

表(续)

2018年		凭证		摘要	借方								贷方								余额					
月	日	字	号		十	万	千	百	十	元	角	分	十	万	千	百	十	元	角	分	千	百	十	元	角	分
	5	现付	2	发放工资										5	6	0	0	0	0	0	2	5	0	0	0	0
	10	现收	1	收回差旅费				2	0	0	0	0									2	7	0	0	0	0
	15	现收	2	现收产品销售价税款			3	4	8	0	0	0									6	1	8	0	0	0
	20	现付	3	预付办公用品购置费											2	0	0	0	0	0	4	1	8	0	0	0
	25	现付	4	报销办公用品购置费												4	0	0	0	0	3	7	8	0	0	0
				合计		6	1	6	8	0	0	0		5	9	9	0	0	0	0	3	7	8	0	0	0

（三）备用金的核算

备用金是企业、机关、事业单位或其他经济组织等拨付给非独立核算的内部单位或工作人员备作差旅费、零星采购、零星开支等用途的款项。为了控制这部分零星而分散的现金支出，企业可以采用先领后用，用后报销的备用金核算办法。使用备用金的部门，按事先核定的备用金的数额由专人领出，按规定的用途使用，使用后凭单据按规定的手续报销，补足原定额。

备用金报销的账务处理依据企业备用金管理制度不同而有所不同，备用金管理制度分为：定额备用金制度和非定额备用金制度两种。

备用金核算可在“其他应收款”账户下设置“备用金”二级明细账进行，也可单独设置“备用金”账户核算。

1. 定额备用金

定额备用金制度，即由指定的备用金负责人按照规定的数额领取，支用后按规定手续报销，补足原定额。实行定额备用金制度的企业，领取备用金时，根据各部门的借款单，借记“其他应收款——备用金”账户或“备用金”账户，贷记“库存现金”或“银行存款”账户；定期凭有关单据向财会部门报销补足备用金定额时，借记“管理费用”等账户，贷记“库存现金”或“银行存款”账户；年末交回备用金时，借记“库存现金”账户或“银行存款”账户，贷记“其他应收款——备用金”账户或“备用金”账户。

【案例1-2】某企业财务部门对后勤部门实行定额备用金管理制度，2018年年初确定定额备用金为5 000元。2018年1月5日后勤部门第一次领取备用金，后勤部门的备用金保管人员于1月31日凭有关单据向财会部门报销，报销金额为2 800元，财务部门以现金补足定额；2018年12月31日后勤部门交回备用金。

要求：编制上述业务的会计分录。

【案例1-2解答】

（1）2018年1月5日收到财务部门拨付备用金时，会计分录如下：

借：其他应收款——备用金（后勤部门）　　5 000

　贷：库存现金　　5 000

（2）1月31日后勤部门的备用金保管人员凭有关单据向财会部门报销办公用品费，会计分录如下：

借：管理费用——办公费　　2 800

　贷：库存现金　　2 800

（3）2018年12月31日，后勤部门交回备用金时，会计分录如下：

借：库存现金　5 000

　贷：其他应收款——备用金（后勤部门）　5 000

2. 非定额备用金

非定额备用金制度是指单位对非经常使用备用金的部门或工作人员，根据每次业务所需备用金的数额填制借款单，向财务预借款项，使用后凭发票账单等原始凭证一次性到财务部门报销，下次再用时重新办理借款手续。会计核算同预借差旅费核算基本一致，在此不再赘述。

（四）库存现金清查的核算

现金清查的目的是加强对出纳工作的监督，以保证现金的安全、完整。现金清查的主要方法是实地盘点法。实地盘点法就是运用度、量、衡等工具，通过点数，逐一确定被清查实物实有数的一种方法。现金清查既包括出纳人员每日营业终了时进行的清点核对，还包括清查小组定期和不定期的盘点和核对。

库存现金的清查步骤如下：首先，在盘点前，出纳人员应先将现金收、付凭证全部登记入账，并结出余额。其次，盘点前，出纳人员必须在场，现金由出纳人员经手盘点，清查人员从旁监督。盘点时，除查明账实是否相符外，还要查明有无违反现金管理规定，如有无以“白条”抵冲现金、现金库存是否超过核定的限额、有无坐支现金等。最后，盘点结束应根据盘点结果编制“库存现金盘点报告表”，并由检查人员和出纳人员签名盖章，作为重要的原始凭证。

现金清查中发现的有待查明原因的现金短缺或溢余，应通过“待处理财产损溢”账户核算。属于现金短缺的，应按实际短缺的金额，借记“待处理财产损溢——待处理流动资产损溢”账户，贷记“库存现金”账户；属于现金溢余的，按实际溢余的金额，借记“库存现金”账户，贷记“待处理财产损溢——待处理流动资产损溢”账户。待查明原因后，要分别进行处理。

对于现金短缺，应按照以下情况处理：①属于应由责任人赔偿部分，借记“其他应收款——应收现金短缺款（××个人）”或“库存现金”账户，贷记“待处理财产损溢——待处理流动资产损溢”账户；②属于应由保险公司赔偿部分，借记“其他应收款——应收保险赔偿款”账户，贷记“待处理财产损溢——待处理流动资产损溢”账户；③属于无法查明的其他原因，根据管理权限，经批准后处理，借记“管理费用——现金短缺”账户，贷记“待处理财产损溢——待处理流动资产损溢”账户。

对于现金溢余，应按照以下情况处理：①属于应支付给有关人员或单位的，转入“其他应付款——应付现金溢余（××个人或单位）”账户；②属于无法查明原因的，经批准后转入“营业外收入——现金溢余”账户。

【案例 1-3】2018 年 12 月 25 日企业进行现金清查时发现现金短缺 300 元，12 月 31 日查明原因，其中 200 元为出纳人员工作失误所造成，经批准由出纳员全额赔偿，其余 100 元为出纳员正常找零所致，计入管理费用。

要求：编制上述业务的会计分录。

【案例 1-3 解答】

（1）2018 年 12 月 25 日清查现金，发现现金短缺时，根据现金盘点报告单，会计分录如下：

借：待处理财产损溢——待处理流动资产损溢　300

　贷：库存现金　300

【注释】若发现现金溢余 300 元，应做相反会计分录：

借：库存现金　300

贷：待处理财产损溢——待处理流动资产损溢　　300

（2）现金短缺经查明原因，应由出纳员赔偿200元，其余100元经批准作为管理费用，会计分录如下：

借：其他应收款——应收现金短缺款（出纳员）　　200

管理费用——现金短缺　　100

贷：待处理财产损溢——待处理流动资产损溢　　300

【注释】如为现金溢余300元，且无法查明原因，经批准转入营业外收入，会计分录如下：

借：待处理财产损溢——待处理流动资产损溢　　300

贷：营业外收入——现金溢余　　300

任务二　银行存款

【案例1-4】华泰有限责任公司为一般纳税人，适用的增值税税率为16%，2018年12月初银行存款账户余额为865 120元，2018年12月发生以下经济业务：

（1）12月1日，出纳将零星销售产品价税款20 000元现金存银行。

（2）12月4日，财务部收到A公司归还前欠本企业货款的转账支票一张，金额80 000元，企业已将支票和填制的进账单送存银行。

（3）12月8日，财务部签发转账支票一张，支付前欠B公司的购货款6 000元。

（4）12月12日，办公室向华润公司购买办公用品，价款1 500元，增值税240元，开出转账支票支付价税款。

（5）12月20日，经营部向C公司购买甲材料一批，价款10 000元，增值税1 600元，材料已验收入库，款项已通过银行存款支付，按实际成本法核算。

（6）12月25日，经营部销售手机产品一批，价款200 000元，增值税32 000元，价税款已通过银行收取。

要求：根据以上业务编制会计分录，并登记银行存款日记账，结出余额。

任务分析：该案例经济业务内容涉及银行存款收入、支出的核算和银行存款总账、日记账的登记。为完成案例要求的任务，就必须系统地学习银行存款的相关知识和账务处理。

必备知识（理论知识）

一、银行存款管理制度

银行存款是指企业存入银行或其他金融机构账户上的货币资金。按照国家有关规定，凡是独立核算的企业都必须在当地银行开设账户；企业在银行开设账户以后，除按核定的限额保留库存现金外，超过限额的现金必须存入银行；除了在规定的范围内可以用现金直接支付外，在经营过程中所发生的一切货币收支业务，都必须通过银行存款账户进行结算。

（一）银行存款账户的分类

企业银行存款账户依据用途不同可以分为基本存款账户、一般存款账户、临时存款账户、专用存款账户等。

1. 基本存款账户

基本存款账户是指企业办理日常结算和现金收付的账户。企业的工资、奖金等现金的支取，只能通过该账户办理。

2. 一般存款账户

一般存款账户是指企业在基本存款账户以外的银行借款转存、与基本存款账户的企业不在同一地点的附属非独立核算单位开立的账户。本账户只能办理转账结算和现金缴存，但不能支取现金。

3. 临时存款账户

临时存款账户是指企业因临时生产经营活动的需要而开立的账户，企业可以通过本账户办理转账结算和根据国家现金管理规定办理现金收付。企业暂时性的转账、现金收付业务可以通过本账户结算，如异地产品展销、临时性采购资金等。

4. 专用存款账户

专用存款账户是指企业因特定用途需要所开立的账户，如基建专款等。

企业在银行开立账户后，可到开户银行购买各种银行往来使用的凭证（如现金支票、转账支票、进账单、送款簿等），用以办理银行存款的收付。

（二）设立银行存款账户的原则

一个企业只能选择一家银行的一个营业机构开立一个基本存款账户，不得在多家银行开立基本存款账户，不得在同一家银行的几个分支机构开立一般存款账户。

（三）银行存款账户的使用和管理

企业通过银行存款账户办理资金收付时，必须做到以下几点：①企业银行存款账户，只供本企业业务经营范围内的资金收付，不准出租或出借给其他单位或个人使用；②各种收付款凭证，必须如实填写款项来源或用途，不得巧立名目，弄虚作假；不得套取现金，套购物资；严禁利用账户搞非法活动；③在办理结算时，不准签发没有资金保证的票据或远期支票，套取银行信用；不准签发、取得和转让没有真实交易和债权债务的票据，套取银行和他人资金；不准无理拒付、任意占有他人资金；不准违规开立和使用账户；④及时、正确地记录银行往来账务，并及时地与银行寄来的对账单进行核对，发现不符，尽快查对清楚。

基本能力（基本技能）

二、银行存款的核算

（一）账户设置

为了核算和反映企业存入银行或其他金融机构的各种存款，应设置“银行存款”账户，该账户属于资产类账户，该账户的借方反映企业存款的增加，贷方反映企业存款的减少，期末借方余额反映企业期末存款的余额。企业银行存款增加时，可根据具体情况，借记“银行存款”账户，贷记“库存现金”“应收账款”“主营业务收入”等有关账户；企业银行存款减少时，也要根据具体情况，借记“库存现金”“应付账款”“原材料”等有关账户，贷记“银行存款”账户。

（二）银行存款的总分类核算

企业设置“银行存款”总账账户对银行存款进行总分类核算。

【案例 1-4 解答】

（1）12 月 1 日，企业将多余现金送存银行时，根据银行缴款单回单，编制现金付款凭证，字号为：现付字第 1 号，会计分录如下：

借：银行存款　　20 000

　贷：库存现金　　20 000

（2）12 月 4 日，收回前欠货款时，根据银行收款通知书，编制银行收款凭证，字号为：银收字第 1 号，会计分录如下：

借：银行存款　　80 000

贷：应收账款——A公司　80 000

（3）12月8日，支付前欠货款时，根据转账支票存根，编制银行付款凭证，字号为：银付字第1号，会计分录为：

借：应付账款——B公司　6 000

　贷：银行存款　6 000

（4）12月12日，购买办公用品支付款项时，根据转账支票存根，编制银行付款凭证，字号为：银付字第2号，会计分录为：

借：管理费用——办公费　1 500

　　应交税费——应交增值税（进项税额）　240

　贷：银行存款　1 740

（5）12月20日，购买材料支付货款时，根据银行付款通知书、增值税发票借方记账联和材料验收入库单，编制银行付款凭证，字号为：银付字第3号，会计分录为：

借：原材料——甲材料　10 000

　　应交税费——应交增值税（进项税额）　1 600

　贷：银行存款　11 600

（6）12月25日，企业销售产品收到价税款时，根据银行收款通知书、产成品出库单和增值税发票贷方记账联，编制银行收款凭证，字号为：银收字第2号，会计分录如下：

借：银行存款　232 000

　贷：主营业务收入　200 000

　　应交税费——应交增值税（销项税额）　32 000

银行存款的总分类账簿由不从事出纳工作的会计人员登记。登记的方法、依据和账簿的格式均与库存现金总账基本相同。

（三）银行存款的序时核算

银行存款日记账应由出纳人员登记，账簿的格式与登记方法均与库存现金日记账基本相同。为了及时了解和掌握银行存款的收付动态和余额，银行存款日记账的登记也应做到日清月结。银行存款日记账如下：

银行存款日记账　单位：元

2018年		凭证字号	摘要	借方	贷方	借贷	余额
月	日						
12	1		期初余额			借	865 120.00
	1	现付字1#	多于现金送存银行	20 000.00			
	4	银收字1#	收回前欠货款	80 000.00			
	8	银付字1#	偿还前欠货款		6 000.00		
	12	银付字2#	支付购买办公用品费		1 740.00		
	20	银付字3#	支付购买材料价税款		11 600.00		
	25	银收字2#	收回销售产品价税款	232 000.00			
	31		合计	332 000.00	19 340.00		1 177 780.00

【例1-5】华航公司2018年12月31日银行存款日记账余额为78 500元，银行转来对

账单的余额为 135 500 元，经逐笔核对，勾出已达账项，发现以下未达账项：

（1）企业收到转账支票一张，金额为 68 000 元，并已登记银行存款增加，但银行尚未记账。

（2）企业开出转账支票 45 000 元，但持票单位尚未到银行办理转账，银行尚未记账。

（3）企业委托银行代收某企业购货款 83 000 元，银行已收妥并登记入账，但企业尚未收到收款通知，尚未入账。

（4）银行代企业支付车辆过路费 3 000 元，银行已登记入账，但企业未收到银行付款通知，尚未记账。

要求：根据上述业务，编制银行存款余额调节表。

任务分析：此案例涉及银行存款的期末清查业务，要完成案例的任务，就必须学习银行存款清查的含义、方法和银行存款余额调节表的编制。

（四）银行存款的清查

为了防止银行存款账面发生差错，准确掌握银行存款实际金额，企业应按期对账。银行存款日记账的核对主要包括三个环节：一是银行存款日记账与银行存款收款、付款凭证互相核对，做到账证相符；二是银行存款日记账与银行存款总账互相核对，做到账账相符；三是银行存款日记账与银行开出的银行存款对账单相互核对，以便准确地掌握企业可动用的银行存款实有数。

为了避免银行存款账目发生差错，企业应经常与银行核对存款账目，即将银行存款日记账的记录同银行对账单进行逐笔核对。核对时如发现双方余额不一致，除记账错误外，还可能是未达账项引起的。

未达账项是指企业与银行之间，由于凭证传递上的时间差，一方已登记入账，而另一方尚未入账的账项。由于企业、银行间存款收支凭证的传递需要一定时间，因此同一笔业务企业和银行各自入账的时间不一定相同，在同一日期，企业账上银行存款的余额与银行账上企业存款的余额往往不一致。这种差别具体说有如下四种情况：

（1）银行已记作企业存款增加，而企业尚未接到收款通知，因而尚未记账的款项。

（2）银行已记作企业存款减少，而企业尚未收到付款通知，因而尚未记账的款项。

（3）企业已记作银行存款增加，而银行尚未办妥收款手续入账。

（4）企业已记作银行存款减少，而银行尚未支付入账的款项。

在核对账目中，应先勾兑已达账项，发现未达账项，然后编制银行存款余额调节表进行调节。调节后，双方余额如果不等，表明记账有差错，需要进一步查对，找出原因，更正错误的记录；双方余额如果相等，一般说明双方记账没有错误。

【案例 1-5 解答】

根据上述资料编制银行存款余额调节表如下：

银行存款余额调节表　　单位：元

项目	金额	项目	金额
企业银行存款日记账余额	78 500	银行对账单余额	135 500
加：银行已收企业未收	83 000	加：企业已收银行未收	68 000
减：银行已付企业未付	3 000	减：企业已付银行未付	45 000
调节后的存款余额	158 500	调节后的存款余额	158 500

需要注意的是，银行存款余额调节表的作用是用来核对企业与银行双方的记账有无差错，并不能更改账簿记录，对于未达账项，必须待结算凭证到达，未达账项变成已达账项后方可进行相应账务处理。

任务三　支付结算业务

根据中国人民银行有关支付结算办法的规定，目前企业发生的货币资金收付业务可以采用以下几种结算方式，通过银行办理转账结算。

一、银行汇票

银行汇票是汇款人将款项交存当地开户银行，由银行签发给汇款人持往异地办理转账结算或支取现金的票据。适用于先收款后发货或钱货两清的商品交易。单位和个人向异地支付的各种款项均可使用银行汇票。

（一）银行汇票结算注意事项

（1）银行汇票可以用于转账，填明“现金”字样的银行汇票也可以用于支取现金。

（2）银行汇票一律记名，付款期为1个月。逾期银行汇票，兑付银行不予办理，汇票人可持汇票到签发银行办理退款手续。

（3）银行汇票在票据交换区域内可以背书转让。

（4）遗失了可以支取现金的银行汇票，应立即办理挂失；不能提取现金的银行汇票，银行不予挂失。

（二）采用银行汇票结算方式的账务处理方法

采用银行汇票结算方式的账务处理方法是：收款单位应将收到的银行汇票连同进账单一并送交银行办理转账，根据银行盖章退回的进账单第一联和有关的原始凭证编制收款凭证，借记“银行存款”账户，贷记有关账户。付款单位开出银行汇票，应根据有关的原始凭证编制付款凭证，借记“其他货币资金——银行汇票存款”账户，贷记“银行存款”账户。

（三）银行汇票结算的一般程序

（1）银行汇票结算的一般程序如下图：

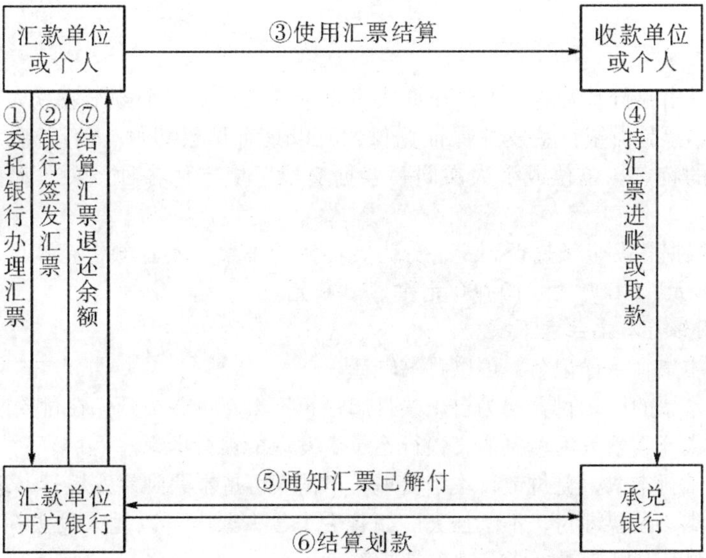

（2）银行汇票票样如下：

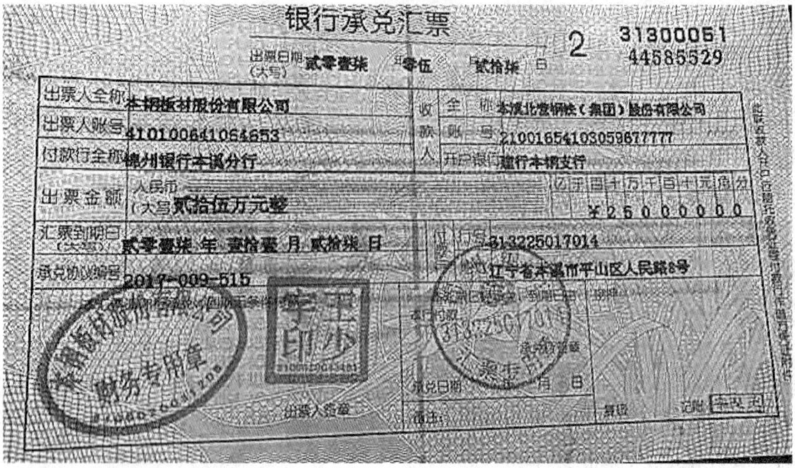

（3）背书转让图示如下图：

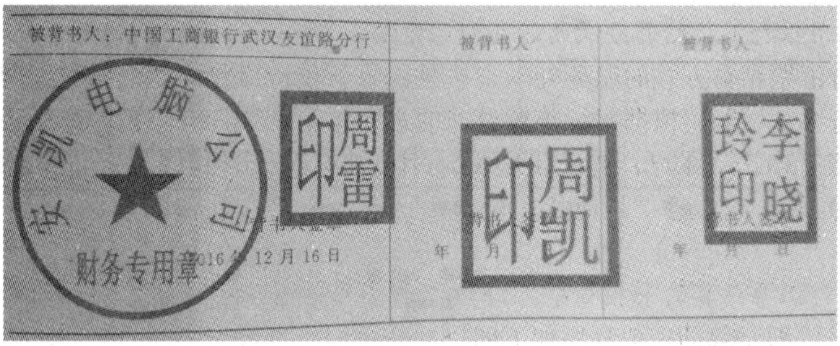

二、银行本票

银行本票是由银行签发的，承诺在见票时无条件支付确定金额给收款人或持票人的票据。由于银行本票是由银行签发并保证兑付，所以具有见票即付、信用高、支付能力强、代替现金使用的特点。单位或个人在同一票据交换区域支付各种款项，都可以使用银行本票。

银行本票根据签发金额是否固定，分为定额银行本票和不定额银行本票。定额银行本票面额为 1 000 元、5 000 元、10 000 元和 50 000 元。

（一）使用银行本票注意事项

（1）银行本票，一律记名，可以背书转让。

（2）银行本票的提示付款期为自出票日起最长不得超过 2 个月，在付款期内见票即付。

（3）申请人或收款人为单位的，银行不予签发现金银行本票。

（4）逾期银行本票，兑付银行不予受理，申请人可持本票到签发银行办理退款手续。

（5）银行本票见票即付，不予挂失。如若丢失，失票人可以凭人民法院出具的其享有票据权利的证明，向出票银行请求付款或退款。

（二）采用银行本票结算方式的账务处理方法

收款单位收到银行本票，应连同进账单一并送交银行办理转账，根据银行盖章退回的进账单第一联和有关的原始凭证编制收款凭证，借记“银行存款”账户，贷记有关账户。

付款单位申请开出银行本票，应根据有关的原始凭证编制付款凭证，借记“其他货币资金——银行本票存款”账户，贷记“银行存款”或“库存现金”账户。

（三）银行本票结算的一般程序

银行本票的结算程序，包括签发本票和款项结算两个阶段。

（1）申请签发银行本票。①申请人向银行交存款项，填写银行本票申请书，申请签发银行本票。②银行向申请人签发银行本票。

（2）办理结算，申请人持银行本票可以向填明的收款单位或个体经济户办理结算。

（3）收款人受理银行本票，连同进账单一并送存银行，办理收款。

（4）银行间划拨资金。收款人开户行收妥入账后，通知收款人。付款人开户行和收款人开户行办理资金划拨。

银行本票一般结算程序如下图：

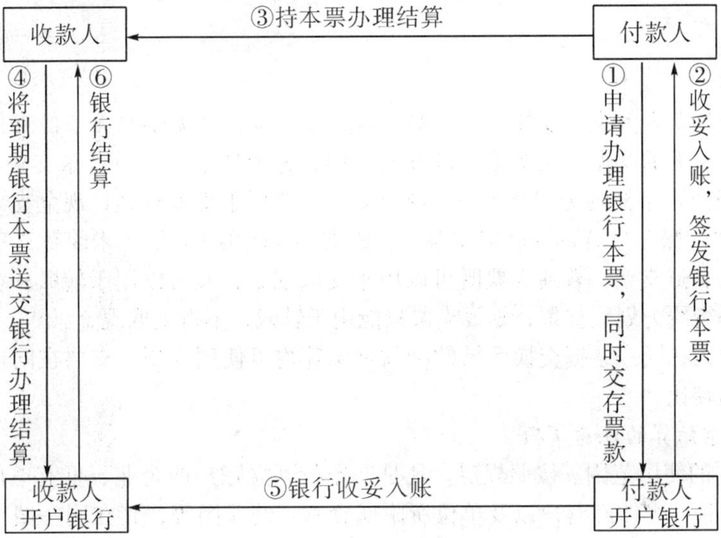

（四）银行本票签发票样

（1）不定额银行本票票样如下图：

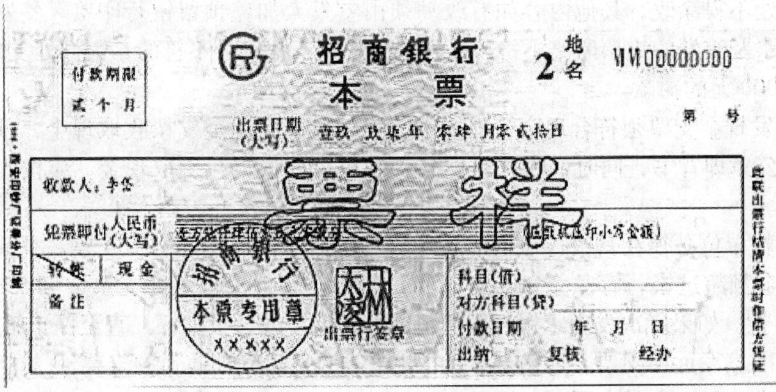

（2）定额银行本票票样如下图：

三、支票

支票是由出票人签发，委托办理支票存款业务的银行在见票时无条件支付确定的金额给收款人或持票人的票据。支票按支付方式不同，分为现金支票、转账支票和普通支票3种。印有“现金”字样的为现金支票，现金支票只能用于支取现金，现金支票付款期限为10天。印有“转账”字样的为转账支票，转账支票只能用于转账。未印有“现金”或“转账”字样的为普通支票，普通支票既可以用于支取现金，又可以用于转账；在普通支票左上角划两条平行线为划线支票，划线支票只能用于转账，不得支取现金。

单位和个人在同一票据交换区域的种款项结算均可使用支票。支票在同一票据交换区域内可以背书转让。

（一）支票结算的注意事项

（1）支票的使用范围。按照规定，凡是在银行开立账户的企业、事业单位和机关、团体、部队、学校、个体经营户以及单位所附属食堂、幼儿园等，其在同一城市或票据交换地区的商品交易、劳务供应、债务清偿和其他款项结算等均可使用支票。

（2）除定额支票外，支票一律记名。

（3）支票金额起点为100元。

（4）签发支票要用墨汁或碳素墨水（或使用支票打印机）认真填写；支票大小写金额和收款人三处不得涂改，其他内容如有改动须由签发人加盖预留银行印鉴。签发缺印鉴或错账号的支票及签发的支票印鉴不符、账号户名不符、密码号不符的，银行处支票金额5%但不低于1 000元的罚款。

（5）签发现金支票须符合现金管理规定。收款单位凭现金支票收取现金，须在支票背面加盖单位公章即背书，同时，收款单位到签发单位开户银行支取现金，应按银行规定交验有关证件。

（6）付款单位必须在其银行存款余额内签发支票，不得签发空头支票。空头支票是指签发的支票金额超过银行存款余额。对于签发空头支票，银行要处支票金额5%但不低于1 000元的罚款。如果屡次发生，银行根据情节给予警告或通报批评，直至停止签发支票。

（7）不准签发远期支票。远期支票是指签发当日以后到期收付的支票。

（8）不准出租、出借支票。

（二）支票结算的账务处理

采用支票结算方式的账务处理方法是：收款单位收到支票，应连同进账单一并送交银行办理转账，根据银行盖章退回的进账单第一联和有关的原始凭证编制收款凭证，借记

"银行存款"账户，贷记有关账户。付款单位开出支票，应根据支票存根和有关的原始凭证编制付款凭证，借记有关账户，贷记"银行存款"账户。

（三）支票结算一般程序

支票结算的一般程序如下图：

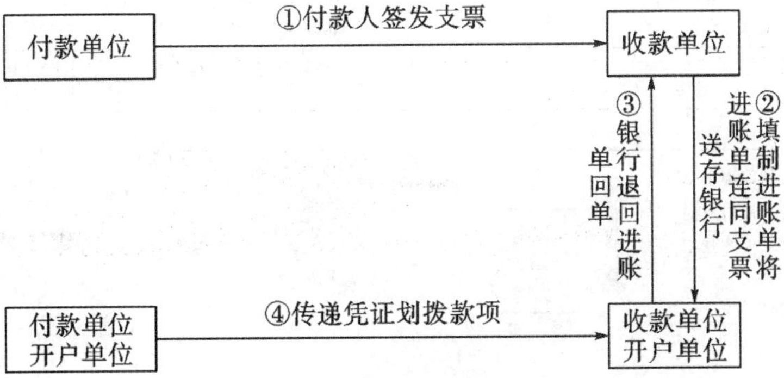

（四）签发支票票样

（1）转账支票票样如下图：

中国银行 转账支票 10401130 08536963

出票日期（大写）贰零壹肆年拾贰月贰拾叁日　付款行名称：中国银行珠海分行

收款人：龙岩市福康好快乐养老有限公司　出票人账号：3181560317S1

付款期限自出票之日起十天

人民币（大写）壹佰万元整　亿千百十万千百十元角分 ￥100000000

用途 广告宣传　密码

上列款项请从　行号

我账户内支付

出票人签章　复核　记账

（2）现金支票票样如下图：

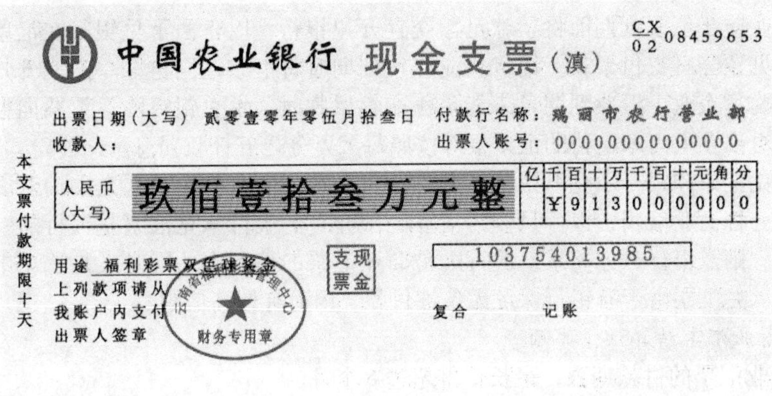
中国农业银行 现金支票（滇） CX 02 08459653

出票日期（大写）贰零壹零年零伍月拾叁日　付款行名称：瑞丽市农行营业部

收款人：　出票人账号：0000000000000

本支票付款期限十天

人民币（大写）	玖佰壹拾叁万元整	亿	千	百	十	万	千	百	十	元	角	分
			￥	9	1	3	0	0	0	0	0	0

用途 福利彩票双色球奖金　支现票金　103754013985

上列款项请从

我账户内支付

出票人签章　复合　记账

（3）普通支票票样如下图：

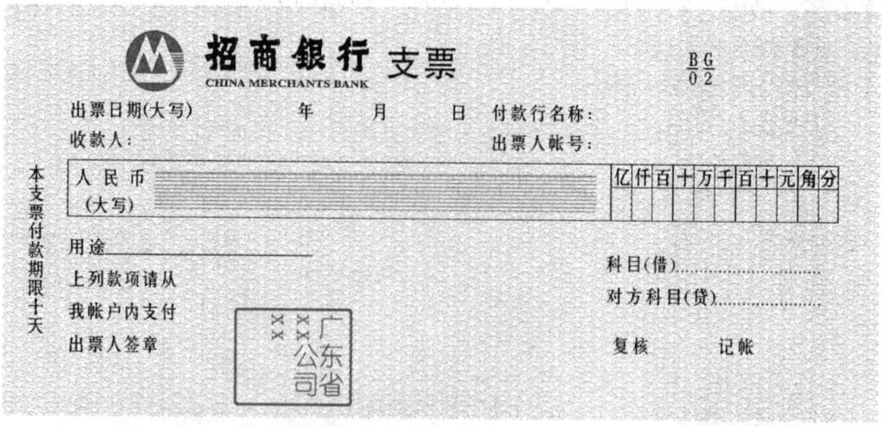

招商银行 CHINA MERCHANTS BANK 支票　BG 02

出票日期(大写)　年　月　日　付款行名称：

收款人：　出票人帐号：

本支票付款期限十天

人民币（大写）	亿	仟	百	十	万	千	百	十	元	角	分

用途

上列款项请从

我帐户内支付

出票人签章　广东省××公司

科目(借)

对方科目(贷)

复核　记帐

四、商业汇票

商业汇票是由出票人签发，由承兑人承兑，委托付款人在指定日期无条件支付确定金额给收款人或持票人的票据。承兑是指票据付款人承诺在票据到日支付票据金额的票据行为，是商业汇票票据中所特有的。商业汇票使商业信用票据化，具有稳定、可靠、兑付性强的特点。

（一）商业汇票的种类

商业汇票按承兑人的不同，分为商业承兑汇票和银行承兑汇票。

1. 商业承兑汇票

商业承兑汇票是由收款人签发经付款人承兑或付款人签发并承兑的票据。商业承兑汇票按双方约定签发。承兑时，付款人应在汇票正面记载“承兑”字样、承兑日期并签字。承兑不得附有条件，否则视为拒绝承兑。汇票到期时，购货企业的开户银行凭票将票款划给销货企业或贴现银行。销货企业应在提示付款期限内通过开户银行委托收款。汇票到期时，如果购货企业的存款不足以支付票款，开户银行应将汇票退还销货企业，银行不负责付款，由购销双方自行处理。

2. 银行承兑汇票

银行承兑汇票是由收款人或承兑申请人签发，由承兑申请人向开户银行申请，经银行审查同意承兑的票据。银行承兑汇票由银行承兑，承兑银行按票面金额向出票人收取万分之五的手续费。

购货企业应于汇票到期前将票款足额交存开户银行，以备由承兑银行在汇票到期日或到期日后的见票当日支付票款。销货企业应在到期时将汇票连同进账单送交开户银行转账收款。如果购货企业于汇票到期日未能足额交存票款时，承兑银行除凭汇票向持票人无条件付款外，对出票人尚未支付的汇票金额按照每天万分之五计收罚息。

商业承兑汇票和银行承兑汇票既有区别又有联系：商业承兑汇票是购销双方的票据交易行为，是一种商业信用，银行只作为清算的中介；而银行承兑汇票是银行的一种信用业务，体现购、销及银行三方关系，银行既是商业汇票的债务人，同时又是承兑申请人的债权人。银行承兑汇票由于有银行保证无条件付款，因而有较高信誉。

（二）商业汇票结算注意事项

（1）商业汇票的付款期限，最长不得超过6个月。

（2）定日付款、出票后定期付款或见票后定期付款的汇票，自到期日起10日内向承兑人提示付款。

(3)《中华人民共和国票据法》第十条规定：票据的签发、取得和转让，应当遵循诚实信用的原则，具有真实的交易关系和债权债务关系。

(4) 付款人承兑商业汇票，应当在汇票正面记载“承兑”字样和承兑日期并签章。

(5) 商业汇票一律记名，允许背书转让。

(三) 商业汇票的账务处理

采用商业汇票结算方式的财务处理如下：

1. 收款单位

(1) 收款单位收到付款人交付的商业汇票，发运货物后，根据有关原始凭证，编制转账凭证，会计分录如下：

借：应收票据

　贷：主营业务收入

　　　应交税费——应交增值税（销项税额）

(2) 收款单位将即将到期的商业汇票连同填制的邮划或电划委托收款凭证，一并送交银行办理转账，根据银行的收账通知编制银行收款凭证，会计分录如下：

借：银行存款

　贷：应收票据

2. 付款单位

(1) 付款单位办理银行承兑汇票，银行收取手续费时，编制银行付款凭证，会计分录如下：

借：财务费用——手续费

　贷：银行存款

(2) 付款单位将承兑后的商业汇票交给销货单位后，根据有关原始凭证，编制转账凭证，会计分录如下：

借：在途物资（或材料采购或原材料等）

　　应交税费——应交增值税（进项税额）

　贷：应付票据

(3) 到期付款。

付款单位在收到银行的付款通知时，应根据有关原始凭证编制付款凭证，会计分录如下：

借：应付票据

　贷：银行存款

(四) 商业汇票的结算程序

(1) 银行承兑汇票结算程序图示如下图：

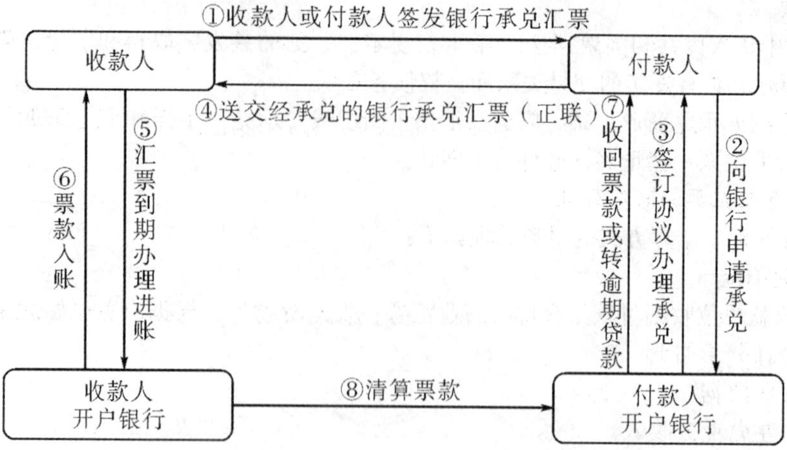

（2）商业承兑汇票结算程序图示如下图：

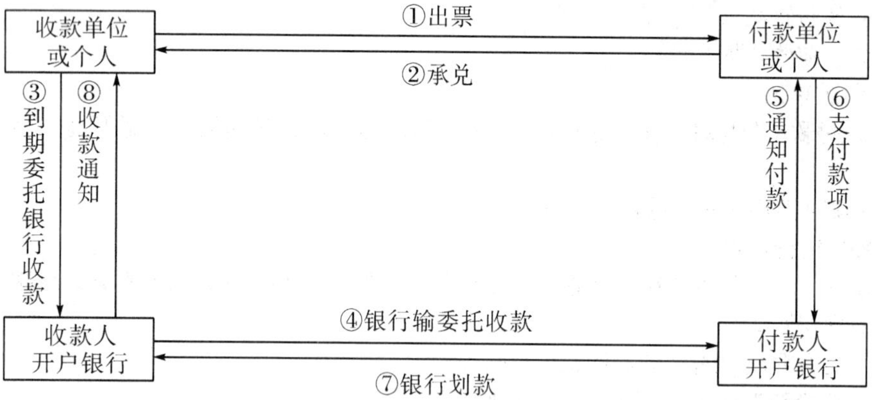

（五）商业汇票票样

（1）银行承兑汇票票样如下图：

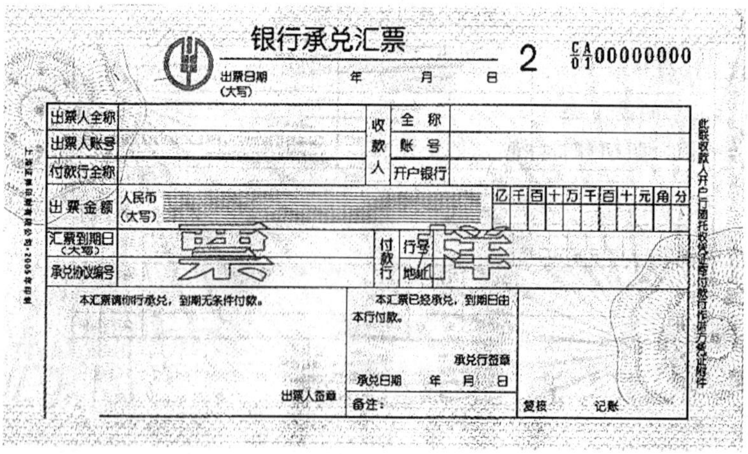

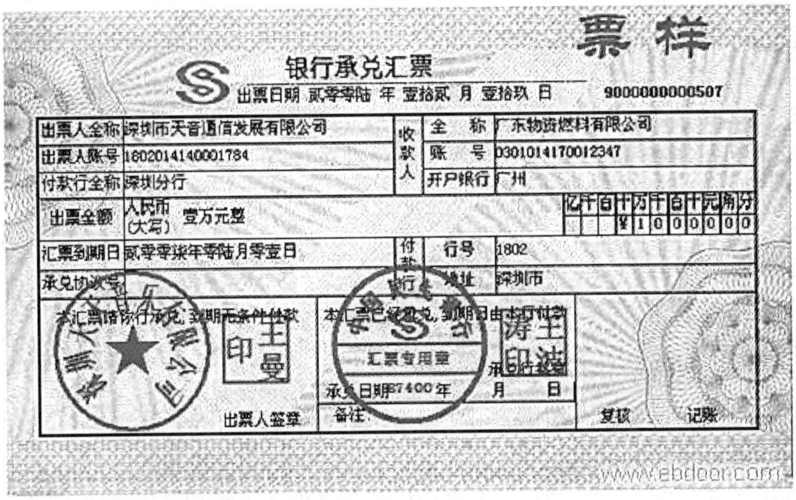

票样

银行承兑汇票

出票日期 贰零零陆 年 壹拾贰 月 壹拾玖 日　　9000000000507

出票人全称	深圳市天音通信发展有限公司	收款人	全　称	广东物资燃料有限公司
出票人账号	1802014140001784		账　号	0301014170012347
付款行全称	深圳分行		开户银行	广州
出票金额	人民币（大写）壹万元整		亿千百十万千百十元角分	￥1000000
汇票到期日	贰零零柒年零陆月零壹日	付款行	行号	1802
承兑协议号			地址	深圳市
本汇票请你行承兑，到期无条件付款　出票人签章		本汇票已经承兑，到期日由本行付款　汇票专用章　承兑行签章　承兑日期　年　月　日　备注：		复核　记账

www.ebdoor.com

（2）商业承兑汇票票样如下图：

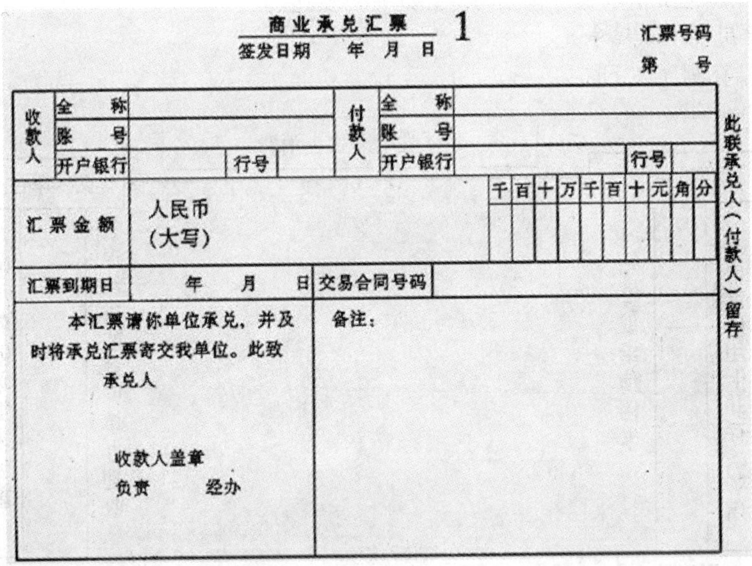

商业承兑汇票　1

签发日期　年　月　日

汇票号码　第　号

收款人	全　称		付款人	全　称	
	账　号			账　号	
	开户银行	行号		开户银行	行号
汇票金额	人民币（大写）			千百十万千百十元角分	
汇票到期日	年　月　日		交易合同号码		
本汇票请你单位承兑，并及时将承兑汇票寄交我单位。此致 承兑人　收款人盖章　负责　经办			备注：		

此联承兑人（付款人）留存

（3）背书转让操作样品如下图：

被背书人	被背书人	被背书人	粘贴单处
鄂州电脑城 财务专用章　背书人签章	姜大国印　背书人签章　年　月　日	中国工商银行鄂州文星支行 0765102216 78 汇票专用章　朱萍印　背书人签章　年　月　日	

五、信用卡

信用卡是指商业银行向个人和单位发行的，凭其向特约单位购物、消费和向银行存取现金，具有消费信用的特制载体卡片。它适用于同城和异地特约单位的购物和消费。

信用卡按使用对象分为单位卡和个人卡，按信用等级分为金卡和普通卡。凡在中国境内金融机构开立基本存款账户的单位可申领单位卡。

（一）信用卡结算的注意事项

（1）单位卡账户的资金一律从基本存款账户转账存入，不得交存现金，不得直接将销货收入存入卡内。

（2）持卡人可持卡在特约单位购货和消费，单位卡不得用于10万元以上的商品交易、劳务供应款项的结算。

（3）单位卡一律不得支取现金，个人卡可在提现范围内取现。

（4）信用卡只适用于合法持卡人本人使用，不得出租或转借信用卡。

（5）特约单位不得通过压卡、签单和退货方式帮助持卡人套取现金。

（6）持卡人凭卡购物、消费时，需将信用卡和身份证一并交特约单位。

（二）信用卡结算的账务处理

采用信用卡结算方式通过“其他货币资金——信用卡存款”账户进行核算。本知识点将在任务四“其他货币资金”中学习，在此不再赘述。

（三）信用卡结算程序

信用卡结算程序如下图：

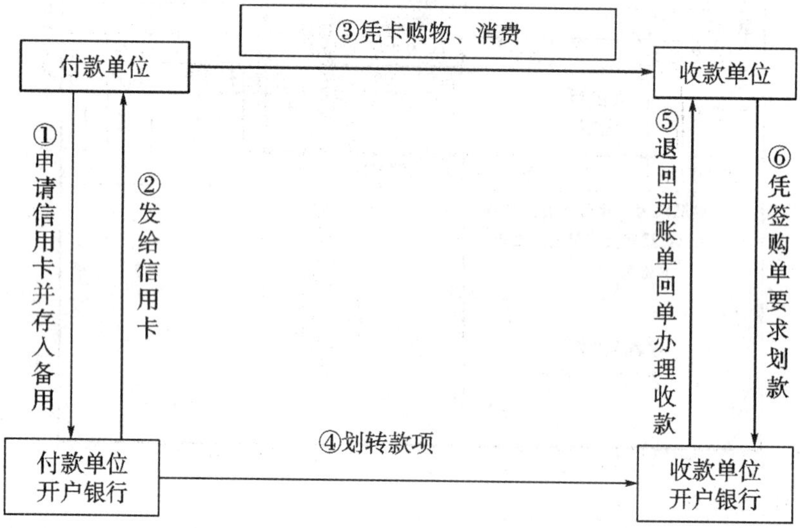

（四）信用卡样品

信用卡样品如下图：

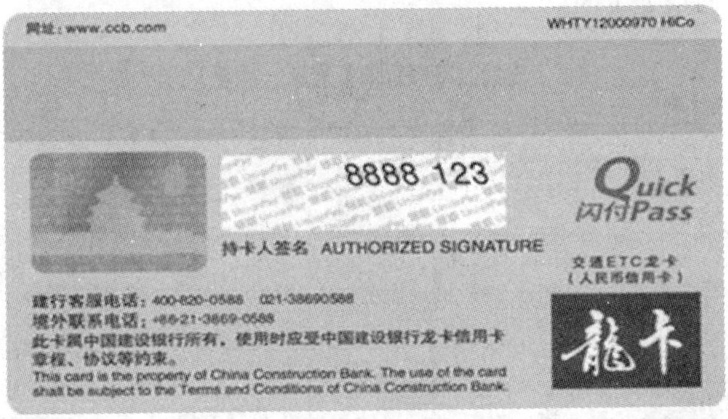

六、汇兑

汇兑是汇款人委托银行将款项支付给外地收款人的结算方式。适用于单位和个人异地之间各种款项的结算。

汇兑分为信汇、电汇两种，由汇款人选择使用。信汇是指汇款人委托银行通过邮寄方式将款项划给收款人。电汇是指汇款人委托银行通过电报将款项划转给收款人。

（一）汇兑结算的注意事项

（1）汇款单位派人到汇入银行领取汇款时，除在“收款人”栏写明取款人的姓名外，还应在“账号或住址”栏内注明“留行待取”字样。留行待取的汇款，需要指定具体收款人领取汇款的，应注明收款人的单位名称。

（2）个体经营户和个人需要在汇入银行支取现金的，应在信、电汇凭证上“汇款金额”大写栏先填写“现金”字样，接着再紧靠其后填写汇款金额大写。

（3）汇款人确定不得转汇的，应在“备注”栏内注明。

（4）汇款需要收款单位凭印鉴支取的，应在信汇凭证第四联上加盖收款单位预留银行印鉴。

（二）汇兑结算程序

汇兑结算程序如下图：

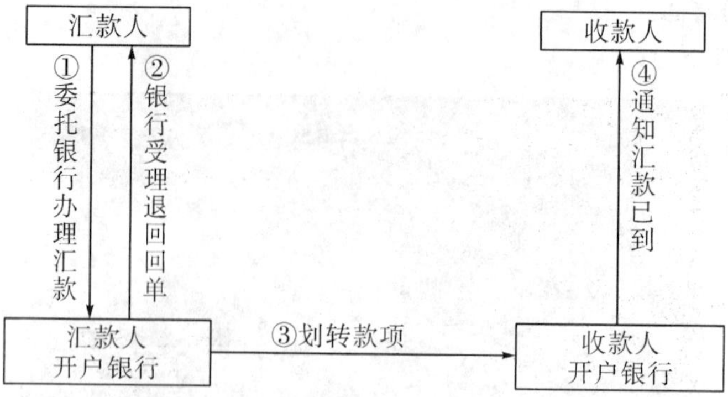

（三）汇兑结算设计的票据样品

机打电汇凭证回单如下图：

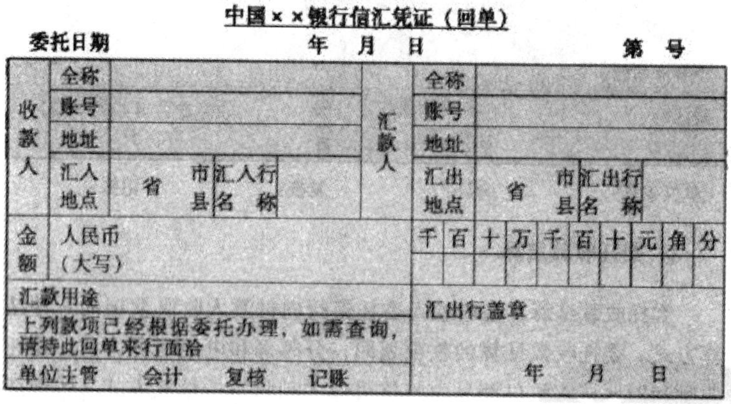

中国××银行信汇凭证（回单）

委托日期　　年　月　日　　　　第　号

收款人	全称		汇款人	全称						
	账号			账号						
	地址			地址						
	汇入地点　省　市县　汇入行名称			汇出地点　省　市县　汇出行名称						
金额	人民币（大写）		千	百	十	万	千	百	十	元 角 分
汇款用途			汇出行盖章							
上列款项已经根据委托办理，如需查询，请持此回单来行面洽										
单位主管　会计　复核　记账			年　月　日							

手工电汇凭证回单如下图：

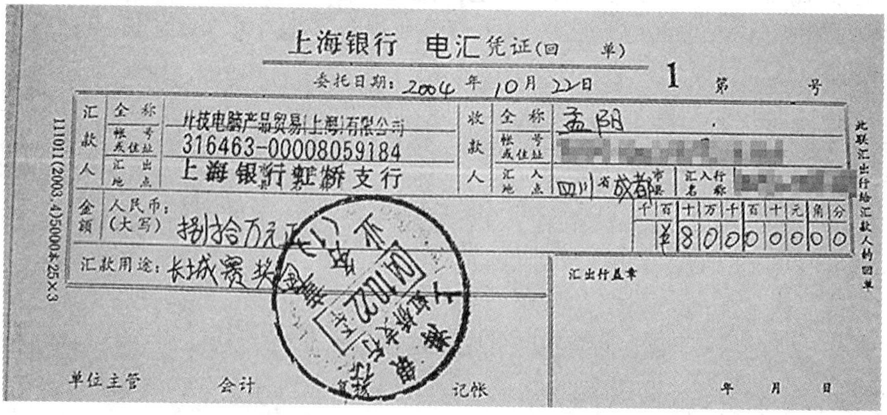

上海银行　电汇凭证（回　单）

委托日期：2004年10月22日　　1　第　号

汇款人	全称	北技电脑产品贸易（上海）有限公司	收款人	全称	孟阳
	帐号或住址	316463-00008059184		帐号或住址	
	汇出地点	上海银行虹桥支行		汇入地点	四川省成都市县　汇入行名称
金额	人民币：（大写）	捌拾万元正		千百十万千百十元角分	¥80000000
汇款用途：长城宽带			汇出行盖章		
单位主管　会计　复核　记帐			年　月　日		

11101(2003.4)5000本25×3

此联汇出行给汇款人的回单

（四）汇兑结算的账务处理

1. 收款单位的账务处理

收款单位对于汇入的款项，应在收到银行的收款通知时，据以编制收款凭证，会计分录如下：

借：银行存款

　贷：应收账款（或主营业务收入、应交税费等）

2. 付款单位的账务处理

（1）付款是为了进行款项的结算，应根据汇兑结算凭证回单，编制如下会计分录：

借：应付账款等

　贷：银行存款

（2）汇款到外地是为了异地零星采购，开立临时账户，会计核算见其他货币资金核算章节内容。

七、委托收款

委托收款是收款人向其开户银行提供收款依据，委托银行向付款人收取款项的结算方式。委托收款在同城、异地均可以办理，不受金额起点限制。委托收款按照收款方式不同可分为邮寄划回和电报划回两种，由收款人自主选择。委托收款适用于收取电话费、电费、商业承兑汇票、债券和存单等有明确的债权债务证明的有关款项的收取。

（一）委托收款结算方式注意事项

（1）委托收款结算不受金额起点限制。

（2）委托收款结算程序分为“委托”和“付款”两个阶段。委托是指收款人向银行提交委托收款凭证和有关债务证明并办理委托收款手续的行为。付款是指银行在接到寄来的委托收款凭证及债务证明，并经审查无误后向收款人办理付款的行为。具体而言：

①以银行为付款人的，银行应在当日将款项主动支付给收款人。

②以单位为付款人的，银行应及时通知付款人，需要将有关债务证明交给付款人的应交给付款人并让其签收。付款人应于接到通知的当日书面通知银行付款；如果付款人未在接到通知日的次日起3日内通知银行付款的，视同付款人同意付款，银行应于付款人接到通知日的次日起第4日上午开始营业时，将款项划给收款人。

（3）付款人拒绝付款。付款人审查有关债务证明后，对收款人委托收取的款项需要拒绝付款的，可以办理拒绝付款。付款人对收款人委托收取的款项需要全部拒绝付款的，应在付款期内填制“委托收款结算全部拒绝付款理由书”，并加盖银行预留印鉴章，连同有关单证送交开户银行，银行不负责审查拒付理由，将拒绝付款理由书和有关凭证及单证寄给收款人开户银行转交收款人。需要部分拒绝付款的，应在付款期内出具“委托收款结算部分拒绝付款理由书”，并加盖银行预留印鉴章，送交开户银行，银行办理部分划款，并将部分拒绝付款理由书寄给收款人开户银行转交收款人。

（4）无款支付的规定。付款人在付款期满日、银行营业终了前如无足够资金支付全部款项，即为无款支付。银行于次日上午开始营业时，通知付款人将有关单证（单证已作账务处理的，付款人可填制“应付款项证明书”）在两天内退回开户银行，银行将有关结算凭证连同单证或应付款项证明单退回收款人开户银行转交收款人。

（5）付款人逾期不退回单证的，开户银行应按照委托收款的金额自发出通知的第3天起，每天处以0.5‰但不低于50元的罚款，并暂停付款人委托银行向外办理结算业务，直到退回单证时为止。

（二）委托收款结算方式的程序

委托收款结算方式如下图：

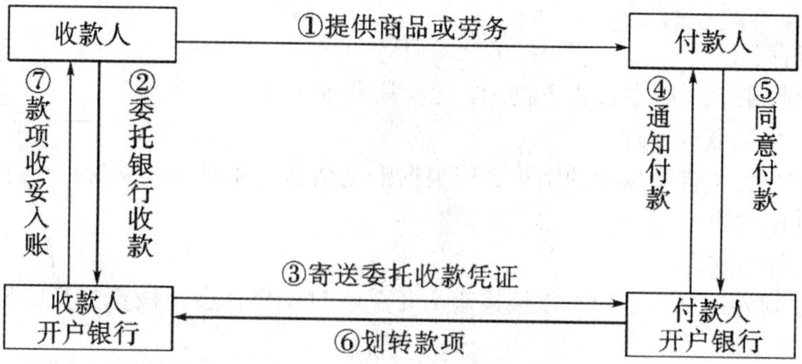

（三）委托收款结算方式涉及的凭证样品

委托收款电报划回凭证如下图：

委托收款凭证（回单） 1 第 号

委电 委托日期 年 月 日 委托号码：

付款人	全称		收款人	全称	
	账号或地址			账号或地址	
	开户银行			开户银行	
委收金额	人民币（大写）		千 百 十 万 千 百 十 元 角 分		
款项内容		委托收款凭据名称		附寄单证张数	
备注： 电划		款项收妥日期 年 月 日		收款人开户银行盖章 年 月 日	

此联是收款人开户银行给收款人的回单

委托收款邮政划回凭证如下图：

委托收款凭证（付款通知）

托收号码：

委邮 委托日期： 年 月 日 付款期限 年 月 日 第18号

付款人	全称		收款人	全称												
	账号			账号												
	开户银行			开户银行												
托收金额	人民币(大写)：肆仟柒佰肆拾陆元整				千	百	十	万	千	百	十	元	角	分		
								¥	4	7	4	6	0	0		
款项内容	水费	委托收款凭据名称	增值税发票	附寄单证张数												
备注：	付款人注意：1.根据结算办法规定，上列委托收款，在付款期限内未拒付时，即视同意付款。2.如需提前付款或多付款时，应另写书面通知送银行办理。3.如系全部拒付或部分拒付，应在付款期限内另填拒绝付款理由书送银行办理。															

中国工商银行北京市

此联付款人开户银行给付款人按时付款的通知

（四）委托收款的账务处理

（1）收款单位。

收款单位应在收到银行的收款通知书时，据以编制收款凭证，会计分录如下：

借：银行存款

　贷：应收账款等

（2）付款单位。

付款单位在收到银行转来的委托收款凭证后，根据委托收款凭证的付款通知和有关原始凭证，据以编制付款凭证，会计分录如下：

借：应付账款等

　贷：银行存款

八、托收承付

托收承付是指根据购销合同由收款人发货后委托银行向异地付款人收取款项，由付款单位向银行承认付款的一种结算方式。它适用于异地单位之间有购销合同的商品交易或劳务供应等款项的结算。委托代销、赊销、寄销商品的款项不得办理托收承付结算，结算金额起点为10 000元。

托收承付款项的划回方式为邮寄和电报两种，由销货单位收款人自主选用。

（一）托收承付结算的注意事项

（1）收付双方使用托收承付结算必须签有符合《中华人民共和国合同法》的购销合同，并在合同上订明使用异地托收承付结算方式。

（2）收款人办理托收，必须有商品确已发运的证件（包括铁路、航运、公路等运输部门签发的运单、运单副本和邮局包裹回执等）。

（3）托收承付结算每笔的金额的起点金额为10 000元。新华书店系统每笔起点金额为1 000元。

（4）大中型国营工业企业和商业一级、二级批发企业办理异地托收承付，如果需要补充在途占用的结算资金，可以向银行申请结算贷款。

（5）付款单位开户银行对不足支付的托收款项可作逾期付款处理，但对拖欠单位按每日0.05%计算逾期付款赔偿金。

（6）托收承付结算分为委托和承付两个阶段。

①托收（或委托）。

托收是指销货单位（收款单位）委托开户银行收取结算款项的行为。销货单位按购销合同发货后，填写托收承付凭证，盖章后连同发运证件或其他有关证明和交易单证送交开户银行办理托收手续。销货单位开户银行接受委托后，将有关凭证寄往购货单位开户银行，由购货单位开户银行通知购货单位付款。

②承付。

承付是指购货单位（付款单位）在承付期内，向银行承认付款的行为。购货单位应立即对有关凭证进行审查。承付货款分为验单承付和验货承付两种：验单承付是根据银行转来的托收承付结算凭证及其他单证，与经济合同核对无误后，承付货款；验货承付是指在收到收款单位商品，验收无误后，才承付货款。验单承付的承付期为3天，验货承付的承付期为10天，在承付期内，如未向银行表示拒绝付款，银行即作为默认承付，于期满的次日由购货单位的账户将款项转出。

如果购货单位经过验单或验货，发现销货单位托收款项计算有错误，或者商品品种、质量、规格、数量与合同规定不符时，购货单位在承付期内有权全部或部分拒付货款。拒付货款需要填写拒付理由书交银行办理，但拒付后的商品必须妥善代管，不能短少或损坏。

（二）托收承付结算程序

托收承付结算程序如下图：

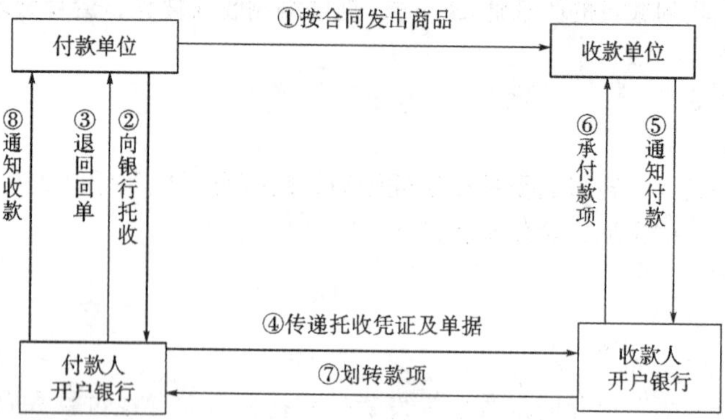

（三）托收承付结算结算凭证样品

托收承付凭证回单如下图：

邮　　中国××银行托收承付结算凭证（回单）　1　　第　号

委托日期：　　年　月　日　　托收号码：

付款单位	全　称			收款单位	全　称		
	账号或地址				账号或地址		
	开户银行		行号		开户银行		行号
托收金额	人民币（大写）				百 十 万 千 百 十 元 角 分		
附　件		商品发运情况			合同名称号码		
附寄单证张数或册数							
备注：		款项收妥日期　年　月　日			（收款单位开户行盖章）年　月　日		

单位主管：　　会计：　　复核：　　记账：

拒付理由书如下图：

委托收款结算 全部/部分 拒绝承付理由书

（四联）　　原委托号码：

（代回单或支款通知）

拒付日期　年　月　日

收款人	全　称			付款人	全　称		
	账　号				账　号		
	开户银行		行号		开户银行		行号
委托金额		拒付金额		部分承付金额	千百十万千百十元角分		
附寄证件张数或册数		部分承付金额（大写）					
拒付理由：					（付款单位签单）		

单位主管：　　会计：　　复核：　　记账：

此联银行给付款人的回单或支款通知

（四）托收承付结算的账务处理

1. 收款单位

（1）收款单位销售商品，办妥委托收款手续后，根据委托收款凭证回单及其他有关凭证，编制转账凭证，会计分录如下：

借：应收账款

　贷：主营业务收入

　　应交税费——应交增值税（销项税额）

（2）收款单位在收到银行的收款通知时，根据收款通知和有关原始凭证，编制收款凭证，会计分录如下：

借：银行存款

　贷：应收账款

2. 付款单位

付款单位应于承付时根据托收承付结算凭证的承付支款通知和有关原始凭证，据以编制付款凭证，会计分录为：

借：物资采购或材料采购等账户

　应交税费——应交增值税（进项税额）

　贷：银行存款

如全部拒绝付款，不作账务处理。属于部分拒绝付款的，付款部分按上述规定处理，拒付部分不作账务处理。

任务四　其他货币资金

【案例 1-6】华泰有限责任公司为增值税一般纳税人，适用的增值税税率为 16%，2018 年 12 月份主要有以下经济业务：

（1）12 月 3 日，公司采购员将前往厦门进行零星材料采购，出纳员委托工商银行厦门湖里支行开立 80 000 元采购账户。

（2）12 月 9 日，公司收到采购员寄来采购材料增值税发票所列材料采购价款50 000元，增值税进项税 8 000 元，材料尚未验收入库，价税款已通过采购专户支付，材料按实际成本法核算。

（3）12 月 13 日，公司收到从厦门发来的材料并验收入库。

（4）12 月 18 日，公司收到工商银行厦门湖里支行寄来的进账单，显示采购专户余款已转回。

（5）12 月 20 日，公司向开户行提交“银行汇票委托书”，委托银行签发 30 000 元银行汇票，银行受理后签发银行汇票和解讫通知，开户行同时按 5‰收取手续费。

（6）12 月 22 日，公司用银行汇票采购 A 原材料一批，货款 20 000 元，增值税税率 16%，原材料尚未验收入库。

（7）12 月 23 日，公司收到银行退回的余款收账通知，仓库转来 A 材料入库验收单。

（8）12 月 24 日，公司委托银行办理银行本票 46 400 元，提交银行本票申请书并将 46 400元款项交存银行，当日取得银行本票。

（9）12 月 25 日，公司使用银行本票采购 B 原材料一批，货款 40 000 元，增值税税额为6 400元，原材料尚未验收入库。

（10）12 月 26 日，公司向开户行申请领用 200 000 元信用卡，按要求于当日向银行交存备用金50 000元。

（11）12月28日，公司采购C原材料一批，增值税专用发票注明货款150 000元，增值税进项税为24 000元，用信用卡办理结算，材料已验收入库。

（12）12月30日，公司向证券公司存入资金500 000元。

要求：编制上述业务的会计分录。

任务分析：该案例中的经济业务涉及外埠存款、银行汇票、信用卡和存出保证金的核算，这些业务都属于企业其他货币资金的核算，要完成案例任务就必须系统学习其他货币资金的相关知识和账务处理。

必备知识（理论知识）

一、其他货币资金的内容

其他货币资金是指企业除现金和银行存款以外的其他各种货币资金。其他货币资金主要包括外埠存款、银行汇票存款、银行本票存款、信用卡存款、信用证保证金存款、存出投资款等。其他货币资金就性质而言，同现金和银行存款一样均属于货币资金，但是存放在企业的专用存款账户、一般存款账户和临时存款账户上，而不同于存放在基本结算账户上的银行存款账户资金，因此，在会计上是通过设置“其他货币资金”账户进行核算的。

基本能力（操作技能）

二、其他货币资金的核算

（一）账户设置

“其他货币资金”账户为资产类账户，本科目核算企业的银行汇票存款、银行本票存款、信用卡存款、信用证保证金存款、存出投资款、外埠存款等其他货币资金增加、减少和结存情况。企业增加其他货币资金时，借记本账户，贷记“银行存款”账户；减少其他货币资金时，借记有关账户，贷记本账户。本账户期末借方余额，反映企业持有的其他货币资金。本账户可按银行汇票或本票、信用证的收款单位，外埠存款的开户银行，分别按“银行汇票”“银行本票”“信用卡”“信用证保证金”“存出投资款”“外埠存款”等设置明细账进行明细核算。

（二）其他货币资金的账务处理

1. 外埠存款

外埠存款是指企业到外地进行临时或零星采购时，汇往采购地银行开立采购专户的款项。企业汇出款项时，须填写汇款委托书。汇入银行对汇入的采购款项，以汇款单位名义开立采购账户。采购专户只付不收，付完结束账户。

企业将款项委托当地银行汇往采购地开立专户时，借记“其他货币资金——外埠存款”账户，贷记“银行存款”账户。

外出采购人员报销用外埠存款支付材料采购货款等款项时，借记“物资采购”“材料采购”“原材料”等账户，借记“应交税费——应交增值税（进项税额）”账户，贷记“其他货币资金——外埠存款”账户。异地采购结束后，如果外埠存款还有余款，应转回基本存款账户，借记“银行存款”账户，贷记“其他货币资金——外埠存款”账户。

【案例1-6解答】

（1）12月3日，委托开立采购专户时，根据银行汇款存根，编制会计分录如下：

借：其他货币资金——外埠存款　　80 000

　贷：银行存款　　80 000

（2）12月9日，企业收到采购员交来的供应单位的发票账单等报销凭证时，编制会计分录如下：

借：物资采购　　50 000

　　应交税费——应交增值税（进项税额）　　8 000

　贷：其他货币资金——外埠存款　　58 000

（3）12 月 13 日，采购任务完成后将剩余的外埠存款转回当地银行时，根据银行的收款通知，编制会计分录如下：

借：银行存款　　21 500

　贷：其他货币资金——外埠存款　　21 500

（4）12 月 18 日，材料验收入库时，根据验收入库单，编制转账凭证，会计分录如下：

借：原材料　　50 000

　贷：物资采购　　50 000

2. 银行汇票存款

（1）付款单位的账务处理。

银行汇票存款是指企业为取得银行汇票按照规定存入银行的款项。企业向银行申请办理银行汇票存入款项时，借记“其他货币资金——银行汇票”账户，贷记“银行存款”账户；企业用银行汇票支付款项时，借记“物资采购”“应交税费——应交增值税（进项税额）”等账户，贷记“其他货币资金——银行汇票”账户。采购支付后因汇票有多余款或因汇票超过付款期等原因而退回款项时，应根据开户行转来的银行汇票的第四联（多余款收账通知），借记“银行存款”账户，贷记“其他货币资金——银行汇票”账户。

（2）收款方的账务处理。

销货方在销货过程中收到购货单位送来的银行汇票时，借记“银行存款”账户，贷记“主营业务收入”和“应交税费——应交增值税（销项税额）”等账户。

【案例 1-6 解答】

（5）12 月 20 日，根据银行盖章退回的委托书存根联，做如下会计分录：

借：其他货币资金——银行汇票存款　　30 000

　贷：银行存款　　30 000

支付银行汇票手续费时：

借：财务费用——手续费　　150

　贷：银行存款　　150

（6）12 月 22 日，根据增值税发票等有关凭证，做如下会计分录：

借：物资采购——A 材料　　20 000

　　应交税费——应交增值税（进项税额）　　3 200

　贷：其他货币资金——银行汇票存款　　23 200

（7）12 月 25 日，余款退回时，做如下会计分录：

借：银行存款　　6 800

　贷：其他货币资金——银行汇票存款　　6 800

材料验收入库时：

借：原材料——A 材料　　20 000

　贷：物资采购　　20 000

3. 银行本票存款

（1）付款单位的账务处理。

银行本票存款是指企业为取得银行本票按照规定存入银行的款项。企业向银行提交“银行本票申请书”，将款项交存银行取得银行本票后，借记“其他货币资金——银行本票”账户，贷记“银行存款”账户。企业用银行本票支付购货等款项时，借记“物资采购”“材料采购”“应交税费——应交增值税（进项税额）”等账户，贷记“其他货币资金——银行本票”账户。如企业因银行本票超过付款期等原因而要求银行退款时，应填写进账单一式两联，连同本票一并送交银行，根据银行收回本票时盖章退回的进账单第一联，借记“银行存款”账户，贷记“其他货币资金——银行本票”账户。

（2）收款单位的账务处理。

如果企业在销货过程中收到购货单位送来的银行本票时，应将银行本票连同进账单交银行办理转账收款手续，借记“银行存款”账户，贷记“主营业务收入”和“应交税费——应交增值税（销项税额）”等账户。

【案例 1-6 解答】

（8）12 月 24 日，根据银行盖章退回的银行本票申请书存根联，做如下会计分录：

借：其他货币资金——银行本票存款　46 400

　贷：银行存款　46 400

（9）12 月 25 日，根据增值税发票、银行付款通知书等有关凭证，做如下会计分录：

借：物资采购——B 材料　40 000

　　应交税费——应交增值税（进项税额）　6 400

　贷：其他货币资金——银行本票存款　46 400

如企业因银行本票超过付款期等原因而要求银行退款时，应填写进账单一式两联，连同本票一并送交银行，根据银行收回本票时盖章退回的进账单第一联，企业应做如下会计分录：

借：银行存款　46 400

　贷：其他货币资金——银行本票　46 400

4. 信用卡存款

信用卡存款是指企业为取得信用卡按照规定存入银行的款项。企业向银行提交申请表，将款项及有关资料交存银行后，根据银行盖章退回的进账单，借记“其他货币资金——信用卡存款”账户，贷记“银行存款”账户。企业用信用卡购物或支付有关费用，借记有关账户，贷记“其他货币资金——信用卡存款”账户。

【案例 1-6 解答】

（10）12 月 26 日，根据银行退回的银行申请书回单，编制付款凭证，做如下会计分录：

借：其他货币资金——信用卡存款　50 000

　贷：银行存款　50 000

（11）12 月 28 日，根据增值税发票、材料验收入库单等单据，编制转账凭证，会计分录如下：

借：原材料——C 材料　150 000

　　应交税费——应交增值税（进项税额）　24 000

　贷：其他货币资金——信用卡存款　174 000

5. 信用证保证金存款

信用证存款是指采用信用证结算方式的企业为开具信用证而存入银行信用证保证金专户的款项。企业向银行申请开出信用证并交纳保证金时，借记“其他货币资金——信用证存款”账户，贷记“银行存款”账户。企业用信用支付购货款等款项时，借记“物资采购”“材料采购”“应交税费——应交增值税（进项税额）”等账户，贷记“其他货币资金——信用证存款”账户。企业收到未用完的信用证存款余额时，借记“银行存款”账户，贷记“其他货币资金——信用证存款”账户。因涉及外币业务的处理，留在高级会计实务中学习，在此不再赘述。

6. 存出投资款

存出投资款是指企业已存入证券公司资金账户但尚未进行有价证券投资的现金。企业向证券公司划出资金时，应按实际划出的金额，借记“其他货币资金——存出投资款”账户，贷记“银行存款”账户；购买股票、债券、基金等时，借记“交易性金融资产”等账户，贷记“其他货币资金——存出投资款”账户。

【案例 1-6 解答】

(12) 12 月 30 日，根据银行转来付款通知书，编制银行付款凭证，会计分录如下：

借：其他货币资金——存出投资款　　500 000

　贷：银行存款　　500 000

任务五　出纳岗位业务实训

一、出纳岗位模拟实训

(一) 模拟企业基本情况

项目	内容
企业名称	北京同仁有限公司
企业类型	制造业，为增值税一般纳税人，增值税税率为 16%。
法人代表	李鼎
地址	北京市朝阳北路 18 号
财务主管	张云旺
会计	李丽
出纳	王华
现金日记账期初余额	12 000.00 元
银行存款日记账期初余额	4 988 000.00 元

(二) 2018 年 12 月发生的部分经济业务

2018 年 12 月发生的部分经济业务如下：

(1) 3 日，管理人员张山参加业务招待会，预借差旅费 3 000 元，出纳以现金支付。

(2) 3 日，从北京大力有限公司采购 A 材料一批，增值税专用发票上注明货款20 000 元，增值税 3 200 元，价税款用转账支票支付。

(3) 3 日，向北京百发集团销售 A 产品一批，价税款 580 000 元，收到转账支票一张，开出进账单，将支票及进账单一并送交开户银行。

(4) 4 日，填制银行汇票申请书，向开户银行申请汇票 100 000 元用于购买设备。收款人是天津机械公司（工商行渤海支行，账号 300018）。

(5) 5 日，业务员秦涛报销业务用车汽油费、过路费 800 元。

(6) 5 日，开出现金支票，从银行提取现金 3 800 元备用。

(7) 6 日，向北京商贸有限公司销售甲产品一批，货款 50 000 元，增值税 8 000 元，收到一张转账支票，开出进账单送存银行。

(8) 6 日，填制银行本票申请书，申请不定额本票 35 100 元，用于向北京物资公司（工商行青年路支行，账号 3001920）采购物资。

(9) 7 日，厂部购买办公用品计 320 元，收到发票一张，价款以现金付讫。

（10）8 日，零星销货收入 1 000 元，销项税额 160 元，销货款及增值税款已存入银行，收到交款单回单。

（11）10 日，张山报销差旅费 2 850 元，送交差旅费报销单一张及余款 150 元现金，当即开给 025 号现金收据。

（12）10 日，按照 2345#购销合同要求，从戴尔（中国厦门）有限公司购买 5 台电脑。开出银行承兑汇票 50 000 元，支付手续费 50 元。承兑后交给收款人戴尔（中国厦门）有限公司。汇票到期日为 2019 年 6 月 10 日。

（13）13 日，接到银行转来收款通知，上月销售给天津天润有限公司的销售收入款 351 000元已到账。

（14）15 日，用现金支付邮政局订阅杂志费 240 元，收到该局收据一张。

（15）15 日，按照 9876#购销合同要求，6 月 15 日开出的商业承兑汇票 80 000 元已到期，经商业承兑后收到货款。

（16）16 日，公司售出废旧报纸、杂志，收到现金 200 元。

（17）20 日，收到银行 38976 号通知，第二季度存款利息 417 元入账。

（18）20 日，填制电汇凭证，委托银行汇款 50 000 元往广州工商行经广支行，汇款留行待本公司采购员秦涛前来领取。

（19）23 日，填制电划委托收款凭证，委托银行收取 25 日到期的商业承兑汇票款 100 000元。购销合同号为 5678#，汇票的付款人是工商行厦门支行的开户单位丽都公司，账号 5096879。

（20）25 日，购买办公用品一批，总计 8 000 元，增值税进项税 1 280 元，以银行存款支付。

（21）25 日，填制邮划托收承付结算凭证，委托银行收取货款 90 000 元，购销合同号为 7890#。付款人是昆明市云景公司（开户银行为工商行昆明支行），账号 789654。随结算凭证寄出的单证有购销发票、商品发运发票。

（三）要求

（1）根据资料一中现金日记账、银行存款日记账期初余额情况登记“现金日记账”“银行存款日记账”。

（2）根据资料二填制相关的原始凭证，并由会计人员编制记账凭证。

（3）根据记账凭证登记现金日记账及银行存款日记账并结出余额额。

二、银行存款余额调节表的编制

华通公司 2018 年 6 月 30 日银行存款日记账余额为 215 478 元，同日银行寄来的对账单余额为 218 991 元，经核对发现下列情况：

（1）公司 29 日开出的两张现金支票尚未兑现，金额分别为 390 元和 248 元；

（2）月末银行代收货款 1 710 元，扣除手续费 15 元后存入公司账户，但公司尚未收到入账通知；

（3）银行结算本公司存款利息 83 元，公司尚未收到通知未能入账；

（4）银行将华闽公司所开出支付货款的支票 1 007 元误记入本公司账户；

（5）30 日公司支付本月电费 435 元，在银行日记账上误记为 345 元。

要求：根据上列情况进行相应的会计处理，编制银行存款余额调节表。

银行存款余额调节表

年　月　日

项目	余额	项目	余额
银行对账单余额 加：企业已收，银行未收 减：企业已付，银行未付		银行存款日记账余额 加：银行已收，企业未收 减：银行已付，企业未付	
调整后的余额		调整后的余额	

【基本任务训练】

一、单项选择题

1. 企业将款项委托开户银行汇往采购地银行，开立采购专户时，应借记的科目是（　　）。

A.“银行存款”科目　　B.“材料采购”科目

C.“其他货币资金”科目　　D.“其他应收款”科目

2. 下列各项中，不属于“其他货币资金”科目核算内容的是（　　）。

A. 信用证存款　　B. 存出投资款

C. 备用金　　D. 银行汇票存款

3. 企业采用银行承兑汇票结算方式购进货物，签发的银行承兑汇票经开户银行承兑时，支付的承兑手续费应计入（　　）。

A. 管理费用　　B. 财务费用

C. 营业外支出　　D. 其他业务支出

4. 企业在现金清查中发现多余现金，在未经批准处理之前，应借记“库存现金”科目，贷记（　　）科目。

A.“营业外收入”　　B.“待处理财产损溢”

C.“其他应付款”　　D.“其他业务收入”

5. 经过“银行存款余额调节表”调整后的银行存款余额为（　　）。

A. 企业账上的银行存款余额

B. 银行账上的企业存款余额

C. 企业可动用的银行存款数额

D. 企业应当在会计报表中反映的银行存款余额

6. 根据《现金管理暂行条例》规定，下列经济业务中，不能用现金支付的是（　　）。

A. 支付职工奖金 5 000 元

B. 支付零星办公用品购置费 800 元

C. 支付物资采购货款 1 200 元

D. 支付职工差旅费 2 000 元

7. 下列各类款项，适用于托收承付结算方式的是（　　）。

A. 代销商品的款项　　B. 寄销商品的款项

C. 赊销商品的款项　　D. 因商品交易而产生的款项

8. 现行银行结算办法规定，支票付款的有效期限应为（　　）。

A. 3 天　　B. 5 天

C. 10 天　　D. 15 天

9. 现行银行结算办法规定，下列结算方式中，只能用于商品交易款项结算的是

（　　）。

A. 银行汇票结算方式　　B. 商业汇票结算方式

C. 委托收款结算方式　　D. 银行本票结算方式

10. 企业采购人员持银行汇票到外地办理款项支付结算后，根据有关凭证账单报销时，应借记有关科目，贷记（　　）。

A. “银行存款”科目

B. “应付票据——商业承兑汇票”科目

C. “应付票据——银行承兑汇票”科目

D. “其他货币资金”科目

二、多项选择题

1. 企业发生的下列支出中，可用现金支付的有（　　）。

A. 发放本月职工工资 185 000 元

B. 购买原材料价款 68 000 元

C. 购买办公用品 580 元

D. 报销退休职工张某医药费 6 300 元

2. 下列各项中，属于其他货币资金的有（　　）。

A. 银行本票存款　　B. 信用卡存款

C. 银行汇票存款　　D. 外埠存款

3. 下列各项中，符合《现金管理暂行条例》规定可以用现金结算的有（　　）。

A. 向个人收购农副产品支付的价款　　B. 向企业购买大宗材料支付的价款

C. 支付给职工个人的劳务报酬　　D. 出差人员随身携带的差旅费

4. 导致企业银行存款账的余额与银行对账单的余额在同一日期不一致的情况有（　　）。

A. 银行已记作企业的存款增加，而企业尚未接到收款通知，尚未记账的款项

B. 银行已记作企业的存款减少，而企业尚未接到付款通知，尚未记账的款项

C. 企业已记作银行存款增加，而银行尚未办妥入账手续的款项

D. 企业已记作银行存款减少，而银行尚未支付入账的款项

5. 下列各项中，不通过“其他货币资金”科目核算的有（　　）。

A. 银行汇票存款　　B. 银行承兑汇票

C. 备用金　　D. 外埠存款

三、判断题

1. 根据现行银行结算办法的有关规定，托收承付结算方式必须是商品交易以及因商品交易而产生的劳务供应的款项。（　　）

2. 企业采用代销、寄销、赊销方式销售商品的款项，不得采用托收承付结算方式结算货款。（　　）

3. 我国的会计核算以人民币为记账本位币，因此，企业的现金是指库存的人民币现金，不包括外币。（　　）

4. 企业与银行核对银行存款账目时，对已发现的未达账项，应当编制银行存款余额调节表进行调节，并进行相应的账务处理。（　　）

5. 无论是商业承兑汇票还是银行承兑汇票，付款人都负有到期无条件支付票款的责任。（　　）

6. 企业用银行汇票支付购货款时，应通过“应付票据”账户核算。（　　）

7. 未达账款是指企业与银行之间由于凭证传递上的时间差，一方已登记入账而另一方

尚未入账的账项。（　　）

8. 托收承付结算方式既适用于同城结算，也适用于异地结算。（　　）

9. 商业承兑汇票是由购货企业签发的，并由购货企业承兑。（　　）

10. 备用金定额管理的企业，除了增加或减少拨入的备用金外，使用或报销有关备用金支出时不再通过“其他应收款——备用金”科目核算。（　　）

四、会计业务题

1. 某企业 2018 年 12 月发生经济业务如下：

（1）12 月 2 日，出纳员开出现金支票 3 000 元，补充库存现金。

（2）12 月 4 日，财审部报销办公用品款，以现金支付 160 元。

（3）12 月 7 日，李某出差预借差旅费 1 000 元，以现金支付。

（4）12 月 9 日，对现金进行清查，发现现金短款 200 元。期末无法查明原因，经批准计入当期费用。

（5）12 月 17 日，由当地银行汇往 B 市某银行临时采购货款 40 000 元。

（6）12 月 18 日，李某出差回来，报销差旅费 850 元。

（7）12 月 20 日，在 B 市购买原材料，增值税专用发票注明价款 30 000 元，增值税税额4 800元，材料尚未运到。转回临时采购账户剩余存款。

要求：根据上述业务编制会计分录。

2. 某公司于 2018 年 3 月末收到某银行转来对账单，对账单余额为 25 000 元，公司在该银行的银行存款余额为 16 000 元。经查，存在下列未达账项：

（1）企业于月末存入银行的转账支票 2 000 元，银行尚未入账。

（2）委托银行代收的销货款 12 000 元，银行已经收到入账，企业尚未收到银行的收款通知。

（3）银行代付本月电话费 4 000 元，企业尚未收到银行的付款通知。

（4）企业于月末开出转账支票 3 000 元，持票人尚未到银行办理转账手续。

要求：根据资料填写下列银行存款余额调节表。

银行存款余额调节表

2018 年 3 月 31 日

项目	金额	项目	金额
银行对账单余额		企业存款日记账余额	
加：企业已收银行未收款项		加：银行已收企业未收款项	
减：企业已付银行未付款项		减：银行已付企业未付款项	
调节后余额		调节后余额	

【案例分析训练】

小李刚参加工作，在 A 公司做出纳员工作，遇到过下列情况：

（1）在两次例行的现金清查中，分别发现现金短缺 100 元和现金溢余 50 元。小李弄不明白原因，为保全自己的面子，息事宁人，现金短缺的 100 元他自己补上，现金溢余的 50 元自己收起。

（2）每次编制银行存款余额调节表时，只根据公司银行存款日记账的余额，加或减对账单中企业的未入账款项来确定公司银行存款的实有数，而且每次做完银行存款余额调节表后，立即将未入账的款项登记入账。

要求：分析小李对上述业务的处理是否正确，并给出正确答案。

【项目小结】

本项目主要学了货币资金的核算，包括库存现金、银行存款和其他货币资金核算，学习中应重点掌握三种货币资金核算的适用范围，尤其应重点掌握库存现金收付和银行存款收付的区别，由于基础会计课程已学过库存现金和银行存款核算，所以接受比较容易，学习重心应放在其他货币资金核算和交易结算方式上。

【关键概念】

库存现金　支票　银行汇票　银行本票　汇兑　委托收款　托收承付　存出投资款

项目二
往来结算岗位核算

【学习目标】

知识目标：

（1）了解应收票据、应收账款、其他应收款、预付账款等相关概念；

（2）掌握带息应收票据、商业折扣和现金折扣的财务处理；

（3）重点掌握坏账损失备抵法的核算。

能力目标：

（1）能对应收、应付款项，预收、预付款项进行正确的会计处理；

（2）能正确计算带息应收票据的利息，并进行相应的会计处理；

（3）能正确进行应收票据贴现的会计处理；

（4）能对应收账款正确计价及进行坏账损失的核算。

素质目标：

培养学生遵纪守法、正确处理公共关系和树立财务风险控制意识。

【项目分析】

学习重点：带息应收票据利息的计算、应收票据贴现、应收账款的计价及坏账损失的核算。

学习难点：票据的贴现和坏账准备的核算。

项目概述：本项目核算主要涉及应收账款、应收票据、其他应收款、预付账款等债权资产和应付账款、应付票据、其他应付款、预收账款等经营业务与客户形成的负债核算。

往来结算岗位任务如下：

（1）执行往来结算办法，防止坏账损失。坚持“前账不清、后账不借”的原则，对各种应收款项及时催收，对各种应付款项按照付款计划及时清偿。对长期无法收回的应收款项和应付款项，应查明原因，及时报批处理。

（2）对购销业务以外的暂收、暂付、应收、应付、备用金、押金等债权债务应编制清算制度，严格清算手续，加强管理，及时清算。

（3）负责与购货方和供应方及其他业务单位办理款项结算，登记明细账，进行明细账核算。

（4）领导交办的其他业务。

【案例 2-1】华泰有限责任公司为一般纳税人，产品销售适用的增值税税率为16%，运输费增值税税率为10%，2018 年 12 月发生如下业务：

（1）12 月 1 日，公司采用托收承付结算方式向乙公司销售商品一批，货款 200 000 元，增值税税额 32 000 元，以银行存款代垫运费 5 000 元，增值税税额 500 元。已办妥托收手续。

(2) 12月5日收到款项。

(3) 12月10日向乙公司销售商品一批，价目表中所示货款200 000元，增值税税额32 000元，由于是成批销售，公司给予乙公司10%的商业折扣，并在销售合同中规定现金折扣条件为2/10，1/20，n/30，假设计算现金折扣时考虑增值税。商品于12月10日发出。

(4) 12月18日，乙公司付款。

要求：根据以上业务编制会计分录。

任务分析：该案例主要涉及应收账款的确认、存在商业折扣和现金折扣情况下的计量和核算。

基本任务（基本能力）

任务一　应收账款

必备知识（理论知识）

一、应收账款的确认与计价

应收账款是指企业因销售商品、产品或提供劳务等经营活动，应向购货单位或接受劳务单位收取的款项，主要包括应向有关债务人收取的货物价税款及代购货单位垫付的运杂费、包装费等。

应收账款因企业赊销业务而产生，它的确认与收入的确认密切相关。由于是赊销，货币资金并未流向企业，因此，应在确认收入时，确认与此相关的应收账款。

应收账款是因企业销售或提供劳务等产生的债权，应当按照实际发生额记账。应收账款的入账价值包括：销售货物或提供劳务的价款、增值税，以及代购货方垫付的费用等。但在现实经济生活中，企业为了促销或尽快收回货款，往往会实行折扣的办法。因此，在确认应收账款的入账价值时，还要考虑折扣因素。折扣包括商业折扣和现金折扣。

(一) 商业折扣

商业折扣是指企业为促进商品销售而在商品标价上给予的价格扣除。例如，企业为鼓励客户多买商品，可能规定购买10件以上商品给予客户10%的折扣，或客户每买10件送1件等。此外，企业为了尽快出售一些残次、陈旧、滞销的商品，也可能降价（即打折）出售。商业折扣作为企业的一种促销手段，有利于扩大销路。

商业折扣在销售时即已发生，并不构成最终成交价格的一部分。因此涉及商业折扣的，应当按照价目表价格扣除商业折扣后的金额确定销售商品收入金额和应收账款金额，即净价法核算。

(二) 现金折扣

现金折扣是指债权人为鼓励债务人在规定的期限内付款而向债务人提供的债务折扣。现金折扣一般用符号“折扣率/付款期”表示，例如，2/10，1/20，n/30表示：销货方允许客户最长的付款期限为30天，如果客户在10天内付款，销货方可给予客户2%的折扣；如果客户11～20天付款，销货方可给予客户1%的折扣；如果客户21～30天付款，将不能享受现金折扣。折扣计算又有含税法和不含税法两种：含税法就是计算现金折扣时是按照企业销售商品或提供劳务的价税合计计算；不含税法就是计算现金折扣时是按照企业销售商品或提供劳务的价款计算，不包含税金。例如，销售价格为10 000元的商品，增值税税额为 1 600 元，购买方享有的现金折扣为 1%。如果购买双方约定计算现金折扣时不考虑增值税，则购买方应享有的现金折扣金额为 100 元；如果购买双方约定计算现金折扣时一并考虑增值税，则购买方享有的现金折扣金额为 116 元。

现金折扣发生在企业销售商品之后，销售商品后现金折扣是否发生以及发生多少要视买方的付款情况而定，企业在确认销售商品收入时不能确定现金折扣金额。因此，企业销售商品涉及现金折扣的，应采用总价法核算，按照未扣除现金折扣前的金额确定应收账款金额。现金折扣实际上是企业为了尽快回笼资金而发生的理财费用，应在实际发生时计入当期财务费用。

基本能力（操作技能）

二、应收账款的核算

（一）账户设置

企业应设置应收账款账户。该账户为资产类账户，用来核算企业应收账款的增减变动及其结存情况。应收账款账户的借方登记应收账款的增加，贷方登记应收账款的收回及确认的坏账损失，期末余额一般在借方，反映企业尚未收回的应收账款。该账户应按不同购货单位或接受劳务的单位名称设置明细账，进行明细核算，以便及时向债务人催收账款。

（二）账务处理

1. 没有折扣的情况下

【案例 2-1 解答】

(1) 12 月 1 日，商品发出并办妥托收手续时，根据委托收款凭证回单，编制转账凭证，会计分录如下：

借：应收账款——乙公司　　237 500

　贷：主营业务收入　　200 000

　　应交税费——应交增值税（销项税额）　　32 000

　　银行存款　　5 500

(2) 12 月 5 日，收到银行转来的收款通知书时，编制银行收款凭证，会计分录如下：

借：银行存款　　237 500

　贷：应收账款——乙公司　　237 500

2. 存在商业折扣的情况下

在这种情况下，企业应收账款采用净价法入账，企业发生的应收账款应按照价目表中所列价款扣除商业折扣后的金额确认销售价款入账，并计算增值税。

【案例 2-1 解答】

(3) 12 月 10 日，企业销售商品确认收入时，根据商品销售增值税发票、产成品出库单等，编制转账凭证，会计分录如下：

公司应确认的销售收入 = 200 000−200 000×10% = 180 000 元，增值税销项税额为28 800（180 000×16%）元。

借：应收账款——乙公司　　208 800

　贷：主营业务收入　　180 000

　　应交税费——应交增值税（销项税额）　　28 800

3. 存在现金折扣的情况下

在这种情况下，企业应收账款采用总价法入账，发生的现金折扣记入“财务费用”账户。

【案例 2-1 解答】

（4）12 月 18 日，公司收到乙企业支付款项时，根据银行转来的收款通知书，编制收款凭证，会计分录如下：

现金折扣额 = 208 800×2% = 4 176（元）

借：银行存款　　204 624

　　财务费用　　4 176

　贷：应收账款——乙公司　　208 800

本例中，若乙公司于 12 月 25 日付款，则享有的现金折扣为 2 088（208 800×1%）元。若乙公司于 3 月 31 日以后付款，则应按全额付款。以上的 4 176 元为考虑增值税时的现金折扣，若计算现金折扣时不考虑增值税，则公司给予乙公司的现金折扣为3 600（180 000×2%）元。

不单独设置“预收账款”科目的企业，预收的账款也在“应收账款”科目核算。

任务二　应收票据

【案例 2-2】华泰公司为一般纳税人，适用的增值税税率为 16%，2018 年发生如下经济业务：

（1）2018 年 4 月 30 日销售一批产品给丙公司，货已发出，增值税专用发票上注明的价款为 200 000 元，增值税税额为 32 000 元。收到丙公司交来的商业承兑汇票一张，期限为 6 个月，票面利率为 6%。

（2）2018 年 6 月 30 日计提利息。

（3）2018 年 10 月 30 日，丙公司按期支付汇票款。

（4）2018 年 9 月 1 日向乙公司销售一批产品，货款为 100 000 元，适用增值税税率为 16%。合同约定 3 个月以后付款，乙公司交给公司一张不带息 3 个月到期的商业承兑汇票，面值为 116 000 元。

（5）2018 年 12 月 1 日乙公司如期兑付汇票款。

要求：根据以上业务编制会计分录。

任务分析：该案例涉及应收票据的确认、计价，应收票据收到、背书转让和贴现的核算内容，内容相对比较复杂，是本章的学习难点之一。

必备知识（理论知识）

一、应收票据的概念与分类

应收票据是指企业因销售商品、提供劳务等而收到的商业汇票。商业汇票是一种由出票人签发的，委托付款人在指定日期无条件支付确定金额给收款人或者持票人的票据。在我国，应收票据仅指商业汇票，包括银行承兑汇票和商业承兑汇票两种，不含支票、本票和银行汇票。

商业汇票是商业信用的必然产物。应收账款和应收票据都是商品交易过程中因赊销商品而产生的债权，两者相比，应收票据具有如下特点：①应收票据是定期债权，而应收账款是不定期债权；②应收票据是一种具有合法凭证的债权，比应收账款具有更强的法律约束力；③商业汇票的流通性更强，可以背书转让、贴现或抵押变现；④应收票据（特别是银行承兑汇票）发生坏账的风险较小，因此，会计上一般不对应收票据计提坏账准备，超期无法收回的应收票据转回应收账款，计提坏账准备。因此，实际工作中收取商业承兑汇票时应谨慎，只能收取信用较高企业承兑的商业承兑汇票，否则到期不但收不到款项，也会失去最佳的款项催讨时间，造成较大的坏账风险。

商业汇票按是否计息可分为不带息商业汇票和带息商业汇票。

二、应收票据的计价

应收票据的计价，就是确定应收票据的入账价值。按现行会计准则规定，企业收到承兑的汇票，无论是否带息，一律按其票面值计价入账，即企业收到票据时，应按照票据的票面价值入账。但对于带息的票据，应于期末（中期期末或年末终了）按应收票据的票面金额和票面利率计提利息，计提的利息应增加应收票据账面价值。到期不能收回的应收票据应将其账面价值转回应收账款，并不再计提利息。

会计实务上一般不对应收票据计提坏账准备。但是，在资产负债表日对应收票据的账面价值进行检查，企业持有的未到期应收票据，如有确凿证据证明不能收回或收回的可能性较大时，应确认其资产减值损失，计提坏账准备。

基本能力（操作技能）

三、账户设置

为了反映应收票据的取得、票款收回、转让和贴现等经济业务，企业应当设置“应收票据”账户，该账户为资产类账户，借方登记取得的应收票据面值和计提的利息，贷方登记到期收回票款或到期前向银行贴现的应收票据的账面余额，期末余额在借方，反映企业持有的商业汇票的面值和已计提的利息。本账户可按照开出、承兑商业汇票的单位设明细账户进行明细核算，并设置应收票据备查簿，逐笔登记商业汇票的种类、号数和出票日期、票面金额、交易合同号和付款人、承兑人、背书人的姓名或单位名称、到期日、背书转让日、贴现日、贴现率和贴现净额以及收款日和收回金额、退票情况等资料。商业汇票到期结清票款或退票后，在备查簿中应予注销。

四、应收票据的核算

1. 不带息票据的核算

不带息票据的到期值等于其面值，企业销售商品或提供劳务收到承兑商业汇票时，借记“应收票据”账户，贷记“主营业务收入”“应交税费——应交增值税（销项税额）”等账户。因债务人抵偿前欠货款而取得的应收票据，借记“应收票据”科目，贷记“应收账款”科目。应收票据到期收回款项时，应按实际收到的金额，借记“银行存款”科目，贷记“应收票据”科目。商业承兑汇票到期，承兑人违约拒付或无力支付票款，企业收到银行退回的商业承兑汇票、委托收款凭证、未付票款通知书或拒绝付款证明等，借记“应收账款”科目，贷记“应收票据”科目。

【案例 2-2 解答】

(1) 2018 年 9 月 1 日，公司收到商业承兑汇票时，编制转账凭证，会计分录如下:

借: 应收票据——乙公司	116 000	
贷: 主营业务收入		100 000
应交税费——应交增值税（销项税额）		16 000

(2) 2018 年 12 月 1 日收到汇票款时，根据银行转来的收款通知书，编制银行收款凭证，会计分录如下:

借: 银行存款	116 000	
贷: 应收票据——乙公司		116 000

如果该票据到期，乙公司无力偿还票款，华泰公司应将到期票据的票面金额转入“应收账款”账户。则会计分录为:

借：应收账款——乙公司　　116 000
　贷：应收票据——乙公司　　116 000

2. 带息应收票据的核算

企业收到的带息应收票据，除按照上述原则进行核算外，还应于期末按照应收票据账面价值和票面利率计提票据利息，增加相应的应收票据账面价值，"计提利息收入"同时冲减财务费用。票据利息的计算公式为：

应收票据利息=应收票据票面金额×票面利率×期限

上式中，"票面利率"一般指年利率，由双方约定；"期限"指签发日至到期日的时间间隔（有效期）。票据的期限，有按日表示和按月表示两种。按日表示时，应按照日历时间，应从出票日起按实际经历天数计算，通常出票日和到期日只能计算其中的一天，即"算头不算尾"或"算尾不算头"。在按天数或月数计算的时候，应将按年表示的利率转换成日利率（日利率=年利率/360）或月利率（月利率=年利率/12）来进行计算。

如甲公司收到一张3月5日签发的面值为80 000元、年利率为8%，90天到期的商业汇票，则到期日为6月3日，即3月份27天（3月5日计入），4月份30天，5月份31天，6月份2天（6月3日不计入），共90天；因此，票据利息为：80 000×8%×90/360=1 600元。

票据期限按月表示时，不论各月份实际日历天数为多少，均以到期月份中与出票日相同的那一天为到期日，如4月30日签发的、5个月期限的商业汇票，到期日为9月30日。

带息应收票据到期收回款项时，应按收到的本息，借记"银行存款"账户，按账面余额，贷记"应收票据"账户，按其差额（未计提利息部分），贷记"财务费用"账户。

【案例2-2解答】

（3）2018年4月30日，销售产品收到票据时，编制转账凭证，会计分录如下：

借：应收票据——丙公司　　232 000
　贷：主营业务收入　　200 000
　　　应交税费——应交增值税（销项税额）　　32 000

（4）2018年6月30日，计提票据利息时：

票据利息=232 000×6% ×2 /12=2 320（元）

借：应收票据——丙公司　　2 320
　贷：财务费用——利息收入　　2 320

（5）2018年10月30日票据到期收回款项时：

2018年6月30日至10月30日应计提利息=232 000×6%×4/12=4 640（元）

收款金额=232 000×（1+6%×6/12）= 238 960（元）

2018年6月30日已计提利息=2 320（元）

借：银行存款　　238 960
　贷：应收票据——丙公司　　234 320
　　　财务费用——利息收入　　4 640

3. 应收票据转让的核算

企业可以将自己持有的商业汇票背书转让。背书转让的，背书人应当承担票据责任。如果企业将持有的商业汇票背书转让以采购材料物资时，按应计入取得物资成本的金额，借记"材料采购"或"在途物资""原材料""库存商品"等账户，按增值税专用发票上注明的可抵扣的增值税税额，借记"应交税费——应交增值税（进项税额）"账户，按商业汇票的票面金额，贷记"应收票据"账户；如果背书转让是为了偿还债务，应借记"应付账款"或"短期借款"等账户，按照应收票据账面价值，贷记"应收票据"账户，如有差额借记或贷记“银行存款”账户。如为带息商业汇票，除借记或贷记以上账户外，还应按照尚未计提利息，贷记“财务费用——利息收入”账户。

【案例 2-3】华泰公司向 A 企业购买甲材料，材料价款 57 000 元，增值税税额 9 120 元，款项共计 66 120 元，材料已验收入库，企业将一票面金额为 60 000 元的不带息应收票据背书转让，以偿还 A 企业货款，同时，差额 6 120 元当即以银行存款支付。

【案例 2-3 解答】根据材料验收入库单、增值税发票、银行付款通知书等单据，编制会计分录如下：

借：原材料——甲材料　　57 000
　　应交税费——应交增值税（进项税额）　　9 120
　贷：应收票据——A 公司　　60 000
　　　银行存款　　6 120

4. 应收票据的贴现

企业收到商业汇票后，如果急需资金使用，可将未到期的票据向银行背书转让贴现。在贴现中，企业付给银行的利息称为贴现利息，银行计算贴现利息的利率称为贴现利率，票据到期值与贴现息之差为贴现所得。

对于不带息应收票据，到期值就是面值；对于带息应收票据，到期值应该包含到期应收的利息。其有关计算公式如下：

票据到期值=票据面值+票据面值×票面利率×票据期限=票据面值×（1+票面利率×期限）

贴现利息=票据到期值×贴现利率×贴现期

贴现金额=票据到期值-贴现利息

贴现的期限从其贴现之日起至汇票到期日止，期限最长不超过 6 个月。

应收票据的贴现根据票据的风险是否转移分为两种：一种是带追索权的贴现，贴现企业在法律上负连带责任；另一种为不带追索权的贴现，企业将应收票据上的风险和未来经济利益全部转让给银行。

带追索权是指企业与银行等金融机构签订的协议中规定，在贴现的应收债权到期，债务人未能按期偿还时，申请贴现的企业负有向银行等金融机构还款的责任。反之则为不带追索权。

【案例 2-4】华泰有限责任公司发生如下业务：

（1）2018 年 1 月 5 日收到购货单位转来 2017 年 12 月 31 日签发的带息商业汇票一张，票面利率为 4%，金额为 900 000 元，期限为 6 个月，2018 年 3 月 31 日企业持票向银行申请贴现，带追索权，年贴现利率为 5%。2018 年 6 月 30 日，购货单位按期支付商业汇票本息。

（2）其他条件不变，该商业汇票不带追索权。

（1）带追索权的票据贴现。

由于带追索权的票据贴现后，贴现企业负有连带付款责任，必须明确未来的连带归还款项的本利和，所以在贴现时就不能注销应收票据账户账面价值，将商业汇票到期值记入“短期借款”负债账户暂时挂账。待到期后视债务人归还情况予以冲销。

【案例 2-4 解答】

（1）2018 年 3 月 31 日期末计提前三个月利息时：

票面利息=900 000×4%×3/12=9 000（元）

借：应收票据　　9 000
　贷：财务费用——利息收入　　9 000

2018 年 3 月 31 日办理贴现时：

票据到期值=900 000（1+4%×6/12）=918 000（元）

贴现利息=918 000×5%×3/12=11 475（元）

贴现净额=918 000-11 475=906 525（元）

借：银行存款　　906 525

　　财务费用——贴现利息　　11 475

　贷：短期借款　　918 000

计提2018年4—5月票面利息时：

票面利息=900 000×4%×2/12=6 000（元）

借：应收票据　　6 000

　贷：财务费用——利息收入　　6 000

2018年6月30日，票据到期，出票单位按期支付款项。

借：短期借款　　918 000

　贷：应收票据　　915 000

　　　财务费用（未结算入账利息）　　3 000

承兑人无力付款时，根据银行退回应收票据，编制转账凭证，会计分录如下：

借：应收账款　　918 000

　贷：应收票据　　918 000

接到银行扣款通知书时：

借：短期借款　　918 000

　贷：银行存款　　918 000

（2）不带追索权票据贴现。

由于票据贴现不带追索权，贴现企业不承担连带还款责任，因此贴现时就不必保留应收票据账面价值，直接冲减应收票据账面价值（贴现时），贴现后也不必继续计提已贴现票据利息。

【案例2-4解答】

（2）2018年3月31日期末计提前三个月利息时：

票面利息=900 000×4%×3/12=9 000（元）

借：应收票据　　9 000

　贷：财务费用——利息收入　　9 000

2018年3月31日办理贴现时：

票据到期值=900 000（1+4%×6/12）=918 000（元）

贴现利息=918 000×5%×3/12=11 475（元）

贴现净额=918 000-11 475=906 525（元）

借：银行存款　　906 525

　　财务费用——贴现利息　　2 475

　贷：应收票据　　909 000

任务三　预付账款

【案例2-5】华泰有限责任公司是一般纳税人，适用的增值税税率为16%，2018年12月发生如下经济业务：

（1）12月5日，公司向乙公司采购A材料5 000吨，单价50元，所需支付的款项总额

250 000 元。按照合同规定向乙公司预付货款的 40%，验收货物后补付其余款项。

(2) 12 月 15 日，公司收到乙公司发来的 5 000 吨 A 材料，验收无误，增值税专用发票记载的货款为 250 000 元，增值税税额为 40 000 元。

(3) 12 月 20 日，公司以银行存款补付所欠款项 190 000 元。

要求：根据以上经济业务编制会计分录。

任务分析：本案例的经济业务涉及预付款业务的计价、确认和核算，下面分别学习。

必备知识（理论知识）

一、预付账款的概念和特征

预付账款是指企业按照合同规定预付的款项，它与应收账款和应付票据的主要差别是它在购货环节发生，主要包括：预付大件或生产周期较长商品定金、预付农副产品定金和预付工程款等，是企业暂时被供应单位占有的资金，该款项的所有权仍归属于购货企业，属于购货企业资产，按照规定的程序和方法进行核算。

基本能力（操作技能）

二、账户设置

企业为了反映和监督预付账款的增减变动及其结存情况，应设置“预付账款”账户，该账户为资产类账户，借方登记预付的款项和补付的款项，贷方登记收到所购物资时按发票账单金额冲销的预付账款数及退回的多付款项，期末余额一般在借方，反映企业实际多付的款项；若为贷方余额表示尚未补付的款项，尾款结算后无余额。应按供货单位设置明细科目进行明细核算。

在实际工作中，预付款项情况不多的企业，可以不设置“预付账款”账户，而直接通过“应付账款”账户核算。但在编制资产负债表时，应当将“预付账款”和“应付账款”项目的金额分别反映。

三、预付账款的核算

预付账款的核算包括：预付款项、收回货物和尾款结算三个程序。

1. 预付款项的会计处理

根据购货合同的规定向供应单位预付款项时，借记“预付账款”科目，贷记“银行存款”科目。

2. 收回货物的会计处理

企业收到所购货物时，按应计入购入物资成本的金额，借记“材料采购”或“在途物资”或“原材料”“应交税费——应交增值税（进项税额）”等账户，贷记“预付账款”账户。

3. 尾款结算的处理

(1) 当预付货款小于采购货物所需支付的款项时，预付账款账户为贷方余额，表示购货单位欠供应单位款项，应将不足部分补付，借记“预付账款”账户，贷记“银行存款”账户。

(2) 当预付货款大于采购货物所需支付的款项时，预付账款账户余额在借方，表示购货单位多付款项，收到供货单位退回多余款项时，应借记“银行存款”账户，贷记“预付账款”账户。

【案例 2-5 解答】

(1) 12 月 5 日，预付 40% 的货款时，根据银行付款通知书或汇兑支付凭证，编制付款凭证，会计分录如下：

借：预付账款——乙公司　100 000

贷：银行存款　100 000

（2）12 月 15 日，收到乙公司发来的 5 000 吨材料，验收无误，根据增值税专用发票、材料验收入库单等原始凭证，编制转账凭证，会计分录如下：

借：原材料　250 000

应交税费——应交增值税（进项税额）　40 000

贷：预付账款——乙公司　290 000

（3）12 月 20 日，以银行存款补付所欠款项 190 000 元时，根据银行收款通知书，编制收款凭证，会计分录如下：

借：预付账款——乙公司　190 000

贷：银行存款　190 000

预付账款属于企业的一项短期债权，如果有确凿证据表明企业的预付账款已不符合预付账款的性质，或者因供货单位破产、撤销等原因已无望再收到所购货物的，应按照规定确认其资产的减值损失，计提坏账准备。

任务四　其他应收款

【案例 2-6】华泰有限责任公司 2018 年 12 月发生如下经济业务：

（1）12 月 3 日，公司以银行存款代职工张兰垫付应由其个人负担的医药费 2 400 元，拟从其本月 10 日发放的工资中扣回。

（2）12 月 5 日，公司以银行存款代职工王涛垫付应由其个人负担的水电费1 200元，拟从其本月 10 日发放的工资中扣回。

（3）12 月 8 日，公司职工刘磊出差借差旅费 1 000 元，以现金支付。

（4）12 月 12 日，公司向甲企业购买物资，借用包装物，以银行存款支付包装物押金 1 000元。

（5）12 月 20 日，公司因水灾造成材料毁损，保险公司已确认赔偿损失 100 000 元。

（6）12 月 25 日，收到保险公司赔偿款 100 000 元。

（7）12 月 28 日，刘磊出差归来，报销差旅费 850 元，余款交回。

要求：根据以上经济业务内容编制会计分录。

任务分析：本案例涉及企业除主营业务形成债权以外的其他应收款项的核算。

必备知识（理论知识）

一、其他应收款的含义和内容

（一）其他应收款的含义

其他应收款是指除应收票据、应收账款、预付账款等主营业务形成债权以外的其他各种应收及暂付款项。

（二）其他应收款的主要内容

（1）应收的各种赔款、罚款，如企业财产等遭受意外损失而应向有关保险公司收取的赔款等；

（2）应收的出租包装物租金；

（3）应向职工收取的各种垫付款，如为职工垫付的水电费，应由职工负担的医药费、房租费等；

（4）存出保证金，如租入包装物支付的押金；

（5）其他各种应收、暂付款项；

（6）备用金。

基本能力（操作技能）

二、其他应收款的核算

（一）账户设置

为了反映其他应收款的增减变动及其结存情况，企业应设置“其他应收款”账户对其进行核算。该账户为资产类账户，借方登记其他应收款的增加，贷方登记其他应收款的收回，期末余额一般在借方，反映企业尚未收回的其他应收款项。应按不同债务人名称设置明细账户进行明细核算。

（二）账务处理

【案例2-6解答】

（1）12月3日，垫付医药费时，根据银行付款通知书，编制付款凭证，会计分录如下：

借：其他应收款——张兰　　2 400

　贷：银行存款　　2 400

12月10日，从工资中扣款时，根据工资单，编制转账凭证，会计分录如下：

借：应付职工薪酬　　2 400

　贷：其他应收款——张兰　　2 400

（2）12月5日，垫付水电费时，根据银行付款通知书，编制付款凭证，会计分录如下：

借：其他应收款——王涛　　1 200

　贷：银行存款　　1 200

12月10日，从工资中扣款时，根据工资单，编制转账凭证，会计分录如下：

借：应付职工薪酬　　1 200

　贷：其他应收款——王涛　　1 200

（3）12月8日，现金预付差旅费时，根据审批通过的借款条，编制付款凭证，会计分录如下：

借：其他应收款——刘磊　　1 000

　贷：库存现金　　1 000

（4）12月12日，收到包装物押金时，根据现金收款收据，编制收款凭证，会计分录如下：

借：其他应收款——存出保证金——甲企业　　1 000

　贷：银行存款　　1 000

（5）12月20日，公司确认自然灾害损失时，根据保险合同等单据，编制转账凭证，会计分录如下：

借：其他应收款——保险公司　　100 000

　贷：待处理财产损溢——待处理流动资产损溢　　100 000

（6）12月25日，收到保险公司赔偿款时，根据银行转来的收款通知书等单据，编制收款凭证，会计分录如下：

借：银行存款　　100 000

　贷：其他应收款——保险公司　　100 000

（7）12 月 28 日，刘磊到财务部门报销差旅费时，根据差旅费报销单和现金收款收据，编制如下会计分录：

借：管理费用　　850

　　库存现金　　150

　贷：其他应收款——刘磊　　1 000

企业应定期或至少于年度终了时，对其他应收款进行检查，预计其可能发生的损失，并计提坏账准备。对于不能收回的其他应收款应查明原因，追究责任。对确实无法收回的，按照企业的管理权限，经股东大会或董事会，或经理（厂长）会议或类似机构批准作为坏账损失，冲减提取的坏账准备。

期末，“其他应收款”项目应按减去已计提的坏账准备后的净额，在资产负债表上列示。

任务五　坏账损失

【案例 2-7】华泰有限责任公司采用应收账款余额百分比法计提坏账准备，计提比例为 5%，2015 年至 2018 年 12 月发生如下经济业务：

（1）2015 年开始计提坏账准备。2015 年年末，公司应收账款余额为 850 000 元，企业提取坏账准备的比例为 5%。

（2）2016 年 5 月 31 日，公司发现有甲公司所欠货款 12 000 元无法收回，按有关规定确认为坏账损失。

（3）2016 年 12 月 31 日，公司应收账款余额为 1 500 000 元。年末计提坏账准备前，“坏账准备”科目的贷方余额为 30 500（42 500-12 000）元。

（4）2017 年 9 月 5 日，接银行通知，公司上年已核销的 12 000 元坏账又收回，款项已存入银行。

（5）2017 年 12 月 31 日，公司应收账款余额为 1 600 000 元。计提坏账准备前的“坏账准备”科目的贷方余额为 87 000（75 000+12 000）元。

（6）2018 年 8 月 12 日，公司确认乙公司前欠购货款 120 000 元，因乙公司破产全额无法收回，确认为坏账，经审核批准作坏账处理。

（7）2018 年 12 月 31 日，公司应收账款余额为 1 400 000 元，计提坏账准备前的坏账准备余额为借方 400 000 元。

要求：根据上述业务计算各年末应计提坏账准备，并编制会计分录。

任务分析：上述业务涉及坏账准备计提数的计算、计提的账务处理、坏账的核销和已核销坏账收回的账务处理。

必备知识（理论知识）

一、坏账损失的含义和确认

坏账是指企业无法收回或收回的可能性极小的应收款项，包括应收账款、其他应收款和预付账款三项。由于发生坏账而产生的损失，称为坏账损失。

企业应当在资产负债表日对应收款项的账面价值进行检查，有客观证据表明该应收款项发生减值的，应当确认减值损失，计提坏账准备。

现行会计准则规定，符合下列条件之一的应收款项，可确认为坏账：

（1）债务人破产或死亡，以其破产财产或遗产进行清偿后确实无法收回的部分；

（2）因债务单位撤销、资不抵债或现金流量严重不足，确实无法收回的部分；

（3）因发生严重的自然灾害等导致债务单位停产而在短时间内无法偿付债务，确实无法收回的部分；

（4）因债务人长期未履行偿债义务，并有足够证据证明无法收回或收回的可能性极小。

除符合以上条件的可以确认为坏账外，下列各种情况不能全额计提坏账准备：

（1）当年发生的应收款项；

（2）计划对应收款项进行重组；

（3）与关联方发生的应收款项；

（4）其他已逾期，但无确凿证据表明不能收回的应收款项。

需要说明的是上述四项不能全额计提坏账准备，但有确凿证据的情况下，也可计提坏账准备。

基本能力（操作技能）

二、坏账损失的计提和核算

坏账损失的核算方法有直接转销法和备抵法两种。现行会计准则规定，法人企业应采用备抵法核算坏账损失，小微企业应采用直接转销法核算坏账损失。

（一）直接转销法

直接转销法是指在实际发生坏账时，确认坏账损失，计入当期损益（信用减值损失），同时注销该笔应收款项的方法。

【案例2-8】2018年10月31日，甲公司欠乙加工作坊账款5 600元已超过三年，乙加工作坊屡催无效，断定无法收回，当月确认为坏账核销，2018年12月25日，已核销坏账以现金重新收回。

要求：按照上述经济业务编制会计分录。

【案例2-8解答】

（1）2018年10月31日，乙加工作坊核销坏账时，会计分录如下：

借：信用减值损失——坏账损失　　5 600

　贷：应收账款——甲公司　　5 600

（2）2018年12月25日，已核销坏账收回时，根据银行收款通知书或现金收款收据，编制会计分录如下：

借：应收账款——甲公司　　5 600

　贷：信用减值损失——坏账损失　　5 600

同时，

借：库存现金　　5 600

　贷：应收账款——甲公司　　5 600

直接转销法的优点是账务处理简单，但忽视了坏账损失与赊销之间的业务联系，在核销前未做任何防范措施，显然不符合权责发生制和收入与费用配比原则的要求，因此只能适用于小企业核算。

（二）备抵法

备抵法是指按期估计坏账损失，形成坏账准备，当某一应收款项的全部或部分被确认为坏账时，应根据其金额冲减坏账准备，同时转销相应的应收款项金额的一种核算方法。采用备抵法，一方面按期估计坏账损失计入信用减值损失；另一方面设置“坏账准备”账户，核算应收款项的坏账准备计提、转销等情况。

1. 账户设置

（1）信用减值损失账户。

信用减值损失是指因应收账款的账面价值高于其可收回金额而造成的损失。新会计准则规定信用减值范围主要指应收账款、预付账款、应收票据和其他应收款发生的坏账损失。信用减值损失一经确认，在以后会计期间有确凿证据表明可以收回的可以转回。

信用减值损失是指企业在资产负债表日，经过对债权资产进行减值的测试，判断资产的可收回金额低于其账面价值而计提信用减值损失准备所确认的相应损失。

信用减值损失账户核算企业根据信用减值等准则计提各项债权资产减值准备所形成的损失。该账户为损益类账户，借方登记企业计提坏账准备估计将要发生的损失金额；贷方登记期末转入“本年利润”账户的金额，结转后无余额。该账户按照计提准备金种类名称设置明细账进行明细核算。

（2）坏账准备账户。

企业为了反映和监督企业坏账准备的计提、转销和结余情况设置“坏账准备”账户。该账户为应收账款账户的备抵账户。“坏账准备”账户的贷方登记当期计提的坏账准备金额，借方登记实际发生的坏账损失金额和冲减的坏账准备金额，期末余额一般在贷方，反映企业已计提但尚未转销的坏账准备。

2. 坏账准备的计提方法

计提坏账准备的方法有应收款项余额百分比法、账龄分析法、销货百分比法等。

计提坏账准备时借记“信用减值损失——计提的坏账准备”，贷记“坏账准备”；冲减坏账准备时做相反的分录；发生坏账损失用坏账准备弥补时借记“坏账准备”，贷记“应收账款”“预付账款”“其他应收款”等账户。

已确认并转销的应收款项以后又收回的，应按实际收回的金额，借记“应收账款”“预付账款”“其他应收款”等账户，贷记“坏账准备”账户；同时，借记“银行存款”或“库存现金”账户，贷记“应收账款”“预付账款”“其他应收款”等账户。

当期应计提的坏账准备可按以下公式计算：

当期实际计提坏账准备金额＝当期按应收款项计算应计提坏账准备的金额＋（或－）“坏账准备”账户的借方（或贷方）余额

按以上公式计算的结果如果是负值，则为应冲减的坏账准备。

（1）应收款项余额百分比法。

应收款项余额百分比法是根据会计期末应收款项的余额和估计的坏账率，估计坏账损失，计提坏账准备的方法。

当期应计提的坏账准备金额＝期末应收款项余额×坏账准备计提比例

【案例 2-7 解答】

①2015 年年末计提坏账准备金额。

应计提坏账准备金额＝850 000×5%＝42 500（元）

实际计提坏账准备金额＝42 500－0＝42 500（元）

根据已审核的坏账准备计提表，编制会计分录如下：

借：信用减值损失——计提的坏账准备　　42 500

　贷：坏账准备　　42 500

②2016 年 5 月 31 日，按有关规定确认为坏账损失。编制会计分录如下：

借：坏账准备　　12 000

　贷：应收账款——甲公司　　12 000

③2016 年 12 月 31 日，计算应计提坏账准备金额，确认实际计提坏账准备金额。

应计提坏账准备金额=1 500 000×5%=75 000（元）（贷）>30 500（元）（贷）

实际计提坏账准备金额=75 000-30 500=44 500（元）（增提）

编制会计分录如下：

借：信用减值损失——计提的坏账准备　　44 500

　贷：坏账准备　　44 500

④2017 年 9 月 5 日，已核销坏账重新收回，账务处理必须按照先转回确认应收款项，再收款冲销应收款项的程序处理。

借：应收账款——甲公司　　12 000

　贷：坏账准备　　12 000

同时，

借：银行存款　　12 000

　贷：应收账款——甲公司　　12 000

⑤2017 年 12 月 31 日，公司应收账款余额为 1 600 000 元。计提坏账准备前的“坏账准备”科目的贷方余额为 87 000（75 000+12 000）元，则计算坏账准备并编制会计分录如下：

应计提坏账准备金额=1 600 000×5%=80 000（元）（贷）<87 000（元）（贷）

实际计提坏账准备金额=800 000-87 000=-7 000（元）　（冲减或减提）

借：坏账准备　　7 000

　贷：信用减值损失——计提的坏账准备　　7 000

⑥2018 年 8 月 12 日，公司核销坏账时，根据坏账核销审批单，编制转账凭证，会计分录如下：

借：坏账准备　　120 000

　贷：应收账款——乙公司　　120 000

⑦2018 年 12 月 31 日，计提坏账准备时，

应计提坏账准备金额=1 400 000×5%=70 000（元）（贷），坏账准备账户余额为40 000（元）（借）

实际计提坏账准备金额=70 000+40 000=110 000（元）　（合并计提）

借：信用减值损失——计提的坏账准备　　110 000

　贷：坏账准备　　110 000

（2）账龄分析法。

账龄分析法，是根据应收款项账龄的长短来估计坏账的方法。账龄指的是债务人所欠账款的时间。理论依据是账龄和收账风险呈同向变化，而收账风险越高，坏账损失比例越大，采用这种方法，能够体现收账风险与坏账的紧密联系，企业利用账龄分析表所提供的信息，确定坏账准备金额。确定的方法按各类账龄分别估计其可能成为坏账的部分。

【案例 2-9】华泰有限责任公司是一般纳税人，适用的增值税税率为 16%，企业采用账龄分析法计提坏账准备，公司 2018 年 12 月 31 日“坏账准备”科目贷方余额 16 000 元，年末应收账款的账龄及估计坏账损失如下：

估计坏账损失表

2018 年 12 月 31 日　　单位：元

应收账款账龄	应收账款金额	估计坏账率	估计损失金额
未到期	300 000	1%	3 000
逾期一年	120 000	5%	6 000
逾期二年	80 000	20%	16 000

表(续)

应收账款账龄	应收账款金额	估计坏账率	估计损失金额
逾期三年	10 000	50%	5 000
合计	510 000		30 000

要求：计提年末坏账准备并编制会计分录。

【案例 2-9 解答】计算坏账准备并编制会计分录如下：

年末应提取的坏账准备金额=30 000-16 000=14 000（元）

借：信用减值损失——计提的坏账准备 14 000

　贷：坏账准备 14 000

（3）销货百分比法。

销货百分比法是根据赊销金额的一定百分比估计坏账损失的方法。企业可以根据过去的经验和有关资料估计坏账损失与赊销金额之间的比率，也可用其他更合理的方法进行估计。

【案例 2-10】华泰有限责任公司采用销货百分比法计提坏账准备。根据以往经验和有关资料，估计坏账损失率为 1.2%，2018 年年末全年赊销金额为 4 500 000 元，坏账准备账户余额为贷方 20 000 元。

要求：根据以上资料计提 2018 年年末坏账准备并编制会计分录。

【案例 2-10 解答】

本年度应计提坏账准备=4 500 000×1.2%=54 000（元）

实际计提坏账准备=54 000-20 000=34 000（元）

编制会计分录如下：

借：信用减值损失——计提的坏账准备 34 000

　贷：坏账准备 34 000

任务六　应付账款

【案例 2-11】华泰有限责任公司是一般纳税人，适用的增值税税率为 16%，2018 年 12 月发生如下经济业务：

（1）12 月 3 日，向甲公司赊购 A 原材料一批，发票中注明的买价为 10 000 元，增值税税额为 1 600 元，共计 11 600 元，原材料已经入库。付款条件为 2/10，1/20，n/30，按照价税合计折扣，该企业采用总价法进行核算。12 月 11 日实际支付价款。

（2）12 月 12 日，公司从乙公司购入 B 产品一批，货物已经验收入库，发票账单已到达，增值税发票所列货款为 200 000 元，增值税进项税额为 32 000 元，12 月 25 日企业开出并承兑 3 个月商业汇票办理结算。

（3）12 月 31 日，公司前欠丙公司的应付账款 50 000 元，因丙公司已经破产清算完毕，经审核批准予以转销。

任务分析：上述业务涉及应付账款的确认、计价和账务处理，下面我们共同学习。

必备知识（理论知识）

一、应付账款的含义、入账时间及计价

应付账款是指企业在正常的生产经营过程中因购进商品、材料或接受劳务等业务应付给供货单位的款项，属于流动负债。

应付账款的入账时间应为所购物资的所有权发生转移或接受劳务供应已经发生的时间。

根据《企业会计准则》的规定，因购买商品等业务发生的应付账款，应当按照公允价值和相关交易费用之和作为初始确认金额，并采用摊余成本对其进行后续计量。

一般来说，应付账款不再单独计算利息，业务发生时的金额即为未来应付的金额，延期付款期间的利息已经隐含在业务发生时的金额之内。按照重要性原则，应付账款一般按照业务发生时的金额即未来应付的金额入账。

如果购买商品形成应付账款时附有现金折扣条件的，应付账款的入账金额确认方法有总价法和净价法两种。按照现行会计准则制度规定，应付账款的入账金额应采用总价法，取得的现金折扣应冲减财务费用。

基本能力（操作技能）

二、账户设置

为了核算和监督企业因购买材料、商品或接受劳务供应等经营活动而发生的应支付的款项的发生、支付和结存情况，企业应设置“应付账款”账户。该账户为负债类账户，借方登记偿还的应付账款，或开出商业汇票抵付的应付账款的款项，或冲销无法支付的应付账款，贷方登记企业购买材料、商品或接受劳务等形成的应付未付款项，期末余额一般在贷方，表示尚未偿还的应付账款。该账户应按照债权人的名称设置明细账进行明细核算。

三、应付账款的核算

企业购入材料、商品等验收入库，但货款尚未支付，根据有关凭证（发票账单、随货同行发票上记载的实际价款或暂估价值），借记“材料采购”“在途物资”“原材料”等账户，按可抵扣的增值税税额，借记“应交税费——应交增值税（进项税额）”等账户，按应付的价款，贷记“应付账款”账户。

接受供应单位提供劳务而发生的应付未付款项，根据供应单位的发票账单，借记“生产成本”“管理费用”等账户，贷记“应付账款”账户。支付时，借记“应付账款”账户，贷记“银行存款”或“库存现金”等账户。

开出商业汇票抵付应付账款时，借记“应付账款”账户，贷记“应付票据”账户。

企业如有因债权人破产、死亡等原因确实无法支付的应付账款，应按其账面余额，借记“应付账款”账户，贷记“营业外收入”账户。

【案例 2-11 解答】

(1) 12 月 3 日购入原材料，按总价入账。

借：原材料——A 原材料　　10 000

　　应交税费——应交增值税（进项税额）　　1 600

　贷：应付账款——甲公司　　11 600

12 月 11 日支付价税款时，

应享受的现金折扣 = 11 600×2% = 232（元）

应支付价税款额 = 11 600−234 = 11 368（元）

借：应付账款——甲公司　　11 600

　贷：银行存款　　11 368

　　　财务费用　　232

(2) 12 月 12 日，企业购买商品验收入库时，根据增值税发票、库存商品验收入库单，编制转账凭证，会计分录如下：

借：库存商品——B 产品　　200 000

应交税费——应交增值税（进项税额）　　32 000
贷：应付账款——乙公司　　232 000

12 月 25 日开出商业汇票办理结算时，根据商业汇票存根联，编制转账凭证，会计分录如下：

借：应付账款——乙公司　　232 000
贷：应付票据——商业承兑汇票　　232 000

（3）12 月 31 日转销无法支付的应付款时，根据应付账款核销审批单，编制转账凭证，会计分录如下：

借：应付账款——丙公司　　50 000
贷：营业外收入　　50 000

任务七　应付票据

【案例 2-12】华泰有限责任公司是一般纳税人，适用的增值税税率为 16%，2018 年发生如下经济业务：

（1）3 月 1 日从甲公司购入 A 原材料一批，买价为 20 000 元，增值税税额为 3 200 元，共计 23 200 元，原材料已验收入库，采用商业汇票结算方式进行结算。该企业签付一张商业承兑汇票，付款期限为 3 个月。

（2）3 月 25 日以银行存款支付商业汇票到期款 23 200 元。

（3）6 月 1 日企业无力支付到期商业汇票款 23 200 元，持票人退票。

要求：根据以上资料编制会计分录。

任务分析：上述业务主要涉及应付票据的确认、计价和核算。

必备知识（理论知识）

一、应付票据的含义和分类

应付票据是指企业开出并承诺一定时期后支付一定款项给持票人的一种书面证明。在我国，商业汇票的付款期限最长为 6 个月。

二、应付票据的计价

1. 不带息商业汇票的计价

企业签付不带息的商业汇票，不论是商业承兑汇票还是银行承兑汇票，其到期价值即为票面价值。按照重要性原则，应付票据应按业务发生时的金额即票面价值入账。

2. 带息商业汇票的计价

企业签付带息的商业汇票，不论是商业承兑汇票还是银行承兑汇票，其到期价值为票面价值与应计利息之和。在这种情况下，其票面价值为应付票据的现值，应付票据仍应按业务发生时的金额即票面价值入账。

基本能力（操作技能）

三、账户设置

企业为了核算商业汇票的开出、支付和结存情况，应设置“应付票据”账户。该账户属于负债类账户，借方登记到期承兑支付的票款和转出金额，贷方登记开出承兑商业汇票的票面金额，期末余额在贷方，表示尚未到期的商业汇票的金额。该账户一般按照商业汇票种类和债权人名称设置明细账进行明细核算。

四、应付票据的核算

1. 开出并承兑商业汇票的核算

企业取得结算凭证，开出并承兑商业汇票后，应按票面价值贷记“应付票据”账户，按照材料、商品采购成本，借记“原材料”“材料采购”“在途物资”“库存商品”等账户，按照增值税发票所列税款，借记“应交税费——应交增值税（进项税额）”等账户，企业向银行申请承兑支付的手续费，应计入财务费用。

【案例 2-12 解答】

（1）2018 年 3 月 1 日，企业购买原材料时，根据增值税发票、材料验收入库单和商业汇票存根联，编制转账凭证，会计分录如下：

借：原材料——A 材料	20 000	
应交税费——应交增值税（进项税额）	3 200	
贷：应付票据——商业承兑汇票		23 200

如果案例中开出的是银行承兑汇票，假设向银行支付承兑手续费 30 元，编制会计分录如下：

借：财务费用——承兑手续费	30	
贷：银行存款		30

如果开出并承兑的是带息商业汇票，还应于期末计提利息，按计提利息金额，借记“财务费用”账户，贷记“应付票据”账户。

2. 商业汇票到期的核算

企业开出并承兑的商业汇票到期时，应无条件支付票据款。由于企业筹集付款资金的方法和能力有所不同，到期时可能会出现有能力支付票据款和无力支付票据款两种情况。

（1）按期支付票据款。在商业汇票到期时，如果企业有能力支付票据款，则企业的开户银行在收到商业汇票付款通知时，无条件支付票据款。企业在收到开户银行的付款通知时，核销应付票据。

支付不带息的票据款时，应借记“应付票据”账户，贷记“银行存款”账户。

支付带息的票据款时，应按商业汇票账面价值（面值+已提利息），借记“应付票据”账户；按尚未计提的应计利息，借记“财务费用”账户；按实际支付的票据款，贷记“银行存款”账户。

（2）无力支付票据款。在商业汇票到期时，如果企业无力支付票据款，则应根据不同承兑人承兑的商业汇票做不同的处理。

采用商业承兑汇票进行结算，承兑人即为付款人。如果付款人无力支付票据款，银行将把商业承兑汇票退还给收款人，由收付款双方协商解决。由于商业汇票已经失效，付款人应将应付票据款转为应付账款，应付的利息也应计入应付账款。如果是不带息的商业汇票，企业应按票面价值借记“应付票据”账户，贷记“应付账款”账户。如果是带息的商业汇票，企业应借记“应付票据”“财务费用”账户，贷记“应付账款”账户。

采用银行承兑汇票进行结算，承兑人为承兑银行。如果付款人无力支付票据款，承兑银行将代为支付票据款，并将其转为对付款人的逾期贷款。由于商业汇票已经失效，付款人应将应付票据款转为短期借款，应付的利息也应计入短期借款。如果是不带息的商业汇票，企业应按票面价值借记“应付票据”账户，贷记“短期借款”账户；如果是带息的商业汇票，企业应借记“应付票据”“财务费用”账户，贷记“短期借款”账户。企业支付的罚息，应计入财务费用。

【案例 2-12 解答】

（2）2018 年 3 月 25 日，以银行存款支付商业汇票款时，根据银行付款通知书，编制付款凭证，会计分录如下：

借：应付票据——商业承兑汇票　　23 200

　贷：银行存款　　23 200

（3）2018 年 6 月 1 日，企业无力支付到期商业汇票款，编制转账凭证，会计分录如下：

借：应付票据——商业承兑汇票　　23 200

　贷：应付账款——甲公司　　23 200

任务八　预收账款

【案例 2-13】华泰有限责任公司是一般纳税人，适用的增值税税率为 16%，运输费税率为 10%，2018 年 12 月发生如下经济业务：

（1）12 月 1 日预收南华公司货款 20 000 元，存入银行。

（2）12 月 20 日向南华公司发货一批，不含税的价款为 50 000 元，增值税税额 8 000 元，用银行存款代垫运费 100 元，增值税税额 10 元，共计 58 110 元；南华公司尚未补付货款。

（3）12 月 30 日，收到南华公司补付的货款 38 110 元，存入银行。

要求：根据以上业务编制会计分录。

任务分析：以上经济业务主要为预收账款的确认、计价和核算，前面已学习了预付账款的核算，其核算程序和方法基本一致。重点掌握预收款销售收入的确认时间和条件。下面逐一介绍。

必备知识（理论知识）

一、预收账款的含义

预收账款是指企业按照合同的规定，向购货单位和个人预先收取的款项，主要包括：紧俏商品、生产周期较长产品、大批量订货收取的定金和预收工程款等。

二、账户设置

企业发生的预收账款业务，一般可以通过“预收账款”账户核算。该账户属于负债账户，借方登记企业向购货方发货后冲销的预收账款数额和退回购货方多付款额，贷方登记预售购货款数额和购货方补付款数额，期末余额一般在贷方，表示已预收款但尚未向购货方发货的金额，期末余额如在借方，反映企业尚未转销的款项。该账户按照购货方单位和个人名称设置明细账进行明细核算。

预收款销售业务不多的企业，也可以不设“预收账款”账户，发生该业务时可以在“应收账款”账户的贷方登记。

基本能力（操作技能）

三、预收账款的核算

收到预收账款时，由于销货方尚未履行售货责任，因此预收款不能确认收入，只能确认为负债，记入“预收账款”账户贷方，记入“银行存款”账户借方。

销售货物或提供劳务时，销货方已完成销售责任，按照权责发生制原则，此时才能确认收入，应借记“预收账款”账户，贷记“主营业务收入”“应交税费——应交增值税”等账户。

退还多收的货款时，应借记“预收账款”账户，贷记“银行存款”账户；收到购买方补付的货款时，应借记“银行存款”账户，贷记“预收账款”账户。

【案例 2-13 解答】

(1) 12 月 1 日预收南华公司货款时，根据银行收款通知书，编制收款凭证，会计分录如下：

借：银行存款　　20 000

　贷：预收账款——南华公司　　20 000

(2) 12 月 20 日向南华公司发货时，根据增值税发票、产成品出库单等单据，编制转账凭证，会计分录如下：

借：预收账款　　58 110

　贷：主营业务收入　　50 000

　　应交税费——应交增值税（销项税额）　　8 010

　　银行存款　　100

(3) 12 月 30 日，收到南华公司补付的货款时，根据银行收款通知书，编制转账凭证，会计分录如下：

借：银行存款　　38 110

　贷：预收账款——南华公司　　38 110

任务九　其他应付款

【案例 2-14】2017 年 12 月 10 日，甲公司出租给乙企业机器设备一台，收到租用押金 60 000 元，增值税税率为 10%，存入银行。2018 年 12 月 10 日，乙企业退还机器设备，经质检未发现设备毁损，退回押金。

要求：编制会计分录。

任务分析：以上经济业务主要为其他应付款的核算内容、确认、计价和核算。

必备知识（理论知识）

一、其他应付款的含义

其他应付款是指除了应付票据、应付账款、应付职工薪酬、应交税费、应付股利、应付利息等以外的其他各种应付、暂收款项，如出租、出借包装物收取的押金等。

其他应付款主要包括：应付经营租入固定资产和包装物的租金，存入保证金（如收取的包装物押金等），应付、暂收单位和个人的款项（如应付统筹退休金、医疗保险金、失业保险金），其他应付、暂收款项。

基本能力（操作技能）

二、账户设置

企业应设置“其他应付款”账户，用以核算和监督其他应付款的增减变化及结存情况。该账户属于负债类账户，借方登记偿还或转销的各种其他应付、暂收款项，贷方登记发生的各种应付、暂收款项，期末余额在贷方，表示企业应付未付的其他应付款款项。

三、其他应付款的核算

企业发生的其他各种应付、暂收款项，借记“管理费用”“银行存款”等账户，贷记“其他应付款”账户；支付的其他各种应付、暂收款项，借记“其他应付款”账户，贷记“银行存款”等账户。

【案例 2-14 解答】

甲公司账务处理如下：

2017 年 12 月 10 日，租出设备收到押金时，根据银行收款通知书，编制收款凭证，会计分录如下：

借：银行存款　60 000

　贷：其他应付款——设备押金　60 000

2018 年 12 月 10 日，租赁期结束退还该机器设备，甲公司退还押金，根据银行付款通知书，编制付款凭证，会计分录如下：

借：其他应付款——设备押金　60 000

　贷：银行存款　60 000

任务十　往来结算岗位实训

实训目标

（1）学生通过实训操作，了解会计部门往来核算的业务种类。

（2）熟悉往来核算的基本工作内容、岗位职责、核算任务和工作程序。

（3）掌握往来核算岗位的实际操作和业务处理技能。

实训任务

（1）设置“应收账款”“应收票据”“其他应收款”“应付账款”“预付账款”总分类账及其对应明细账，登记其期初余额。

（2）补充填写有关原始凭证。

（3）根据实训业务中的资料和原始凭证填制记账凭证。

（4）根据审核无误的记账凭证每 10 天汇总一次，编制科目汇总表。

（5）将往来账项的总账记录与其所属明细账进行核对，月末进行结账。

（6）在备查簿上登记相关业务。

实训流程

往来结算岗位业务流程如下：

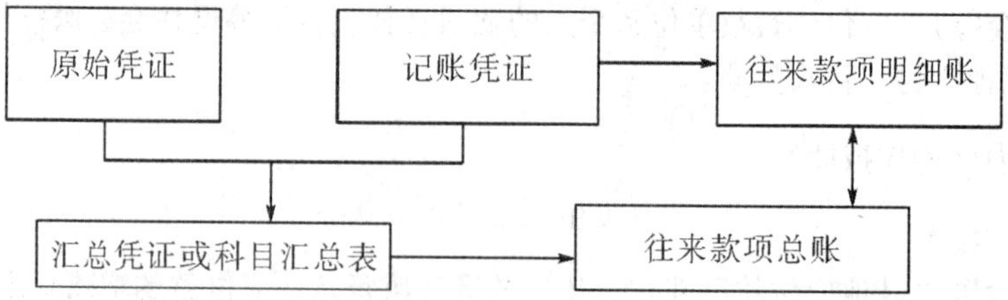

实训指导

（1）建议用时：6 学时。

（2）实训耗材：记账凭证 35 张；科目汇总表 3 张；三栏式账页 30 页。

（3）实训提示：本岗位实训重点熟悉往来会计岗位职责，掌握往来账项总账科目和明细科目的设置与登记方法。

实训资料

一、实训企业概况

企业名称：宏远有限责任公司

地址：上海市浦东路208号

纳税人登记号：0208878996847876

开户银行：工商银行上海市浦东支行，账号：6442848-001600212406

法定代表人：冷太阳

企业类型：有限责任公司

经营范围：工业制品

注册资金：300万元

宏远有限责任公司按期末应收账款余额百分比法计提坏账准备，坏账准备计提率为5%。企业为一般纳税人，适用增值税税率为16%。

二、实训业务资料

宏远有限责任公司2018年11月30日有关往来账户总账、明细账余额如下：

应收票据总账余额为161 425元，其明细账户余额为：

——博远公司（2018年12月9日到期）　40 000元

——东方工厂（2019年5月11日到期）　32 000元

——新江公司（2018年12月24日到期）　61 425元

——黎明公司（2019年3月30日到期）　28 000元

应收账款总账余额为337 198元，其明细账户余额为：

——恒通公司　53 820元

——新发工厂　87 516元

——顺和工厂　94 185元

——阳光公司　21 762元

——德顺公司　12 870元

——远达工厂　63 765元

——海奇工厂　3 280元

坏账准备总账余额为17 210元（贷方）。

其他应收款总账余额为7 000元，其明细账余额为：

——博通公司　2 000元

——吴经理　5 000元

预付账款总账余额为32 000元，其明细账余额为：

——新华公司　32 000元

宏远有限责任公司2018年12月发生以下经济业务：

（1）12月3日，新华公司寄来本公司购买A材料发票，货款32 500元，增值税税额5 200元，价税合计37 700元，款项原已预付。与此业务相关的凭证如下：

增值税专用发票 No. ××××××

开票日期：2018 年 12 月 3 日

<table>
<tr><td>购货单位</td><td colspan="4">名称：宏远有限责任公司
纳税人识别号：0208878996847876
地址、电话：上海市浦东路 208 号
开户行及账号：工商银行上海市浦东支行 6442848-001600212406</td><td>密码区</td><td colspan="3">2/987327+3/68 * 3879
/><06229442/597292
380702 * 03/46+<0014
168+7968283/45+/26
加密版：
×××××××××</td></tr>
<tr><td colspan="2">货物及应税劳务名称</td><td>规格型号</td><td>单位</td><td>数量</td><td>单价</td><td>金额</td><td>税率</td><td>税额</td></tr>
<tr><td colspan="2">A 材料</td><td></td><td>千克</td><td>1 300</td><td>25.00</td><td>32 500.00</td><td>16%</td><td>5 200.00</td></tr>
<tr><td colspan="2"></td><td></td><td></td><td></td><td></td><td></td><td></td><td></td></tr>
<tr><td colspan="2">合计</td><td></td><td></td><td></td><td></td><td>32 500.00</td><td></td><td>5 200.00</td></tr>
<tr><td colspan="2">价税合计（大写）</td><td colspan="7">叁万柒仟柒佰元整 ￥37 700.00</td></tr>
<tr><td>销货单位</td><td colspan="4">名称：新华公司
纳税人识别号
地址、电话：
开户行及账号：</td><td>备注</td><td colspan="3"></td></tr>
</table>

第一联 发票联 购货方记账凭证

增值税专用发票 No. ××××××

开票日期：2018 年 12 月 3 日

<table>
<tr><td>购货单位</td><td colspan="4">名称：宏远有限责任公司
纳税人识别号：0208878996847876
地址、电话：上海市浦东路 208 号
开户行及账号：工商银行上海市浦东支行 6442848-001600212406</td><td>密码区</td><td colspan="3">2/987327+3/68 * 3879
/><06229442/597292
380702 * 03/46+<0014
168+7968283/45+/26
加密版：
×××××××××</td></tr>
<tr><td colspan="2">货物及应税劳务名称</td><td>规格型号</td><td>单位</td><td>数量</td><td>单价</td><td>金额</td><td>税率</td><td>税额</td></tr>
<tr><td colspan="2">A 材料</td><td></td><td>千克</td><td>1 300</td><td>25.00</td><td>32 500.00</td><td>16%</td><td>5 200.00</td></tr>
<tr><td colspan="2"></td><td></td><td></td><td></td><td></td><td></td><td></td><td></td></tr>
<tr><td colspan="2">合计</td><td></td><td></td><td></td><td></td><td>32 500.00</td><td></td><td>5 200.00</td></tr>
<tr><td colspan="2">价税合计（大写）</td><td colspan="7">叁万柒仟柒佰元整 ￥37 700.00</td></tr>
<tr><td>销货单位</td><td colspan="4">名称：新华公司
纳税人识别号
地址、电话：
开户行及账号：</td><td>备注</td><td colspan="3"></td></tr>
</table>

第二联 抵扣联

收料单

请购单号__________　　（三联式）　　No. 0013751

发票号数　　2018 年 12 月 3 日　　字第　　号

材料		单位	数量	发票金额		应摊运杂费	实际成本		材料账
编号	名称及规格			单价	金额		单价	金额	
	A 材料	千克	1 300	25	32 500	0	25	32 500	
	合计		1 300	25	32 500	0	25	32 500	

第一联　材料部门

核准　　会计　　记账　　保管　　供应　　验收

（2）12 月 4 日，办妥信汇手续，预付华光公司 A 材料款 60 000 元。与此业务相关的凭证如下：

中国工商银行　　信汇凭证（回　单）

□普通　□加急　　委托日期 2018 年 12 月 4 日

汇款人	全称	宏远有限责任公司	收款人	全称	华光公司
	账号	6442848-001600212406		账号	44759274
	汇出地点	上海市浦东路 208 号		汇入地点	湖北省武汉市
汇出行名称		工商银行上海市浦东支行	汇入行名称		工行街道口分理处
金额	人民币（大写）陆万元整		亿千百十万千百十元角分		¥ 6 0 0 0 0 0 0
汇出行签章			支付密码		
			附加信息及用途：预付 A 材料货款		
			复核　　记账		

此联汇出行给汇款人的回执

（3）12 月 5 日，售给武汉长江公司甲产品 500 件，开出增值税发票，货款 48 000 元，增值税进项税额 7 680 元，价税合计 55 680 元，运费 600 元，增值税进项税额 60 元，向银行办妥托收手续。与此业务相关的凭证如下：

增值税专用发票

No. ××××××

开票日期：2018 年 12 月 5 日

购货单位	名称：长江公司 纳税人识别号： 地址、电话： 开户行及账号：	密码区	2/987327+3/68 * 3880 /><06229442/597293 380702 * 03/46+<0015 168+7968283/45+/27 加密版：×××××××××

货物及应税劳务名称	规格型号	单位	数量	单价	金额	税率	税额
甲产品		件	500	96	48 000.00	16%	7 680.00
合计					48 000.00		7 680.00
价税合计（大写）	伍万伍仟陆佰捌拾元整				¥55 680.00		

销货单位	名称：宏远有限责任公司 纳税人识别号：0208878996847876 地址、电话：上海市浦东路 208 号 开户行及账号：工商银行上海市浦东支行 6442848-001600212406	备注	

第三联 记账联 销货方记账凭证

增值税专用发票

No. ××××××

开票日期：2018 年 12 月 5 日

购货单位	名称：上海浦东运输公司 纳税人识别号： 地址、电话： 开户行及账号：	密码区	2/987327+3/68 * 3880 /><06229442/597293 380702 * 03/46+<0015 168+7968283/45+/27 加密版：×××××××××

货物及应税劳务名称	规格型号	单位	数量	单价	金额	税率	税额
运输费			件		660.00	10%	60.00
合计					600.00		60.00
价税合计（大写）	陆佰陆拾元整				¥660.00		

销货单位	名称：宏远有限责任公司 纳税人识别号：0208878996847876 地址、电话：上海市浦东路 208 号 开户行及账号：工商银行上海市浦东支行 6442848-001600212406	备注	

第三联 记账联 销货方记账凭证

中国工商银行
转账支票存根
Ⅵ 1102249788
附加信息

出票日期 2018 年 12 月 5 日

收款人：第三汽运公司
金　额：660.00
用　途：代垫运费

单位主管　　会计

托收凭证（受理回单）

委托日期 2018 年 12 月 5 日

业务类型		委托收款（□邮划、√电划）　托收承付（□邮划、□电划）				
付款人	全称	长江公司	收款人	全称	宏远有限责任公司	
	账号	6442834-001700213415		账号	6442848-001600212406	
	开户行	工商银行广州番禺区支行		开户行	工商银行上海市浦东支行	
金额	人民币（大写）伍万陆仟叁佰肆拾元整				亿 千 百 十 万 千 百 十 元 角 分	¥ 5 6 3 4 0 0 0
款项内容	货款及运费	托收凭据名称		附寄单证张数	1	
商品发运情况			合同名称号码			
备注： 复核　记账		款项收妥日期 年　月　日		收款人开户银行签章 年　月　日		

此联作收款人开户银行给收款人的受理回单

出库通知单

№ 0038426

收货单位：长江公司　　2018 年 12 月 5 日　　字第　号附单据　张

编号	名称	规格	单位	应发数量	实发数量	单价	金额	附注
	甲产品		件	500	500	70	35 000	
	合计			500	500	70	35 000	

会计　　仓库主管　　保管　　经手　　采购

（4）12 月 8 日销售给江华公司甲产品 300 件，金额 28 800 元，增值税 4 608 元，收到商业承兑汇票一张，期限 4 个月。与此业务相关的凭证如下：

增值税专用发票

No. ××××××

开票日期：2018 年 12 月 8 日

购货单位	名称：江华公司 纳税人识别号： 地址、电话： 开户行及账号：		密码区	2/987327+3/68 * 3880 /><06229442/597293 380702 * 03/46+<0015 168+7968283/45+/27		加密版： ×××××××××	
货物及应税劳务名称	规格型号	单位	数量	单价	金额	税率	税额
甲产品		件	300	96	28 800.00	16%	4 608.00
合计					28 800.00		4 608.00
价税合计（大写）	叁万叁仟肆佰零捌元整						¥ 33 408.00
销货单位	名称：宏远有限责任公司 纳税人识别号：0208878996847876 地址、电话：上海市浦东路 208 号 开户行及账号：工商银行上海市浦东支行 6442848-001600212406			备注			

第三联 记账联 销货方记账凭证

商业承兑汇票

出票日期（大写） 贰零壹捌年拾贰月零捌日 汇票号码

付款人	全称	江华公司	收款人	全称	宏远有限责任公司
	账号	6443843-0017002312114		账号	6442848-001600212406
	开户银行	建设银行广州市支行		开户银行	工商银行上海市浦东支行

出票金额	人民币（大写）叁万叁仟肆佰零捌元整	亿	千	百	十	万	千	百	十	元	角	分
					¥	3	3	4	0	8	0	0

汇票到期日（大写）	贰零壹玖年零肆月零捌日	付款人开户行	行号	
交易合同号码			地址	
本汇票已经承兑，到期无条件支付票款。 出票人签章 承兑日期 2018 年 12 月 8 日		本汇票请予以承兑于到期日付款。 出票人签章		

寄付款人开户行做付出传票附件

出库通知单

№ 0038427

收货单位：江华公司　　　　2018 年 12 月 8 日　　　　字第　号附单据　张

编号	名称	规格	单位	应发数量	实发数量	单价	金额	附注
	甲产品		件	300	300	70	21 000	
合计				300	300		21 000	

会计　　　　仓库主管　　　　保管　　　　经手　　　　采购

（5）12 月 9 日，博远公司商业承兑汇票到期，向银行办妥有关入账手续。

中国工商银行　进账单（收账通知）

2018 年 12 月 9 日

出票人	全称	博远公司	收款人	全称	宏远有限责任公司
	账号			账号	6442848-001600212406
	开户银行			开户银行	工商银行上海市浦东支行

金额	人民币（大写）肆万元整	亿	千	百	十	万	千	百	十	元	角	分
					¥	4	0	0	0	0	0	0

票据种类	商业承兑汇票	票据张数		收款人开户银行签章

此联是收款人开户银行交给收款人的收账通知

（6）12 月 10 日，开出电汇凭证，支付新华公司货款尾款。

汇款单位编号：　　　　**电汇委托书　第一联**（电汇回单）

科目

对方科目　　　　委托日期 2018 年 12 月 10 日　　　　No：

汇款单位	全称	宏远有限责任公司		收款单位	全称	新华公司	
	账号	6442848-001600212406			账号	097779845	
	汇出地点	上海浦东路 208 号	汇出行：工商银行上海市浦东支行		汇入地点		
金额	人民币（大写）伍仟柒佰元整					¥5 700.00	

上列款项已根据委托办理，如需查询请持此回单来行面洽。	（汇出行盖章）
单位主管：　会计：　出纳：　记账：	2018 年 12 月 10 日

此联由汇出行盖章后退给汇款单位作回单

（7）12 月 11 日，收到银行通知，上月托收的德顺公司货款 12 870 元已收妥入账。

委托收款凭证（付款通知）

委托日期 2018 年 12 月 8 日　　　　托收号码：

业务类型		委托收款（□邮划、√电划）　托收承付（□邮划、□电划）			
付款人	全称	德顺公司	收款人	全称	宏远有限责任公司
	账号			账号	6442848-001600212406
	开户行			开户行	工商银行上海市浦东支行

金额	人民币（大写）壹万贰仟捌佰柒拾元整	亿	千	百	十	万	千	百	十	元	角	分
					¥	1	2	8	7	0	0	0

款项内容	货款	托收凭据名称	发票	附寄单证张数	1
备注：按合同规定付款期		合同名称号码			
复核　记账		年　月　日		付款人开户银行签章 2018 年 12 月 8 日	

（8）12 月 12 日，公司将未到期的东方工厂（2019 年 5 月 11 日到期）商业承兑汇票到银行办理贴现，已办妥有关贴现手续，款已存入银行。与此业务相关的凭证如下：

商业承兑汇票

出票日期 2018 年 12 月 12 日　　　　汇票号码

付款人	全称	东方工厂	收款人	全称	宏远有限责任公司
	账号			账号	6442848-001600212406
	开户银行			开户银行	工商银行上海市浦东支行

出票金额	人民币（大写）叁万贰仟元整	亿	千	百	十	万	千	百	十	元	角	分
					¥	3	2	0	0	0	0	0

汇票到期日（大写）	贰零壹玖年零伍月壹拾壹日	交易合同号码	
本汇票已经本单位承兑，到期日无条件支付票款。 出票人签章 2018 年 12 月 12 日		汇款签发人签章 负责　经办	

此联作付款人付出传票附件

附：

财务主管通知书

本公司因资金需要，申请将东方工厂的商业承兑汇票予以贴现

财务科长：＊＊＊
2018 年 12 月 12 日

贴现凭证（收账通知）

填写日期 2018 年 12 月 12 日　　　　No：

<table>
<tr><td rowspan="3">申请单位</td><td>全称</td><td colspan="3">宏远有限责任公司</td><td rowspan="3">贴现汇票</td><td colspan="2">种类</td><td colspan="10">商业承兑汇票</td></tr>
<tr><td>账号</td><td colspan="3">6442848-001600212406</td><td colspan="2">出票日</td><td colspan="10">2018 年 12 月 12 日</td></tr>
<tr><td>开户银行</td><td colspan="3">工商银行上海市浦东支行</td><td colspan="2">到期日</td><td colspan="10">2019 年 5 月 12 日</td></tr>
<tr><td colspan="2">汇票承兑单位</td><td>东方工厂</td><td>账号</td><td colspan="4"></td><td colspan="5">开户银行</td><td colspan="5"></td></tr>
<tr><td colspan="2" rowspan="2">汇票金额</td><td colspan="5" rowspan="2">人民币
（大写）叁万贰仟元整</td><td>亿</td><td>千</td><td>百</td><td>十</td><td>万</td><td>千</td><td>百</td><td>十</td><td>元</td><td>角</td><td>分</td></tr>
<tr><td></td><td></td><td></td><td>¥</td><td>3</td><td>2</td><td>0</td><td>0</td><td>0</td><td>0</td><td>0</td></tr>
<tr><td colspan="2">贴现率</td><td>4%</td><td>贴现利息</td><td colspan="2">¥533.33</td><td colspan="5">实付贴现金额</td><td colspan="6">¥31 466.67</td></tr>
<tr><td colspan="4">上述款项已转入你单位账户

银行盖章
2018 年 12 月 12 日</td><td>银行审批</td><td colspan="6">同意贴现
2018 年 12 月 12 日</td><td colspan="6">备注</td></tr>
</table>

此联银行给贴现申请人存款户的收账通知

说明：贴现利息＝32 000×4%/12×5＝533.33（元）

（9）12 月 14 日，向武汉明华公司销售乙产品一批，货已发出，售价 65 000 元，增值税 10 400 元，开出支票，以银行存款为武汉明华公司代垫运杂费 600 元，增值税进项税额 60 元。连同运费一并办妥托收承付结算手续。与此业务相关的凭证如下：

中国工商银行
转账支票存根
ⅣⅡ 00046691
附加信息

出票日期 2018 年 12 月 14 日

收款人：运通公司
金　额：660.00
用　途：代垫运费

单位主管

增值税专用发票

No. ××××××

开票日期：2018 年 12 月 14 日

购货单位	名称：明华公司 纳税人识别号： 地址、电话： 开户行及账号：	密码区	2/987327+3/68＊3880 /><06229442/597293 380702＊03/46+<0015 168+7968283/45+/27 加密版： ×××××××××

货物及应税劳务名称	规格型号	单位	数量	单价	金额	税率	税额
乙产品		件	650	100	65 000.00	16%	10 400.00
合计					65 000.00		10 400.00

价税合计（大写）	柒万伍仟肆佰元整　　¥75 400.00
备注	

销货单位	名称：宏远有限责任公司 纳税人识别号：0208878996847876 地址、电话：上海市浦东路 208 号 开户行及账号：工商银行上海市浦东支行 6442848-001600212406	备注	

第三联　记账联　销货方记账凭证

增值税专用发票

No. ××××××

开票日期：2018 年 12 月 14 日

购货单位	名称：上海浦东运输公司 纳税人识别号： 地址、电话： 开户行及账号：	密码区	2/987327+3/68＊3880 /><06229442/597293 380702＊03/46+<0015 168+7968283/45+/27 加密版： ×××××××××

货物及应税劳务名称	规格型号	单位	数量	单价	金额	税率	税额
运输费			件		600.00	10%	60.00
合计					600.00		60.00

价税合计（大写）	陆佰陆拾元整　　¥660.00
备注	

销货单位	名称：宏远有限责任公司 纳税人识别号：0208878996847876 地址、电话：上海市浦东路 208 号 开户行及账号：工商银行上海市浦东支行 6442848-001600212406	备注	

第三联　记账联　销货方记账凭证

托收承付凭证（受理回单）

委托日期 2018 年 12 月 14 日　　　　托收号码：

<table>
<tr><td colspan="2">业务类型</td><td colspan="5">委托收款（□邮划、□电划）　托收承付（□邮划、□电划）</td></tr>
<tr><td rowspan="3">付款人</td><td>全称</td><td>明华公司</td><td rowspan="3">收款人</td><td>全称</td><td colspan="2">宏远有限责任公司</td></tr>
<tr><td>账号</td><td></td><td>账号</td><td colspan="2">6442848-001600212406</td></tr>
<tr><td>地址</td><td></td><td>地址</td><td colspan="2">上海浦东路 208 号</td></tr>
<tr><td>托收金额</td><td colspan="4">人民币
（大写）柒万陆仟零陆拾元整</td><td colspan="2">亿 千 百 十 万 千 百 十 元 角 分
¥ 7 6 0 6 0 0 0</td></tr>
<tr><td>款项内容</td><td></td><td>托收凭据名　称</td><td></td><td>附寄单证张数</td><td colspan="2"></td></tr>
<tr><td colspan="2">商品发运情况</td><td>已发</td><td colspan="2">合同名称号码</td><td colspan="2"></td></tr>
<tr><td colspan="2">备注：
复核　　记账</td><td colspan="2">款项收妥日期
年　月　日</td><td colspan="3">收款人开户银行签章
年　月　日</td></tr>
</table>

此联作收款人开户银行给收款人的受理回单

出库通知单

№ 0038428

收货单位：明华公司　　　　2018 年 12 月 14 日　　　　字第　号附单据　张

编号	名称	规格	单位	应发数量	实发数量	单价	金额	附注
	乙产品		件	650	650	80	52 000	
	合计			650	650		52 000	

会计　　　仓库主管　　　保管　　　经手　　　采购

（10）12 月 14 日，本市鸿运公司购买甲产品 2 000 件，货款 192 000 元，增值税32 640 元，价税合计 227 200 元，收到对方交来银行承兑汇票，到期日为 2019 年 3 月 14 日。与此业务相关的凭证如下：

增值税专用发票

No. ××××××

开票日期：2018 年 12 月 14 日

购货单位	名称：鸿运公司 纳税人识别号： 地址、电话： 开户行及账号：		密码区	2/987327+3/68＊3880 /><06229442/597293 380702＊03/46+<0015 168+7968283/45+/27		加密版： ×××××××××	
货物及应税劳务名称	规格型号	单位	数量	单价	金额	税率	税额
甲产品		件	2 000	96	192 000.00	16%	30 720.00
合计					192 000.00		30 720.00
价税合计（大写）	贰拾贰万贰仟柒佰贰拾元整				￥222 720.00		
备注							
销货单位	名称：宏远有限责任公司 纳税人识别号：0208878996847876 地址、电话：上海市浦东路 208 号 开户行及账号：工商银行上海市浦东支行 6442848-001600212406			备注			

第三联 记账联 销货方记账凭证

银行承兑汇票

签发日期：贰零壹捌年拾贰月壹拾肆日　　　　第　号

申请承兑人	全称	鸿运公司	收款人	全称	宏远有限责任公司
	账号			账号	6442848-001600212406
	开户银行			开户银行	工商银行上海市浦东支行

汇票金额	人民币（大写）贰拾贰万贰仟柒佰贰拾元整	亿	千	百	十	万	千	百	十	元	角	分
				￥	2	2	2	7	2	0	0	0

汇票到期日（大写）	贰零壹玖年零叁月壹拾肆日	交易合同号码		承兑协议编号	
本汇票送请你行承兑，并确认银行结算办法和承兑协议的各项规定。 出票人签章 2018 年 12 月 14 日		汇款签发人签章 负责　经办		科目：（付） 对方科目（收） 转账日期 复核　记账	

出库通知单

№ 0038429

收货单位：鸿运公司　　2018 年 12 月 14 日　　字第　号附单据　张

编号	名称	规格	单位	应发数量	实发数量	单价	金额	附注
	甲产品		件	2 000	2 000	70	140 000	
	合计			2 000	2 000		140 000	

会计　　仓库主管　　保管　　经手　　采购

（11）12 月 15 日，售给武汉市四方实业有限公司乙产品 40 件，货款 4 000 元，增值税税额 640 元，合计 4 640 元，运杂费 180 元以现金付讫，已办妥收款手续。与此业务相关的凭证如下：

增值税专用发票　　No. ××××××

开票日期：2018 年 12 月 15 日

购货单位	名称：武汉市四方实业有限公司 纳税人识别号： 地址、电话： 开户行及账号：	密码区	2/987327+3/68＊3880 /><06229442/597293 380702＊03/46+<0015 168+7968283/45+/27	加密版： ×××××××××

货物及应税劳务名称	规格型号	单位	数量	单价	金额	税率	税额
乙产品		件	40	100	4 000.00	16%	640.00
合计					4 000.00		640.00
价税合计（大写）	肆仟陆佰肆拾元整						¥4 640.00
备注							

销货单位	名称：宏远有限责任公司 纳税人识别号：0208878996847876 地址、电话：上海市浦东路 208 号 开户行及账号：工商银行上海市浦东支行 6442848-001600212406	备注	

第三联　记账联　销货方记账凭证

委托收款凭证（受理回单）

委托日期 2018 年 12 月 15 日　　托收号码：

<table>
<tr><td colspan="2">业务类型</td><td colspan="4">委托收款（□邮划、√电划）　托收承付（□邮划、□电划）</td></tr>
<tr><td rowspan="3">付款人</td><td>全称</td><td>武汉市四方实业有限公司</td><td rowspan="3">收款人</td><td>全称</td><td>宏远有限责任公司</td></tr>
<tr><td>账号</td><td>6443838-012303210789</td><td>账号</td><td>6442848-001600212406</td></tr>
<tr><td>地址</td><td>武汉市汉口区常德路 322 号</td><td>开户行</td><td>上海浦东路 208 号</td></tr>
</table>

托收金额	人民币（大写）肆仟陆佰肆拾元整	亿	千	百	十	万	千	百	十	元	角	分
						¥	4	6	4	0	0	0

款项内容	货款	托收凭据名称	发票	附寄单证张数	2
商品发运情况	已发	合同名称号码			

备注： 复核　记账	款项收妥日期 年　月　日	收款人开户银行签章 年　月　日

此联作收款人开户银行给收款人的受理回单

上海市运输业统一发票

地址：　　2018 年 12 月 15 日填发　　No：

<table>
<tr><td>项目</td><td rowspan="6">超过万元无效</td><td colspan="6">金额</td><td rowspan="2">备注</td></tr>
<tr><td>从上海市运到武汉市</td><td>千</td><td>百</td><td>十</td><td>元</td><td>角</td><td>分</td></tr>
<tr><td></td><td></td><td>1</td><td>8</td><td>0</td><td>0</td><td>0</td><td rowspan="4">如数收到</td></tr>
<tr><td></td><td></td><td></td><td></td><td></td><td></td><td></td></tr>
<tr><td>现金付讫</td><td></td><td></td><td></td><td></td><td></td><td></td></tr>
<tr><td></td><td></td><td></td><td></td><td></td><td></td><td></td></tr>
<tr><td>人民币（大写）壹佰捌拾元整</td><td>合计</td><td>¥</td><td>1</td><td>8</td><td>0</td><td>0</td><td>0</td><td></td></tr>
</table>

开票人：　　收款人：　　业户名称及地址：（盖章）

出库通知单

№ 0038430

收货单位：武汉市四方实业有限公司　2018 年 12 月 15 日　　字第　号附单据　张

编号	名称	规格	单位	应发数量	实发数量	单价	金额	附注
	乙产品		件	40	40	80	3 200	
	合计			40	40		3 200	

会计　　仓库主管　　保管　　经手　　采购

（12）12 月 16 日，向武汉昌达公司购买 A 材料的有关凭证已到，货款 50 000 元，增值税税额 8 000 元，价税合计 58 000 元，运杂费等 1 200 元，款项未付。与此业务相关的凭证如下：

增值税专用发票　　No. ××××××

开票日期：2018 年 12 月 16 日

购货单位	名称：宏远有限责任公司 纳税人识别号：0208878996847876 地址、电话：上海市浦东路 208 号 开户行及账号：工商银行上海市浦东支行 6442848-001600212406			密码区	2/987327+3/68＊3879 /><06229442/597292 380702＊03/46+<0014 168+7968283/45+/26	加密版： ×××××××××	
货物及应税劳务名称	规格型号	单位	数量	单价	金额	税率	税额
A 材料		千克	2 000	25.00	50 000.00	16%	8 000.00
合计					50 000.00		8 000.00
价税合计（大写）	伍万捌仟元整						¥58 000.00
销货单位	名称：昌达公司 纳税人识别号 地址、电话： 开户行及账号：				备注		

第一联 发票联 购货方记账凭证

增值税专用发票　　No. ××××××

开票日期：2018 年 12 月 16 日

购货单位	名称：宏远有限责任公司 纳税人识别号：0208878996847876 地址、电话：上海市浦东路 208 号 开户行及账号：工商银行上海市浦东支行 6442848-001600212406			密码区	2/987327+3/68＊3879 /><06229442/597292 380702＊03/46+<0014 168+7968283/45+/26	加密版： ×××××××××	
货物及应税劳务名称	规格型号	单位	数量	单价	金额	税率	税额
A 材料		千克	2 000	25.00	50 000.00	16%	8 000.00
合计					50 000.00		8 000.00
价税合计（大写）	伍万捌仟元整						¥58 000.00
销货单位	名称：昌达公司 纳税人识别号 地址、电话： 开户行及账号：				备注		

第二联 抵扣联

郑州铁路局货物运费杂费收据

付款单位或姓名：宏远有限责任公司　2018 年 12 月 16 日　　　　No. 062498

原运输票据	2018 年 12 月 16 日第 28 号		办理种别	
发站	武汉		到站	上海
车种车号			标准	
货物名称	件数	包装	重量	计费重量
A 材料			2 000 千克	2 000 千克
类别	费率	数量	金额	附记
运费	0.6		1 200.00	
合计金额（大写）	壹仟贰佰元整			
收款单位：武汉火车站货运部		经办人：		

收料单

（三联式）

请购单号__________　　　　　　　　　　　　No. 0013752

发票号数　　　　2018 年 12 月 16 日　　　　字第　　号

材料		单位	数量	发票金额		应摊运杂费	实际成本		材料账
编号	名称及规格			单价	金额		单价	金额	
	A 材料	千克	2 000						
	合计								

第一联 材料部门

核准　　会计　　记账　　保管　　供应　　验收

（13）12 月 20 日，接银行转来入账通知，向长江公司托收的货款已收到入账。

委托收款凭证（付款通知）

委托日期 2018 年 12 月 20 日　　　　托收号码：

业务类型	委托收款（□邮划、□电划）托收承付（□邮划、□电划）				
付款人	全称	长江公司	收款人	全称	宏远有限责任公司
	账号			账号	6442848-001600212406
	开户行			开户行	工商银行上海市浦东支行

金额	人民币（大写）伍万伍仟陆佰捌拾元整	亿	千	百	十	万	千	百	十	元	角	分
					¥	5	5	6	8	0	0	0

款项内容	货款及运费	托收凭据名称	发票	附寄单证张数	1
备注：按合同规定付款期		合同名称号码			
复核　　记账	年　月　日		付款人开户银行签章 2018 年 12 月 20 日		

（14）12 月 21 日，收到武汉明华公司部分承付款，对方提出部分拒付，拒付运杂费。

托收承付结算全部/部分拒绝承付理由书　　代通知或收账通知

拒付日期　　2018 年 12 月 21 日　　原托收号码

付款人	全称	明华公司	收款人	全称	宏远有限责任公司
	账号			账号	6442848-001600212406
	开户行			开户行	工商银行上海市浦东支行
原托金额	74 740.00	拒付金额	660.00	部分承付金额	¥74 740.00
附寄单证	2 张	部分承付金额（大写）	柒万肆仟柒佰肆拾元整		

拒付理由：按原合同规定，运费及增值税由供货方负担，运费 600.00 元及增值税税额 60 元，合计 660 元应予部分拒付。

（付款单位签章）

银行意见： 同意拒付理由 （银行签章）2018 年 12 月 21 日	

拒付理由审核书

根据原合同，双方协定运费及增值税由供货方全部承担。原合同号＊＊＊＊，情况属实。特此说明。

查实无误，
同意部分拒付
李明

明华公司销售科
林斌
2018 年 12 月 21 日

（15）12 月 22 日，海奇工厂应收账款 3 280 元，已逾期 3 年，因该厂经营不善，濒于倒闭，所欠账款已无法收回，经核准作为坏账处理。

内部转账单

转账日期 2018 年 12 月 22 日

对方科目	摘要	金额
应收账款	海奇工厂 2015 年货款已逾期 3 年，因该厂经营不善，濒临倒闭，所欠账款无法收回，批准核销。	3 280.00
金额（大写）：叁仟贰佰捌拾元整		￥ 3 280.00

（16）12 月 22 日，吴经理出差归来，报销差旅费。

差旅费报销单

附件 4 张　　　　2018 年 12 月 22 日

<table>
<tr><td>单位名称</td><td>销售部</td><td>姓名</td><td colspan="2">吴经理</td><td>职别</td><td colspan="2">销售部经理</td><td colspan="2"></td></tr>
<tr><td>出差事由</td><td colspan="4">开会</td><td rowspan="2">出差
日期</td><td colspan="4" rowspan="2">自 2018 年 12 月 8 日
至 2018 年 12 月 11 日</td></tr>
<tr><td>到达地点</td><td colspan="4">广州</td></tr>
<tr><td rowspan="3">项目
金额</td><td colspan="4">交通工具</td><td colspan="2">其他</td><td>住宿费</td><td>伙食补助</td><td></td></tr>
<tr><td>火车</td><td>汽车</td><td>飞机</td><td>轮船</td><td>通信费</td><td>市内交通</td><td>住 3 天</td><td>在途 4 天</td><td></td></tr>
<tr><td></td><td></td><td>2 560.00</td><td></td><td>50.00</td><td>120.00</td><td>540.00</td><td>80.00</td><td></td></tr>
<tr><td colspan="8">总计人民币金额（大写）叁仟叁佰伍拾元整</td><td colspan="2">￥3 350.00</td></tr>
<tr><td>原借金额：</td><td colspan="2">5 000.00</td><td>报销金额</td><td colspan="2">3 350.00</td><td colspan="2">交结余或超支金额</td><td colspan="2">1 650.00</td></tr>
<tr><td colspan="5" rowspan="2">主管：　　领款人：吴经理</td><td>月</td><td>日</td><td>顺序号</td><td colspan="2">明细科目编号</td></tr>
<tr><td></td><td></td><td></td><td colspan="2"></td></tr>
</table>

主管：　　　　　　　　　　出纳：

（17）12 月 25 日，新江公司银行承兑汇票到期，办妥有关入账手续。

中国工商银行　进账单（收账通知）

2018 年 12 月 25 日

出票人	全称	新江公司	收款人	全称	宏远有限责任公司
	账号			账号	6442848-001600212406
	开户银行			开户银行	工商银行上海市浦东支行

金额	人民币（大写）陆万壹仟肆佰贰拾伍元整	亿	千	百	十	万	千	百	十	元	角	分
					¥	6	1	4	2	5	0	0

票据种类	银行承兑汇票	票据张数		收款人开户银行签章

此联是收款人开户银行交给收款人的收账通知

（18）12 月 26 日，向华光公司购入 A 材料到货，收到有关凭证，审核无误。与此业务相关的凭证如下：

增值税专用发票　　No. ××××××

开票日期：2018 年 12 月 26 日

购货单位	名称：宏远有限责任公司 纳税人识别号：0208878996847876 地址、电话：上海市浦东路 208 号 开户行及账号：工商银行上海市浦东支行 6442848-001600212406	密码区	2/987327+3/68＊3879 /><06229442/597292 380702＊03/46+<0014 168+7968283/45+/26 加密版：××××××××××

货物及应税劳务名称	规格型号	单位	数量	单价	金额	税率	税额
A 材料		千克	1 800	25. 00	45 000. 00	16%	7 200. 00
合计					45 000. 00		7 200. 00
价税合计（大写）	伍万贰仟贰佰元整				¥52 200. 00		

销货单位	名称：华光公司 纳税人识别号 地址、电话： 开户行及账号：	备注	

第一联　发票联　购货方记账凭证

增值税专用发票 No. ××××××

开票日期：2018 年 12 月 26 日

购货单位	名称：宏远有限责任公司 纳税人识别号：0208878996847876 地址、电话：上海市浦东路 208 号 开户行及账号：工商银行上海市浦东支行 6442848-001600212406				密码区	2/987327+3/68＊3879 /><06229442/597292 380702＊03/46+<0014 168+7968283/45+/26	加密版：××××××××××
货物及应税劳务名称	规格型号	单位	数量	单价	金额	税率	税额
A 材料		千克	1 800	25.00	45 000.00	16%	7 200.00
合计					45 000.00		7 200.00
价税合计（大写）	伍万贰仟贰佰元整						¥52 200.00
销货单位	名称：华光公司 纳税人识别号 地址、电话： 开户行及账号：				备注		

第二联 抵扣联

武汉铁路局货物运费杂费收据

付款单位或姓名：宏远有限责任公司 2018 年 12 月 25 日 No. 062435

原运输票据	2018 年 12 月 25 日第 35 号		办理种别	
发站	武汉		到站	上海
车种车号			标准	
货物名称	件数	包装	重量	计费重量
A 材料	18		1 800 千克	1 800 千克
类别	费率	数量	金额	附记
运费	0.60		1 080.00	
合计金额（大写）	壹仟零捌拾元整			
收款单位：武汉火车站货运部	经办人：			

收料单

（三联式）

请购单号________　　　　　　　　　　　　　　No. 0013752

发票号数　　　　2018 年 12 月 26 日　　　　字第　　号

材料		单位	数量	发票金额		应摊运杂费	实际成本		材料账
编号	名称及规格			单价	金额		单价	金额	
	A 材料	千克							

核准　　会计　　记账　　保管　　供应　　验收

第一联　材料部门

（19）12 月 27 日，接银行通知，华光公司退回购 A 材料余款 6 720 元。

汇款单位编号：　　**中国工商银行电汇委托书**（收账通知）

科目

对方科目　　　　委托日期 2018 年 12 月 27 日　　　　No.

汇款单位				收款单位				
全称	华光公司			全称	宏远有限责任公司			
账号				账号	6442848-001600212406			
汇出地点		汇出行		汇入地点	上海市	汇入行	工商银行上海市浦东支行	
金额	人民币（大写）陆仟柒佰贰拾元整					¥6 720.00		
汇款用途	退付余款							
上列款项已根据委托办理，如需查询请持此回单来行面洽。				（汇出行盖章）2018 年 12 月 27 日				
单位主管：　会计：　出纳：　记账：								

此联由汇出行盖章后退给汇款单位作回单

（20）12 月 30 日，按规定计提坏账准备。坏账准备计算表如下：

坏账准备计算表

2018 年 12 月 30 日

应收款项	计提比例	期末坏账准备余额	计提前坏账准备余额	应计提或冲销坏账准备

会计主管：　　　　复核：　　　　制单：

三、实训总结

专业班级：　　　　姓名：　　　　指导教师：

一、实训内容及时间安排回顾 1. 时间经历 2. 实训内容 二、实训收获 三、实训中发现的自己在过去学习中存在的不足

【基本任务训练】

一、单项选择题

1. 预付账款不多的企业，可以不设“预付账款”科目，而将预付账款记入（　　）。

A.“应收账款”科目的借方　　B.“应收账款”科目的贷方

C.“应付账款”科目的借方　　D.“应付账款”科目的贷方

2. 2018 年 4 月 16 日，A 企业销售产品一批，价款 400 万元，增值税税额 64 万元，收到期限为 6 个月的商业承兑汇票一张，年利率为 7%，则该票据到期时，A 企业收到的票款为（　　）。

A. 468 万元　　B. 480.24 万元

C. 400 万元　　D. 414 万元

3. 企业应按期计提坏账准备，对于已确认的坏账损失，应借记（　　）。

A.“管理费用”科目　　B.“财务费用”科目

C.“坏账准备”科目　　D.“信用减值损失”科目

4. C 企业 2017 年年末坏账准备借方余额 1 000 元，2018 年 1 月末，应收账款借方余额 68 000 元，当月发生坏账损失 1 500 元，按应收账款余额的 2% 计提坏账准备，则该企业 1 月末坏账准备的余额为（　　）

A. 借方 2 500 元　　B. 贷方 1 360 元

C. 贷方 1 500 元　　D. 借方 1 140 元

5. A 企业将销售商品收到的银行承兑汇票背书转让给 B 企业，用于支付购买原材料的价款，应贷记的科目是（　　）。

A. 应收账款　　B. 应收票据

C. 应付票据　　D. 银行存款

6. 2018 年 7 月 18 日，A 企业将收到的出票日为 5 月 20 日、期限为 180 天、面值为

100 000元的票据到银行申请贴现。该票据的贴现天数为（　　）天。

A. 180　　B. 122

C. 120　　D. 121

7. 企业的应收票据在到期时，承兑人无力偿还票款的，应将其转入（　　）科目。

A. 应收账款　　B. 应付账款

C. 其他应收款　　D. 预收账款

8. 下列各项，不通过“其他应收款”科目核算的是（　　）

A. 为购货方代垫的运费　　B. 应收保险公司的各项赔款

C. 为职工代垫的房租　　D. 存出保证金

二、多项选择题

1. 企业采用备抵法核算坏账准备，估计坏账损失的方法有（　　）

A. 应收账款余额百分比法　　B. 账龄分析法

C. 年数总和法　　D. 销货百分比法

E. 双倍余额递减法

2. 下列各项，构成应收账款入账价值的有（　　）

A. 增值税销项税额　　B. 商业折扣

C. 代购货方垫付的保险费　　D. 销售货款

E. 代购货方垫付的运杂费

3. 下列各项中，应记入“坏账准备”科目贷方的有（　　）

A. 按规定提取的坏账准备

B. 当期发生的坏账损失

C. 收回已确认为坏账并转销的应收账款

D. 冲回多提的坏账准备

E. 补提的坏账准备

4. 下列各项中，会影响应收账款账面价值的有（　　）

A. 收回前期应收账款　　B. 发生赊销商品的业务

C. 收回已转销的坏账　　D. 结转到期不能收回的票据

E. 按规定计提应收账款的坏账准备

5. 下列关于现金折扣与商业折扣的说法，正确的是（　　）

A. 商业折扣是指在商品标价上给予的扣除

B. 现金折扣是指债权人为鼓励债务人早日付款，而向债务人提供的债务扣除

C. 存在商业折扣的情况下，企业应收账款入账金额应按扣除商业折扣后的实际售价确认

D. 我国会计实务中采用总价法核算存在现金折扣的交易

E. 总价法是将未减去现金折扣前的金额作为实际售价，记作应收账款的入账价值

三、判断题

1. 企业应向职工收取的暂付款项可在“应收账款”科目进行核算。（　　）

2. 预付款项不多的企业，可以将预付的款项直接记入“应付账款”的借方，不设置“预付账款”科目。但在编制会计报表时，要将“预付账款”和“应收账款”的金额分开列示。（　　）

3. 企业实际发生坏账损失时，应借记“坏账准备”科目，贷记“应收账款”科目。（　　）

4. 企业采用应收账款余额百分比法计提坏账准备的，期末“坏账准备”科目余额应等

于按应收账款余额的一定百分比计算的坏账准备金额。（ ）

5. 按总价法核算存在现金折扣的交易，其实际发生的现金折扣作为当期的财务费用。（ ）

6. 2018 年 4 月 5 日，B 企业赊销产品一批，价款 10 万元，增值税税额 1.6 万元，现金折扣条件为 2/10，1/20，n/30。假设折扣不考虑增值税因素。4 月 12 日，购货单位付款。则 B 企业应确认财务费用 1 000 元。（ ）

7. 企业采用直接转销法或备抵法核算发生的坏账损失，确认的标准是不同的。（ ）

8. 无息票据的贴现所得一定小于票据面值，而有息票据的贴现所得则不一定小于票据面值。（ ）

9. 企业取得应收票据时，无论是否带息，均应按其到期值入账。（ ）

10. 应收款项属于企业的一项金融资产。（ ）

四、账务处理题

1. A 公司为增值税一般纳税人，适用的增值税税率为 16%。2018 年 3 月，A 公司发生下列业务：

（1）3 月 2 日，向 B 公司赊销某商品 100 件，每件标价 200 元，实际售价 180 元（售价中不含增值税税额），已开增值税专用发票。商品已交付 B 公司。代垫 B 公司运费 2 000 元，增值税税率为 10%。现金折扣条件为 2/10，1/20，n/30。

（2）3 月 4 日，销售给 C 公司商品一批，增值税发票上注明价款为 20 000 元，增值税税额 3 200 元，C 公司以一张期限为 60 天，面值为 23 200 元的无息商业承兑汇票支付。该批商品成本为 16 000 元。

（3）3 月 8 日，收到 B 公司 3 月 2 日所购商品货款并存入银行。

（4）3 月 11 日，A 公司从 D 公司购买原材料一批，价款 20 000 元，按合同规定先预付 40%购货款，其余货款验货后支付。

（5）3 月 20 日，因急需资金，A 公司将收到的 C 公司的商业承兑汇票到银行办理贴现，年贴现率为 10%。

（6）3 月 21 日，收到从 D 公司购买的原材料并验收入库，余款以银行存款支付。增值税专用发票注明价款 20 000 元，增值税税额 3 200 元。

要求：编制上述业务的会计分录（假定现金折扣不考虑增值税因素）。

2. 甲企业采用应收账款余额百分比法计提坏账准备，计提比例为 0.5%。2017 年年末坏账准备科目为贷方余额 7 000 元。2018 年甲企业应收账款及坏账损失发生情况如下；

（1）1 月 20 日，收回上年已转销的坏账损失 20 000 元。

（2）6 月 4 日，获悉应收乙企业的账款 45 000 元，由于该企业破产无法收回，确认坏账损失。

（3）2018 年 12 月 31 日，甲企业应收账款余额为 1 200 000 元。

要求：编制上述有关坏账准备的会计分录。

3. 乙企业为增值税一般纳税企业，适用的增值税税率为 16%。2018 年 8 月，发生下列业务：

（1）以应收账款 20 000 元作为抵押，按应收账款金额的 80%向银行取得借款，计 16 000元，期限为 3 个月，合同规定，银行按应收账款的 1%扣收手续费 2 000 元，企业将实际收到的款项存入银行。

（2）因急需资金，将一笔应向甲公司收取的账面余额为 232 000 元（其中价款为 200 000元，增值税税额为 32 000 元）的应收账款不附追索权出售给银行。该应收账款不存在现金折扣，企业也未对该应收账款计提坏账准备。合同规定的手续费比率为 5%，扣留款比率为10%，乙企业实际收到款项198 000元。后因产品质量问题，企业同意给予甲公司5%的销售折让，并收到银行退回的多余扣留款。

要求：根据上述资料，编制有关会计分录。

【案例分析训练】

黄河股份有限公司为增值税一般纳税人，适用增值税税率为16%，商品销售均为正常的商品交易，除特别说明外，采用应收账款余额百分比法于每年6月30日和12月31日计提坏账准备，计提比例为1%。2018年5月31日，“应收账款”科目借方余额为5 000 000元，全部为应收甲公司账款，“坏账准备”科目贷方余额为50 000元；“应收票据”和“其他应收款”科目无余额。2018年6月至12月黄河股份有限公司对有关业务进行了如下处理：

（1）6月1日，向甲公司赊销一批商品，开出的增值税专用发票注明的销售价格为1 000 000元，增值税税额为160 000元，货款尚未收到。

借：应收账款——甲公司　　1 160 000
　贷：主营业务收入　　1 000 000
　　　应交税费——应交增值税（销项税额）　　160 000

（2）6月10日，收到应收乙公司账款4 000 000元，款项已存入银行。

借：银行存款　　4 000 000
　贷：应收账款　　4 000 000

（3）6月15日，向丙公司赊销一批商品，开出的增值税专用发票上注明货款2 000 000元，增值税税额为320 000元，货款尚未收到。

借：应收账款——丙公司　　2 320 000
　贷：主营业务收入　　2 000 000
　　　应交税费——应交增值税（销项税额）　　320 000

（4）6月20日，向丁公司赊销一批商品，开出的增值税专用发票上注明货款5 000 000元，增值税税额为800 000元；收到丁公司开具的不带息商业承兑汇票，到期日为2018年12月20日。

借：应收票据——丁公司　　5 800 000
　贷：主营业务收入　　5 000 000
　　　应交税费——应交增值税（销项税额）　　800 000

（5）假定6月份黄河公司除上述业务外没有发生其他有关应收款项的业务。6月30日，对各项应收账款计提坏账准备。其中，应收甲公司的账款采用个别认定法计提坏账准备，计提比例5%，应计提坏账准备金额＝1 160 000×5%＝58 000元

借：信用减值损失　　58 000
　贷：坏账准备　　58 000

对其他应收款项应计提坏账准备，其他应收款项应计提坏账准备金额＝（5 000 000－4 000 000+2 340 000+5 850 000）×1%－50 000＝41 900元

借：信用减值损失　　41 900
　贷：坏账准备　　41 900

（6）9月1日，将应收甲公司的账款质押给银行，取得期限为3个月的流动资金借款1 080 000元，年利率为4%，到期一次还本付息。假定黄河公司月末不预提流动资金借款利息。

借：银行存款　　1 080 000
　贷：短期借款　　1 080 000

（7）9月10日，将应收乙公司货款出售给银行，取得价款1 900 000元，协议约定不附追索权。

借：银行存款　　1 900 000
　　营业外支出　　420 000
　贷：应收账款——乙公司　　2 320 000

（8）10月20日，将6月20日收到的丁公司商业承兑汇票向银行贴现，获取价款5 720 000元，协议约定银行在票据到期日有追索权。

借：银行存款　　5 720 000
　贷：短期借款　　5 720 000

（9）12月1日，向银行质押借入的流动资金借款到期，以银行存款支付借款本息。至12月31日，黄河公司尚未收到该账款。

借：短期借款　　1 080 000
　　财务费用　　108 000
　贷：银行存款　　1 188 000

（10）12月20日，丁公司因财务困难未向银行支付票款。黄河公司收到银行退回已贴现的商业承兑汇票，并以银行存款支付全部票款。

借：应收票据　　5 800 000
　　财务费用　　50 000
　贷：银行存款　　5 850 000

借：应收账款　　5 850 000
　贷：应收票据　　5 850 000

（11）12月31日，对各项应收账款计提坏账准备。对甲公司应收账款仍采用个别认定法计提坏账准备，计提比例为20%。

对甲公司应补提的坏账准备金额=1 160 000×20%-58 000=174 000元

借：信用减值损失　　174 000
　贷：坏账准备　　174 000

对其他公司应收款项应计提的坏账准备金额=（1 000 000+5 850 000）×1%-91 900=-23 400元

借：坏账准备　　23 400
　贷：信用减值损失　　23 400

要求：分析黄河公司上述各项业务的会计处理是否正确，错误的请写出正确处理方法。

【项目小结】

往来岗位核算内容为企业在日常生产经营过程中形成的各种债权和债务，包括：应收项目（应收账款、应收票据和其他应付款）、预付账款、应付项目（应付账款、应付票据和其他应付款）和预收账款等，其中应收款、预付款、应付款和预收款均按照实际发生金额入账，应收票据和应付票据无论是否带息均按照票面价值入账，带息应收或应付票据应于期末计提利息。应收票据可以背书转让和贴现，企业的不定期债权（应收账款、预收账款和其他应收款）应采用备抵法计提坏账准备，计提方法有：应收款项百分比法、账龄分析法和销货百分比法三种。

【关键概念】

应收账款　坏账准备　应收票据　预付账款　预收账款　应付账款　其他应收款

项目三
存货岗位核算

【学习目标】

知识目标：了解存货岗位核算任务，存货的含义、构成、分类和收发领用程序；理解存货成本的基本构成内容；掌握存货增加（入库）、减少（发出）和结存的确认、计价和核算方法。

能力目标：培养学生存货的确认和计量能力、存货核算方法的选择能力、原始凭证和记账凭证的编制能力和相关账簿的登记能力。

素质目标：培养学生踏实严谨的工作态度、遵章守纪的职业标准、奉公守法的职业道德。

【项目分析】

学习重点：存货收入、发出和结存的核算。

学习难点：存货按照计划成本法核算和包装物五五摊销法。

项目概述：

存货是流动资产的重要构成部分，也是企业生产经营活动的加工对象和成果，同时还是企业主要竞争资源，包括：原材料、辅助材料、燃料、动力、修理备用件、低值易耗品、在产品、半成品、产成品、委托加工物资、委托代销商品等，加强存货的核算、控制和管理是企业生存和发展的重要任务。

存货岗位核算任务：制定存货核算职责和核算办法，存货确认和初始价值计量，核算企业存货增加（收入）、减少（发出），期末存货的计价和存货跌价准备金的计提，存货期末清查核算。

存货核算内容主要包括：存货的采购、验收入库（增加）、存货发出（减少）和存货结存的核算。

存货核算方法包括实际成本法和计划成本法两种。实际成本法就是每一种材料的采购、入库、发出和结存，在总账和明细账中都按照实际成本登记入账的一种核算方法。计划成本法就是每一种材料的采购、入库、发出和结存，在总账和明细账中都按照计划成本登记入账，期末计算材料成本差异率（或商品进销差价率）并结转已发出材料成本差异的一种核算方法。中小企业和材料价格相对稳定的企业一般选择实际成本法，大型企业和材料价格变化频繁的企业一般选用计划成本法。

存货核算所使用的原始凭证主要有入库单、领料单（含限额领料单）、退料单、发料凭证汇总表、商品入库单、商品出库单等。

存货核算所使用的账簿主要有三栏式总账、数量金额式明细账等。

存货财产清查方法有永续盘存制和实地盘存制两种。

【案例3-1】华泰公司为增值税一般纳税人，适用的增值税税率为16%，材料按实际成本计价核算，2018年12月发生以下业务：

（1）12月1日，购入甲材料，增值税专用发票上注明材料价款为100 000元，增值税进项税额为16 000元，材料已验收入库，发票账单等结算凭证已收到，货款已通过银行支付。

（2）12月3日，购入乙材料，材料采购增值税专用发票上注明材料价款为200 000元，增值税进项税额为32 000元；同时销货方转来运输费增值税发票所列运输费2 000元，增值税进项税额为200元。上述货款、运输费和增值税款项尚未支付，材料尚在运输途中。

（3）12月8日以上材料验收入库。

（4）12月10日购入丙材料，材料已到达企业并验收入库，但发票账单等结算凭证尚未到达企业，公司对丙材料估价为34 000元。

（5）12月11日本公司向A公司预付购货款80 000元，采购丁材料。

（6）12月15日A公司交付所购材料，并开出增值税专用发票，材料价款为90 000元，增值税进项税额为14 400元。

（7）12月20日本公司将补付的货款24 400元通过银行转账支付。

要求：根据以上业务编制相关会计分录。

任务分析：该案例涉及材料采购业务的核算，具体涉及存货的确认、存货成本的构成和材料采购成本的计算，因此要完成上述案例的业务核算就必须了解企业的业务性质、特点和结算方式，理解各种不同存货形成方式下存货成本的构成和计算，掌握在不同结算方式下的核算要求和会计账务处理。下面我们逐一来探讨。

基本任务（基本能力）

任务一　存货的确认与初始计量

必备知识（理论知识）

一、存货的确认

存货是指企业在正常生产经营过程中持有以备出售的产成品或商品，或仍然处于生产过程中的在产品，或在生产过程或提供劳务过程中将要消耗的材料、物料等，包括商品、产成品、半成品、在产品以及各种材料、燃料、包装物、低值易耗品等。存货是保证企业生产经营过程顺利进行的必要条件。

存货同时满足下列条件的，才能予以确认：

（1）与该存货有关的经济利益很可能流入企业。

判断一项存货是不是企业的存货通常是以拥有所有权或实质控制权为标准，盘存日凡所有权或实质控制权已属于企业，无论该存货是否存放在企业，均应作为本企业存货予以确认入账，如委托加工物资、委托代销商品等应确认为本企业存货；反之，若无该存货的所有权或实质控制权，即使存放在企业，也不能确认为本企业的存货，如受托加工物资、受托代销商品等不能确认为本企业存货。

（2）该存货的成本能够可靠地计量。

成本能够可靠地计量是存货确认的另一项基本条件，它要求存货成本的计量不仅要有可靠、确凿的证据，而且应具有可验证性。

因此，某项资产要确认为存货，首先应符合存货的含义，其次应同时满足上述两个条件。

二、存货的初始计量

存货的初始计量直接影响企业的成本费用水平、财务成果水平和财务信息质量，因此企业应按照会计准则的规定，准确进行存货的确认、初始计量和核算，保障企业最终财务成果的准确性、合理性和有效性，提高会计工作效率。

按照《企业会计准则第 1 号——存货》第三章计量的规定：存货应当按照成本进行初始计量。在企业持续经营前提下，存货入账价值的基础是历史成本或实际成本，存货成本包括采购成本、加工成本和其他成本。

存货的采购成本包括购买价款、相关税费（不含增值税）、运输费、装卸费、保险费以及其他可归属于存货采购成本的费用。

存货的加工成本包括直接人工以及按照一定方法分配的制造费用。

存货的其他成本是指除采购成本、加工成本以外的，使存货达到目前场所和状态所发生的其他支出。

由于企业的存货来源方式和渠道多样，存货成本构成项目也就有所不同，因此必须按照存货取得方式分别掌握存货的实际成本。

（一）外购存货初始计量成本

外购存货是指企业从外部购进的各种存货，如商业企业的外购商品，工业企业的外购材料、外购零部件等。存货的采购成本包括购买价款、相关税费（不含一般纳税人企业已认证的增值税）、运输费、装卸费、保险费以及其他可归属于存货采购成本的费用。

（1）买价即供货单位开出的发货票价款，如有进货折扣和进货折让，其买价应为扣除销货方进货折扣、进货折让后实际需付的金额，但不含增值税进项税额和现金折扣。

（2）相关税费是指企业购买、自制或委托加工存货发生的消费税、资源税和不能从增值税销项税额中抵扣的进项税额等。

经税务部门认定的属于小规模纳税人的企业，无论购进货物时是否取得了增值税抵扣证明，一律计入购进物资的成本。对于被税务部门认定为一般纳税人的企业，如果取得了增值税抵扣证明并经税务机关认证的，则支付的增值税不计入存货成本；如果未取得抵扣证明或用以非应税项目及免交增值税项目的，支付的增值税则计入购入物资成本。

（3）其他可归属于存货采购成本的费用，包括存货采购过程中发生的仓储费、包装费、运输途中的合理损耗、入库前的挑选整理费用等。

外购存货成本=买价（扣除商业折扣、折让）+相关税费+运输费+装卸费+保险费+仓储费用+包装费+运输途中合理损耗+入库前的整理准备费用

【案例 3-1 解答】

（1）甲材料成本=100 000（元）

（2）乙材料成本=200 000+2 000=202 000（元）

（3）丙材料暂估成本=34 000（元）

（4）丁材料成本=90 000（元）

（二）自制存货初始计量成本

自制存货是企业自行生产加工制造的存货，如产成品、半成品和自制原材料等，其初始计量成本为自制存货的生产成本，包括：自制存货耗用的材料成本、耗用的人工成本和分配的制造费用。

（1）直接材料成本是指在生产过程中消耗的劳动对象价值，即材料成本，通过加工使之成为半成品或成品，它们的使用价值随之变成了另一种使用价值。

（2）直接人工成本是指企业为生产产品或提供劳务所发生的生产工人的职工薪酬，包括短期薪酬、离职后福利、辞退福利和其他长期职工福利四大类，具体有工资、福利费、社保费、短期带薪缺勤、短期利润分享计划、辞退福利和其他薪酬等项内容。

（3）制造费用是企业生产车间为生产产品和提供劳务而发生的各项间接生产费用，企业应当根据制造费用的性质和受益对象，合理地选择制造费用分配方法进行分配。其具体核算留待成本会计中学习。

自制存货成本=直接材料成本或半成品成本+直接人工成本+分配的制造费用

（三）委托加工物资成本

委托加工物资是指企业委托外单位加工成新的材料或包装物、低值易耗品等物资。委托加工物资的成本应当包括加工中实际耗用物资的成本、支付的加工费用及应负担的运杂费、支付的税金等。

（四）通过提供劳务取得的存货

企业提供劳务取得存货的，所发生的从事劳务提供人员的直接人工和其他直接费用以及可归属于该存货的间接费用，计入存货成本。

【例题·判断题】企业通过提供劳务取得存货的成本，按提供劳务人员的直接人工和其他直接费用以及可归属于该存货的间接费用确定。（　）

【答案】√

【例题·多选题】下列项目中，作为增值税一般纳税人的企业一般应计入存货成本的有（　）。

A. 购入存货支付的关税

B. 商品流通企业采购过程中发生的保险费

C. 企业提供劳务取得存货发生的从事劳务提供人员的直接人工

D. 自制存货生产过程中发生的直接费用

【答案】ABCD

（五）其他方式取得存货的初始计量成本

1. 投资者投入的存货的成本

会计准则规定，投资者投入的存货的成本，应当按照投资合同或协议约定的价值确定，但合同或协议约定价值不公允的除外，合同或协议约定价值不公允的情况下，应当以该存货的公允价值作为其入账基础。

【案例3-2】2018年12月20日，甲、乙、丙、丁、戊五方共同投资设立了兴业股份有限公司（以下简称“兴业公司”）。甲公司以其生产的产品作为投资（兴业公司作为原材料管理和核算），五方确认该批原材料的价值为5 000 000元。兴业公司取得的增值税专用发票上注明的不含税价款为5 000 000元，增值税税额为800 000元。同时，假定兴业公司的股本总额为30 000 000元，甲公司在兴业公司享有的份额为10%。兴业公司为一般纳税人，采用实际成本法核算存货。

【案例3-2解答】在这个案例中，由于兴业公司为一般纳税人，且投资各方确认的原材料的价值为5 000 000元，因此，兴业公司接受的这批原材料的入账价值为5 000 000元，将增值税税额800 000元单独作为可以抵扣的进项税额进行核算。

会计分录为：

借：原材料	5 000 000	
应交税费——应交增值税（进项税额）	800 000	
贷：股本——甲公司		3 000 000
资本公积——股本溢价		2 800 000

2. 接受捐赠的存货的成本

接受捐赠的存货，按以下规定确定其实际成本：

（1）捐赠方提供了有关凭据（如发票、报关单、有关协议）的，按凭据上标明的金额加上应支付的相关税费，作为实际成本。

（2）捐赠方没有提供有关凭据的，按如下顺序确定其实际成本：

①同类或类似存货存在活跃市场的，按同类或类似存货的市场价格估计的金额，加上应支付的相关税费作为实际成本；

②同类或类似存货不存在活跃市场的，按所接受捐赠的存货的预计未来现金流量现值作为实际成本。

3. 非货币性资产交换、债务重组和企业合并取得的存货的成本

非货币性资产交换、债务重组和企业合并取得的存货的成本，应当分别按照《企业会计准则第 7 号——非货币性资产交换》《企业会计准则第 12 号——债务重组》和《企业会计准则第 20 号——企业合并》确定。

4. 盘盈的存货的成本

盘盈的存货，按照同类或类似存货的市场价格（即重置成本）作为实际成本。

不属于存货成本，应在发生时立即计入当期费用的成本包括三类：

（1）非正常消耗的直接材料、直接人工和间接费用。

（2）仓储费用（不包括在加工过程中为达到下一个加工阶段所必需的费用）。

（3）不能归属于使存货达到目前场所和状态所发生的其他支出。

任务二　存货增加的核算

外购存货核算方法有实际成本法和计划成本法两种。实际成本法是指企业存货的收入、发出和结存均按照实际成本计价核算的方法。计划成本法是指企业存货的收入、发出和结存均按照预先制定的计划成本计价，同时设置“材料成本差异”（或产品成本差异，下同）账户，登记实际成本与计划成本的差异，月末再通过存货成本差异的分摊，将发出存货的计划成本调整为实际成本的核算方法。实际成本法适用于存货收发业务较少的企业；计划成本法适用于存货收发业务较多并且计划资料较为健全和准确的企业。

基本任务（基本能力）

一、外购材料按实际成本法核算

基本知识（理论知识）

（一）外购材料的内容和核算方法

外购材料包括外购原材料、包装物及低值易耗品。原材料包括主要材料、辅助材料、燃料、动力、修理备用件、外购半成品、包装材料等。

外购材料按实际成本法计价核算就是每一种材料的收入、发出和结余，在总账和明细账中都按照材料的实际成本计价核算并登记入账。

实际成本法适用材料种类较多收发业务较少，且材料价格相对稳定的企业。

基本能力（基本技能）

（二）账户设置

1. “在途物资”账户

“在途物资”账户，也属于资产类账户，用来核算企业已购入尚未到达或尚未验收入库的各种物资的实际成本。借方登记已经付款或已经开出经过承兑的商业汇票而尚在运输途中或虽已运达企业但尚未点验入库的存货的实际成本；贷方登记验收入库的在途物资的实际成本。期末余额在借方，反映企业已付款或已开出、承兑商业汇票但尚未到达或尚未验收入库的在途物资的实际成本。该账户可按材料类别、规格、型号和供货单位设置明细账，进行明细分类核算。

2. “原材料”账户

“原材料”账户，属于资产类账户，用来核算和监督原材料的收入、发出和结存情况。借方登记购入、自制、委托加工、接受投资、盘盈等收入原材料的实际成本；贷方登记销售、耗用、盘亏、毁损等减少原材料的实际成本。期末余额在借方，反映库存原材料的实际成本。该账户应按原材料的类别、品种和规格进行明细分类核算。

3. “周转材料”账户

“周转材料”账户属于资产类账户，用来核算和监督低值易耗品和包装物的验收入库、领用发出、摊销和结存情况。该账户借方登记验收入库或盘盈低值易耗品和包装物的实际成本；贷方登记领用发出、盘亏低值易耗品和包装物的实际成本；期末余额在借方，表示库存未用低值易耗品和包装物的实际成本。该账户应按照“低值易耗品”和“包装物”设置两个二级明细账，再按照低值易耗品和包装物的类别、品种、规格型号设置明细账进行明细核算。

（三）材料增加的总分类核算

企业外购材料的采购方式、地点和结算方式有所不同，材料验收入库、单证票据传递和款项支付时间也不一致，在会计核算处理上也有所不同。实际工作中有以下三种情况：

（1）付款与收货同时办理（单货同到）。在这种情况下，外购材料到达验收入库的同时，支付货款或开出经承兑的商业汇票，所以应根据发货票、结算凭证、有关费用单据和收料单，按材料的实际成本，编制记账凭证如下：

借：原材料——××材料

　　应交税费——应交增值税（进项税额）

　贷：银行存款或其他货币资金或应付账款或应付票据等

（2）先支付货款或开出经承兑的商业汇票，材料尚未到达或尚未验收入库（单到货未到）。在这种情况下，企业先收到结算凭证及发票等单据，经审核无误后即可承付货款或开出经承兑的商业汇票，并根据有关凭证，编制记账凭证如下：

①发票账单到达时：

借：在途物资——××材料

　　应交税费——应交增值税（进项税额）

　贷：银行存款或其他货币资金或应付账款或应付票据

②收到材料时：

借：原材料——××材料

　贷：在途物资——××材料

（3）材料先到，发票账单未到，货款尚未支付（货到单未到）。在这种情况下，由于材料的实际成本无法确定，平时不予入账，期末时可按材料的暂估价格（合同定价或计划价格）计价入账，不考虑税金；次月初红字冲回；收到发票账单等结算凭证时，按照单货同到处理。

①会计期末时，暂估入账。

借：原材料——××材料
　贷：应付账款——暂估应付款

②次月初，用红字编制一张相同的记账凭证，予以冲销。

借：原材料——××材料
　贷：应付账款——暂估应付款

③收到发票账单等结算凭证时。

借：原材料——××材料
　　应交税费——应交增值税（进项税额）
　贷：银行存款或其他货币资金或应付账款或应付票据等

【案例 3-1 解答】

(1) 12 月 1 日收到材料并支付款项时，编制银行付款凭证，会计分录如下：

借：原材料——甲材料　100 000
　　应交税费——应交增值税（进项税额）　16 000
　贷：银行存款　116 000

(2) 12 月 3 日收到发票账单等结算票据时，编制转账凭证，会计分录如下：

借：在途物资——乙材料　202 000
　　应交税费——应交增值税（进项税额）　32 200
　贷：应付账款　234 200

(3) 12 月 8 日以材料验收入库时

借：原材料——乙材料　202 000
　贷：在途物资——乙材料　202 000

(4) 丙材料货到而单未到的核算

①12 月 10 日材料已到达企业并验收入库时，不做会计处理。

②12 月 31 日暂估入账时，编制转账凭证，会计分录如下：

借：原材料——丙材料　34 000
　贷：应付账款——暂估应付款　34 000

③2019 年年初，编制红字转账凭证冲回，会计分录如下：

借：原材料——丙材料　34 000
　贷：应付账款——暂估应付款　34 000

1. 采用预付款购货方式购入材料的核算

采用预付款购货方式购入材料核算应按三步进行，详见案例解答。

【案例 3-1 解答】

(5) 12 月 11 日预付购料款时，编制银行付款凭证，会计分录如下：

借：预付账款——A 公司　80 000
　贷：银行存款　80 000

(6) 12 月 15 日华泰公司收到所购丁材料、发票账单等结算凭证时，编制转账凭证，会计分录如下：

借：原材料——丁材料　90 000
　　应交税费——应交增值税（进项税额）　14 400

贷：预付账款——A 公司　　104 400

（7）12 月 20 日补付 A 公司欠款时，编制银行付款凭证，会计分录如下：

借：预付账款——A 公司　　24 400

　贷：银行存款　　24 400

如为退回多付款，则做相反分录。

2. 外购材料短缺、毁损的核算

企业外购材料在验收入库时，如果发生短缺和毁损时，应查明短缺、毁损的金额和原因，区分具体情况进行处理；

（1）由于供货方发货过程中责任造成的原材料短缺，应由供货方补发货物或负责赔偿。具体包括两种情况：

①如果购货企业价税款尚未支付，应按照短缺材料金额及应分担的运杂费、相应的税金，填写拒付理由书，拒付相应款项，不做会计处理。

②如果购货企业价税款已经支付，则应向供货单位要求补发货物或赔偿。

收到补发货物时，按照实际验收入库数量和合理损耗数量及金额记入“原材料”账户，将供货方造成材料成本损失暂记入“应付账款”账户，编制会计分录如下：

借：原材料

　　应付账款

　贷：在途物资

收到供货单位赔偿款时，依据供货单位开出的红字增值税发票做如下处理：

借：银行存款

　　应交税费——应交增值税（进项税额）

　贷：在途材料

（2）如果短缺或毁损属于运输途中的合理损耗，则按照实际验收数量调整单位材料实际采购成本，按照调整后的单位材料实际采购成本登记明细账，不做账务处理。

（3）短缺和毁损若属于运输途中非常损失，应先记入“待处理财产损溢”账户，待查明原因后，按照下列原则处理：

①属于运输部责任或过失人责任，应根据索赔金额，借记“其他应收款——责任单位（或人）”，贷记“待处理财产损溢——待处理流动资产损溢”。

②属于意外灾害造成或不可控制因素造成，由保险公司赔偿部分记入“其他应收款——保险公司”，其他责任人造成的记入“其他应收款——责任人”，本公司责任的应记入“管理费用”，其差额部分记入“营业外支出——非常损失”。

借：其他应收款——××保险公司

　　　　　　　——××责任人

　　管理费用

　　营业外支出——非常损失

　贷：待处理财产损溢——待处理流动资产损溢

注意：根据税法规定，作为一般纳税人的企业，购入物资发生非常损失或购进物资发生用途改变，应按照购入物资价格计算的税额冲减当期增值税进项税，记入“应交税费——应交增值税（进项税额转出）”账户的贷方。

【案例 3-3】华强公司为增值税一般纳税人，适用增值税税率为 10%，材料按实际成本计价核算，2018 年 12 月 1 日向广东果业有限责任公司购进水果材料一批，采购增值税发票所列水果 8 000 千克，每千克价格为 4 元，货款为 32 000 元，增值税为 3 200 元，运输费发票所列运费 8 000 元，增值税为 800 元，2018 年 12 月 12 日验收入库时发现短缺 500 千克，经查明其中200千克为供货方少发货物，供货方同意补发100千克水果，华强公司于2018年12月15日收到100千克水果，其余100千克价税款项已于2018年12月16日收到；200千克为运输途中合理损耗，100千克为广运集团运输毁损，华强公司已于2018年12月10日支付购买水果价税款。

要求：根据上述资料编制会计分录。

该案例主要涉及原材料按照实际成本法核算时，单货同到材料购进核算，材料购进短缺、毁损账务处理，而短缺毁损又涉及供货方少发货物、运货方运输毁损和运输途中合理损耗实务处理，同时涉及材料采购成本的计算，培养学生处理复杂问题的能力。

【案例3-3解答】

单位水果材料采购成本=（32 000+8 000）÷8 000=5（元/千克）

短缺水果材料应负担运输费=8 000÷8 000×300=300（元）

短缺水果材料成本=300×4+300=1 500（元）

（1）原材料水果验收入库时

原材料成本=（8 000−500+200）×5=38 500（元）

运输单位运输毁损应承担的税金=100×4×10%+8 000÷8 000×100×10%=50（元）

借：原材料——水果材料　　38 500

　　应付账款——广东果业有限责任公司　　1 000

　　待处理财产损溢——待处理流动资产损溢　　550

　贷：在途物资——水果材料　　40 000

　　　应交税费——应交增值税（进项税额转出）　　50

（2）2018年12月15日收到100千克水果时

借：原材料——水果材料　　500

　贷：应付账款——广东果业有限责任公司　　500

（3）收到退回的价税款时

退回的价税款额=100×5+100×4×10%+8 000÷8 000×100×10%=550（元）

借：银行存款　　550

　　应交税费——应交增值税（进项税额）　　50

　贷：应付账款——广东果业有限责任公司　　500

（4）确认广运集团运输毁损时

借：其他应收款——广运集团　　550

　贷：待处理财产损溢——待处理流动资产损溢　　550

3. 自制材料入库的核算

企业基本生产车间或辅助生产车间自制原材料时，应通过“生产成本——基本生产成本（或辅助生产成本）”账户核算生产材料所发生的料、工、费支出，自制完成验收入库时，按照自制材料实际生产成本，借记“原材料”账户，贷记“生产成本——基本生产成本（或辅助生产成本）”账户。

4. 投资者投入原材料的核算

投资者投入的原材料，按照投资协议或投资合同所约定的材料价值确认收入材料的实际成本（合同或协议约定价值不公允的除外），借记“原材料”账户，按专用发票上注明的增值税税额，借记“应交税费——应交增值税（进项税额）”科目，按照投资合同或协议确认的投资额，贷记“实收资本（或股本）”科目，若投资者投入原材料的价值超过协议投资额的部分，贷记“资本公积”科目。

【案例3-4】华泰公司2018年12月18日接受安信公司投入的原材料，投资各方协议确认的投资者投入原材料价值为 2 000 000 元，专用发票上注明的增值税税额为 320 000 元，假定投资协议约定的投资价值是公允的。华泰公司与安信公司协议的投资额 1 600 000 元，该批原材料已验收入库。

【案例 3-4 解答】

借：原材料——材料　　2 000 000

　　应交税费——应交增值税（进项税额）　　320 000

　贷：实收资本——安信公司　　1 600 000

　　　资本公积——资本溢价　　720 000

5. 接受捐赠收入的原材料的核算

企业接受捐赠转入的材料，按照增值税专用发票上注明的增值税税额，借记“应交税费——应交增值税（进项税额）”，按照捐赠确认的价值，借记“原材料”账户等，按照接受捐赠材料的税法规定确认入账价值，贷记“营业外收入”账户，按照实际支付或应付的相关费用和税金，贷记“库存现金”“银行存款”和“应交税费”等账户。

（四）材料明细分类账的设置及登记

1. 材料明细分类账的设置

材料的明细分类核算应包括价值量核算和实物量核算两个方面。价值量的核算是由会计人员进行的，实物量的核算是由仓库管理人员进行的。据此，材料明细分类账的设置有两种方法，即“两账分设”（账卡分设）和“两账合一”（账卡合一）。

“两账分设”是对材料的核算设两套账。仓库设置材料卡片账，核算各种材料收发存的数量；财会部门设置材料明细账，核算各种材料收入、发出和结存的数量和金额。这种设账方法，便于各部门用账，并且两方平行登记，可以起到相互制约和相互控制的作用，但因其重复设账、登记，浪费人力及物力。

“两账合一”是对材料的核算设一套账。将仓库的材料卡片账和会计的材料明细账合并为一套账，由仓库负责登记数量，会计人员定期到仓库稽核收发料单，计算登记材料收发存金额，并对材料收发凭证进行计价。这种设账方法的优缺点与“两账分设”正好相反。

2. 材料明细分类账的登记

（1）材料卡片账，按材料的品种、规格开设，根据收发料凭单，逐日逐笔登记，序时地反映各种材料收发存的实物数量。

（2）材料明细账，按材料的品种、规格分户，进行明细核算。收入材料时，对不同来源的材料均应按实际成本填制收料凭证，并根据收料凭证，在材料明细账中逐笔登记收入材料的数量、单价和金额。发出材料时，应根据发料凭证，在材料明细账中逐笔登记发出材料的数量。发出材料的金额则需在个别计价法、加权平均法、移动平均法、先进先出法等方法中选择一种方法来确定。

（3）在途物资明细账，通常采用“横线登记法”，在供应单位不多且比较固定时，可以按供应单位分户核算；在供应单位多，变动大的情况下，可以采用“在途物资登记簿”或“在途物资登记卡”的形式进行明细核算。

二、包装物、低值易耗品增加的总分类核算

企业购入、自制和委托加工验收入库的低值易耗品、包装物记入“周转材料——低值易耗品/包装物”账户的借方。其核算如下：

（1）付款与收货同时办理（单货同到）。在这种情况下，外购低值易耗品和包装物到达验收入库的同时，支付货款或开出经承兑的商业汇票，所以应根据发货票、结算凭证、有关费用单据和收料单，按低值易耗品和包装物的实际成本，编制记账凭证如下：

借：周转材料——低值易耗品

——包装物

应交税费——应交增值税（进项税额）

贷：银行存款或其他货币资金或应付账款或应付票据或预付账款等

（2）先支付货款或开出经承兑的商业汇票，低值易耗品、包装物尚未到达或尚未验收入库（单到货未到）。在这种情况下，企业先收到结算凭证及发票等单据，经审核无误后即可承付货款或开出经承兑的商业汇票，并根据有关凭证，编制记账凭证如下：

①发票账单到达时：

借：在途物资——低值易耗品

——包装物

应交税费——应交增值税（进项税额）

贷：银行存款或其他货币资金或应付账款或应付票据等。

②收到低值易耗品、包装物时：

借：周转材料——低值易耗品

——包装物

贷：在途物资——低值易耗品

——包装物

（3）低值易耗品、包装物先到，发票账单未到，货款尚未支付（货到单未到）。在这种情况下，由于低值易耗品、包装物的实际成本无法确定，平时不予入账，期末时可按低值易耗品、包装物的暂估价格（合同价格或计划价格）计价入账，不考虑税金；次月初红字冲回；收到发票账单等结算凭证时，按照单货同到处理。

①会计期末暂估入账时

借：周转材料——低值易耗品

——包装物

贷：应付账款——暂估应付款

②次月初，用红字编制一张相同的记账凭证，予以冲销。

借：周转材料——低值易耗品 □

——包装物 □

贷：应付账款——暂估应付款 □

③收到发票账单等结算凭证时

借：周转材料——低值易耗品

——包装物

应交税费——应交增值税（进项税额）

贷：银行存款或其他货币资金或应付账款或应付票据等

任务三　存货发出的核算

存货发出的核算主要是对生产经营企业领用和销售的核算，包括发出存货的计价和账务处理。存货发出的计价方法有实际成本法和计划成本法两种，在本任务中主要介绍实际成本法下发出存货的计价核算。存货主要包括原材料、库存商品、低值易耗品和包装物等。存货投资、对外捐赠、非货币性资产交换、债务重组等发出存货的核算留在其他章节和高级财务会计课程中介绍。

【案例 3-5】华泰公司 2018 年 12 月甲材料的期初结存、本期入库和领用情况如下：

2018 年 12 月甲材料的期初结存、本期入库和领用情况

2018 年		摘要	收入			发出			结存		
月	日		数量	单价	金额	数量	单价	金额	数量	单价	金额
12	1	期初结存							150	60	9 000
12	9	A 产品生产领用				70					
12	15	购进入库（第 1 批）	100	62	6 200						
12	18	车间一般领用				50					
12	25	厂部管理领用				90					
12	28	购进入库（第 2 批）	200	68	13 600						
12	30	生产线建设领用				60					
		合计	300		19 800	270			180		

要求：分别按照先进先出法、加权平均法和移动加权平均法计算发出甲材料成本和期末库存甲材料成本，并按照移动加权平均法计算发出甲材料成本进行账务处理。

任务分析：该案例涉及原材料按照实际成本法计价核算时，根据发出材料的计价方法对发出材料成本和期末材料结存成本，按照材料物资使用用途，掌握材料发出的账务处理。下面我们逐一来介绍。

基本任务（基本能力）

基本知识（理论知识）

一、发出存货的计价（存货的后续计量）

存货按照实际成本计价核算方法下，发出存货的计价具体方法有：个别计价法、先进先出法、后进先出法、加权平均法、移动加权平均法五种。按照 2008 年修改后的《企业会计准则第 1 号——存货》的规定，我国企业可采用的发出存货的计价方法有：个别计价法、先进先出法、加权平均法、移动加权平均法四种。

（一）个别计价法

个别计价法就是逐一辨认各批发出存货和期末存货所属的购进批别或生产批别，分别按照其购入或生产时所确定的单位成本作为计算各批发出存货和期末存货成本的方法。

最常见的辨认方法为：各批次购入存货分别存放，挂签标识。

该方法的优点为计算发出存货成本和期末存货成本比较合理、准确、符合实际。缺点为实际操作工作量繁重、困难较大。

该方法适用于一般不能替代使用的存货、数量不多的存货、单位成本较高的存货或为特定项目专门购入或制造的存货，如船舶、飞机、房产、珠宝、字画等。

假定【案例 3-5】中 12 月 18 日领用材料为期初结存材料，12 月 25 日领用材料为第 1 批购进材料，12 月 30 日领用材料为第 2 批购进材料，计算发出材料成本如下：

发出甲材料成本 = 70×60+50×60+90×62+60×68 = 4 200+3 000+5 580+4 080 = 16 860（元）

期末结存甲材料成本 = （150−70−50）×60+（100−90）×62+（200−60）×68 = 11 940（元）

（二）先进先出法

先进先出法是以先入库的存货先发出这一存货实物流转假设为前提，对于先发出的存货按先入库的存货单位成本计价，后发出的存货按后入库的存货单位成本计价，据以确定本期发出存货和期末结存存货成本的一种方法。

具体方法是：收入存货时，逐笔登记收入存货的数量、单价和金额；发出存货时，按照先进先出的原则逐笔登记存货的发出成本和结存金额。

该方法的缺点为在存货收发业务较频繁且存货价格变动频繁的情况下，企业存货计价工作量较大；在物价持续上升时，期末存货成本接近于市价，而发出成本偏低，会高估企业当期利润和库存存货价值；反之，会低估企业存货价值和当期利润。

先进先出法优点为可以随时结转存货发出成本，便于企业开展存货控制；同时期末存货成本接近现行市价，企业不能随意选择存货成本，调节当期利润。

【案例 3-5 解答 1】

采用先进先出法核算的实例如下：

2018 年		摘要	收入			发出			结存		
月	日		数量	单价	金额	数量	单价	金额	数量	单价	金额
12	1	期初结存							150	60	9 000
12	9	A 产品生产领用				70	60	4 200	80	60	4 800
12	15	购进入库（第 1 批）	100	62	6 200				80 100	60 62	4 800 6 200
12	18	车间一般领用				50	60	3 000	30 100	60 62	1 800 6 200
12	25	厂部管理领用				30 60	60 62	1 800 3 720	40	62	2 480
12	28	购进入库（第 2 批）	200	68	13 600				40 200	62 68	2 480 13 600
12	30	生产线建设领用				40 20	62 68	2 480 1 360	180	68	12 240
		合计			19 800			16 560			12 240

（三）加权平均法（又称为全月一次加权平均法）

加权平均法是根据期初存货结余和本期收入存货的数量及进价成本，期末一次计算存货的本月加权平均单价，作为计算本期发出存货成本和期末结存价值的单价，以求得本期发出存货成本和结存存货价值的一种方法。

计算公式为：

加权平均单位成本 =（月初结存存货成本+本月购进存货成本）/（月初结存存货数量+本月购进存货数量）

本期发出材料成本 = 本期发出数量×加权平均单位成本

本期期末库存存货成本 = 期末库存存货数量×加权平均单位成本

该方法的优点为方便易行，使用于存货收发量较小的企业。缺点为由于存货的计价在月末进行，平时无法提供发出存货和结存存货的单价和金额，不利于管理。

此方法适用于同一种存货各批次进货单位成本差异较大的企业。

【案例 3-5 解答 2】

加权平均甲材料成本 =（9 000+6 200+13 600）÷（150+100+200）= 64（元）

发出甲材料存货成本 =（70+50+90+60）×64 = 16 280（元）

采用加权平均法核算的实例如下：

2018 年		摘要	收入			发出			结存		
月	日		数量	单价	金额	数量	单价	金额	数量	单价	金额
12	1	期初结存							150	60	9 000
12	9	A 产品生产领用				70					
12	15	购进入库（第 1 批）	100	62	6 200						
12	18	车间一般领用				50					
12	25	厂部管理领用				90					
12	28	购进入库（第 2 批）	200	68	13 600						
12	30	生产线建设领用				60					
		合计	300		19 800	270	64	16 280	180	54	11 520

本期期末结存材料成本 =（9 000+19 800）-16 280 = 11 520（元）

（四）移动加权平均法

移动加权平均法是指每次收货后，立即根据库存存货数量和总成本，计算出新的平均单价或成本，作为下次发货计价基础的一种方法。

计算公式为：

本次加权平均单价 =（本次收入存货前结存存货实际成本+本期收入存货实际成本）/（收入存货前结存存货数量+本期收入存货数量）

本次发出存货的成本 = 本次发出存货的数量×本次发货前存货的单位成本

本月月末库存存货成本 = 月末库存存货的数量×本月月末存货单位成本

采用移动平均法能够使企业管理当局及时了解存货的结存情况，计算的平均单位成本以及发出和结存的存货成本比较客观，企业不能任意选择存货成本调节当期利润，但由于每次收货都要计算一次平均单价，计算工作量较大，对收发货较频繁的企业不适用。

此方法适用于材料物资价格变动频繁、购买批次较少且会计电算化水平较高的企业。

【案例 3-5 解答 3】

第一次收入材料加权平均成本 =（4 800+6 200）÷（80+100）= 61.11（元）

采用移动加权平均法核算的实例如下：

2018 年		摘要	收入			发出			结存		
月	日		数量	单价	金额	数量	单价	金额	数量	单价	金额
12	1	期初结存							150	60	9 000
12	9	A 产品生产领用				70	60	4 200	80	60	4 800
12	15	购进入库（第 1 批）	100	62	6 200				180	61.11	11 000
12	18	车间一般领用				50	61.11	3 055.56	130	61.11	7 944.44

表(续)

2018 年		摘要	收入			发出			结存		
月	日		数量	单价	金额	数量	单价	金额	数量	单价	金额
12	25	厂部管理领用				90	61.11	5 500	40	61.11	2 444.44
12	28	购进入库（第 2 批）	200	68	13 600				40 200	66.85	16 044.44
12	30	生产线建设领用				60	66.85	4 011	180	66.85	12 033.44
		合计	300		19 800	270		16 766.56	180	66.85	12 033.44

第二次收入材料加权平均成本=（2 444.44+13 600）÷（40+200）= 66.85（元）

基本能力（基本技能）

二、发放存货的核算

（一）按实际成本计价发出存货的总分类核算

发出材料总分类核算方法有逐项结转法和定期结转法两种。

逐项结转法就是会计根据每一张领料单或限额领料单所记录的领料用途、数量、金额直接编制记账凭证，把材料实际成本结转到成本、费用的方法。

定期结转法就是日常发生材料物资领用时只根据领料单或限额领料单等材料物资发出手续，登记材料明细账，不编制记账凭证，也不登记材料物资总分类账，到期末（或各旬末）根据发料单据由会计编制发料凭证汇总表，一次或分次编制记账凭证，将发出材料物资成本结转到产品成本或费用的方法。

生产车间生产产品领用原材料，按照确定的实际成本，记入“生产成本”账户，车间管理领用原材料，按照确定的实际成本，记入“制造费用”账户，厂部一般管理领用原材料，按照确定的实际成本，记入“管理费用”账户，销售部门为销售产品领用原材料，按照确定的实际成本，记入“销售费用”账户借方，贷记“原材料”账户。

基建工程、福利部门等非应税使用领用材料时，应按照领用材料确定的实际成本加上不予抵扣的增值税税额等记入“在建工程”“应付职工薪酬——非货币性福利”等账户的借方，贷记“原材料”“应交税费——应交增值税（进项税额转出）”等账户。

企业出售材料成本应转入“其他业务支出”账户借方。

【案例 3-5 解答 4】根据前述【案例 3-5 解答 3】发出材料成本计算表资料，编制转账凭证，会计分录如下：

借：生产成本——A 产品　4 200
　　制造费用　3 055.56
　　管理费用　5 500
　　在建工程——生产线　4 011
　贷：原材料——甲材料　16 766.56

（二）按实际成本计价发出存货的明细分类核算

具体核算方法可采用账卡分设（又称为一卡一账）、两账分设和账卡合一三种方法。

账卡分设就是仓库保管部门按照材料种类、规格型号设置“材料卡片”，对每种材料的收发领用数量进行核算；会计部门按照材料种类、规格型号设置数量金额式“在途物资”“原材料”和“周转材料”明细账，同时进行数量和金额核算。仓库保管员根据材料收发原始凭证逐日登记“材料卡片”，序时反映各种材料收发数量；会计期末存货会计根据材料收发记账凭证，序时登记各种材料的数量和金额。

两账分设就是仓库保管部门和会计部门分别设置一套“材料明细账”，仓库保管员只根据材料收发原始凭证序时登记材料收发和结存数量，会计期末存货会计根据材料收发记账凭证，序时登记各种材料的数量和金额。

账卡合一就是企业只设置一套数量金额式“材料明细账”，账册平时放在仓库，由仓库保管员根据材料收发原始凭证序时登记材料收发和结存数量，存货会计定期到仓库稽核，编制材料收发记账凭证，在“材料明细账”上登记收、发和结存金额，同时将收发凭证带回会计部门作为记账依据。

所用账卡资料如下：

（1）材料卡片范例如下：

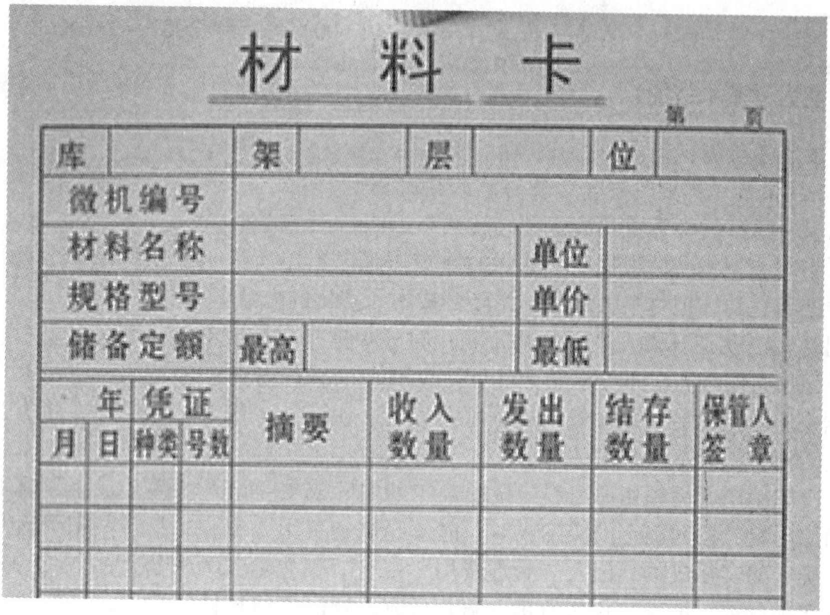
材 料 卡

第 页

库		架		层		位	
微机编号							
材料名称				单位			
规格型号				单价			
储备定额	最高			最低			

年		凭证		摘要	收入数量	发出数量	结存数量	保管人签章
月	日	种类	号数					

（2）在途物资明细账格式如下：

明细账

材料科目________

材料类别或名称________

年		凭证号数	摘要	计量单位	发票数量	实收数量	借方																								贷方								余额							
月	日						发票价格								运杂费等								合计																							
							十	万	千	百	十	元	角	分	十	万	千	百	十	元	角	分	十	万	千	百	十	元	角	分	十	万	千	百	十	元	角	分	十	万	千	百	十	元	角	分

（3）原材料明细分类账范例如下：

科目名称　原材料明细分类账

类别：原材料及主要材料　　　　　　　　　　　　　　　　　　　　　　　　　　编号：

品名或规格：石蜡　　　　　　　　　　存放地点：材料仓库　　　　　　　　　　总第　页

储备定额：　　　　最高储备量：　　　　　最低储备量：　　　　　计量单位：千克　　分第　页

2017年		记账凭证		摘要	对应科目	借方			√	贷方			√	余额		
月	日	类别	号数			数量	单价	金额		数量	单价	金额		数量	单价	金额
12	1			期初结余										1 500	3.1	4650.00
	8	领料单	0617	生产领料						500				1 000		
	15	领料单	0624	生产领料						900				100		
	31	转	3	结转发出材料成本	生产成本					1 400	3.1	4 340		100	3.1	310
	31			本月合计						1 400	3.1	4 340		100	3.1	310

任务四　包装物及低值易耗品的核算

包装物及低值易耗品是指企业可以多次循环使用、其价值逐渐转移但实物形态保持不变，不确认为固定资产的材料，也称为周转材料。包装物及低值易耗品包括：低值易耗品、包装物，以及建筑业中使用的钢模板、木模板、脚手架等。包装物及低值易耗品的循环周转过程为：入库、领用、消耗和回收四个过程，按照权责利均衡原则要求，包装物及低值易耗品的核算必须分包装物及低值易耗品入库、领用发出、价值摊销和收回四个步骤进行核算。

【案例3-6】华泰公司对低值易耗品采用实际成本法核算，设置“周转材料——低值易耗品”账户核算，2018年12月低值易耗品领用情况如下：

（1）5日，管理部门领用砂纸100包，单位实际成本为20元，采用一次摊销法核算。

（2）10日，生产车间管理领用工具200件，单位实际成本120元，采用五五摊销法核算。

（3）31日，生产车间前期领用量具报废100件，单位实际成本150元。该量具采用五五摊销法核算，实际残值收入1 000元。

要求：编制相关业务的会计分录。

任务分析：该案例涉及周转材料——低值易耗品的领用、价值摊销和报废残值的收回等经济业务的核算，要完成案例所要求的核算任务，就必须学习包装物及低值易耗品的价值摊销、领用的账务处理。

基本任务（基本能力）

基本知识（理论知识）

企业在核算低值易耗品和包装物时，可以在“周转材料”总分类账户下设置“低值易耗品”和“包装物”两个二级明细账，也可以单独设置“低值易耗品”和“包装物”总分类账户核算。

基本能力（基本技能）

一、包装物及低值易耗品的摊销的核算

包装物及低值易耗品的摊销方法包括：一次摊销法、分次摊销法、五五摊销法和定额摊销法四种。《企业会计准则第1号——存货》规定，低值易耗品和包装物允许使用方法有一次摊销法和五五摊销法两种。

（一）一次摊销法

一次摊销法是指在领用包装物及低值易耗品时，将其全部价值一次计入成本、费用的摊销方法。

这种方法适用于易腐、易糟的包装物及低值易耗品，如安全网、砂纸等。

采用一次摊销法核算，领用时按其账面价值，借记“生产成本”“制造费用”“管理费用”“销售费用”等账户，贷记“周转材料——低值易耗品或包装物”等账户。

【案例3-6解答】

（1）领用砂纸时。

借：管理费用——低值易耗品摊销　　2 000

　贷：周转材料——低值易耗品（砂纸）　　2 000

包装物及低值易耗品报废时，应按报废包装物及低值易耗品的残料价值，借记“原材料”账户，贷记“管理费用”“制造费用”“生产成本”“销售费用”“工程施工”等账户。

（二）五五摊销法

五五摊销法就是在包装物及低值易耗品领用时摊销其一半价值，在报废时再摊销其另一半价值的方法。

五五摊销法适用于使用期限较长、单位价值较高或一次领用数量较大的低值易耗品的摊销。

采用五五摊销法，应在“周转材料”账户下设置“在库”“在用”和“摊销”三个明细账核算。

【案例3-6解答】

（2）领用工具时。

借：周转材料——低值易耗品（在用低值易耗品）　　24 000

　贷：周转材料——低值易耗品（在库低值易耗品）　　24 000

同时摊销低值易耗品50%价值

借：制造费用——低值易耗品摊销　　12 000

　贷：周转材料——低值易耗品（低值易耗品摊销）　　12 000

（3）摊销报废量具另外50%价值。

借：银行存款　　1 000

　　制造费用　　6 500

　贷：周转材料——低值易耗品（低值易耗品摊销）　　7 500

结转已全部摊销量具价值

借：周转材料——低值易耗品（低值易耗品摊销）　　15 000

　贷：周转材料——低值易耗品（在用低值易耗品）　　15 000

二、包装物的核算

包装物是为包装本企业的产品或商品，并随同它们一起出售、出借或出租给购货方的各种包装容器，如桶、箱、瓶、坛、筐、罐、袋等。

【案例3-7】华泰公司包装物采用实际成本法核算，该企业产品销售适用的增值税税率为16%，租金收入增值税税率为10%，不考虑消费税，2018年12月发生包装物有关业务如下：

(1) 12月6日华泰公司下属冰箱生产分厂总装车间为包装冰箱产品领用纸箱500只，实际单位成本为4元，该分厂包装物采用一次摊销法核算。

(2) 12月10日华泰公司下属摩托车分厂销售发货包装领用木箱50个，每个单位成本200元，该包装物不单独计价，该分厂包装物采用一次摊销法核算。

(3) 12月13日华泰公司下属啤酒分厂对外出租给宏盛酒店生啤酒桶100个，单位成本80元，不含税每个租金20元，每个押金90元，租金和押金已收取。租赁期满，收回生啤酒桶85个，其中报废10个，每个收回残值20元，另外15个未按期退回，该分厂包装物采用五五摊销法核算。

要求：编制上述业务的会计分录。

任务分析：该案例为包装物的核算，主要涉及生产领用包装物、随同商品销售单独计价包装物和包装物出租出借的核算。为完成上述案例任务，就需要系统了解包装物的核算要求和掌握包装物的核算，尤其重点掌握包装物出租出借的账务处理。

包装物摊销方法包括：一次摊销法和五五摊销法两种。核算内容包括：①生产过程中用于包装产品作为产品组成部分的包装物；②随同商品出售而不单独计价的包装物；③随同商品出售而单独计价的包装物；④出租或出借给购买单位使用的包装物。

(一) 生产领用包装物

企业生产部门领用包装产品的包装材料，其价值构成产品的一部分，如：包装绳、包装袋、定型泡沫等，应将包装材料成本计入产品成本，借记“生产成本”账户，贷记“周转材料——包装物”账户或“包装物”账户。

【案例3-7解答】

(1) 2018年12月6日。

借：生产成本——基本生产成本——冰箱　　2 000

　贷：周转材料——包装物——纸箱　　2 000

(二) 随同商品出售而不单独计价的包装物

随同商品出售而不单独计价的包装物成本，应计入企业发生的销售费用。

【案例3-7解答】

(2) 2018年12月10日。

借：销售费用——包装物　　10 000

　贷：周转材料——包装物——木箱　　10 000

(三) 随同商品出售而单独计价的包装物

随同商品出售而单独计价的包装物，属于包装物的对外销售，其销售收入记入“其他业务收入”账户，包装物成本记入“其他业务成本”账户。

1. 出售包装物取得收入时

借：银行存款或库存现金或应收账款或应收票据等

　贷：其他业务收入

　　　应交税费——应交增值税（销项税额）

2. 结转销售包装物成本时

借：其他业务成本

　贷：周转材料——包装物

(四) 出租、出借的包装物

出租出借包装物是指销货方提供给购货方暂时使用的包装物。因包装物可以多次重复使用，其逐步转移价值可采用一次摊销法和五五摊销法进行摊销，同时建立出租出借包装物备查簿进行登记。

出租出借包装物采用五五摊销法时，在“周转材料——包装物”账户下设置“库存未用包装物”“库存已用包装物”“出借包装物”“出租包装物”和“包装物摊销”五个明细账核算。

收到出租包装物租金时，按照不含税收入记入“其他业务收入”账户，其摊销的包装物价值和包装物修理等费用记入“其他业务成本”，发生的增值税和消费税记入“应交税费”账户。

出租出借包装物收取的押金不能确认为收入，应作为企业负债处理，记入“其他应付款”账户和“银行存款”或“库存现金”账户，退回押金做相反分录；逾期没收的押金，借记“其他应付款”账户，应按照税法规定扣除应交增值税后的差额贷记“其他业务收入”账户，应交增值税贷记入“应交税费——应交增值税（销项税额）”账户，没收押金应纳消费税的，借记“其他业务成本”，贷记“应交税费——应交消费税”；出租出借包装物报废时，出借包装物价值摊销和修理费用应记入“销售费用”账户借方，收回残值借记“原材料”“库存现金”“银行存款”等账户，贷记“其他业务成本（出租）”“销售费用（出借）”账户。

对于逾期未退还的包装物加收的押金，应记入“营业外收入——罚金”，同时计提增值税和消费税等税费。

【案例 3-7 解答】

（3）2018 年 12 月 13 日。

①发出包装物时，根据领料单：

借：周转材料——包装物——出租包装物　　8 000
　贷：周转材料——包装物——库存未用包装物　　8 000

同时摊销 50%包装物价值时

借：其他业务成本　　4 000
　贷：周转材料——包装物——包装物摊销　　4 000

②根据押金收款单：

借：银行存款　　9 000
　贷：其他应付款——宏盛酒店　　9 000

③收到租金时，根据租金收款单：

借：银行存款　　2 200
　贷：其他业务收入——租金收入　　2 000
　　　应交税费——应交增值税（销项税额）　　200

④收回包装物时：

借：周转材料——包装物——库存已用包装物　　6 800
　贷：周转材料——包装物——出租包装物　　6 800

⑤退回包装物押金时：

借：其他应付款——宏盛酒店　　7 650
　贷：银行存款　　7 650

⑥没收未退回 15 个生啤酒桶押金时：

不含税收入＝15×90÷（1+10%）≈1 227. 27（元）

借：其他应付款——宏盛酒店　　1 350
　贷：其他业务收入——押金收入　　1 227. 27

应交税费——应交增值税（销项税额）　　122.73

⑦收回残料收入时：

借：库存现金　　200

　贷：周转材料——包装物——出租包装物　　200

⑧摊销报废和未收回生啤酒桶其余50%价值：

摊销包装物价值=（10+15）×80×50%-200=800（元）

借：其他业务成本　　800

　贷：周转材料——包装物——包装物摊销　　800

借：周转材料——包装物——包装物摊销　　1 000

　贷：周转材料——包装物——出租包装物　　1 000

任务五　其他存货

其他存货主要是指企业除材料、燃料、动力、修理备用件、包装物及低值易耗品以外的存货，主要包括产成品、自制半成品和委托加工物资。

一、产成品

产成品是指企业已经完成全部生产过程并已验收入库合乎标准规格和技术条件，可以按照合同规定的条件送交订货单位，或者可以作为商品对外销售的产品。

产成品既包括存放于本企业的仓库的产成品，也包含存放于本企业销售部门准备销售的产成品。产成品不包含已完成销售但尚未发货或未提走的代管产成品（或商品），这些应另行设置备查簿登记。

工业企业的产成品核算可以采用计划成本法，也可以采用实际成本法。在采用实际成本法计价核算时，对完工入库的产成品结转成本时，借记“库存商品”账户，贷记“生产成本”账户。完成销售产成品结转成本时，借记“主营业务成本”账户，贷记“库存商品”账户。

库存商品用于对外投资、债务重组和非货币性资产交换等方面的核算，将在高级财务会计课程中学习，在此不再赘述。

二、自制半成品

自制半成品是指已经过一定生产过程并已检验合格交付半成品仓库，但尚未制造完成，仍需继续加工的中间产品。

（一）账户设置

“自制半成品”账户属于资产账户，用来核算企业各种自制半成品的增加、减少和结存情况。该账户的借方登记验收入库自制半成品的实际成本，贷方登记领用发出自制半成品的实际成本，期末余额在借方，表示库存半成品实际成本。该账户应按照自制半成品的种类、品种和规格型号设置明细账进行明细分类核算。

企业外购半成品不在该账户核算，应在原材料账户核算。

1. 自制半成品入库的账务处理

按实际成本入账。

借：自制半成品——××半成品

　贷：生产成本——基本生产成本

2. 自制半成品领用的账务处理

按实际成本入账。

借：生产成本——基本生产成本

　贷：自制半成品——××半成品

3. 委托外部单位加工自制半成品的账务处理

（1）领出时，按实际成本入账。

借：自制半成品——委托加工半成品

　贷：自制半成品——××半成品

（2）收回时。

①支付外部加工费、运杂费和税金时。

借：自制半成品——委托加工半成品

　　应交税费——应交增值税（进项税额）

　贷：银行存款等

②加工完毕，经验收入库时。

借：自制半成品——××半成品

　贷：自制半成品——委托加工半成品

③对外销售并结转成本时。

借：主营业务成本

　贷：自制半成品——××半成品

三、委托加工物资

【案例 3-8】华泰公司为一般纳税人，适用的产品销售增值税税率为 16%、劳务收入增值税税率为 10%、消费税税率为 10%。2018 年 12 月 8 日公司委托甲食品加工厂加工一批应税消费品 A 材料，A 材料实际成本 20 000 元，加工费 18 000 元（不含税），款项已通过转账支付，12 月 20 日退回余料 2 000 元，委托加工 A 材料已验收入库，委托加工 A 材料收回后直接用于对外销售。12 月 10 日委托乙铸造厂加工一批应税消费品 B 材料，B 材料实际成本为 30 000 元，加工费 24 000 元（不含税），款项已通过转账支付，12 月 25 日委托加工 B 材料已验收入库，委托加工 B 材料收回后用于连续生产应税消费品。

要求：分别对委托加工 A、B 材料进行核算。

任务分析：该案例涉及委托加工物资成本的计量、委托加工过程的核算。委托加工费用所涉及的增值税、消费税的计算和账务处理，尤其是对应税消费品涉及消费税按照后续用途不同的不同处理是本案例的难点也是重点。

基本知识（理论知识）

委托加工物资，是指企业委托外单位加工成新的材料或包装物、低值易耗品等物资。

委托加工物资的成本应当包括加工中实际耗用物资的成本、支付的加工费用及应负担的运杂费、支付的税金等。

委托加工物资实际成本=发出委托加工物资实际成本+加工费+往返运输费+保险费+相关税金

凡属加工物资用于应交增值税项目并取得了增值税专用发票的一般纳税企业，其加工物资所应负担的增值税都可作为进项税，不计入加工物资成本：凡属加工物资用于非应纳增值税项目或免征增值税项目，以及未取得增值税专用发票的一般纳税企业和小规模纳税企业的加工物资，都应将这部分增值税计入加工物资成本。

基本能力（基本技能）

（一）委托加工物资账户设置

企业应设置“委托加工物资”账户，该账户属资产类账户，核算企业委托外单位加工的各种材料、商品等物资的实际成本。该账户借方登记发出委托加工物资的实际成本、支付的加工费用、往返应负担的运杂费以及支付的税金（包括小规模纳税人应负担的增值税）；该账户贷方登记加工完成验收入库的物资的实际成本；余额在借方，表示尚在委托加工中的材料物资实际成本。该账户应按照委托加工物资种类、品种和规格型号设置明细账进行明细分类核算。

（二）委托加工物资的核算

需要缴纳消费税的委托加工物资，由受托方代扣代缴消费税，应分别按照以下情况处理：

（1）凡属于加工物资收回后直接用于销售的，委托方应将其所负担的消费税计入加工物资成本。

借：委托加工物资（所负担的消费税）

　贷：银行存款或应付账款等

（2）凡属于加工物资收回后用于连续生产的，委托方将其所付的消费税先记入“应交税费——应交消费税”科目的借方，按规定用以抵扣加工产品销售后所负担的消费税。

借：应交税费——应交消费税

　贷：银行存款或应付账款等

【案例 3-8 解答】

1. 委托加工 A 材料的核算

（1）12 月 8 日发出委托加工 A 材料时，根据材料出库单，做会计分录如下：

借：委托加工物资——甲食品加工厂	20 000	
贷：原材料——A 材料		20 000

（2）支付加工费用，计提委托加工物资应负担的消费税和增值税。

A 材料消费税计税价格 =（20 000+18 000−2 000）÷（1−10%）= 40 000（元）

甲食品厂代扣代缴消费税 = 40 000×10% = 4 000（元）

加工费应交增值税 = 18 000×10% = 1 800（元）

会计分录如下：

借：委托加工物资——甲食品加工厂	22 000	
应交税费——应交增值税（进项税额）	1 800	
贷：银行存款		23 800

（3）委托加工物资和余料验收入库，会计分录如下：

借：原材料——A 材料	2 000	
库存商品——A	40 000	
贷：委托加工物资——甲食品厂		42 000

2. 委托加工 B 材料的核算

（1）12 月 10 日发出委托加工 B 材料时，根据材料出库单，做会计分录如下：

借：委托加工物资——乙铸造厂	30 000	
贷：原材料——B 材料		30 000

（2）支付加工费用，计提委托加工物资应负担的消费税和增值税。

B 材料消费税计税价格 =（30 000+24 000）÷（1−10%）= 60 000（元）

乙铸造厂代扣代缴消费税 = 60 000×10% = 6 000（元）

加工费应交增值税 = 24 000×10% = 2 400（元）

借：委托加工物资——乙铸造厂	24 000	
应交税费——应交增值税（进项税额）	2 400	

——应交消费税　　6 000

贷：银行存款　　32 400

（3）委托加工物资验收入库

借：原材料——B材料　　54 000

贷：委托加工物资——乙铸造厂　　54 000

任务六　存货的期末业务

会计期末存货的价值金额取决于期末存货数量和期末存货的单价。受存货不断地购进入库和领用发出以及毁损等因素的影响，存货期末账面数量很可能与实际库存数量存在差异，同时由于存货单价随市场供销状况不断变化，企业确认入账的存货单价与市场期末单价存在差异，因此会计期末存货数量的准确性和单价的准确性就成为会计核算资料准确性的决定性因素。为了保障会计信息的准确性，按照《企业会计准则第1号——存货》规定，存货期末业务主要包括存货的期末计价和存货财产清查两个方面。

【案例3-9】华泰公司为一般纳税人，适用的增值税税率为16%，2018年12月31日存货盘存表上显示：①主要材料盘盈500元，为计量不准确造成的。②产成品盘亏200元，系被职工张三偷盗。该部分产成品所耗用的外购材料、劳务成本为140元。③在产品盘亏100元，为管理不善造成的。该部分在产品所耗用的外购材料、劳务成本为60元。④燃料盘亏800元，该损失系台风所致。根据保险合同，此部分损失可向保险公司索赔60%。

要求：对上述存货盘盈和盘亏编制会计分录。

任务分析：该案例要求完成存货财产清查的核算和清查后处理的核算两项任务。为完成上述案例任务，就必须全面了解存货清查的含义、方法、程序等基础知识，掌握财产清查结果和处理的核算和涉税处理，培养学生存货清查的账务处理能力。

基本任务（基本能力）

一、存货财产清查

基本知识（理论知识）

（一）存货清查的含义、种类和作用

存货清查是指通过对存货的实地盘点，确定存货的实有数量，并与账面结存数核对，从而确定存货实存数与账面结存数是否相符的一种专门方法。

存货清查按照清查的对象和范围不同，分为全面清查和局部清查；按清查时间不同，分为定期清查与不定期清查。

（二）造成存货账实不符的主要原因

（1）自然因素：自然损耗、自然升溢、自然灾害。

（2）人为因素：①有关人员失职，如计量错误、核算错误、检验疏忽、管理不善。②有关人员营私舞弊，如贪污、偷盗。

（三）存货清查的方法和程序

存货清查的主要方法为实地盘点法，就是根据各种存货资产的特点和性质，采用一定的方法，运用计量工具，在存货存放地点清点实有数量，鉴定存货质量的方法。

由存货主管部门领导、仓库保管员和存货核算会计等组成存货清查小组，按照存货清查要求和方法组织存货清查工作，根据存货盘点清查结果，填制“存货盘点报告单”，将账面数与实际盘点数进行核对，明确盘盈盘亏，由有关责任人签字盖章，明确责任，会计先挂账，记入“待处理财产损溢”账户，并报请主管领导审核批准，根据审批结果结转盘盈盘亏。

当实际盘点数大于账面数时为盘盈，当实际盘点数小于账面数时为盘亏，二者相等时为不亏不盈（或持平）。

基本能力（基本技能）

（四）存货清查的核算

1. 账户设置

为了正确反映企业在财产清查中查明的各种存货盘盈盘亏及其处理情况，应设置“待处理财产损溢”账户。该账户在性质和结构上具有双重性质，用来核算企业各种存货的盘盈、盘亏和毁损及转销情况。该账户的借方登记各种财产物资的盘亏、毁损数额及盘盈的转销数额；贷方登记各种财产物资的盘盈数额及毁损和盘亏的转销数额；期末处理前有余额，如为借方余额则表示尚未处理的各种财产净损失；如为贷方余额则表示尚未处理的各种财产净盈余，期末处理后该账户无余额。该账户应按照资产种类设置明细分类账进行明细分类核算。

2. 存货盘点清查结果的账务处理

（1）存货盘盈的核算。

企业发生存货盘盈时，应及时填制存货盘点报告单办理存货入账手续，调整增加存货账面数，按照同类或类似存货市场价格作为实际成本入账，借记“原材料”“库存商品”等账户，贷记“待处理财产损溢——待处理流动资产损溢”账户；查明原因后，如属于少发货物因素造成的，应补发货物；如果是由计量、自然升溢、核算误差原因造成的，在报经批准后，冲减“管理费用”账户，借记“待处理财产损溢——待处理流动资产损溢”账户，贷记“管理费用”账户。

（2）存货盘亏、毁损的核算。

企业发生存货盘亏、毁损时，应及时填制“存货盘点报告单”办理存货销账手续，调整减少存货账面金额，借记“待处理财产损溢——待处理流动资产损溢”账户，贷记“原材料”“库存商品”等账户；报经批准后，根据以下情况分别处理：

①如属合理损耗（定额内损耗），记入“管理费用”账户。

②如属超定额损耗，能确定过失人的，由过失人赔偿，赔偿前，先记入“其他应收款”账户；不能确定过失人的记入“管理费用”账户。

③如属非常损失，则扣除保险赔款和残值后记入“营业外支出”账户。

（3）非正常损失存货涉税处理。

企业发生非正常损失的购进货物以及非正常损失的在产品、产成品所耗用的购进货物或应税劳务的进项税额不得从销项税额中抵扣。因此非正常损失存货价值应包括其存货实际成本和应负担的增值税进项税两部分，发生非正常损毁时，应编制如下会计分录：

借：待处理财产损溢——待处理流动资产损溢

　贷：原材料或库存商品或自制半成品等

　　应交税费——应交增值税（进项税额转出）

【案例 3-9 解答】

（1）结转盘盈存货的账面价值。

借：原材料——原料及主要材料　　500

　贷：待处理财产损溢——待处理流动资产损溢　　500

（2）结转盘亏存货的账面价值。

借：待处理财产损溢——待处理流动资产损溢 1 100

贷：产成品 200

生产成本 100

原材料——燃料 800

（3）转出燃料、在产品和产成品的非正常损失的进项税额160元。

燃料的非正常损失的进项税额=800×16%=128（元）

在产品非正常损失的进项税额=60×16%=9.6（元）

产成品非正常损失的进项税额=140×16%=22.4（元）

借：待处理财产损溢——待处理流动资产损溢 160

贷：应交税费——应交增值税（进项税额转出） 160

（4）经批准后结转盘亏存货的损失。

借：其他应收款——保险公司 556.8

——职工张三 222.4

营业外支出 371.2

制造费用 109.6

贷：待处理财产损溢——待处理流动资产损溢 1 260

（5）经批准后结转盘盈存货。

借：待处理财产损溢——待处理流动资产损溢 500

贷：管理费用 500

拓展任务

二、存货期末计量

拓展知识（理论知识）

（一）存货期末计量原则

资产负债表日，存货应当按照成本与可变现净值孰低计量。存货成本高于其可变现净值的，应当计提存货跌价准备，计入当期损益。存货成本，是指期末存货的实际成本，也就是历史成本或账面余额。如采用计划成本法或零售价金额法核算的存货应调整为实际成本。可变现净值，是指在日常活动中，存货的估计售价减去至完工时估计将要发生的成本、估计的销售费用以及相关税费后的金额。

成本与可变现净值孰低法，是指按照存货的成本与可变现净值两者之中的较低者对期末存货价值进行计量的一种方法。如果可变现净值低于成本，那就按可变现净值计量，差额计提存货跌价准备，计入当期损益；如果可变现净值高于成本，还是按成本计量，不计提存货跌价准备。

对存货可变现净值低于成本的差额计提存货跌价准备，计入当期损益是会计核算原则中谨慎性原则的要求。

（二）存货期末计量的方法

【案例3-10】2018年12月3日华泰公司与日信公司签订了一份销售合同，双方约定，2018年12月20日，华泰公司应按310 000元/台的价格向日信公司销售W1型机器12台；按照320 000元/台的价格向日信公司提供W2机器10台；按照315 000元/台的价格向日信公司提供W3型机器12台。

（1）2018年12月31日华泰公司库存W1型机器10台，账面价值（成本）2 800 000元，单位账成本280 000元/台，2018年12月31日，W1型机器的市场售价为300 000元/台。

（2）2018年12月31日，华泰公司还没有生产该批W2型机器，但持有库存甲专门生产W2型机器的原材料，该批材料可供生产W2型机器10台，其账面价值（成本）1 550 000元，市场售价1 230 000元。

（3）2018年12月31日，华泰公司库存W3型机器14台，W3型机器账面价值（成本）4 060 000元，市场售价4 200 000元。

要求：分别确定W1型机器、甲材料、W3型机器存货的可变现净值。

任务分析：该案例涉及存货期末计价和存货跌价准备的计提和转回。

1. 存货减值迹象的判断

存货存在下列情形之一时，表明存货的可变现净值低于成本，应判断存货减值，计提存货跌价准备：

（1）该存货的市场价格持续下跌，并且在可预见的未来无回升的希望。

例如，企业持有一批技术落后的冰箱，原来是2 000元/台，现行市场中冰箱的价格为1 500元/台，预期将长期贬值，短期内无法回升，则属于有迹象表明冰箱发生减值。

（2）企业使用该项原材料生产的产品的成本大于产品的销售价格。

如企业用150美元/桶（当日折合997.5元/桶）购进的原油生产的汽油，汽油每桶价格953元。

（3）企业因产品更新换代，原有库存原材料已不适应新产品的需要，而该原材料的市场价格又低于其账面成本。

如企业已更新火力发电为风力发电，原库存的5 000吨有烟煤已不适应新产品生产需要，原采购成本为1 800元/吨，现市场价格为550元/吨。

（4）因企业所提供的商品或劳务过时或消费者偏好改变而使市场的需求发生变化，导致市场价格逐渐下跌。

如企业库存的普通数码相机产品，由于手机拍摄功能逐步强大，普通数码相机销量逐年萎缩，销售价格逐年下降。

（5）其他足以证明该项存货实质上已经发生减值的情形。

存在下列情形之一的，表明存货可变现净值为零，可以全额计提存货跌价准备：

（1）已霉烂变质的存货，如已霉烂变质的蔬菜、肉食、水果等。

（2）已过期且无转让价值的存货，如过期的奶制品、包装食品等。

（3）生产中已不再需要，并且已无使用价值和转让价值的存货，如库存电子管、BP机等。

（4）其他足以证明已无使用价值和转让价值的存货。

2. 可变现净值的确定（或计算）

（1）企业确定存货的可变现净值时应考虑的因素。

①存货可变现净值的确凿证据。确定可变现净值的确凿证据，是指对确定存货的可变现净值必须有直接影响的可靠证据，包括产品销售价格、相似产品销售价格及不同市场同种或同类产品市场价格、销货方产品生产成本等相关资料。

可变现净值不可以随意计算，以避免利润操纵行为的发生。

②持有存货的目的。持有存货的目的有两个：一个是继续生产使用，另一个是直接对外出售。

③资产负债表日后事项等的影响。

考虑该因素，即不能只根据当前情况做出分析和判断，还需要考虑日后期间的情况。比如2018年12月31日，对一批库存商品计算可变现净值，以当前的市场价格分析，可变现净值可能较高，但已经有确凿证据表明日后期间由于国家新政策的出台，产品售价将大幅度降低，发生减值迹象。

（2）可变现净值的计算。

①持有产成品、商品等直接用于出售的商品存货，没有销售合同约定的。

可变现净值=估计售价-估计的销售费用和相关税费

②持有用于出售的材料等，无销售合同。

可变现净值=材料的市场价格-估计的销售费用和相关税费

③为生产产品而持有的原材料。

为生产产品而持有的材料是否计提减值准备，应该与材料生产产品的可变现净值结合起来。当产品的可变现净值低于成本时，材料应该计提存货跌价准备；当产品的可变现净值高于成本时，即使材料的市场价格低于材料成本，也不用计提存货跌价准备。

可变现净值=该材料所生产的产成品的估计售价-进一步加工的成本-估计的销售费用和相关税费

④为执行销售合同或者劳务合同而持有的存货，通常以产成品或商品的合同价格作为其可变现净值的计量基础。

可变现净值=合同价格-估计的销售费用和相关税费

如果企业持有的同一项存货的数量少于或等于销售合同或劳务合同订购的数量，在确定与该项销售合同直接相关存货的可变现净值时，应当以销售合同价格作为其可变现净值的计量基础，如果企业销售合同规定的标的物还没有生产出来，但持有专门用于该标的物生产的原材料，其可变现净值也应当以销售合同价格作为计量基础。

如果企业持有的同一项存货的数量大于销售合同或劳务合同订购的数量，合同数量按照销售合同价格确定，超出部分的存货可变现净值应当以产成品或商品的一般销售价格作为计量基础。

以前减记存货价值的影响因素已经消失的，减记的金额应当予以恢复，并在原已计提的存货跌价准备金额内转回，转回的金额计入当期损益。

【案例 3-10 解答】

（1）根据华泰公司和日信公司签订的销售合同规定，该批 W1 机器的销售价格由销售合同规定，并且其库存量（10 台）小于销售合同约定数量（12 台），因此，计算 W1 型机器的可变现净值应当以合同约定价格为基础，即估计售价为 3 100 000 元（10×310 000）。

（2）根据华泰公司与日信公司签订的销售合同规定，W2 型机器价格已由销售合同规定，但华泰公司还未生产，但持有库存甲专门生产 W2 型机器的原材料，该批材料可供生产 W2 型机器 10 台，小于等于销售合同约定订购数量，因此，该批甲材料的可变现净值应以销售合同约定的 W2 机器销售价格 3 200 000 元（10×320 000）为基础。

3. 根据华泰公司与日信公司签订的销售合同规定，W3 型机器价格已由销售合同规定，但其库存数量（14 台）大于销售合同约定数量（12 台），因此 W3 型机器存货可变现净值为 4 380 000 元（315 000×12+2×4 200 000÷14）。

拓展能力（拓展技能）

（三）存货跌价准备的核算

【案例 3-11】华泰公司 2016 年 12 月 31 日开始第一次提取存货跌价准备，该公司库存商品成本为 600 000 元，预计可变现净值为 483 000 元；2017 年 6 月 30 日，库存商品成本为 1 000 000 元，预计可变现净值为 1 100 000 元；2017 年 12 月 31 日，库存商品成本为 900 000元，预计可变现净值 874 000 元；2018 年 6 月 30 日，库存商品成本为 1 200 000 元，由于市场变化，预计可变现净值为 1 230 000 元。

要求：核算各会计期末应计提的存货跌价准备。

任务分析：该案例涉及两年年中和年末存货跌价准备的计算、初次计提存货跌价准备的核算、已计提存货跌价准备价值恢复的转回、补提存货跌价准备和全额冲回跌价准备的核算。

企业应当定期对存货进行全面检查测试，如果企业存货全部或部分可变现净值低于成本时，应按照可变现净值低于成本部分，计提存货跌价准备。

1. 计提存货跌价准备的方法

（1）个别计提，就是按照单个存货项目计提存货跌价准备。企业月末将每个存货的成本与可变现净值逐一进行比较，按较低者计量存货，并按照每项存货成本与对应的可变现净值的差额，计提每一项存货的存货跌价准备。

（2）分类计提，就是按照存货类别计提存货跌价准备。企业月末先分类计算各类存货的账面价值（或成本），然后分类确定各类存货的可变现净值，再将各类存货的成本与各类存货的可变现净值进行比较，以各类存货成本与各类存货的可变现净值差额计提该类存货跌价准备。

（3）全额计提，就是按照企业全部存货计提存货跌价准备。企业月末先计算全部存货总成本，再确定企业全部存货可变现净值总额，最后将企业全部存货总成本与全部存货可变现净值总额进行比较，以总成本低于可变现净值总额的金额计提存货跌价准备。

2. 账户设置

为了核算和监督存货跌价准备的计提、转销和结存情况，企业应设置“存货跌价准备”账户。它属于资产类账户，也属于有关存货项目对应科目的备抵调整账户。贷方登记企业计提的存货跌价准备，借方登记企业冲回或转销的存货跌价准备，期末贷方余额反映企业已计提而尚未转销的存货跌价准备。本账户可按照存货项目或类别设置明细账进行明细核算。

3. 本期应计提存货跌价准备的确定及账务处理

本期应计提存货跌价准备＝当期可变现净值低于成本的金额－“存货跌价准备”账户原有余额

（1）当期可变现净值低于成本的金额大于“存货跌价准备”账户原有贷方余额时，应按二者差额补提存货跌价准备，借记“资产减值损失”账户，贷记“存货跌价准备金”账户。

（2）当期可变现净值低于成本的金额小于“存货跌价准备”账户原有贷方余额时，表明以前已计提存货跌价准备的存货价值部分得以恢复，应按二者差额冲回多提存货跌价准备，借记“存货跌价准备”账户，贷记“资产减值损失”账户。

（3）如果本期存货可变现净值高于成本，应将前期已计提存货跌价准备全额转回，借记“存货跌价准备”账户，贷记“资产减值损失”账户。转回的金额应以“存货跌价准备”账户余额为零为限。

企业因非货币性资产交换、债务重组等转出的存货，应当分别按照《企业会计准则第 7 号——非货币性资产交换》和《企业会计准则第 12 号——债务重组》规定进行会计处理。

【案例 3-11 解答】

2016 年 12 月 31 日计提存货跌价准备时，

借：资产减值损失——计提存货跌价准备　　117 000

　贷：存货跌价准备——产成品　　117 000

2017 年 6 月 30 日应冲回多提存货跌价准备 = 100 000（元）<117 000（元）

借：存货跌价准备——产成品　　100 000

　贷：资产减值损失——计提存货跌价准备金　　100 000

2017 年 12 月 31 日应计提存货跌价准备 =（900 000-874 000）-17 000 = 9 000（元）（补提）

借：资产减值损失——计提存货跌价准备　　9 000

　贷：存货跌价准备——产成品　　9 000

2018 年 6 月 30 日，存货可变现净值（1 230 000 元）大于存货成本（1 200 000 元）30 000元，但截至 2018 年 6 月 30 日存货跌价准备账户只有贷方余额 26 000 元，因此本期末应转回的存货跌价准备为 26 000 元。

借：存货跌价准备　　26 000

　贷：资产减值损失——计提存货跌价准备　　26 000

三、原材料按计划成本法核算

【案例 3-12】华泰公司为一般纳税人，增值税税率为 16%，2018 年 11 月初“原材料”账户余额为借方 100 000 元，数量 5 000 千克，计划单价 20.00 元/千克，“材料成本差异”账户为贷方余额 5 000 元，“材料采购”账户借方余额 36 000 元，数量为 2 000 千克，单价 18.00 元，2018 年 12 月发生下列业务：

（1）11 月所购甲材料 2 000 千克，单价 18.00 元/千克，金额 36 000 元已到达企业，经验收入库 1 900 千克，损失 100 千克，经查明系铁路部门造成，已索赔。

（2）12 月 8 日，购甲材料 3 000 千克，单价 21.00 元/千克，增值税税率 16%，运费 500 元，运输费增值税税率为 10%，运输费增值税进项税额 50 元，价款已付，材料已验收入库。

（3）月末根据材料发出汇总表，材料发出 6 000 千克，其中生产 A 产品耗用 4 000 千克，车间一般耗用 1 500 千克，管理部门耗用 500 千克。

要求：根据以上业务编制经济业务的会计分录。

拓展知识（理论知识）

（一）材料按照计划成本核算的含义和适用范围

计划成本法是指企业存货的收入、发出和结余均按预先制定的计划成本计价，同时另设“材料成本差异”账户，作为计划成本和实际成本联系的纽带，用来登记实际成本和计划成本的差额，同时计划成本法下存货的总分类和明细分类核算均按计划成本计价。

该方法适用于存货品种繁多、收发频繁的企业。如果企业的自制半成品、产成品品种繁多的，或者在管理上需要分别核算其计划成本和成本差异的，也可采用计划成本法核算。

（二）存货计划成本法与实际成本法的区别

1. 账户使用的不同

实际成本法下购买的尚未验收入库材料的实际成本记入“在途物资”账户，计划成本法下购买的尚未验收入库材料的实际成本记入“材料采购”账户，同时实际成本和计划成本之间的差额记入“材料成本差异”账户。

2. 计入成本费用时程序不同

实际成本法可以直接转入成本费用，但是计划成本法首先要将计划成本转入成本和费用，然后将“材料成本差异”转入相关的成本费用。

3. 适用范围不同

计划成本法适用于存货品种繁多、收发频繁且价格相对比较稳定的企业；实际成本法适用材料种类较少、收发业务较少，且材料价格变动比较频繁的企业。

拓展知识（拓展能力）

（三）材料按计划成本法核算的账户设置

1. 材料采购账户

材料采购账户属资产类账户，用来核算企业购入的各种材料物资的实际采购成本。该账户借方登记采购材料物资实际采购成本，贷方登记验收入库各种材料物资的计划成本。差额为借方时，表示材料物资的实际成本高于计划成本的“超支”差异，应从本账户的贷方转入“材料成本差异”账户的借方；差额为贷方时，表示材料物资的实际成本低于计划成本的“节约”差异，应从本账户的借方转入“材料成本差异”账户的贷方；期末借方余额表示企业已完成采购而尚未到达企业或已到达企业尚未验收入库材料的实际成本。该账户一般按照材料种类、规格、型号设置明细账。

2. 原材料账户

原材料账户属资产类账户，用来核算企业验收入库材料计划成本，借贷方登记内容与实际成本法一致，但均为材料计划成本。明细账设置也与实际成本法的设置一致。

3. 材料成本差异账户

材料成本差异账户属于资产类账户，也是“原材料”账户的调整账户，用于核算企业各种材料的实际成本与计划成本的差异。该账户借方登记验收入库实际成本大于计划成本的差异额（超支额）及结转发出材料应负担的节约差异；贷方登记验收入库实际成本小于计划成本的差异额（节约额）以及结转发出材料应负担的超支差异。该账户期末如为借方余额，则表示期末库存材料实际成本大于计划成本的超支差异；该账户期末如为贷方余额，则表示期末库存材料实际成本小于计划成本的节约差异。该账户按照材料物资种类、规格、型号设置明细账进行明细分类核算。

拓展能力（拓展技能）

（四）原材料按计划成本的总分类核算

1. 购入材料时

按实际成本记入“材料采购”账户：

借：材料采购（实际成本）
　　应交税费——应交增值税（进项税额）
　贷：库存现金、银行存款、应付账款、应付票据等

2. 验收入库时

按计划成本记入“原材料”账户，两者的差额记入“材料成本差异”账户，超支差异记入借方，节约差异记入贷方。

借：原材料——××材料
　　材料成本差异（超支差异）
　贷：材料采购——××材料
　　或材料成本差异（节约差异）

3. 发出材料时

（1）结转发出材料计划成本时。

借：生产成本——基本生产成本
　　　　　　——辅助生产成本
　　制造费用
　　管理费用

销售费用
在建工程
应付职工薪酬
贷：原材料

（2）结转发出材料的成本差异时。

本期材料成本差异率=（期初结存材料成本差异±本期入库材料成本差异）÷（期初结存材料计划成本+本期入库材料计划成本）×100%

本期发出材料成本差异=本期发出材料计划总成本×本期材料成本差异率

期末结存材料成本差异=期末结存材料计划总成本×本期材料成本差异率=期初材料成本差异+本期入库材料成本差异-本期发出材料成本差异

本期发出材料实际成本=本期发出材料计划成本±本期发出材料成本差异

期末结存材料实际成本=期末结存材料计划成本±期末结存材料成本差异=期初材料实际成本+本期入库材料实际成本-本期发出材料实际成本

①结转发出材料节约成本差异时。

借：材料成本差异
贷：生产成本
制造费用
管理费用
销售费用
在建工程等

②结转发出材料的超支成本差异时，做相反分录。

【案例 3-12 解答】

（1）甲材料验收入库时。

①结转入库材料计划成本并确认材料成本差异。

借：原材料——甲材料	38 000	
贷：材料采购——甲材料		34 200
材料成本差异		3 800

②入库短缺材料成本及税金。

借：待处理财产损溢——待处理流动资产损溢	2 088	
贷：材料采购——甲材料		1 800
应交税费——应交增值税（进项税额转出）		288
借：其他应收款——铁路部门	2 088	
贷：待处理财产损溢——待处理流动资产损溢		2 088

（2）购入材料时按实际成本记入“材料采购”账户。

借：材料采购——甲材料	63 000	
应交税费——应交增值税（进项税额）	10 130	
贷：银行存款		73 130
借：原材料——甲材料	60 000	
材料成本差异	3 500	
贷：材料采购——甲材料		63 500

（3）结转发出材料成本。

①结转发出材料计划成本时。

借：生产成本——基本生产成本——A 产品	80 000	

　　制造费用　　30 000
　　管理费用　　10 000
　贷：原材料——甲材料　　120 000

②结转发出材料成本差异时。

甲材料成本差异率 =（−5 000−3 800+3 500）÷（100 000+38 000+60 000）×100% = −2. 68%

发出甲材料应分配的材料成本差异 = 120 000×（−2. 68%）= −3 216（元）

借：材料成本差异　　3 216
　贷：生产成本——基本生产成本——A 产品　　2 144
　　制造费用　　804
　　管理费用　　268

任务七　存货岗位核算实训

一、模拟实训企业基本情况

1. 企业概况

企业名称：江苏环宇公司　　地址：徐州市建国路 180 号

注册资金：人民币 5 000 万元　　企业类型：有限责任公司（增值税一般纳税人）

增值税税率 16%，所得税税率 25%　　经营范围：甲、乙机电产品研发、生产和销售

纳税人登记号：320103001119928　　开户银行：中国银行徐州开发区支行

基本账户账号：740108320311　　法定代表人：刘军

2. 财务部岗位设置

会计主管：方泊

总账：马红

审核：王露

制单：王艺

记账：张晓

仓库保管员：张群

二、企业内部有关存货业务账务处理规定

①该企业存货主要包括原材料（A 材料、B 材料）、周转材料（包装物、低值易耗品）、库存商品（甲产品、乙产品）、在途物资等；②存货收、发、结存采用实际成本核算方法；③外购存货负担的运输费用（包括建设基金）可按 7%的税率扣除增值税进项税额；④外购存货共同发生的运杂费可按存货数量进行分配，分配率保留 4 位小数，分配金额保留2 位小数；⑤A 材料发出采用先进先出法计价，B 材料发出采用移动加权法计价，周转材料摊销采用一次转销法。

三、实训用具准备

记账凭证 19 张，数量金额式账页 4 页，横线登记式账页 2 页。

四、实训业务处理

1. 有关明细账户 2018 年 12 月 1 日期初余额资料如下：

期初余额资料

总账账户	明细账账户	数量	单价	金额
原材料	A 材料	50 件	1 000.00	50 000.00
	B 材料	100 件	5 000.00	500 000.00
周转材料	包装物——包装箱	500 个	15.00	7 500.00
	低值易耗品——工具器具	100 件	10.00	1 000.00
在途物资	A 材料	100 件	1 050.00	105 000.00

2. 江苏环宇公司 2018 年 12 月份发生下列有关经济业务：

（1）1 日，购入原材料，支付货款。与此业务相关的凭证如下：

江苏省增值税专用发票 （全国统一发票监制章 国家税务总局监制） No. 004893596

开票日期：2018 年 12 月 1 日

购货单位	名称：江苏环宇公司 纳税人识别号：320103001119928 地址、电话：徐州市建国路 180 号 开户行及账号：中国银行徐州开发区支行 740108320311			密码区			
货物及应税劳务名称	规格型号	单位	数量	单价	金额	税率	税额
A 材料	M1	件	100	1 000	100 000.00	16%	16 000.00
合计					100 000.00		16 000.00
价税合计（大写）	壹拾壹万陆仟元整				（小写）116 000.00		
销货单位	名称：江苏南方机电公司 纳税人识别号：2402021679933 地址、电话：徐州市西安路 109 号 开户行及账号：工商银行新区支行 4222304131			备注	（江苏南方机电公司 2402021679933 发票专用章）		

第一联 发票联

收款人：张灿 复核：李琴 开票人：谭胜 销货单位：（章）

中国银行
转账支票存根
支票号码：20003602
附加信息

出票日期 2018 年 12 月 1 日

收款人：江苏南方机电公司	
金　额：116 000. 00	
用　途：	

单位主管　　会计

收料单

材料科目：原材料　　编号：136
材料类别：原料及主要材料　　收料仓库：4 号仓库
供应单位：江苏南方机电公司　　2018 年 12 月 1 日　　发票号码：004893596

材料编号	材料名称	规格	计量单位	数量		实际成本			
				应收	实收	单价	发票金额	运杂费	合计
	A 材料		件	100	100	1 000	100 000. 00	/	100 000. 00
备注									

采购员：　　检验员：白云　　记账员：　　保管员：张群

（2）2 日，11 月购进材料入库。收料单如下：

收料单

材料科目：原材料　　编号：137
材料类别：原料及主要材料　　收料仓库：4 号仓库
供应单位：鞍山机电公司　　2018 年 12 月 2 日　　发票号码：003364852

材料编号	材料名称	规格	计量单位	数量		实际成本			
				应收	实收	单价	发票金额	运杂费	合计
	A 材料		件	100	100	1 050	105 000. 00	1 000. 00	106 000. 00
备注	该批材料系上月付款购入								

采购员：　　检验员：白云　　记账员：　　保管员：张群

（3）4 日，生产领用原材料（完成领料单的填制）。领料单如下：

领料单

领用部门：生产车间　　　　2018 年 12 月 4 日　　　　编号：012

项目 用途	材料名称	A 材料	规格	M1	计量单位	件
	请领	实发	单位成本		总成本	备注
生产甲产品	150	150				
生产乙产品	100	100				
小计						

主管：　　　审核：王露　　　领料人：孙序　　　会计：马红　　　发料人：张群

（4）7 日，购入原材料，款项尚未支付（填制收料单）。与此业务相关的凭证如下：

江苏省增值税专用发票

No. 004893626

开票日期：2018 年 12 月 7 日

<table>
<tr><td>购货单位</td><td colspan="4">名称：江苏环宇公司
纳税人识别号：320103001119928
地址、电话：徐州市建国路 180 号
开户行及账号：中国银行徐州开发区支行 740108320311</td><td>密码区</td><td colspan="2"></td></tr>
<tr><td>货物及应税劳务名称</td><td>规格型号</td><td>单位</td><td>数量</td><td>单价</td><td>金额</td><td>税率</td><td>税额</td></tr>
<tr><td>A 材料</td><td>M1</td><td>件</td><td>100</td><td>1 000</td><td>100 000.00</td><td>16%</td><td>16 000.00</td></tr>
<tr><td>B 材料</td><td>S3</td><td>件</td><td>50</td><td>5 000</td><td>250 000.00</td><td>16%</td><td>40 000.00</td></tr>
<tr><td>合计</td><td></td><td></td><td></td><td></td><td>350 000.00</td><td></td><td>56 000.00</td></tr>
<tr><td>价税合计（大写）</td><td colspan="4">肆拾万零陆仟元整</td><td colspan="3">（小写）￥406 000.00</td></tr>
<tr><td>销货单位</td><td colspan="4">名称：江苏南方机电公司
纳税人识别号：2402021679933
地址、电话：徐州市西安路 109 号
开户行及账号：工商银行新区支行 4222304131</td><td>备注</td><td colspan="2"></td></tr>
</table>

第一联　发票联

收款人：张灿　　　复核：李琴　　　开票人：谭胜　　　销货单位：（章）

公路、内河货物运输业统一发票

备查号　　　　　　　　　　发票联　　　　　　　　　　发票代码：237030411102

开票日期 2018 年 12 月 7 日　　　　　　　　　　　　　　发票号码：00007457

<table>
<tr><td>机打代码
机打号码</td><td colspan="2">237030411102
00007457</td><td>税控码</td><td colspan="2"></td></tr>
<tr><td>收货人及纳税人识别号</td><td colspan="2">江苏环宇公司
320103001119928</td><td>承运人及纳税人识别号</td><td colspan="2">联运公司
370203005894423</td></tr>
<tr><td>发货人及纳税人识别号</td><td colspan="2">江苏南方机电公司
2402021679933</td><td>主管税务机关及代码</td><td colspan="2">237030503</td></tr>
<tr><td>运输项目及金额</td><td>货物名称
A、B 材料</td><td>运费金额
6 000.00</td><td>其他项目及金额</td><td>装卸费金额 800.00
保险费金额 400.00</td><td>注：手写无效
代开单位盖章</td></tr>
<tr><td>运费小计</td><td colspan="5">¥6 000.00　　　　　　其他费用小计 ¥1 200.00</td></tr>
<tr><td>合计</td><td colspan="5">大写　柒仟贰佰元整　　　　　　小写　¥7 200.00</td></tr>
<tr><td>代开单位及代码</td><td colspan="2">地税局
237030503</td><td>扣缴税额、税率
完税凭证号码</td><td colspan="2"></td></tr>
</table>

开票人：黄征

第二联　发票联　付款方记账凭证

收料单

材料科目：原材料　　　　　　　　　　　　　　　　　　编号：138

材料类别：原料及主要材料　　　　　　　　　　　　　　收料仓库：4 号仓库

供应单位：江苏南方机电公司　　2018 年 12 月 7 日　　　　发票号码：004893626

材料编号	材料名称	规格	计量单位	数量		实际成本			
				应收	实收	单价	发票金额	运杂费	合计
备注：	该批材料系上月付款购入								

采购员：　　　　检验员：白云　　　　记账员：　　　　保管员：张群

（5）9 日，销售领用包装箱。领料单如下：

领料单

领用部门：销售科　　　　2018 年 12 月 9 日　　　　　　编号：013

项目 / 用途	货物名称	包装箱	规格	计量单位	只
	请领	实发	单位成本	总成本	备注
包装产品：随货	300	300	15.00	4 500.00	不单独计价
销售					
小计				4 500.00	

主管：　　　审核：王露　　　领料人：孙序　　　会计：马红　　　发料人：张群

（6）9 日，支付购料款。

工商银行托收承付结算凭证（付账通知）

签发日期：2018 年 12 月 9 日　　　　托收号码：0103

收款单位	全称	江苏南方机电公司		付款单位	全称	江苏环宇公司
	账号	4222304131			账号或地址	740108320311
	开户银行	工商银行	行号 3703		开户银行	中国银行徐州开发区支行

托收金额	人民币（大写）肆拾万陆仟柒佰元整	千	百	十	万	千	百	十	元	角	分
			¥	4	1	6	7	0	0	0	0

附件		商品发运情况	合同名称号码
附单证	3	商品通过公路运输	07573

备注：	银行意见： （付款单位开户行盖章）	科目　付 对方科目　收 转账　　年　月　日 复核员　　记账员

单位主管：　　会计：　　复核：　　记账：

（7）11 日，购进包装箱。与此业务相关的凭证如下：

江苏省增值税专用发票

No. 005693612

开票日期：2018 年 12 月 11 日

购货单位	名称：江苏环宇公司 纳税人识别号：320103001119928 地址、电话：徐州市建国路 180 号 开户行及账号：中国银行徐州开发区支行 740108320311	密码区	

货物及应税劳务名称	规格型号	单位	数量	单价	金额	税率	税额
包装箱		个	100	15.00	1 500.00	16%	240.00
合计					1 500.00		240.00
价税合计（大写）	壹仟柒佰肆拾元整				（小写）¥1 740.00		

销货单位	名称：徐州彭飞公司 纳税人识别号：2402021679955 地址、电话：徐州市西安路 208 号 开户行及账号：工商银行新区支行 4222304185	备注	徐州鹏飞公司 2402021679955 发票专用章

收款人：张灿　　复核：李琴　　开票人：谭胜　　销货单位：（章）

第一联　发票联

中国银行
转账支票存根
支票号码：20003603
附加信息

____

____

____

出票日期

收款人：徐州彭飞公司	
金　额：1 740.00	
用　途：支付购包装箱款	

单位主管　　　会计

收料单

材料科目：周转材料　　　　　　　　编号：139
材料类别：包装物　　　　　　　　收料仓库：1 号仓库
供应单位：徐州彭飞公司　　2018 年 12 月 11 日　　发票号码：005693612

材料编号	材料名称	规格	计量单位	数量		实际成本			
				应收	实收	单价	发票金额	运杂费	合计
	包装箱		个	100	100	15	1 500.00		1 500.00
备注：									

采购员：　　　　检验员：白云　　　　记账员：　　　　保管员：张群

（8）14 日，委托银行将款项汇往外地开立采购专户。

中国银行 电汇凭证（回单）

第 2254 号

委托日期 2018 年 12 月 14 日　　应解汇款编号

汇款人	全称	江苏环宇公司			收款人	全称	江苏环宇公司		
	账号或住址	740108320311				账号或住址	232901040031		
	汇出地点	徐州	汇出行名称	中国银行		汇入地点	南京	汇入行名称	农行
金额	人民币（大写）叁拾万元整					千百十万千百十元角分	¥30000000		
款项已收入收款人账户 汇出行盖章 2018 年 12 月 14 日					账户：借： 对方账户：贷： 汇入行解汇日期　年　月　日 复核　记账 出纳				

中国银行徐州开发区支行 2018.12.14 业务专用章 (05)

此联给付款人的回单

（9）16 日，购入原材料，通过采购专户支付货款，完成收料单的填制。

江苏省增值税专用发票

全国统一发票监制章 国家税务总局监制

No. 03364852

开票日期：2018 年 12 月 16 日

购货单位	名称：江苏环宇公司 纳税人识别号：320103001119928 地址、电话：徐州市建国路 180 号 开户行及账号：中国银行徐州开发区支行 740108320311				密码区		
货物及应税劳务名称	规格型号	单位	数量	单价	金额	税率	税额
B 材料	S3	件	50	4 900	245 000. 00	16%	39 200. 00
合计					245 000. 00		39 200. 00
价税合计（大写）	贰拾捌万肆仟贰佰元整				（小写）¥284 200. 00		
销货单位	名称：南京机电公司 纳税人识别号：37261827495729 地址、电话：南京市海洋路 1# 开户行及账号：农行 28190-7214				备注	南京机电公司 发票专用章	

收款人：王平　　复核：章青　　开票人：李可　　销货单位：（章）

第一联 发票联

收料单

材料科目：原材料　　　　　　　　　　　　　　　　　　编号：140
材料类别：原料及主要材料　　　　　　　　　　　　　　收料仓库：4 号仓库
供应单位：南京电机有限公司　　2018 年 12 月 16 日　　发票号码：03364852

材料编号	材料名称	规格	计量单位	数量		实际成本			
				应收	实收	单价	发票金额	运杂费	合计
	B 材料	S3	件	50	49				
备注：	少收的 1 件材料属于运输途中的合理损耗								

采购员：　　　检验员：白云　　　记账员：　　　保管员：张群

（10）18 日，领用原材料，完成领料单的填制。

领料单

领用部门：生产车间　　2018 年 12 月 18 日　　编号：014

项目 / 用途	材料名称	B 材料	规格	S3	计量单位	件
	请领	实发	单位成本		总成本	备注
生产甲产品	100	100				
生产乙产品	50	50				
车间一般耗用	1	1				
小计						

主管：　　审核：王露　　领料人：孙序　　会计：马红　　发料人：张群

领料单

领用部门：生产车间　　2018 年 12 月 18 日　　编号：015

项目 / 用途	材料名称	B 材料	规格	M1	计量单位	件
	请领	实发	单位成本		总成本	备注
车间一般耗用	5	5				
小计						

主管：　　审核：王露　　领料人：孙序　　会计：马红　　发料人：张群

（11）20 日，购入材料。与此业务相关的凭证如下：

全国统一发票监制章 国家税务总局监制

江苏省增值税专用发票

No. 004893698

开票日期：2018 年 12 月 20 日

购货单位	名称：江苏环宇公司 纳税人识别号：320103001119928 地址、电话：徐州市建国路 180 号 开户行及账号：中国银行徐州开发区支行 740108320311			密码区			
货物及应税劳务名称	规格型号	单位	数量	单价	金额	税率	税额
A 材料	M1	件	200	1 020	204 000.00	16%	32 640.00
合计					204 000.00		32 640.00
价税合计（大写）	贰拾叁万陆仟陆佰肆拾元整				（小写）￥236 640.00		
销货单位	名称：江苏南方机电公司 纳税人识别号：2402021679933 地址、电话：徐州市西安路 109 号 开户银行及账号：工商银行新区支行 4222304131			备注	江苏南方机电公司 2402021679933 发票专用章		

第一联 发票联

收款人：张灿　　复核：李琴　　开票人：谭胜　　销货单位：（章）

中国银行
现金支票存根
支票号码：20003623
附加信息

出票日期 2018 年 12 月 20 日

收款人：	江苏南方机电公司
金　额：	23 664.00
用　途：	购材料

单位主管　方泊　会计　马红

收料单

材料科目：原材料　　　　　　　　　　　　　　　　　　编号：140

材料类别：原料及主要材料　　　　　　　　　　　　　　收料仓库：4 号仓库

供应单位：江苏南方机电公司　　　2018 年 12 月 20 日　　　发票号码：No. 004893698

材料编号	材料名称	规格	计量单位	数量		实际成本			
				应收	实收	单价	发票金额	运杂费	合计
	A 材料	M1	件	200	200	1 020	204 000. 00		204 000. 00
备注：									

采购员：　　　　检验员：白云　　　　记账员：　　　　保管员：张群

（12）23 日，购入材料。与此业务相关的凭证如下：

江苏省增值税专用发票　　　　No. 03364852

开票日期：2018 年 12 月 23 日

购货单位	名称：江苏环宇公司 纳税人识别号：320103001119928 地址、电话：徐州市建国路 180 号 开户行及账号：中国银行徐州开发区支行 740108320311	密码区	

货物及应税劳务名称	规格型号	单位	数量	单价	金额	税率	税额
B 材料	S3	件	100	5 040	504 000. 00	16%	80 640. 00
合计					504 000. 00		80 640. 00
价税合计（大写）	伍拾捌万肆仟陆佰肆拾元整				（小写）￥584 640. 00		

销货单位	名称：珠海公司 纳税人识别号：370102800316373 地址、电话： 开户银行及账号：农行 232901040055816	备注	珠海公司 370102800317373 发票专用章

第一联 发票联

收款人：李宇　　　复核：方可　　　开票人：韩凤　　　销货单位：（章）

公路、内河货物运输业统一发票

备查号　　　　　　　　　　　　发票联　　　　　　　　　　发票代码：347030411156

开票日期 2018 年 12 月 23 日　　　　　　　　　　　　　　　　　发票号码：00007478

机打代码 机打号码	347030411156 00007478			税控码	
收货人及纳税人识别号	江苏环宇公司 320103001119928			承运人及纳税人识别号	中联公司 370203005894423
发货人及纳税人识别号	珠海公司 370102800316373			主管税务机关及代码	237030503
运输项目及金额	货物名称 B 材料	运费金额 4 000.00	其他项目及金额	装卸费金额 300.00 保险费金额 200.00	备注：手写无效 代开单位盖章
运费小计	￥4 000.00			其他费用小计	￥500.00
合计　大写	肆仟伍佰元整			小写	￥4 500.00
代开单位及代码	地税局 237030503			扣缴税额、税率完税凭证号码	

开票人：黄征

第二联　发票联　付款方记账凭证

农业银行托收承付结算凭证（支款凭证）

委托日期：2018 年 12 月 25 日

收款单位	全称	珠海公司		付款单位	全称	江苏环宇公司
	账号	232901040055816			账号或地址	740108320311
	开户银行	农行	行号 25568		开户银行	中国银行徐州开发区支行
金额	人民币 （大写）伍拾捌万玖仟壹佰肆拾元整				千 百 十 万 千 百 十 元 角 分	￥ 5 8 9 1 4 0 0 0
附件		商品发运情况		合同名称号码		
附寄单证张数	2 张	已发出				
备注： 代垫运费 4 500.00		银行意见： （付款单位开户行盖章） 2018 年 12 月 25 日		科目　付 对方科目　收 转账　年　月　日 复核员　记账员		

中国银行徐州开发区支行 2018.12.25 转讫 (03)

（13）26 日，从珠海公司购进的材料入库，填制收料单。收料单如下：

收料单

材料科目：原材料　　　　　　　　　　　　　　　　　　　　编号：142

材料类别：原料及主要材料　　　　　　　　　　　　　　　　收料仓库：4 号仓库

供应单位：珠海公司　　　　　2018 年 12 月 26 日　　　　　发票号码：004893698

<table>
<tr><td>材料</td><td rowspan="2">材料名称</td><td rowspan="2">规格</td><td rowspan="2">计量单位</td><td colspan="2">数量</td><td colspan="4">实际成本</td></tr>
<tr><td>编号</td><td>应收</td><td>实收</td><td>单价</td><td>发票金额</td><td>运杂费</td><td>合计</td></tr>
<tr><td></td><td></td><td></td><td></td><td></td><td></td><td></td><td></td><td></td><td></td></tr>
<tr><td></td><td></td><td></td><td></td><td></td><td></td><td></td><td></td><td></td><td></td></tr>
<tr><td colspan="2">备注：</td><td colspan="8"></td></tr>
</table>

采购员：　　　　　检验员：白云　　　　　记账员：　　　　　保管员：张群

（14）28 日，领用工具器具。

领料单

领用部门：生产车间　　　　　2018 年 12 月 28 日　　　　　编号：018

<table>
<tr><td rowspan="2">项目
用途</td><td>货物名称</td><td>工具器具</td><td>规格</td><td></td><td>计量单位</td><td>件</td></tr>
<tr><td>请领</td><td>实发</td><td colspan="2">单位成本</td><td>总成本</td><td>备注</td></tr>
<tr><td>车间一般耗用</td><td>20</td><td>20</td><td colspan="2">10.00</td><td>200.00</td><td></td></tr>
<tr><td></td><td></td><td></td><td colspan="2"></td><td></td><td></td></tr>
<tr><td>小计</td><td></td><td></td><td colspan="2"></td><td>200.00</td><td></td></tr>
</table>

主管：　　　　审核：王露　　　　领料人：孙序　　　　会计：马红　　　　发料人：张群

领料单

领用部门：厂办　　　　　2018 年 12 月 28 日　　　　　编号：019

<table>
<tr><td rowspan="2">项目
用途</td><td>货物名称</td><td>工具器具</td><td>规格</td><td></td><td>计量单位</td><td>件</td></tr>
<tr><td>请领</td><td>实发</td><td colspan="2">单位成本</td><td>总成本</td><td>备注</td></tr>
<tr><td>车间一般耗用</td><td>40</td><td>40</td><td colspan="2">10.00</td><td>400.00</td><td></td></tr>
<tr><td></td><td></td><td></td><td colspan="2"></td><td></td><td></td></tr>
<tr><td>小计</td><td></td><td></td><td colspan="2"></td><td>400.00</td><td></td></tr>
</table>

主管：　　　　审核：王露　　　　领料人：孙序　　　　会计：马红　　　　发料人：张群

（15）29 日，领用材料。领料单如下：

领料单

领用部门：生产车间　　　　2018 年 12 月 29 日　　　　编号：020

项目 / 用途	材料名称	A 材料	规格	M1	计量单位	件
	请领	实发	单位成本		总成本	备注
生产甲产品	200					
小计						

主管：　　审核：王露　　领料人：孙序　　会计：马红　　发料人：张群

领料单

领用部门：生产车间　　　　2018 年 12 月 29 日　　　　编号：021

项目 / 用途	材料名称	B 材料	规格	S3	计量单位	件
	请领	实发	单位成本		总成本	备注
生产乙产品	50					
小计						

主管：　　审核：王露　　领料人：孙序　　会计：马红　　发料人：张群

（16）30 日，收到江苏南方机电公司发来的 A 材料 200 件，由于发票账单未到，按暂估价入账。收料单如下：

收料单

材料科目：原材料　　　　编号：142

材料类别：原料及主要材料　　　　收料仓库：4 号仓库

供应单位：江苏南方机电公司　　2018 年 12 月 30 日　　发票号码

材料编号	材料名称	规格	计量单位	数量		实际成本			
				应收	实收	单价	发票金额	运杂费	合计
	A 材料	M1	件		200				200 000.00
备注：		发票账单未到，按估价入账							

采购员：　　检验员：白云　　记账员：　　保管员：张群

（17）30 日，产品完工验收入库。入库单如下：

入库单

交库单位：生产车间　　2018 年 12 月 30 日　　编号：1097

产品名称	规格	计量单位	交付数量	入库数量	单价	金额	备注
甲产品		台	120	120	略	890 000. 00	
乙产品		台	140	140	略	970 000. 00	
合计							

检验：白云　　仓库验收：何为　　车间交件人：黑土

（18）30 日，月末清查盘点。财产物资盘盈盘亏报告单如下：

财产物资盘盈盘亏报告单

类别：原材料　　2018 年 12 月 30 日

名称	规格	单位	单价	账面数		盘点数		盘盈		盘亏	
				数量	金额	数量	金额	数量	金额	数量	金额
B 材料	S3	件		98		97				1	
分析原因：保管不善　发生丢失				审批意见：责成保管人员赔偿 2 000 元，其余损失转入营业外支出							

五、实训内容

1. 根据期初资料开设“原材料”“周转材料”“在途物资”明细账。
2. 根据上述经济业务完成相关原始凭证填制，并编制记账凭证。
3. 根据有关会计凭证登记明细账，并进行月末结账。

【基本任务训练】

一、单项选择题

1. 出租包装物发生修理费时，应通过（　　）账户核算。
   A. 销售费用　　B. 其他业务成本
   C. 生产成本　　D. 管理费用
2. 下列各项物品中不属于企业的存货的有（　　）。
   A. 在途物资　　B. 委托加工物资
   C. 自制半成品　　D. 特种储备物资
3. 出借包装物发生的包装物摊销费，应列入（　　）。
   A. 管理费用　　B. 销售费用
   C. 主营业务成本　　D. 其他业务成本
4. （　　）计价方法平时在明细账中只登记发出材料的数量，月末计算登记全月发出材料的金额。
   A. 先进先出法　　B. 移动加权平均法
   C. 后进先出法　　D. 全月一次加权平均法
5. 某企业采用“五五摊销法”对低值易耗品进行摊销，本月企业领用库存新的低值易耗品一批，成本为3 000元，则本月应摊销（　　）元。

A. 0　　B. 750

C. 1 500　　D. 3 000

6. 下列原材料相关损失项目中，应计入管理费用的是（　　）。

A. 自然灾害造成的原材料损失　　B. 人为责任造成的原材料损失

C. 计量差错引起的原材料盘亏　　D. 原材料运输途中发生的合理损耗

7. 下列各项支出中，可能不计入存货成本的项目是（　　）。

A. 购进存货时的进项增值税　　B. 入库前的挑选整理费

C. 购买存货而发生的运输费　　D. 购买存货而缴纳的消费税

8. 存货清查中，盘亏与毁损的存货，由于自然灾害、意外事故造成的，扣除保险公司赔偿后的净损失，经批准，应记入（　　）账户。

A. "待处理财产损溢"　　B. "营业外支出"

C. "其他应收款"　　D. "管理费用"

9. 下列不通过"周转材料——包装物"核算的项目是（　　）。

A. 生产领用包装物　　B. 出租包装物

C. 用于储存产品而不对外出售的包装物　　D. 出借包装物

10. 某企业对发出的存货采用先进先出法计价，本月期初钢材的数量为100吨，单价为1 200元/吨，本月3日购入一批，数量为100吨，单价为1 000元/吨，本月10日发出钢材200吨，则本月发出存货的价值为（　　）元。

A. 24万　　B. 20万

C. 22万　　D. 16万

二、多项选择题

1. 存货的成本包括（　　）。

A. 采购成本　　B. 加工成本

C. 主营业务成本　　D. 其他成本

2. 企业出租包装物摊销时，可以采用的摊销方法有（　　）。

A. 实际成本法　　B. 一次摊销法

C. 计划成本法　　D. 分次摊销法

3. 用于储存和保管产品、材料而不对外出售的包装物，应按其价值大小和使用年限长短，分别在（　　）或（　　）账户核算。

A. 周转材料——包装物　　B. 原材料

C. 固定资产　　D. 周转材料——低值易耗品

4. 在"周转材料——包装物"账户核算的包装物是指（　　）。

A. 一次性消耗的包装材料

B. 用于储存和保管产品、材料而不对外出售、出租和出借的包装物

C. 用于包装本企业产品，并对外出租和出借的包装物

D. 用于包装本企业产品，并对外出售的包装物

5. 下列属于发出存货计价方法的是（　　）。

A. 先进先出法　　B. 后进先出法

C. 加权平均法　　D. 个别计价法

6. 下列应计入存货采购成本的是（　　）。

A. 买价　　B. 运输途中的合理损耗

C. 增值税　　D. 进口关税

7. 下列各项中，应作为原材料进行核算和管理的是（　　）。

A. 原料及主要材料　　B. 修理用备件

C. 包装材料　　D. 出租包装物

8. 下列业务中，通过"其他业务收入"核算的是（　　）。

A. 销售材料取得的收入

B. 出租包装物的租金收入

C. 随商品出售，单独计价的包装物收入

D. 出借包装物收到的押金

9. 下列项目中，应作为销售费用处理的有（　　）。

A. 销售材料的成本

B. 出租包装物的摊销额

C. 随商品出售，不单独计价的包装物的成本

D. 出借包装物的摊销额

三、判断题

1. 为了安全生产、劳动保护而发给职工的工作服、工作鞋和各种劳动保护用品不能列为低值易耗品。（　　）

2. 随同产品出售单独计价的包装物应按出售包装物的收入记入"主营业务收入"。（　　）

3. 先进先出法是指根据后入库先发出的原则，对于发出的存货，以后入库的单价进行计价，从而计算发出存货成本的方法。（　　）

4. 盘盈存货的计价应按照同类或类似存货的市场价格，作为实际成本。（　　）

5. 同一项资产，在不同的企业可能分属存货和固定资产。（　　）

6. 购入材料在运输途中发生的合理损耗不需单独进行账务处理。（　　）

7. 当存货的可变现净值高于其实际成本时，应将原存货跌价准备中已有的金额全部冲减，但最多将存货跌价准备冲减至零为止。（　　）

8. 存货计价方法的选择不仅影响着资产负债表中资产总额的多少，而且也影响利润表中的净利润。（　　）

9. 采用成本与可变现净值孰低法计价时，如果期末存货的成本低于可变现净值时，资产负债表中的存货仍按期末账面价值列示。（　　）

10. 未经批准转销前，存货的盘盈应通过"待处理财产损溢"账户进行核算。（　　）

四、计算及会计处理题

1. 2018 年 3 月 1 日，甲公司存货数量 3 000 件，成本为 15 000 元，3 月期末结存 5 100 件，3 月份购货情况如下表：

购入日期	数量（件）	单价（元/件）	金额（元）	发出日期	数量（件）
3 月 4 日	1 500	5.00	7 500	3 月 10 日	1 000
3 月 8 日	2 400	5.10	12 240	3 月 15 日	1 000
3 月 12 日	3 000	5.20	15 600	3 月 28 日	8 000
3 月 16 日	2 500	5.15	12 875		
3 月 26 日	2 700	5.16	13 932		

假设发出存货的 20%车间领用，80%生产领用，做出相关会计处理。

2. A企业委托B企业加工材料一批（属应税消费品）。原材料成本为200 000元，支付加工费为34 000元（不含增值税），消费税税率为10%，材料加工完毕验收入库，加工费等已经支付，增值税税率为16%，A企业按实际成本核算原材料。假如：①企业收回加工后的材料直接用于对外销售。②企业收回加工后的材料用于继续生产应税消费品。

要求：根据以上资料做出相关会计分录。

【拓展任务训练】

一、单项选择题

1. 关于“材料成本差异”账户，说法正确的有（　　）。

A. 该账户的借方登记超支差额　　B. 该账户的贷方登记超支差额

C. 该账户的月末余额只能在贷方　　D. 该账户按供应单位设置明细账

2. 某企业采用计划成本法核算发出存货，钢筋的计划成本为1 000元/吨，本月发出钢筋20吨，本月材料成本差异率为0.2%，则本月发出钢筋应分担的材料成本差异额为（　　）。

A. 20元　　B. 40元

C. 30元　　D. 10元

3. 按照规定，在成本与可变现净值孰低法下，对成本与可变现净值进行比较，以确定当期存货跌价准备金额时，一般应当（　　）。

A. 按分别单个存货项目进行比较　　B. 按分别存货类别进行比较

C. 按全部存货进行比较　　D. 企业根据实际情况做出选择

4. 采用计划成本进行材料日常核算时，月末发出材料应分摊的成本差异，如是超支差异，应记入（　　）。

A.“材料成本差异”账户的借方　　B.“材料成本差异”账户的贷方

C.“材料成本差异”账户的借方或贷方　　D. 其他账户

5. 某企业期末“工程物资”科目的余额为100万元，“发出商品”科目的余额为50万元，“原材料”科目的余额为60万元，“材料成本差异”科目的贷方余额为5万元。“存货跌价准备”科目的余额为20万元。假定不考虑其他因素，该企业资产负债表中“存货”项目的金额为（　　）万元。

A. 85　　B. 95

C. 185　　D. 195

二、判断题

1. “成本与可变现净值孰低法”中的“成本”是指重置成本。（　　）

2. 按计划成本对发出材料计价，可以剔除材料单价变动对车间材料耗费的影响，便于考核车间的经济效果。（　　）

三、计算及会计处理题

甲企业购入A材料，2018年6月1日有关账户的期初余额如下：

（1）原材料账户：A材料2 000千克，计划单价10元，金额20 000元。

（2）材料成本差异账户（借方余额）：720元。

6月份发生下列有关经济业务：

（1）6月1日银行转来乙公司的托收凭证，金额为19 710元，内附增值税专用发票一张，开列A材料1 500千克，每千克11元，货款计16 500元，增值税税额为2 640元，运杂费凭证一张，金额405元，经审核无误立即承付。

（2）6月2日仓库转来收料单，1日乙公司购入A材料已到，验收入库，予以转账。

(3) 6月9日向丙企业赊购A材料3 000千克，每千克9元，货款计27 000元，增值税税额为4 320元，运费500元，增值税发票所列增值税进项税额50元，A材料已验收入库，款未付。

(4) 6月12日甲企业用银行存款支付9日购买丙企业A材料的款项。

(5) 6月14日银行转来丙企业有关托收凭证，金额为28 080元，内附增值税专用发票一张，开列A材料2 000千克，货款为24 000元，增值税税额为3 840元，运杂费由对方承付，经审核无误，予以支付。

(6) 6月16日仓库转来通知，14日从丙企业发来的A材料到达，并准备验收入库，入库盘点时发现短缺200千克，其中50千克属于正常损耗，150千克由运输单位赔偿。(假设该材料市价与成本价相同)

(7) 本月共发出A材料6 000千克，全部用于生产甲产品。

要求：

(1) 根据上述资料做出有关账务处理。

(2) 计算材料成本差异率，将本月发出的材料计划成本调整为实际成本，并做出相关的会计分录。

【案例分析训练】

奔腾股份有限公司是生产电子产品的上市公司，为增值税一般纳税人，企业按单项存货、按年计提跌价准备。2018年11月30日，该公司期末存货有关资料如下表：

存货品种	数量	单位成本（万元）	账面余额（万元）	备注
A产品	280台	15	4 200	
B产品	500台	3	1 500	
C产品	1 000台	1.7	1 600	
D配件	400件	1.5	600	用于生产C产品
合计			8 000	

2018年12月31日，A产品市场销售价格为每台13万元，预计销售费用及税金为每台0.5万元。B产品市场销售价格为每台3万元。奔腾公司已经与某企业签订一份不可撤销销售合同，约定在2019年2月1日以合同价格为每台3.2万元的价格向该企业销售B产品300台。B产品预计销售费用及税金为每台0.2万元。C产品市场销售价格为每台2万元，预计销售费用及税金为每台0.15万元。D配件的市场价格为每件1.2万元，现有D配件可用于生产400台C产品，用D配件加工成C产品后预计C产品单位成本为1.75万元。

2018年12月31日，A产品和C产品的存货跌价准备余额分别为800万元和150万元，对其他存货未计提存货跌价准备；2018年销售A产品和C产品分别结转存货跌价准备200万元和100万元。

要求：根据上述资料，分析计算奔腾公司2018年12月31日应计提或转回的存货跌价准备，并编制相关的会计分录。

【项目小结】

存货是指企业日常经营活动过程中持有的以备生产经营耗费的材料物资、燃料动力，以备出售的库存商品和处在生产过程中的在产品和半成品。存货属于企业的流动资产，存货的取得按照实际成本计价入账。企业的存货取得方式不同，其实际成本的构成也不同。

存货核算方法有计划成本法和实际成本法两种，对应设置的会计账户也有差异：实际成本法下设置“在途物资”和“原材料”两个账户，均核算材料实际成本；计划成本法下设置“材料采购”“原材料”和“材料成本差异”三个账户，分别核算材料实际成本、计划成本和成本差异三项内容。企业应根据自身实际情况合理选择计价方法进行存货核算。会计期末企业可采用成本与可变现净值孰低法对期末存货进行计量，对可变现净值低于成本的差额计提存货跌价准备，并定期做好存货清查工作。

【关键概念】

原材料　周转材料　计划成本法　实际成本法　先进先出法　五五摊销法　减值测试

项目四
资产岗位核算

【学习目标】

知识目标：了解资产岗位核算任务，了解固定资产和无形资产的含义、特征、构成、分类和管理程序；理解固定资产和无形资产价值的基本构成内容；掌握固定资产、无形资产增加、减少和结存的确认、计价，固定资产和无形资产增加、折旧（或摊销）和减少的核算方法。

能力目标：培养学生固定资产和无形资产的确认和计量能力、固定资产和无形资产核算方法的选择能力、原始凭证和记账凭证的编制能力和相关账簿的登记能力。

素质目标：培养学生踏实严谨的工作态度、遵章守纪的职业标准、奉公守法的职业道德。

【项目分析】

学习重点：固定资产增加、固定资产折旧和固定资产减少的核算。

学习难点：固定资产折旧方法。

项目概述：

本项目所说的资产是指企业的非流动资产，主要包括固定资产和无形资产两大项目。固定资产包括：厂房及其他建筑物、机器设备、生产线、生产工具和量具等。加强固定资产的核算、控制和管理是企业生存和发展的重要任务。

资产岗位核算任务：正确划分固定资产和低值易耗品的界限，编制固定资产目录，正确进行总分类核算和明细分类核算；定期编制固定资产折旧表和修理费用计算表，正确计提固定资产折旧和大修理费用，并登记入账；定期编制无形资产摊销汇总表，正确摊销无形资产价值并登记入账；参与企业定期或不定期财产清查，编制财产清查报告单，报请审批后按照审批意见处理固定资产和无形资产盘盈盘亏，并登记入账；按照分级归口管理要求配合资产管理部门做好资产的日常管理。

固定资产核算内容主要包括：资产的取得、折旧（或摊销）及修理、资产的期末计量和处置、资产清查的核算。

资产核算所使用的原始凭证主要有：增值税发票、固定资产调拨单、固定资产折旧表、固定资产报废处置申报表、无形资产摊销表等。

资产核算所使用的账簿主要有：三栏式总账、数量金额式明细账、固定资产折旧明细账和固定资产卡片等。

【案例 4-1】华泰公司于2×18 年 12 月初对公司的固定资产顺利地进行了多项工作。这些工作包括如下几个方面：

(1) 12 月 3 日企业购入一台不需要安装调试的生产设备，增值税发票所列价款为

200 000元，增值税进项税额为32 000元，运输增值税发票所列运输费为20 000元，增值税进项税额为2 000元，运输保险费为2 000元，装卸费为1 000元，生产设备已验收并交付使用，款项已通过银行存款予以支付。

（2）12月8日企业购入不需要安装调试的董事会专用小轿车一辆，买价为300 000元，增值税税额为48 000元，消费税税率为10%，办理车辆行驶手续费用为5 000元，款项已通过银行存款支付，汽车已验收并交付使用。

（3）12月10日公司购入制造中心设备一套，增值税发票所列价款为1 000 000元，增值税进项税额为160 000元，运输费增值税发票所列运输费为100 000元，增值税进项税额为10 000元，运至公司后发生安装调试费50 000元，领用原材料价值为20 000元，相应的增值税进项税额为3 200元，发生安装调试人员工资10 000元，所有费用已通过银行存款予以支付。该设备12月20日投入使用。

（4）12月13日对一台加工设备进行大修理，12月底完成，实际发生大修理费用26 000元，用银行存款支付。

（5）12月15日将一台设备上的附属独立装置拆卸下来，进行报废处理，同时又购买一个新的装置并安装在该台固定资产上。该设备的原始价值为240 000元，已提折旧85 000元，被拆卸装置的成本为7 200元，发生拆卸费用500元，企业购买新装置时支付款项8 190元，发生安装费用800元。

（6）12月15日，公司将一台四成新的设备出售。该设备原始价值为38 000元，已提折旧14 100元，出售所得价款23 000元已存入银行。

（7）12月20日，公司将一台已提足折旧但尚可使用的设备转入报废清理。报废设备的原始价值为62 000元，已计提折旧59 520元。报废时发生清理费用300元，银行已支付款项，残料价值450元，材料已验收入库。

（8）12月25日，一台数控机床由于使用性能有些下降，公司决定对其重新安装。该台机床的原始价值为320 000元，已提折旧108 800元。安装完毕后，共发生新的安装成本9 600元，已用银行存款予以支付。

（9）2×18年年末，华泰公司经考核认定，一台磨床由于实体发生损坏导致其可收回金额大大降低。经计算可收回金额为83 000元，该项固定资产原始价值为130 000元，已计提折旧18 000元，净值112 000元，已计提减值准备6 000元。2×19年1月15日，企业将该磨床予以出售，出售价款为75 000元，增值税税额为12 750元，拆卸费800元，款项已通过银行存款收付。

要求：编制各项经济业务正确的会计分录。

任务分析：该案例涉及固定资产购置、固定资产大修理、固定资产改造、固定资产清理和固定资产期末计价等多项任务。为完成上述任务，我们就必须掌握固定资产的期初确认和计价、固定资产的取得核算、固定资产后续支出和固定资产期末计价等相关知识、核算要求和核算方法。

基本任务（基本能力）

任务一　固定资产的确认与初始计量

必备知识（理论知识）

一、固定资产的确认

（一）固定资产的含义和特征

固定资产是指企业为生产产品、提供劳务、出租或者经营管理而持有的、使用寿命超过一个会计年度的有形资产，包括房屋、建筑物、机器、机械、运输工具以及其他与生产经营活动有关的设备、器具、工具等。使用寿命，是指企业使用固定资产的预计期间，或者该固定资产所能生产产品或提供劳务的数量（生产能力）。

固定资产具有以下特征：

（1）具有实物形态。固定资产都是具有物理形态的实体资产，如房屋、建筑物、机器设备、交通运输车辆、劳动工具等。它区别于无形资产、债权资产等。

（2）使用寿命较长。固定资产属于长期耐用资产，且使用过程中实体形态不会变化或显著损耗，也与存货有所区别。

（3）实物更新的一次性和价值更新的多次性。固定资产在使用中其价值因损耗而逐步降低，损耗的价值通过计提折旧计入企业成本费用而回收，但固定资产的实物一次报废，一次重新购买更新。

（4）单位价值较高。因为固定资产为有形资产，体积较大，所以单位价值较高，并且在企业资产中所占比例较高，属于企业重要资产。为加强管理，提高固定资产使用效率，企业也可在企业内部制定固定资产确认的价值标准，以区分固定资产和低值易耗品。

（二）固定资产的分类

固定资产的分类标准不同，固定资产的种类就不同，主要有以下几种：

（1）按经济用途，固定资产可以分为生产经营用和非生产经营用两类。

生产经营用固定资产是指直接服务于生产经营全过程的固定资产，如厂房、机器设备、仓库、销售场所、运输车辆等。非生产经营用固定资产是指不直接服务于生产经营，而是为了满足职工物质文化、生活福利需要的固定资产，如职工宿舍、食堂、托儿所、幼儿园、浴室、医务室、图书馆以及科研等其他方面使用的房屋、设备等固定资产。

（2）按产权归属，固定资产可以分为自有固定资产和租入固定资产两类。

自有固定资产是指企业拥有所有权的各种固定资产。租入固定资产是指企业从外部融资租赁来的固定资产。融资租赁固定资产在到期后，所有权归承租人，承租人可以视为自有固定资产进行管理，要计提折旧。

（3）按照使用用途和使用情况综合分类，企业固定资产可以分为以下七类：生产用固定资产、非生产用固定资产、租出固定资产、未使用固定资产、不需用固定资产、融资租入固定资产、土地（指在 1951 年和 1956 年清产核资时已经估计单独入账的经营和非经营的土地）。

二、固定资产的确认条件

固定资产同时满足下列条件的，才能予以确认：

（一）与该固定资产有关的经济利益很可能流入企业

企业固定资产是企业资产的主要构成部分，因此确认固定资产首先应按照资产的确认条件，即该项资产预期能够给企业带来经济利益，如果预期不能带来经济利益的资产就不能确认为资产，也就不能确认为固定资产；其次主要是通过判断与该固定资产所有权相关的风险和报酬是否转移到了企业来确定。

凡是固定资产所有权已属于企业，无论企业是否收到或拥有该固定资产，均可作为企业的固定资产；反之，如果没有取得所有权，即使存放在企业，也不能作为企业的固定资产。虽然某项固定资产的所有权不属于企业，但是企业能够控制与该项固定资产有关的经济利益流入企业，在这种情况下，企业应将该固定资产予以确认。例如，融资租赁方式下租入的固定资产，企业（承租人）虽然没有该项固定资产的所有权，但企业能够控制与该固定资产有关的经济利益流入企业，与该固定资产所有权相关的风险和报酬实质上已转移到了企业，因此，符合固定资产确认的第一个条件。

固定资产确认条件应用时应注意以下三点：

（1）企业由于安全或环保的要求购入设备等，虽然不能直接给企业带来经济利益，但有助于企业从其他相关资产的使用获得未来经济利益，或者获得更多的未来经济利益，或者减少企业未来经济利益流出，也应确认为固定资产。

（2）固定资产的各组成部分，如果具有不同使用寿命或者以不同方式为企业提供经济利益，由此适用不同折旧率或折旧方法的，则表明这些组成部分实际上是以独立的方式为企业提供经济利益，因此，企业应当将各组成部分单独确认为单项固定资产，飞机的引擎。

（3）企业拥有的备品备件和修理备用件，通常将其确认为存货，但某些备品备件和修理备用件需要与服务的固定资产共同组合发挥作用，且单位价值较高，也应当确认为固定资产，如航空、航天、海上运输企业的高价周转件等。

（二）该固定资产的成本能够可靠地计量

成本能够可靠地计量是资产确认的一项基本条件。要确认固定资产，企业取得该固定资产所发生的支出必须能够可靠地计量。企业在确定固定资产成本时，有时需要根据所获得的最新资料，对固定资产的成本进行合理的估计。如果企业能够合理地估计出固定资产的成本，则视同固定资产的成本能够可靠地计量。

三、固定资产的初始计量

（一）固定资产初始计量原则

固定资产初始计量是指固定资产初始成本的计量。固定资产应当按照形成实际成本进行初始计量。

固定资产的成本，是指企业购建某项固定资产达到预定可使用状态前所发生的一切合理、必要的支出。这些支出包括直接发生的价款、运杂费、相关税费、包装费和安装成本等，也包括间接发生的，如应承担的借款利息、外币借款折算差额以及应分摊的其他间接费用。

（二）固定资产的计价基础

（1）原始价值。

原始价值也称历史成本，是指企业为取得某项固定资产所支付的全部价款以及使固定资产达到预期工作状态前所发生的一切合理、必要的支出。这些支出主要包括买价、进口关税、运输费、保险费、装卸费、安装费、专业人员服务费、资本化借款费用和其他费用等。

采用原始价值计价的主要优点在于原始价值具有客观性和可验证性，同时，原始价值可以如实反映企业的固定资产投资规模。因此，原始价值是固定资产的基本计价标准，我国对固定资产的计价采用这种计价方法。采用原始价值计价的主要缺点：在经济环境和社会物价水平发生变化时，原始价值与现时价值之间会产生差异，原始价值不能反映固定资产的真实价值。

固定资产的原始价值登记入账后，除发生下列情况外，企业不得任意变动、调整固定资产的账面价值：

①根据国家规定对固定资产价值重新估价，如产权变动、股份制改造时对固定资产价值进行重估。

②增加补充设备或改良装置。

③将固定资产的一部分拆除。

④根据实际价值调整原来的暂估价值。

⑤发现原固定资产价值有误。

（2）重置完全价值。

重置完全价值也称现时重置成本，是指在当前的生产技术条件下重新购建同样的固定资产所需要的全部支出。重置完全价值比原始价值作为固定资产的计价基础更为合理。但是按重置完全价值计价缺乏可验证性，具体操作也比较复杂，一般在无法取得固定资产原始价值或需要对报表进行补充说明时采用。如发现盘盈固定资产时，可以用重置完全价值入账。但在这种情况下，重置完全价值一经入账，即成为该固定资产的原始价值。

（3）净值。

净值也称折余价值，是指固定资产的原始价值或重置完全价值减去已计提折旧后的净额。固定资产净值可以反映企业一定时期固定资产尚未磨损的现有价值和固定资产实际占用的资金数额。将净值与原始价值相比，可反映企业当前固定资产的新旧程度。

固定资产净值是计算固定资产盘盈、盘亏、出售、报废、毁损等溢余或损失的计量依据。

（三）不同方式取得固定资产的初始计量

（1）外购固定资产。

企业外购固定资产的成本，包括购买价款、相关税费、使固定资产达到预定可使用状态前所发生的可归属于该项资产的运输费、装卸费、安装费和专业人员服务费等。

外购固定资产分为购入不需要安装的固定资产和购入需要安装的固定资产两类。

购入不需要安装的固定资产的成本包括购买价款、相关税费、运输费、装卸费、保险费、仓储费等。购入需要安装的固定资产的成本包括购买价款、相关税费、运输费、装卸费、保险费、仓储费、安装费和专业人员服务费等。

以一笔款项购入多项没有单独标价的固定资产，应当按照各项固定资产的公允价值比例对总成本进行分配，分别确定各项固定资产的成本。

（2）自行建造固定资产。

自行建造的固定资产的成本，由建造该项资产达到预定可使用状态前所发生的必要支出构成。其中，“建造该项资产达到预定可使用状态前所发生的必要支出”，包括工程用物资成本、人工成本、缴纳的相关税费、应予资本化的借款费用以及应分摊的间接费用等。

（3）租入的固定资产。

融资租赁，是指实质上转移了与资产所有权有关的全部风险和报酬的租赁。在融资租赁方式下，承租人应于租赁开始日将租赁开始日租入固定资产公允价值与最低租赁付款额现值两者中的较低者，加上在租赁谈判和签约过程中发生的，可直接归属于租赁项目的手续费、律师费、差旅费、印花税等初始直接费用作为租入固定资产入账价值，将最低租赁付款额作为长期应付款的入账价值，将其差额作为未确认融资费用。

（4）投资者投入固定资产。

投资者投入固定资产的成本，应当按照投资合同或协议约定的价值确定，但合同或协议约定价值不公允的除外。

(5) 接受捐赠固定资产。

企业接受捐赠的固定资产，应按以下规定确定其入账价值：

①捐赠方提供了有关凭据的，按凭据上标明的金额加上应支付的相关税费，作为入账价值。

②捐赠方没有提供有关凭据的，按如下顺序确定其入账价值。第一，同类或类似固定资产存在活跃市场的，按同类或类似固定资产的市场价格估计的金额，加上应支付的相关税费，作为入账价值。第二，同类或类似固定资产不存在活跃市场的，按该接受捐赠的固定资产的预计未来现金流量现值，作为入账价值。

③如受赠的系旧的固定资产，以上述方法确认的固定资产原价，减去按该项资产的新旧程度估计的价值损耗后的余额，作为入账价值。

(6) 盘盈固定资产。

盘盈的固定资产的成本，按同类或类似固定资产的市场价格，减去按该项资产的新旧程度估计的价值损耗后的余额，作为入账价值。

(7) 经批准无偿调入的固定资产的成本，按照调出单位的账面价值加上发生的运输费、安装费等相关费用，作为入账价值。

(8) 非货币性资产交换、债务重组等方式取得的固定资产的成本，应当分别按照“非货币性资产交换准则”“债务重组准则”的有关规定确定。

任务二　固定资产增加的核算

固定资产按照来源可分为外购、自行建造、对外承包建设、接受投资、接受捐赠和融资租入固定资产。

基本能力（基本技能）

一、账户设置

(一) 固定资产账户

固定资产账户是资产类账户，核算企业所有固定资产原始价值。借方登记企业增加的固定资产原始价值；贷方登记企业减少的固定资产原始价值；期末余额在借方，反映企业期末现有固定资产原始价值。企业可以按照固定资产的种类、品种、规格型号设置明细账，进行明细分类核算。

(二) 在建工程账户

在建工程账户是资产类账户，核算企业进行各项工程建设（安装工程、基建工程、更新改造等）所发生的实际支出，以及改扩建工程等转入的固定资产净值。借方登记工程建设所发生的各项支出；贷方登记工程达到预定可使用状态结转固定资产的工程建设成本；期末余额在借方，反映企业尚未达到预定可使用状态的工程建设实际支出，以及已领用而尚未使用的工程物资实际成本。“在建工程”账户可按“建筑工程”“安装工程”“在安装设备”“待摊支出”以及单项工程等进行明细核算。

(三) 工程物资账户

工程物资账户为资产类账户，本账户核算企业为在建工程准备的各种物资的成本，包括工程用材料、尚未安装的设备以及为生产准备的工器具等。借方登记企业购入工程物资的成本；贷方登记领用转出的工程物资成本；期末余额在借方，反映企业为建设工程项目准备的成本。

二、外购固定资产

外购固定资产分为购入不需要安装调试的固定资产和购入需要安装调试的固定资产。

（一）购入不需要安装调试的固定资产

企业购入不需要安装调试的固定资产时，按照购买价款、相关税费、运输费、装卸费、保险费、仓储费等成本，借记“固定资产”账户。如果购入的是生产使用不动产时，按照增值税发票所列增值税金额，借记“应交税费——应交增值税（进项税额）”。如果购入的是非生产使用设备时，增值税进项税金额应计入固定资产购置成本，按照实际应支付金额记入“应付账款”“应付票据”“长期应付款”“银行存款”等账户的贷方。

（二）购入需安装调试的固定资产

企业购入需要安装的固定资产，在安装过程中发生的实际安装费，应计入固定资产原值。固定资产安装工程可以采用自营安装方式，也可以采用出包安装方式。采用自营安装方式，安装费包括安装工程耗用的材料、人工以及其他支出；采用出包安装方式，安装费为向承租单位支付的安装价款。不论采用何种安装方式，固定资产的全部安装工程成本（包括固定资产买价以及包装费、运杂费和安装费）均应通过“在建工程”账户进行核算。

企业购入需要安装的固定资产，应根据实际支付的买价、包装费、运输费、保险费和相关税金，借记“在建工程”账户，按照增值税发票所列增值税金额，借记“应交税费——应交增值税（进项税额）”，贷记“银行存款”等账户；安装过程中发生税费时，借记“在建工程”账户，贷记“银行存款”“应交税费”等账户；安装过程中取得收入时，借记“银行存款”等账户，贷记“在建工程”账户；安装工程完工后，根据其全部安装工程成本，借记“固定资产”账户，贷记“在建工程”账户。

【案例 4-1 解答】

(1) 固定资产购置成本=200 000+20 000+2 000+1 000=223 000（元）

增值税（进项税额）=32 000+2 000=34 000（元）

会计分录如下：

借：固定资产——生产设备　　223 000

　　应交税费——应交增值税（进项税额）　　34 000

　贷：银行存款　　257 000

(2) 固定资产购置成本=300 000+48 000+5 000+30 000×10%=383 000（元）

会计分录如下：

借：固定资产——小轿车　　383 000

　贷：银行存款　　383 000

(3) 固定资产购买成本=1 000 000+100 000=1 100 000（元）

增值税（进项税额）=160 000+10 000=170 000（元）

会计分录如下：

①设备验收时。

借：在建工程——安装工程　　1 100 000

　　应交税费——应交增值税（进项税额）　　170 000

　贷：银行存款　　1 270 000

②发生安装调试费时。

借：在建工程——安装工程　　50 000

　贷：银行存款　　50 000

③领用原材料时。

借：在建工程——安装工程　　23 200

　贷：原材料　　20 000

　　　应交税费——应交增值税（进项税额转出）　　3 200

④计提安装调试人员薪酬时。

借：在建工程——安装工程　　10 000

　贷：应付职工薪酬——工资　　10 000

发放安装人员薪酬时

借：应付职工薪酬——工资　　10 000

　贷：银行存款　　10 000

⑤制造中心交付使用时。

借：固定资产——制造中心　　1 183 200

　贷：在建工程——安装工程　　1 183 200

三、自行建造固定资产

自行建造的固定资产成本，由建造该项资产达到预定可使用状态前所发生的必要支出构成。包括工程用物资成本、人工成本、缴纳的相关税费、应予资本化的借款费用以及应分摊的间接费用等。

自行建造固定资产分为自营工程和出包工程两类。

（一）自营工程

企业自营工程主要通过“在建工程”账户和“工程物资”账户进行核算。

（1）企业购入工程建设物资时，借记“工程物资”账户，按照增值税发票所列增值税进项税额的60%记入“应交税费——应交增值税（进项税额）”，另外40%记入“应交税费——待抵扣进项税额”账户，13个月后再转入增值税进项税额，按照价税合计贷记“银行存款”“应付账款”等账户。

（2）领用工程物资、本企业原材料或库存商品的，借记“在建工程”账户，贷记“工程物资”“原材料”“库存商品”“应交税费——应交增值税（销项税额）”等账户。采用计划成本核算的，应同时结转应分摊的成本差异。

（3）在建工程应负担的职工薪酬，借记“在建工程”账户，贷记“应付职工薪酬”账户。

（4）工程建设项目发生其他支出时，借记“在建工程”账户，贷记“银行存款”账户。

（5）辅助生产部门为工程提供的水、电、设备安装、修理、运输等劳务，借记“在建工程”账户，贷记“生产成本——辅助生产成本”等账户。

（6）在建工程发生的管理费、征地费、可行性研究费、临时设施费、公证费、监理费及应负担的税费等，借记“在建工程——待摊支出”账户，贷记“银行存款”等账户。

（7）在建工程发生的借款费用满足借款费用准则资本化条件的，借记“在建工程——待摊支出”，贷记“长期借款”“应付利息”等账户。

（8）由于自然灾害等原因造成的单项工程或单位工程报废或毁损，减去残料价值和过失人或保险公司等赔款后的净损失，借记“在建工程——待摊支出”账户，贷记“在建工程——建筑工程/安装工程”等；在建工程全部报废或毁损的，应按其净损失，借记“营业外支出——非常损失”账户，贷记“在建工程”账户。

（9）建设期间发生的工程物资盘亏、报废及毁损净损失，借记“在建工程——待摊支出”，贷记“工程物资”账户；盘盈的工程物资或处置净收益，做相反的会计分录。

上述事项涉及增值税的，应结转相应的增值税税额。

(10) 在建工程完工已领出的剩余物资应办理退库手续，借记“工程物资”账户，贷记“在建工程”账户。

(11) 在建工程达到预定可使用状态时，应计算分配待摊支出，借记“在建工程——××工程”账户，贷记“在建工程——待摊支出”账户；结转在建工程成本时，借记“固定资产”等账户，贷记“在建工程——××工程”账户。

【案例 4-2】华泰公司为一般纳税人，适用增值税税率为 16%，2018 年 12 月 1 日自行建造仓库一座，购入为工程准备的各种物资价值 200 000 元，支付的增值税税额为 32 000 元，实际领用工程物资（含增值税）价值 208 800 元，剩余物资转作企业存货；另外还领用了企业生产用的原材料一批，实际成本为 30 000 元，应转出的增值税为 4 800 元；分配工程人员工资 50 000 元，企业辅助生产车间为工程提供有关劳务支出 10 000 元，2018 年 12 月 31 日工程完工交付使用。

要求：编制以上业务的会计分录。

【案例 4-2 解答】

(1) 购入为在建工程准备的物资时。

借：工程物资　　200 000
　　应交税费——应交增值税（进项税 60%）　　19 200
　　　　　　——待抵扣进项税额（进项税 40%）　　12 800
　贷：银行存款　　232 000

(2) 领用工程物资时。

不含税工程物资成本 = 208 800÷（1+16%）= 180 000（元）

借：在建工程——仓库　　180 000
　贷：工程物资　　180 000

(3) 工程领用原材料时。

借：在建工程——仓库　　34 800
　贷：原材料　　30 000
　　应交税费——应交增值税（进项税额转出）　　4 800

(4) 分配工程人员工资时。

借：在建工程——仓库　　50 000
　贷：应付职工薪酬——工资　　50 000

(5) 辅助车间为工程提供劳务支出时。

借：在建工程——仓库　　10 000
　贷：生产成本——辅助生产成本　　10 000

(6) 工程完工交付使用时。

借：固定资产——仓库　　274 800
　贷：在建工程——仓库　　274 800

(7) 剩余工程物资转作企业存货时。

借：原材料　　20 000
　贷：工程物资　　20 000

(二) 出包工程

出包工程是指企业通过招标等方式将工程项目发包给建造商，由建造商组织施工的建筑工程和安装工程。企业采用出包方式进行的固定资产工程，其工程的具体支出主要由建造商核算，在这种方式下，“在建工程”账户主要是企业与建造商办理工程价款的结算账户，企业支付给建造商的工程价款作为工程成本，通过“在建工程”账户核算。

企业按合同规定向承包企业预付工程款、备料款时，借记“在建工程——出包工程”账户，贷记“银行存款”等账户。将设备交付承包企业进行安装时，借记“在建工程——在安装设备”账户，贷记“工程物资”账户。

与承包企业办理工程价款结算时，按补付的工程款，借记“在建工程”账户，贷记“银行存款”“应付账款”等账户。

结转已完工程时，借记“在建工程——已完工程”账户，贷记“在建工程——出包工程”账户。

同时转作固定资产：借记“固定资产——××”账户，贷记“在建工程——已完工程”账户。

【案例 4-3】华泰公司以出包方式建造仓库一座，按规定 2018 年 6 月 10 日预付工程款 100 000 元，2018 年 12 月 23 日工程完工，根据工程决算单，补付工程款 130 000 元，2018 年 12 月 25 日工程验收后交付使用。

要求：根据以上业务编制会计分录。

【案例 4-3 解答】

（1）6 月 10 日预付工程价款时。

借：在建工程——出包工程——仓库　　100 000

　贷：银行存款　　100 000

（2）12 月 23 日补付工程价款时。

借：在建工程——出包工程——仓库　　130 000

　贷：银行存款　　130 000

（3）12 月 25 日工程验收交付使用时。

借：固定资产——仓库　　230 000

　贷：在建工程——出包工程——仓库　　230 000

【案例 4-4】华泰公司为一般纳税人，适用的增值税税率为 16%，2×18 年 12 月发生如下业务：

（1）公司于 5 日接受甲公司投入的铣床一台，甲公司记录该铣床账面原值为 90 000 元，已提折旧 10 000 元。该铣床经评估公允价值为 60 000 元。双方投资协议确定价值为该铣床的净值。

（2）公司于 10 日接受乙公司捐赠的一台车床，按照同类资产市场价格确认的成本为 140 000 元，以银行存款支付装卸费 1 000 元，不考虑所得税。

（3）公司于 12 月 31 日采用经营租赁方式从丙公司租入一台办公设备，租赁合同规定：租赁期自 2×18 年 12 月 31 日开始，租赁期为 3 年，租金总额 270 000 元。租赁开始日，公司预先支付租金 200 000 元，2×21 年 12 月 31 日再支付租金 70 000 元。租赁期满，丙公司收回办公设备。

要求：根据以上业务编制会计分录。

任务分析：该案例涉及投资者投入固定资产、接受捐赠增加固定资产和经营租赁固定资产的确认、计量和核算。

四、投资者投入固定资产

企业接受投资者作价投入的房屋、建筑物、机器设备等固定资产，如果有公允价值，按公允价值入账，只有在没有公允价值的情况下，才能按照合同或协议约定的价值入账。按照接受投资公允价值或合同协议约定价值借记“固定资产”账户，按照投资者在企业注册资本中应享有的份额，贷记“实收资本”账户，按照投资合同或协议价值与固定资产公允价值的差额记入“资本公积”账户。

【案例 4-4 解答】

(1) 12 月 5 日接受投入的固定资产时。

借：固定资产　　60 000

　　资本公积　　20 000

　贷：实收资本——甲公司　　80 000

五、接受捐赠固定资产

接受捐赠固定资产是指接受捐赠的各种达到固定资产标准的物品。我国会计准则规定，接受捐赠的固定资产，如果捐赠方提供了有关凭据的，按凭证上表明的金额加上应当支付的相关税费作为其入账价值；如果捐赠方没有提供有关凭据，可通过相同资产市场价格评估计价，或按其预计未来现金流量现值入账，旧资产可在以上计价基础上考虑新旧程度，以折余价值入账。

企业接受捐赠固定资产时，按照接受捐赠固定资产所确认的价值，借记“固定资产”账户，贷记“营业外收入——捐赠利得”“银行存款”或“应交税费”账户。

【案例 4-4 解答】

(2) 12 月 10 日接受乙公司捐赠车床时。

借：固定资产　　141 000

　贷：营业外收入——捐赠利得　　140 000

　　　银行存款　　1 000

六、租入固定资产

租入固定资产是指企业采用租赁形式取得、使用，并按期支付租金的固定资产。租入固定资产分为经营性租入固定资产和融资租入固定资产两种形式。

经营性租入固定资产由于不属于企业固定资产，因此不作为企业固定资产核算，也不计提固定资产折旧，只在固定资产备查簿中登记。通常情况下，企业应当将经营租赁预付租金在租赁期内的各个期间，按照直线法分摊计入相关资产或当期损益。

【案例 4-4 解答】

(3) 经营租赁账务处理

①2×18 年 12 月 31 日预付经营租赁租金时。

借：预付账款——预付租金（丙公司）　　200 000

　贷：银行存款　　200 000

②2×19 年 12 月 31 日确认本年度经营租赁费用时。

借：管理费用——租赁费用　　90 000

　贷：预付账款——预付租金（丙公司）　　90 000

③2×20 年 12 月 31 日确认本年度经营租赁费用时。

借：管理费用——租赁费用　　90 000

　贷：预付账款——预付租金（丙公司）　　90 000

④2×21 年 12 月 31 日支付第 2 期租金、确认本年度经营租赁费用时。

借：管理费用——租赁费用　　90 000

　贷：预付账款——预付租金（丙公司）　　20 000

　　　银行存款　　70 000

融资租入固定资产的核算适用于《企业会计准则第 21 号——租赁》，将在高级财务会计课程中学习，在此不再赘述。

任务三　固定资产的后续计量

按照《企业会计准则第 4 号——固定资产》的规定，企业固定资产的后续计量主要是指固定资产折旧、固定资产后续支出两个方面的内容。

一、固定资产折旧

（一）固定资产折旧的含义和产生的原因

折旧，是指在固定资产使用寿命内，按照确定的方法对应计折旧额进行系统分摊。

应计折旧额，是指应当计提折旧的固定资产的原价扣除其预计净残值后的金额。已计提减值准备的固定资产，还应当扣除已计提的固定资产减值准备累计金额。

预计净残值，是指假定固定资产预计使用寿命已满并处于使用寿命终了时的预期收入，扣除预计处置费用后的金额。

折旧产生的原因主要为固定资产损耗。固定资产磨损和损耗包括固定资产的实物损耗、自然损耗和无形损耗三种。固定资产损耗是指由于使用、自然力作用或技术进步而使机器设备、厂房建筑物等逐渐丧失使用价值或发生贬值的过程。实物损耗是指机器设备在运转过程中由于摩擦、化学反应等会使精度、效率逐渐降低，最终退废。自然损耗是由自然力的作用而发生的损耗。如钢铁部件会生锈，木料会腐朽，橡胶轮带、传送带会自然老化等。固定资产的无形损耗有两种：①由于社会劳动生产率的提高，同类性能的机器设备能以更少的社会必要劳动时间生产出来，从而引起原有固定资产的贬值。②由于科学技术的发明和发现，出现了新的性能更好、效率更高的机器设备，继续使用原有机器设备很不经济，不得不提前退废，从而引起的价值损失。

（二）固定资产折旧的影响因素和折旧范围

固定资产折旧的影响因素有以下四个方面：

（1）固定资产原价，就是固定资产形成成本。

（2）预计净残值，是指固定资产使用期满后，残余的价值减去应支付的固定资产清理费用后的差额。

固定资产净残值=固定资产报废时预计可以收回的残余价值-预计清理费用

预计残值，是指固定资产报废时回收的残料价值，主要是在固定资产丧失使用价值以后，经过拆除清理所残留的、可供出售或利用的零部件、废旧材料等的价值。

预计清理费用，是指固定资产达到生命周期而报废时所发生的拆卸、搬运等费用。

（3）固定资产使用寿命，是指企业使用固定资产的预计期间，或该项固定资产所能生产产品或者提供劳务的数量。

确定固定资产使用寿命应考虑的因素：①预计生产能力或实物产量。②预计有形损耗。③预计无形损耗。④法律或有关制度规定的使用限制。

（4）固定资产减值准备，是指固定资产已计提的固定资产减值准备累计金额。

企业应当根据固定资产的性质和使用情况，合理确定固定资产的使用寿命和预计净残值。固定资产的使用寿命、预计净残值一经确定，不得随意变更。企业至少应当于每年年度终了，对固定资产的使用寿命、预计净残值和折旧方法进行复核。使用寿命预计数与原先估计数有差异的，应当调整固定资产使用寿命。预计净残值预计数与原先估计数有差异的，应当调整预计净残值。

固定资产折旧范围：企业应当对所有固定资产计提折旧。但是，已提足折旧仍继续使用的固定资产和单独计价入账的土地除外。

实际运用时应注意以下事项：

①固定资产提足折旧后，不论能否继续使用，均不再计提折旧；提前报废的固定资产，也不再补提折旧。提足折旧，是指已经提足该项固定资产的应计折旧额。

②已达到预定可使用状态但尚未办理竣工决算的固定资产，应当按照估计价值确定其成本，并计提折旧；待办理竣工决算后，再按实际成本调整原来的暂估价值，但不需要调整原已计提的折旧额。

③处于更新改造过程中停止使用的固定资产，不计提折旧；待更新改造完毕后，按照新的固定资产价值和使用寿命期限重新计提折旧。

④因大修理而停用的固定资产，照提折旧。

⑤融资租入固定资产和经营租出固定资产计提折旧。

（三）固定资产折旧的计算方法

固定资产折旧的计算方法，是指将应提折旧总额在固定资产各使用期间进行分配时所采用的具体计算方法。固定资产折旧方法有平均折旧法（又称为直线折旧法）和加速折旧法两种。直线折旧法，是将固定资产的折旧均衡地分摊到各期的一种方法。直线折旧法又分为平均年限法、工作量法两种。工作量法又分为工作小时法、行驶里程法和工作台班法。加速折旧法也称为快速折旧法或递减折旧法，其特点是在固定资产有效使用年限的前期多提折旧，后期少提折旧。加速折旧方法包括余额递减法、双倍余额递减法和年数总和法三种。我国会计准则允许使用的折旧方法包括平均年限法、工作量法、双倍余额递减法和年数总和法四种。

固定资产计提折旧的原则：企业固定资产应当按月计提折旧。当月增加的固定资产，当月不提折旧，从下月起计提折旧；当月减少的固定资产，当月仍提折旧，从下月起停止计提折旧。

企业应当根据与固定资产有关的经济利益的预期实现方式，合理选择固定资产折旧方法。

固定资产的折旧方法一经确定，不得随意变更。但与固定资产有关的经济利益预期实现方式有重大改变的，应当改变固定资产折旧方法。

1. 平均年限法

平均年限法是将固定资产的折旧均衡地分摊到各期的一种方法。采用这种方法计算的每期折旧额均是等额的。

计算公式如下：

$$年折旧额=\frac{固定资产原值-（预计残值收入-预计清理费用）}{固定资产预计使用年限}$$

年折旧率=（1-预计净残值率）÷预计使用年限×100%

月折旧率=年折旧率÷12

月折旧额=固定资产原价×月折旧率

平均年限法适用于房屋、建筑物等固定资产折旧的计算。

折旧率的确定方法有个别折旧率法、分类折旧率法和综合折旧率法三种。

①固定资产个别折旧率，就是指根据某项固定资产原值和预计使用年限计算确定的折旧率。

某项固定资产年折旧额=（某项固定资产原值-预计残值+预计清理费用）÷该项固定资产预计使用年限=某项固定资产原值（1-预计净残值率）÷该项固定资产预计使用年限

某项固定资产年折旧率=某项固定资产年折旧额÷该项固定资产原值×100%

个别折旧率法一般适用于企业专用固定资产且价值较高的固定资产，如起吊设备、大型运输车辆等。

②分类折旧率，就是按照固定资产的类别分别计算折旧率并计算折旧金额，即每类固定资产按照同一个折旧率计算折旧。

某类固定资产折旧率 =（企业某类固定资产计算期内折旧额之和÷固定资产原始价值之和）×100%

采用这种方法，应先把性质、结构和使用年限相近的固定资产归为一类，再按类计算平均折旧率，用该类折旧率对该类固定资产计提折旧。如将房屋、建筑物归为一类，将各种机械设备归为一类等。

分类折旧率法一般适用于固定资产种类较少且同类固定资产属性基本相同的企业。

③综合折旧率，是指企业全部固定资产的平均折旧率，反映的是整个企业整体固定资产的价值转移状况。

综合折旧率 =（企业各项固定资产计算期内折旧额之和÷固定资产原始价值之和）×100%

综合折旧率法一般适用于固定资产种类、规格型号众多且单位价值较低的小企业。

2. 工作量法

工作量法是指按实际工作量计提固定资产折旧额的一种方法。

基本计算公式如下：

单位工作量折旧额 = 固定资产原值（1-预计净残值率）÷预计总工作量

某项固定资产月折旧额 = 单位工作量折旧额×该项固定资产当月完成工作量

工作量法一般适用于运输企业和其他的专业车队的客货汽车、某些价值大而又不经常使用或季节性使用的大型机器设备的计提折旧。

在实际工作中，工作量使用主要基于以下三种方式：

（1）工作小时法。

单位工作小时折旧额 =（固定资产原值-预计净残值）÷预计总工作小时 =［固定资产原值×（1-预计净残值率）］÷预计总工作小时

某项固定资产本月应计提折旧额 = 单位工作小时折旧额×该项固定资产本月实际总工作小时

工作小时法一般适用于企业单位价值大、不经常使用的专项设备，如冲压设备、热处理设备等。

（2）行驶里程法。

单位行驶里程折旧额 =（固定资产原值-预计净残值）÷预计总行驶里程 =［固定资产原值×（1-预计净残值率）］÷预计总行驶里程

某项固定资产本月应计提折旧额 = 单位行驶里程折旧额×该项固定资产本月实际总行驶里程

行驶里程法一般适用于企业的各项运输设备，如大型运输车辆、起吊设备等。

（3）工作台班法。

工作台班法是根据机械设备原值、预计净残值率和预计折旧年限内工作台班来计算每台班折旧额，然后根据各月实际工作台班和台班折旧额来计算折旧的方法。

单位工作台班折旧额 =（固定资产原值-预计净残值）÷预计总工作台班数 =［固定资产原值×（1-预计净残值率）］÷预计总工作台班数

某项固定资产本月应计提折旧额 = 单位工作台班折旧额×该项固定资产本月实际工作台班数

工作台班法一般只适用于少数在特殊工程中使用的施工机械。

3. 双倍余额递减法

双倍余额递减法是在不考虑固定资产残值的情况下，根据每一期期初固定资产账面净值和双倍的直线法折旧率计算固定资产折旧的一种方法。这种方法没有考虑固定资产的残值收入，因此不能使固定资产的账面折余价值降低到它的预计残值收入以下，即实行双倍余额递减法计提折旧的固定资产，应当在其固定资产折旧年限到期的最后两年，将固定资产净值扣除预计净残值后的余额平均摊销。

计算公式如下：

年折旧率＝2÷预计的折旧年限×100%

月折旧率＝年折旧率÷12

月折旧额＝固定资产账面净值×月折旧率

这种方法的实现方式是折旧计算的基数固定，资产账面净值逐期递减，折旧率不变，因此除最后两期折旧相等外，其他各期折旧逐期递减。

双倍余额递减法一般适用于科学技术进步、产品更新换代较快，且净残值事先难于确定的固定资产。

4. 年数总和法

年数总和法也叫合计年限法，是用固定资产原值减去净残值后的净额，乘以一个逐年递减的折旧率，计算每年折旧的一种方法。

计算公式如下：

年折旧率＝尚可使用寿命年数÷预计使用寿命年数总和×100%

年折旧额＝（固定资产原值－预计净残值）×年折旧率

月折旧率＝年折旧率÷12

月折旧额＝（固定资产原值－预计净残值）×月折旧率

年数总和法一般适用于以下两个方面的固定资产：

（1）由于技术进步，产品更新换代较快且净残值较确定的固定资产。

（2）常年处于强震动、高腐蚀状态的固定资产。

在实际工作中，固定资产计提折旧是通过编制固定资产折旧计算表完成的。由于各会计期间连续计算编制固定资产折旧表，所以本期编制固定资产折旧计算表时只需要计算确认上期增加固定资产应增提折旧额，代入以下公式就可以计算出本期应计提折旧额。

本期应计提折旧额＝上期计提折旧额＋上期增加固定资产应增提折旧额－上期减少固定资产应减提折旧额

（四）固定资产折旧的账务处理

1. 账户设置

“累计折旧”账户属于资产类的备抵调整账户，用来核算企业固定资产的累计折旧额。贷方登记当期计提固定资产折旧额；借方登记减少固定资产应转出的折旧额；期末贷方余额，反映企业期末现有固定资产累计折旧额。该账户一般按照固定资产种类、名称、规格型号设置明细账进行明细分类核算。

2. 账务处理

企业依据月末编制的固定资产折旧计算表，按照固定资产使用用途和使用部门，分别计入相关产品的生产成本或当期费用。如果是生产车间使用的，应借记“制造费用”账户，贷记“累计折旧”账户；如果是企业管理部门使用的，应借记“管理费用”账户，贷记“累计折旧”账户；如果是用于企业研究开发的，应借记“研发支出”账户，贷记“累计折旧”账户；如果是出租固定资产的，应借记“其他业务成本”账户等，贷记“累计折旧”账户。

二、固定资产后续支出

（一）固定资产后续支出的含义和内容

固定资产在使用过程中，由于有形损耗的客观存在，固定资产的功能会逐步下降，固定资产价值逐步降低。为了保障固定资产的正常使用，就需要定期或不定期地对固定资产进行功能和价值恢复，这就是固定资产的修理和更新改造，也是固定资产后续支出的主要内容。

固定资产的后续支出是指固定资产在投入使用以后期间发生的与固定资产使用效能恢复和提高直接有关的各种支出，如更新支出、改造支出、修理费用、装修费用等。

后续支出的处理原则：与固定资产更新改造等相关的后续支出，满足固定资产确认条件的，应当计入固定资产成本；不满足固定资产确认条件的固定资产修理费用等，应当在发生时计入当期损益。

新准则强调固定资产的后续支出是否应予以资本化，不能只注重后续支出的形式，还应关注其经济实质；如果这些后续支出不能提高相关固定资产原先预计的创利能力，依据资产的确认条件，就不能将其予以资本化来增加固定资产的账面价值，而应将其计入当期损益。反之，则应计入固定资产账面价值，如延长了固定资产的使用寿命，或者使产品质量实质性提高，或者使产品成本实质性降低等。

（二）资本化的后续支出

企业固定资产进行固定资产更新、改造、扩建的，如果符合资本化条件，应将该项固定资产的原值、已计提累计折旧和已计提的减值准备转销，将固定资产账面价值（原值-累计折旧-已计提减值准备）转入“在建工程”账户，并停止计提折旧和减值准备，固定资产发生的可资本化的后续支出，通过“在建工程”账户核算，待更新、改造、扩建工程达到预定可使用状态时，再从“在建工程”账户转入“固定资产”账户，并重新确定固定资产使用寿命、预计净残值和折旧方法计提折旧。

【案例 4-1 解答】

（4）拆卸设备累计折旧＝7 200÷240 000×85 000＝ 2 550（元）

①结转拆卸固定资产账面价值。

借：累计折旧	2 550	
固定资产清理	4 650	
贷：固定资产		7 200

②发生拆卸费用时。

借：固定资产清理	500	
贷：银行存款		500

③结转清理损益时。

借：营业外支出	5 150	
贷：固定资产清理		5 150

④安装新装置。

借：在建工程	8 190	
贷：银行存款		8 190

⑤发生安装费用时。

借：在建工程	800	
贷：银行存款		800

注意：发生的安装费用如果取得增值税发票的，认证后的增值税也可记入“应交税费——应交增值税（进项税额）”账户借方。如上例取得增值税发票所列增值税进项税额为

80 元。

借：在建工程　800

　　应交税费——应交增值税（进项税额）　80

　贷：银行存款　880

⑥完工结转固定资产。

借：固定资产　8 990

　贷：在建工程　8 990

（5）重新安装的核算。

①结转重新安装设备账面价值。

借：在建工程——安装工程　211 200

　　累计折旧　108 800

　贷：固定资产　320 000

②发生安装费用时。

借：在建工程——安装工程　9 600

　贷：银行存款　9 600

③安装完毕结转固定资产。

借：固定资产——数控机床　220 800

　贷：在建工程——安装工程　220 800

（三）费用化的后续支出

固定资产在使用过程中必然发生磨损，其部分功能和价值会逐步丧失。为了保障固定资产的正常使用，企业一般都会定期或不定期地对固定资产进行修理，恢复固定资产使用价值。

固定资产修理分为日常修理和大修理两种。

固定资产修理支出通常不满足固定资产确认条件，应当在发生时直接计入当期损益。

企业生产车间和行政管理部门发生的固定资产修理费用等后续支出计入管理费用，企业专设销售机构固定资产相关的修理费用等后续支出，计入销售费用。

【案例 4-1 解答】

（6）发生大修理费用时。

借：管理费用——修理费用　26 000

　贷：银行存款　26 000

任务四　固定资产处置

固定资产处置是指对由于各种原因退出生产经营活动的固定资产所做的处理活动，包括将固定资产转为持有待售、出售、转让、报废或毁损、对外投资、非货币性资产交换、债务重组等。

一、固定资产终止确认的条件

固定资产满足下列条件之一的，应当予以终止确认：

（1）该固定资产处于处置状态。

（2）该固定资产预期通过使用或处置不能产生经济利益。

二、固定资产处置的会计处理

（一）账户设置

“固定资产清理”账户是资产类账户，用来核算企业因出售、报废和毁损等原因转入清理的固定资产账面价值以及在清理过程中所发生的清理费用和清理收入。借方登记转入清理的固定资产账面价值和清理过程中发生的费用及结转的清理净收益；贷方登记收回出售固定资产的价款、残料收入、变价收入和赔偿收入及结转的清理净损失。结转前贷方余额表示清理后的净收益；结转前借方余额表示清理后的净损失，结转后无余额。一般应按照清理固定资产种类、名称、规格型号设置明细账进行明细核算。

（二）固定资产的处置核算

企业出售、转让、报废固定资产或发生固定资产毁损，如果是固定资产出售或转让，应当将处置收入扣除账面价值和相关税费后的金额计入当期损益（资产处置损益）。如果是固定资产报废，应当将报废残值扣除固定资产账面价值和相关税费后的差额计入当期损益（营业外支出或收入），固定资产的账面价值是固定资产成本扣减累计折旧和累计减值准备后的金额。固定资产处置一般通过“固定资产清理”账户核算。

1. 固定资产出售、报废和毁损的核算

（1）固定资产转入清理。

固定资产转入清理时，按照固定资产账面价值，借记“固定资产清理”账户，按照该固定资产已计提累计折旧，借记“累计折旧”账户，按照固定资产已计提减值准备，借记“固定资产减值准备”账户，按固定资产原值，贷记“固定资产”账户。

（2）发生清理费用和相关税费。

企业固定资产清理过程中发生的拆卸费、装卸费、运输费等费用和残料销售时所发生的税金等，应借记“固定资产清理”账户，贷记“银行存款”“应付职工薪酬”“应交税费”等账户。

（3）取得清理收入时。

企业收回的销售固定资产价款、残料价值或残料销售收入等，应记入“固定资产清理”账户贷方，按实际收到的出售价款、残料销售收入及残料价值等，借记“银行存款”“原材料”等账户。

（4）赔偿的处理。

企业发生固定资产毁损时，应按照保险合约和管理责任计算和确认保险公司赔偿金额和相关责任人赔偿金额，借记“其他应收款”“银行存款”等账户，贷记“固定资产清理”账户。

（5）结转清理损益。

清理完成后，固定资产清理账户为借方余额，表示清理净损失。如果是固定资产报废清理损失，应借记“营业外支出——处置非流动资产损失”账户；如果损失是自然灾害等不可抗拒原因造成的，应借记“营业外支出——非常损失”账户；如果是固定资产出售损失应记入“资产处置损益”账户，贷记“ 固定资产清理”账户。

清理完成后，“固定资产清理”账户为贷方余额，表示清理净收益。如果是固定资产报废收益，应借记“固定资产清理”账户，贷记“营业外收入”账户；如果是固定资产出售收益应记入“资产处置损益”账户的贷方。

【案例 4-1 解答】

（7）固定资产对外出售的核算。

①结转出售设备账面价值。

借：固定资产清理	23 900	
累计折旧	14 100	
贷：固定资产		38 000

②收到出售设备价款时。

借：银行存款　23 000

　贷：固定资产清理　23 000

③结转清理损失。

借：资产处置权益　900

　贷：固定资产清理　900

（8）固定资产报废的核算。

①结转报废设备账面价值。

借：固定资产清理　2 480

　　累计折旧　59 520

　贷：固定资产　62 000

②发生清理费用时。

借：固定资产清理　300

　贷：银行存款　300

③收到材料入库时。

借：原材料　450

　贷：固定资产清理　450

④结转清理损益。

借：营业外支出——处置非流动资产损失　2 330

　贷：固定资产清理　2 330

2. 投资转出固定资产的核算

投资转出的固定资产，按转出固定资产的账面价值加上应支付的相关税费，借记“长期股权投资”账户，按投出固定资产已提折旧，借记“累计折旧”账户，按该项固定资产已计提的减值准备，借记“固定资产减值准备”账户，按投出固定资产的账面原价，贷记“固定资产”账户，按应支付的相关税费，贷记“银行存款”“应交税费”等账户。

【案例 4-5】华泰公司 2018 年 12 月 8 日将一台车床设备对外投资，其账面原价为 20 500元，已提折旧 4 000 元，已提减值准备 2 000 元。投资转出固定资产发生运杂费 1 000 元，用银行存款支付。

要求：根据以上业务编制会计分录。

【案例 4-5 解答】

车床设备账面价值＝20 500－4 000－2 000＝14 500（元）

长期股权投资入账价值＝14 500+1 000＝15 500（元）

会计分录如下：

借：长期股权投资　15 500

　　累计折旧　4 000

　　固定资产减值准备　2 000

　贷：固定资产　20 500

　　　银行存款　1 000

3. 捐赠转出固定资产的核算

企业捐赠转出固定资产，按照捐赠转出固定资产账面价值，借记“固定资产清理”账户，按照捐赠转出固定资产已累计计提折旧，借记“累计折旧”账户，按照捐赠转出固定资产已计提减值准备，借记“固定资产减值准备”账户，按照捐赠转出固定资产原始价值，贷记“固定资产”账户；按照捐赠转出固定资产支付的相关税费，借记“固定资产清理”账户，贷记“应交税费”“银行存款”账户；按照“固定资产清理”账户余额，借记“营业外支出——捐赠支出”账户，贷记“固定资产清理”账户。

【案例4-6】华泰公司于2018年12月10日向四川九寨沟地震灾区捐赠CT设备一台，原始价值200 000元，已提折旧60 000元，已提固定资产减值准备20 000元。捐赠中发生运输费5 000元，增值税进项税额500元，运输费及税金已通过银行存款予以支付。

要求：根据以上业务编制会计分录。

【案例4-6解答】

（1）结转捐赠固定资产账面价值。

借：固定资产清理　　120 000
　　累计折旧　　60 000
　　固定资产减值准备　　20 000
　贷：固定资产　　200 000

（2）发生捐赠固定资产相关税费时。

借：固定资产清理　　5 000
　　应交税费——应交增值税（进项税额）　　500
　贷：银行存款　　5 500

（3）结转清理净损失。

借：营业外支出——捐赠支出　　125 000
　贷：固定资产清理　　125 000

4. 无偿调出固定资产的核算

企业按照有关规定并报经有关部门批准无偿调出固定资产，调出固定资产的账面价值以及清理固定资产所发生的费用，仍然通过“固定资产清理”账户核算，清理所发生的净损失冲减资本公积。企业应按调出固定资产账面价值，借记“固定资产清理”账户，按已提折旧，借记“累计折旧”账户，按该项固定资产已计提的减值准备，借记“固定资产减值准备”账户，按固定资产原价，贷记“固定资产”账户；发生的清理费用，借记“固定资产清理”账户，贷记“银行存款”“应付工资”等账户；调出固定资产发生的净损失，借记“资本公积——无偿调出固定资产”账户，贷记“固定资产清理”账户。

固定资产非货币性资产交换转出、债务重组转出和融资租赁租出按照相关会计准则处理。这些内容将在高级会计实务中学习，在此不再赘述。

任务五　无形资产和其他资产核算

【案例4-7】华泰公司为一般纳税人，适用的增值税税率为16%，2018年12月发生如下经济业务：

（1）12月1日，购入一项新产品生产专利权，支付专利权转让费158 000元，增值税税率为6%，进项税额9 480元。按照合同规定，公司在合同签订日先行支付50 000元，其余款项在产品上市以后再行支付。另外，公司以银行存款支付注册费3 000元、律师费2 000元。

（2）12月5日，公司因生产需要，组织研究人员研发一项生产加工技术，发生材料费89 000元、增值税税额14 240元、人员工薪54 000元，支付设备租金5 000元，根据《企业会计准则》的规定，上述各项支出应予以资本化的部分是132 240元，应予以费用化的部分是30 000元。

（3）12月10日公司接受投入一项商标权，经评估，价值500 000元。

（4）12月18日公司出售一项专利权，取得不含税收入120 000元，增值税税率6%，价税款已通过银行存款收到。该专利权成本为80 000元，累计摊销60 000元，转让时支付指导培训费5 000元，以银行存款支付。

（5）12月31日公司当年对所拥有的全部无形资产进行摊销，摊销额为120 000元。

要求：根据以上业务编制正确的会计分录。

任务分析：该案例涉及无形资产的含义、种类、确认和计量，无形资产增加、摊销和出售、报废的账务处理。

一、无形资产概述

（一）无形资产的含义

无形资产，是指企业拥有或者控制的没有实物形态的可辨认非货币性资产。它综合反映企业的品牌效应、核心竞争能力和特殊资源。《企业会计准则第6号——无形资产》规定的无形资产包括：专利权、专有技术（非专利技术）、商标权、著作权、土地使用权和特许权六种。商誉不属于无形资产，但可以计提减值准备。

1. 专利权

专利权简称“专利”，是发明创造人或其权利受让人对特定的发明创造在法定期限内依法享有的独占实施权。专利权的主体即专利权人，是指依法享有专利权并承担相应义务的发明人、单位和受让人。专利权的客体，也称为专利法保护的对象，是指依法应授予专利权的发明创造。专利权的客体包括发明、实用新型和外观设计三种。

专利权的性质有排他性、时间性和地域性。从上述性质来看，专利权只有在法定期限内、规定区域内才可能存在经济价值，而且其经济价值差异很大，因此企业不能将拥有的所有专利权都予以资本化，确定为无形资产。只有符合无形资产确认条件的专利权才能确认为无形资产。

专利权既可以通过外购取得，也可以通过企业自行研发并向国家专利注册机构申请注册取得，还可以通过接受投资等方式取得。

2. 专有技术（非专利技术）

专有技术又称非专利技术，是指发明人垄断的、在生产经营活动中已应用的、不享有法律保护的、可以带来经济效益的各种技术、技能、诀窍、知识等，如独特的设计、造型、配方、计算公式、软件包、制造工艺等工艺诀窍、技术秘密等。非专利技术一般包括工业专有技术、商业贸易专有技术、管理专有技术等。非专利技术用自我保密的方式来维持其独占性，具有经济性、机密性和动态性等特点。

3. 商标权

商标权是商标专用权的简称，是指商标主管机关依法授予商标所有人对其注册商标受国家法律保护的专有权，包括商标注册人对其注册商标的排他使用权、收益权、处分权、续展权和禁止他人侵害的权利。中国商标权的获得必须履行商标注册程序，而且实行申请在先原则。《中华人民共和国商标法》规定，商标权有效期10年，自核准注册之日起计算，期满前12个月内申请续展。

4. 著作权

著作权又称版权，是指著作权人对其著作依法享有的出版、印刷、发行、改编等方面的专有权利。《中华人民共和国著作权法》第十条规定，著作权包括人身权和财产权。人身权包括发表权、署名权、修改权、保护作品完整权。财产权（经济权利），是作者对其作品的自行使用和被他人使用而享有的以物质利益为内容的权利，主要包括复制权、发行权、出租权、表演权、展览权、放映权、信息网络传播权等。根据《中华人民共和国著作权法》的规定，著作权是自作品创作完成之日起自动产生的，无须经过任何批准或登记手续。此外，无论作品是否发表，只要作品已经创作完成就能取得著作权的保护。

5. 土地使用权

土地使用权，是指单位或者个人依法或依约定，对国有土地或集体土地所享有的占有、使用、收益和有限处分的权利。国有土地使用权的取得方式有划拨、出让、出租、入股等。集体土地使用权可分为农用土地使用权、宅基地使用权和建设用地使用权。土地使用权的获取方式主要有出让、划拨、转让三种。从这三种方式来看，企业取得土地使用权可能支付了费用，也可能没有支付费用。如果取得土地使用权没有支付费用，就不能将土地使用权资本化，计入无形资产；如果取得土地使用权支付了费用（土地出让金或土地使用权转让费），就应将土地使用权资本化，计入无形资产。

6. 特许权

特许权又称专营权，是指由政府部门授予或通过协议由一方授予另一方行使某一特定功能或销售某一产品的权利，如水、电、邮政、通信等专营权，烟草、食盐专卖权等。专营权包括专卖权和专买权。专卖权是委托人（出口人）将约定的商品在规定的地区和期限内给予包销商独家销售的权利，出口人负有不向该区域内的客户直接售货的义务。常见的公司间的专营权是公司授予另一公司使用商标、专利、专有技术的权利，如饮食业的麦当劳、旅馆业的假日饭店等。会计上的特许权主要是指公司间的专营权。只有支付了费用而取得的特许权才能确认为无形资产入账。

（二）无形资产的特征

（1）无形性。无形资产没有具体实物形态，不占用或很少占用空间，依附于一定的载体而存在，如纸张、磁盘等。

（2）利益的长期性和不确定性。

（3）可辨认性。按照《企业会计准则第6号——无形资产》第三条的规定，资产满足下列条件之一的，符合无形资产定义中的可辨认性标准：

①能够从企业中分离或者划分出来，并能单独或者与相关合同、资产或负债一起，用于出售、转移、授予许可、租赁或者交换。

②源自合同性权利或其他法定权利，无论这些权利是否可以从企业或其他权利和义务中转移或者分离。

企业无形资产中的专利权、非专利技术、商标权、著作权、土地使用权和特许权均符合可辨认标准，但商誉不能满足上述两条中的任何一条，因此商誉不能作为无形资产。

（4）非货币性。非货币性资产是指货币性资产以外的资产，与货币性资产比较，其最基本的特征是在将来为企业带来的经济利益是不固定的或不可确定的，而货币性资产在未来带来的经济利益是固定的或确定的。无形资产经济利益的不确定性就决定了无形资产属于非货币性资产。

（三）无形资产的种类

（1）按不同来源分，无形资产可分为外购无形资产和自创无形资产。

外购无形资产是指从企业外部购入的无形资产，其可以是单独购入的，或与其他资产同时购入的，或与企业整体一起购入的。自创无形资产是指企业自行研究和开发而内部形成的无形资产。

（2）按使用寿命能否确定分，无形资产可分为使用寿命有限的无形资产和使用寿命不确定的无形资产。

有的无形资产（如专利权、商标权、特许权、版权等）使用寿命受法律法规、协议或合同的限制，是可以确定的；有的无形资产（如非专利技术、永久性特许经营权、商号、秘密配方等）的使用寿命则是无限的或很难确定。按使用寿命能否确定分类，对无形资产是否摊销有着决定性作用。对于使用寿命有限的无形资产，应该正确估计使用寿命，并将其成本在使用寿命内系统合理摊销。而对于使用寿命不确定的无形资产，无论是否确认，都不应进行摊销。

二、无形资产的确认和初始计量

（一）无形资产的确认

按照《企业会计准则第 6 号——无形资产》第二章第四条的规定，无形资产同时满足下列条件的才能予以确认：

（1）符合无形资产的定义。

（2）与该无形资产有关的经济利益很可能流入企业。

无形资产属于企业资产的构成部分，必须满足资产确认条件，即与该项资产有关的经济利益很可能流入企业，因此无形资产确认也必须满足该项无形资产能够给企业带来经济利益的条件。一般情况下，无形资产未来产生的经济利益可以通过销售商品、提供劳务实现收入，如商标权；也可以通过降低生产成本或劳务成本实现经济利益流入企业，如专利权和非专利技术；还可以通过使用权或所有权转让实现经济利益流入企业，如著作权改编收入、再版收入等。

企业在判断无形资产产生的经济利益是否很可能流入时，应对无形资产在预计使用年限内可能存在的各种经济因素做出合理估计，并且应当有明确证据支持。运用职业判断时应该考虑以下几个方面因素，并取得相关证据：①企业外部科学技术的发展；②未来市场的发展变化；③企业所在国的政治、经济等环境；④企业内部各项资源对无形资产使用的配套程度等。在使用职业判断后，企业管理层应对无形资产预计使用寿命期内存在的各项因素做出稳健的估计。

（3）该无形资产的成本能够可靠地计量。

无形资产形成成本能够可靠计量是确认无形资产的另一项基本条件。对无形资产而言，此条件更为重要。在现有计量理论和工具手段下，就存在无法可靠计量成本的无形资产，如自创商誉、内部自然形成的商品品牌或服务品牌和报刊名，因无法可靠计量成本，因此会计准则不确认其为无形资产。

企业无形项目的支出，除下列情形外，均应于发生时计入当期损益：

（1）符合本准则规定的确认条件、构成无形资产成本的部分；

（2）非同一控制下企业合并中取得的、不能单独确认为无形资产、构成购买日确认的商誉的部分。企业合并中产生商誉的确认和计量，适用《企业会计准则第 20 号——企业合并》。

（二）无形资产初始计量

无形资产通常按照实际成本进行初始计量，即以取得无形资产并使之达到预定用途而发生的全部支出作为无形资产的成本。对于不同来源取得的无形资产，其成本构成不尽相同。

（1）外购无形资产的成本包括购买价款、进口关税和其他税费以及直接归属于使该项资产达到预定用途所发生的其他支出。其中，直接归属于使该项资产达到预定用途所发生的其他支出包括使无形资产达到预定用途所发生的专业服务费用、测试无形资产是否能够正常发挥作用的费用等，但不包括为引入新产品进行宣传发生的广告费、管理费用及其他间接费用，也不包括在无形资产已经达到预定用途以后发生的费用。

购买无形资产的价款超过正常信用条件延期支付的，无形资产的成本为其等值现金价格。实际支付的价款与确认的成本之间的差额，除按照《企业会计准则第 17 号——借款费用》的规定应予资本化的以外，应当在信用期间内确认为利息费用。

（2）自行研究开发的无形资产成本包括自满足无形资产条件和资本化条件规定后至达到预定用途前所发生的支出总额，但是对于以前期间已经费用化的支出不再调整。

（3）投资者投入无形资产的成本应当按照投资合同或协议约定的价值确定，但合同或协议约定价值不公允的除外。

（4）非货币性资产交换、债务重组和企业合并取得的无形资产的成本，应当分别按照《企业会计准则第7号——非货币性资产交换》《企业会计准则第12号——债务重组》《企业会计准则第16号——政府补助》和《企业会计准则第20号——企业合并》确定。

（5）按照《企业会计准则第16号——政府补助》的规定，政府补助为货币性资产的，应当按照收到或应收的金额计量。政府补助为非货币性资产的，应当按照公允价值计量。公允价值不能可靠取得的，按照名义金额计量。

（6）企业取得的土地使用权，通常应当按照取得时所支付的价款及相关税费确认为无形资产。但属于投资性房地产的土地使用权，应当按照投资性房地产准则进行会计处理，不包含在土地使用权中。

（三）无形资产后续计量

按照《企业会计准则第6号——无形资产》第十六条至二十一条的规定，企业应当于取得无形资产时分析判断其使用寿命。无形资产的使用寿命为有限的，应当估计该使用寿命的年限或者构成使用寿命的产量等类似计量单位数量；无法预见无形资产为企业带来经济利益期限的，应当视为使用寿命不确定的无形资产。使用寿命有限的无形资产，其应摊销金额应当在使用寿命内系统合理摊销。

企业摊销无形资产，应当自无形资产可供使用时起，至不再作为无形资产确认时止。

企业选择的无形资产摊销方法，应当反映与该项无形资产有关的经济利益的预期实现方式。无法可靠确定预期实现方式的，应当采用直线法摊销。

无形资产的摊销金额一般应当计入当期损益，其他会计准则另有规定的除外。

资产的应摊销金额为其成本扣除预计残值后的金额。已计提减值准备的无形资产，还应扣除已计提的无形资产减值准备累计金额。

使用寿命有限的无形资产，其残值应当视为零，但下列情况除外：

（1）有第三方承诺在无形资产使用寿命结束时购买该无形资产。

（2）可以根据活跃市场得到预计残值信息，并且该市场在无形资产使用寿命结束时很可能存在。

使用寿命不确定的无形资产不应摊销。

无形资产的减值，应当按照《企业会计准则第8号——资产减值》处理。

企业至少应当于每年年度终了，对使用寿命有限的无形资产的使用寿命及摊销方法进行复核。无形资产的使用寿命及摊销方法与以前估计不同的，应当改变摊销期限和摊销方法。

企业应当在每个会计期间对使用寿命不确定的无形资产的使用寿命进行复核。如果有证据表明无形资产的使用寿命是有限的，应当估计其使用寿命，并按本准则规定处理。

（四）无形资产的处置和报废

企业出售无形资产，应当将取得的价款与该无形资产账面价值的差额计入当期损益。无形资产预期不能为企业带来未来经济利益的，应当将该无形资产的账面价值予以转销。

三、无形资产的核算

（一）账户设置

1. 无形资产账户

无形资产账户属于资产类账户，用来核算企业无形资产的形成（或取得）、处置和结存情况。借方登记企业形成无形资产成本（价值）；贷方登记企业处置无形资产价值和摊销无形资产价值；期末余额在借方，反映截至期末企业现有无形资产原始价值。该账户按照无形资产构成内容名称设置明细账进行明细核算。

2. 研发支出账户

研发支出账户为费用类账户，用来核算企业自行研究与开发无形资产过程中所发生的全部费用支出。借方登记企业自行研究与开发无形资产过程中所发生的全部费用支出；贷方登记企业研究开发项目达到预定用途形成无形资产后转入无形资产的研发支出及期末转入当期损益的研发支出；期末余额在借方，反映企业正在进行中的满足资本化条件的研究开发支出。该账户按照“费用化支出”和“资本化支出”设置明细账进行明细分类核算。

3. 累计摊销账户

累计摊销账户是无形资产账户的备抵账户，用来核算企业无形资产价值摊销的计提、结转和结余情况。借方登记企业处置无形资产应结转的累计摊销额；贷方登记企业各期计提的无形资产摊销额；期末余额在贷方，反映企业截至期末已累计摊销无形资产价值。该账户应按照无形资产构成项目名称设置明细账进行明细核算。

4. 无形资产减值准备账户

无形资产减值准备账户的账户性质、账户结构、期末余额、明细账设置与固定资产减值准备账户基本相同，只有核算内容不同。无形资产减值准备账户核算无形资产减值准备的计提、结转和结存情况，其他内容在此不再赘述。

（二）无形资产形成的核算

1. 外购无形资产的核算

购入无形资产，按照实际支付的买价款、相关税费以及直接归属于使该项资产达到预定用途所发生的其他支出作为无形资产的入账成本，记入无形资产账户的借方，按照购入无形资产发生的增值税借记“应交税费——应交增值税（进项税额）”账户，按照实际支付价税款，贷记“银行存款”“应付账款”等账户。

【案例 4-7 解答】

（1）购入无形资产的核算。

借：无形资产——专利权　　163 000
　　应交税费——应交增值税（进项税额）　　9 480
　贷：银行存款　　55 000
　　　应付账款　　117 480

2. 自行研发无形资产的核算

企业自行开发无形资产发生的研发支出，不满足资本化条件的，借记“研发支出——费用化支出”账户，满足资本化条件的，借记“研发支出——资本化支出”账户，贷记“银行存款”“应付职工薪酬”“原材料”等账户；年末，将“研发支出——费用化支出”转入当期“管理费用”账户；研究开发项目达到预定用途形成无形资产时，将“研发支出——资本化支出”账户归集的金额转入“无形资产”账户。

【案例 4-7 解答】

（2）自行研发无形资产的核算。

①12 月 5 日发生研发支出时。

借：研发支出——费用化支出　　30 000
　　　　　　——资本化支出　　132 240
　贷：原材料　　89 000
　　　应交税费——应交增值税（进项税额转出）　　14 240

应付职工薪酬——工资　　54 000
银行存款　　5 000

②12 月 31 日结转费用化支出。

借：管理费用——研发支出　　30 000
　贷：研发支出——费用化支出　　30 000

③研发成功达到预定使用用途时。

借：无形资产　　132 240
　贷：研发支出——资本化支出　　132 240

3. 接受投资无形资产的核算

投资者投入无形资产的成本，应当按照投资合同或协议约定的价值确定，但合同或协议约定价值不公允的除外。

企业接受投资无形资产按照合同或协议价值借记"无形资产"账户，贷记"实收资本"或"股本"账户。

【案例 4-7 解答】

（3）12 月 10 日接受无形资产投资时。

借：无形资产——商标权　　500 000
　贷：实收资本　　500 000

4. 土地使用权的核算

企业取得的土地使用权，通常应当按照取得时所支付的价款及相关税费确认为无形资产。但属于投资性房地产的土地使用权，应当按照投资性房地产准则进行会计处理，不包含在土地使用权中。

土地使用权用于自行开发建造厂房等地上建筑物时，土地使用权与地上建筑物分别进行摊销和提取折旧，但下列情况除外：

（1）房地产开发企业取得的土地使用权用于建造对外出售的房屋建筑物，相关的土地使用权应当计入所建造的房屋建筑物成本。

（2）企业外购房屋建筑物所支付的价款应当按照合理的方法在地上建筑物与土地使用权之间进行分配；难以合理分配的，应当全部作为固定资产处理。

企业土地使用权取得的核算应区别各种情况分别处理。

（1）行政划拨取得。如无偿划拨则不需进行会计处理；如划拨取得后需支付农用地征用费或拆迁安置补偿费的，支付的农用地征用费、拆迁安置补偿费记入"在建工程——其他支出"账户借方，支付的平整费用记入"在建工程——基建工程"账户借方，按照支付总金额贷记"银行存款"账户。

（2）出让取得。支付的土地出让金记入"无形资产——土地使用权"账户的借方，支付的农用地征用费、拆迁安置补偿费和取得时应由使用者缴纳的各种税费记入"在建工程——其他支出"账户的借方，支付的平整费用记入"在建工程——基建工程"账户的借方，按照实际支付款项贷记"银行存款"账户。

（3）市场购买取得。支付的价款记入"无形资产——土地使用权"账户借方，支付的相关税费记入"在建工程——其他支出"账户借方，按照支付总金额贷记"银行存款"账户。

（4）补地价。原为划拨取得的土地，经批准将土地使用权有偿转让、出租、抵押、作价入股和投资时，应按规定补交土地使用权出让金，即补地价，补地价价款记入"无形资产——土地使用权"账户借方，按照补交土地使用权出让金金额贷记"银行存款"账户。

【案例 4-8】华泰公司为一般纳税人，适用的增值税税率为 16%，适用的所得税税率为

25%，2018 年 6 月 1 日购入一项土地使用权，价款 2 000 000 元，增值税进项税额为 200 000 元（税率为 10%）。2018 年 6 月 1 日开始在其上建造厂房，建造过程中使用工程物资 500 000元，人工费用 100 000 元，其他费用 30 000 元。2018 年 11 月 30 日，厂房达到预定可使用状态并投入使用。假定土地使用权的使用年限是 50 年，该厂房的使用年限为 20 年，两者均不考虑净残值，按直线法进行摊销和计提折旧。

要求：根据以上资料编制会计分录。

【案例 4-8 解答】

（1）2018 年 6 月 1 日购入土地使用权时。

借：无形资产——土地使用权	2 000 000	
应交税费——应交增值税（进项税额）	200 000	
贷：银行存款		2 200 000

（2）6 月 30 日摊销无形资产价值。

借：管理费用——无形资产摊销	3 333. 3	
贷：累计摊销		3 333. 3

（3）2018 年 6 月 1 日建造厂房时。

借：在建工程——基建工程	630 000	
贷：工程物资		500 000
应付职工薪酬——工资		100 000
银行存款		30 000

（4）2018 年 11 月 30 日厂房达到预定可使用状态时。

借：固定资产——厂房	630 000	
贷：在建工程——基建工程		630 000

（5）12 月 31 日计提 2018 年 12 月折旧额。

借：制造费用——折旧	2 625	
贷：累计折旧		2 625

（三）无形资产摊销核算

企业摊销无形资产，应当自无形资产可供使用时起，至不再作为无形资产确认时止。当月增加无形资产，当月开始摊销；当月减少无形资产，当月不再摊销。企业选择的无形资产摊销方法，应当反映与该项无形资产有关的经济利益的预期实现方式。无形资产摊销方法主要有：直线法、余额递减法和生产总量法。无法可靠确定预期实现方式的，应当采用直线法摊销。因此无形资产使用寿命的确定就成为无形资产摊销的关键。

一般采用以下方法确定无形资产使用年限：①某些无形资产的取得源自合同性权利或其他法定权利，其使用寿命不应超过合同性权利或其他法定权利规定的期限。但如果企业使用资产的预期期限短于合同性权利或其他法定权利规定的期限的，则应当按照企业预期使用的期限来确定其使用寿命。如果合同性权利或其他法定权利能够在到期时因续约等延续，则仅当有证据表明企业续约不需要付出大额成本时，续约期才能够包括在使用寿命的估计当中。②合同或法律没有规定使用寿命的，企业应当综合各方面因素判断，以确定无形资产能为企业带来经济利益的期限。例如，与同行业的情况进行比较、参考历史经验或聘请相关专家进行论证。③企业至少应于每年年终时，对无形资产的使用寿命和摊销方法进行复核。无形资产使用寿命和摊销方法的变更属于会计估计变更。对于使用寿命不确定的无形资产，如果有证据表明其使用寿命是有限的，应作为会计估计变更处理。

企业自用的无形资产，其摊销的无形资产价值应当计入当期管理费用；出租的无形资产，相关的无形资产摊销价值应当计入其他业务成本。

企业应设置“累计摊销”账户核算企业使用寿命有限的无形资产累计摊销额。企业按期（月）摊销无形资产价值时，借记“管理费用”“其他业务成本”账户，贷记“累计摊销”账户。

【案例 4-8 解答】

（6）12 月 31 日计提全年无形资产摊销额时。

借：管理费用——无形资产摊销　　12 000

　贷：累计摊销　　12 000

（四）无形资产减值的核算

无形资产减值准备是指企业应当在期末对因技术陈旧、损坏、长期闲置等原因、导致其可收回金额低于其账面价值的无形资产计提无形资产减值准备。企业应当在期末或年末检查各项无形资产预计其给企业带来未来经济利益的能力，对预计可收回金额低于账面价值的应当计提减值准备。

企业根据资产减值准则确定无形资产发生减值的，按应减记的金额，借记“资产减值损失”账户，贷记“无形资产减值准备”账户。处置无形资产时，应同时结转已计提的无形资产减值准备。

【案例 4-9】华泰公司于 2×18 年 5 月 1 日从某单位购入一项新产品设计制造专利权甲，支付买价 148 300 元，增值税进项税额 8 898 元（税率为 6%），发生注册登记费 5 300 元，款项已用银行存款支付。该专利权使用寿命为 8 年，2×18 年度甲专利权未发生无形资产减值，2×20 年年底华泰公司计划出售甲专利权，购入另一单位的新产品设计制造专利权乙，出售甲专利权预计不含税售价为 80 000 元，发生律师费 9 000 元，增值税销项税额为 4 800 元，其他税费 2 000 元；如果公司继续使用专利权甲，预计未来现金流量的现值为 70 000 元，终止时预计现金流量现值为 6 000 元。

要求：根据上述资料编制会计分录。

【案例 4-9 解答】

（1）2×18 年 5 月 1 日购入新产品设计制造专利权甲时。

借：无形资产——专利权甲　　153 600

　　应交税费——应交增值税（进项税额）　　8 898

　贷：银行存款　　162 498

（2）2×18 年 5 月 31 日摊销无形资产价值时。

借：管理费用——无形资产摊销　　1 600

　贷：累计摊销　　1 600

（3）2×20 年 12 月 31 日，专利权甲销售净额 = 80 000−9 000−2 000 = 69 000（元），专利权甲预计未来现金流量现值 = 70 000+6 000 = 76 000（元），两者之中取其较高者，故专利权甲可回收金额为 76 000 元，至 2×20 年 12 月 31 日无形资产摊余价值 = 153 600−1 600×31 = 104 000（元），无形资产可收回金额低于无形资产账面价值 28 000 元（104 000−76 000），因此华泰公司应在 2×20 年 12 月 31 日计提无形资产减值准备 28 000 元。会计分录如下：

借：资产减值损失——计提无形资产减值准备　　28 000

　贷：无形资产减值准备　　28 000

（五）无形资产处置核算

无形资产处置主要是指无形资产对外出租、出售和报废等。

1. 无形资产对外出租的核算

企业让渡无形资产使用权并收取租金，在满足收入确认条件的情况下，应确认相关的收入和费用。

出租无形资产取得租金收入时，借记“银行存款”等账户，贷记“其他业务收入”“应交税费——应交增值税（销项税额）”等账户；摊销出租无形资产的成本和发生与转让有关的各种费用支出时，借记“其他业务成本”“税金及附加”等账户，贷记“累计摊销”“应交税费”等账户。

【案例 4-10】2018 年 1 月 1 日，华泰公司将某商标权出租给乙公司使用，租期为4 年，每年收取不含税租金 150 000 元，租金收入适用的增值税税率为 10%。甲公司在出租期间不再使用该商标权。该商标权系甲公司 2016 年 1 月 1 日购入的，初始入账价值为 1 800 000 元，预计使用年限为 18 年，采用直线法摊销，预计净残值为 0。假定不考虑增值税以外的其他税费并按年摊销。

要求：根据以上业务编制会计分录。

【案例 4-10 解答】

华泰公司的账务处理为：

（1）每年取得租金时。

借：银行存款	165 000	
贷：其他业务收入——出租商标权		150 000
应交税费——应交增值税（销项税额）		15 000

（2）按年对该商标权进行摊销。

借：其他业务成本——商标权摊销	100 000	
贷：累计摊销		100 000

2. 无形资产出售的核算

企业出售无形资产，应当将取得的不含税价款与该无形资产账面价值（原始价值扣除累计摊销额和减值准备）的差额确认为处置非流动资产利得或损失，记入当期损益“资产处置损益”账户。

企业出售无形资产，应按实际取得的转让收入及增值税，借记“银行存款”等账户；按该无形资产已计提的减值准备，借记“无形资产减值准备”账户；按照已累计摊销无形资产价值，借记“累计摊销”账户，按无形资产的原始价值，贷记“无形资产”账户；按应支付的相关费用，贷记“银行存款”账户，按照应缴纳的增值税贷记“应交税费——应交增值税（销项税额）”等账户；按其差额，贷记“营业外收入——出售无形资产收益”账户或借记“营业外支出——出售无形资产损失”账户。

【案例 4-9 解答】

（4）无形资产出售核算。

借：银行存款	122 200	
累计摊销	60 000	
贷：无形资产——专利权		80 000
应交税费——应交增值税（销项税额）		7 200
营业外收入——出售非流动资产利得		95 000

3. 无形资产报废的核算

如果无形资产预期不能为企业带来未来经济利益，就不再符合无形资产的定义，应将其报废并予以转销，其账面价值转作当期损益。

转销时，应按已计提的累计摊销额，借记“累计摊销”账户；按已计提的减值准备，借记“无形资产减值准备”账户；按无形资产账面余额，贷记“无形资产”账户；按其差额，借记“营业外支出”账户。

【案例 4-11】2018 年 12 月 31 日，华泰公司原拥有一项非专利技术，采用直线法进行摊销，预计使用期限为10年。现该项非专利技术已被内部研发成功的新技术所替代，并且根据市场调查，用该非专利技术生产的产品已没有市场，预期不能再为企业带来任何经济利益，故应当予以转销。转销时，该项非专利技术的成本为9 000 000元，已摊销6年，累计计提减值准备2 400 000元，该项非专利技术的净残值为0。假定不考虑其他相关因素。

要求：根据业务内容编制会计分录。

【案例4-11解答】

2018年12月31日，华泰公司的账务处理为：

借：累计摊销——非专利技术　　5 400 000

　　无形资产减值准备——非专利技术　　2 400 000

　　营业外支出——处置非流动资产损失　　1 200 000

　贷：无形资产——非专利技术　　9 000 000

四、其他资产的核算

其他资产，是指除货币资金、交易性金融资产、应收及预付款项、存货、长期投资、固定资产、无形资产以外的资产，主要包括长期待摊费用和其他长期资产。长期待摊费用指摊销期在一年以上的已付费用，如经营性租入固定资产较大改良支出。其他长期资产一般包括国家批准储备的特种物资、银行冻结存款以及临时设施和涉及诉讼中的财产等。

由于其他资产核算内容都属于企业在特殊情况下的核算内容，不属于高职会计教学的主要内容，在此不再赘述。

任务六　固定资产期末计量和清查

拓展任务（拓展能力）

一、固定资产清查

为了全面了解固定资产实物状况和使用效率，达到账实相符的会计核算要求，企业需定期或不定期对企业固定资产进行财产清查，年度结账前必须进行一次全面的盘点清查，对清查中所发现的盘盈盘亏，填制财产清查报告单，查明盘盈盘亏的原因，按规定程序报批处理。

（一）固定资产的盘亏

根据固定资产盘点清查报告单，对盘亏的固定资产，在未查明原因和未报批处理前，按实际发生的亏损固定资产的账面价值，借记“待处理财产损溢——待处理固定资产损溢”“累计折旧”和“固定资产减值准备”账户，贷记“固定资产”账户。待批准后，按照责任人赔偿金额，借记“其他应收款”账户，按照清查盘亏净损失借记“营业外支出——固定资产盘亏损失”账户，贷记“待处理财产损溢——待处理固定资产损溢”账户。

【案例4-12】华泰公司2018年12月20日组织人员对固定资产进行清查时，发现丢失一台电机。该设备原价100 000元，已计提折旧30 000元，并已计提减值准备20 000元。经查，设备丢失的原因在于设备管理员王海看守不当。12月25日，经董事会批准，由设备管理员王海分五次赔偿15 000元，其余损失转入营业外支出。12月30日收到管理员王海第一次赔偿款现金3 000元。

要求：根据以上业务编制会计分录。

【案例4-12解答】

（1）12月20日盘点发现电机设备丢失时。

借：待处理财产损溢——待处理固定资产损溢　　50 000
　　累计折旧　　30 000
　　固定资产减值准备　　20 000
　贷：固定资产——电机　　100 000

（2）12 月 25 日报经董事会批准后。

借：其他应收款——王海　　15 000
　　营业外支出——固定资产盘亏损失　　35 000
　贷：待处理财产损溢——待处理固定资产损溢　　50 000

（3）12 月 30 日收到设备管理员王海第一次赔款时。

借：库存现金　　3 000
　贷：其他应收款——王海　　3 000

（二）固定资产盘盈

新准则将固定资产盘盈作为前期会计差错进行会计处理，是因为固定资产的盘盈必定是企业以前会计期间少计、漏计而产生的，应当作为会计差错进行更正处理，这样也能在一定程度上控制人为地调节利润的可能性。

企业在盘盈固定资产时，第一步应确定盘盈固定资产的原值、累计折旧和固定资产净值。根据确定的固定资产原值借记“固定资产”，根据预估的固定资产折旧贷记“累计折旧”，将两者的差额贷记“以前年度损益调整”。第二步再计算应纳的所得税费用，借记“以前年度损益调整”，贷记“应交税费——应交所得税”。第三步补提盈余公积，借记“以前年度损益调整”，贷记“盈余公积”。第四步调整利润分配，借记“以前年度损益调整”，贷记“利润分配——未分配利润”。

这一部分内容由于涉及会计差错更正准则的规定，今后在高级会计实务中还要学习，在此不作为学生必须掌握内容。

二、固定资产期末计量

固定资产减值是指固定资产由于发生损坏、技术陈旧或者其他经济原因，导致其可收回金额低于其账面价值。如果固定资产的可收回金额低于其账面价值，应当按可收回金额低于其账面价值的差额计提减值准备，并计入当期损益。

（一）固定资产减值测试

企业应于资产负债表日进行固定资产减值测试，以判断固定资产是否存在可能发生减值迹象。

（二）固定资产可收回金额的估计

依据《企业会计准则第 8 号——资产减值》第六条、第八条至第十三条的规定，固定资产可收回金额应当根据资产的公允价值减去处置费用后的净额与资产预计未来现金流量的现值两者之间较高者确定。处置费用包括与资产处置有关的法律费用、相关税费、搬运费以及为使资产达到可销售状态所发生的直接费用等。资产的公允价值减去处置费用后的净额，应当根据公平交易中销售协议价格减去可直接归属于该资产处置费用的金额确定。分为以下两种情况：

（1）不存在销售协议但存在资产活跃市场的，固定资产可收回金额应当按照该资产的市场价格减去处置费用后的净额确定。资产的市场价格通常应当根据资产的买方出价确定。

（2）在不存在销售协议和资产活跃市场的情况下，应当以可获取的最佳信息为基础，估计资产的公允价值减去处置费用后的净额。该净额可以参考同行业类似资产的最近交易价格或者结果进行估计。

企业按照上述规定仍然无法可靠估计资产的公允价值减去处置费用后的净额的，应当以该资产预计未来现金流量的现值作为其可收回金额。

资产预计未来现金流量的现值，应当按照资产在持续使用过程中和最终处置时所产生的预计未来现金流量，选择恰当的折现率对其进行折现后的金额加以确定。预计的资产未来现金流量应当包括下列各项：

①资产持续使用过程中预计产生的现金流入。

②为实现资产持续使用过程中产生的现金流入所必需的预计现金流出（包括为使资产达到预定可使用状态所发生的现金流出）。该现金流出应当是可直接归属于或者可通过合理和一致的基础分配到资产中的现金流出。

③资产使用寿命结束时，处置资产所收到或者支付的净现金流量。该现金流量应当是在公平交易中，熟悉情况的交易双方自愿进行交易时，企业预期可从资产的处置中获取或者支付的、减去预计处置费用后的净额。

折现率是反映当前市场货币时间价值和资产特定风险的税前利率。该折现率是企业在购置或者投资资产时所要求的必要报酬率。

（三）固定资产减值损失的确定

依据《企业会计准则第8号——资产减值》第十五条至第十七条的规定，固定资产可收回金额的计量结果表明，资产的可收回金额低于其账面价值的，应当将资产的账面价值减记至可收回金额，减记的金额确认为资产减值损失，计入当期损益，同时计提相应的资产减值准备。

资产减值损失确认后，减值资产的折旧或者摊销费用应当在未来期间做相应调整，以使该资产在剩余使用寿命内，系统地分摊调整后的资产账面价值（扣除预计净残值）。

资产减值损失一经确认，在以后会计期间不得转回。

处置固定资产时，应当同时结转已计提的固定资产减值准备。

（四）固定资产减值的核算

1. 账户设置

固定资产减值准备账户属于固定资产账户的备抵账户，用来核算固定资产减值准备的计提、结转和结存情况。该账户贷方登记会计期末企业依据准则规定计提的固定资产减值准备；借方登记企业处置固定资产应转销的固定资产减值准备；期末余额一般在贷方，反映企业已计提但尚未转销的固定资产减值准备金额。

2. 固定资产减值准备的账务处理

在资产负债表日，固定资产发生减值的，应按照确认的减值金额，借记“资产减值损失”账户，贷记“固定资产减值准备”账户。处置固定资产时应结转固定资产减值准备。

【案例4-1解答】

（9）计提固定资产减值准备核算。

①固定资产减值准备的确认。

磨床账面价值112 000（元）>磨床可收回金额83 000（元），可确认磨床发生固定资产减值。

磨床发生减值金额＝106 000－83 000－6 000＝16 000（元）

2×18年12月31日计提固定资产减值准备时。

借：资产减值损失　　16 000

　贷：固定资产减值准备　　16 000

②2×19年1月15日出售磨床时。

结转出售固定资产时。

借：固定资产清理　　90 000

累计折旧　　18 000
固定资产减值准备　　22 000
贷：固定资产　　130 000

收到磨床出售价款时。

借：银行存款　　75 000
贷：固定资产清理　　75 000

发生清理费用、计提销售磨床增值税时。

借：固定资产清理　　13 550
贷：银行存款　　800
应交税费——应交增值税（销项税额）　　12 750

结转磨床清理净损失时。

借：营业外支出——出售固定资产净损失　　28 550
贷：固定资产清理　　28 550

任务七　资产岗位核算实训

武汉天河有限责任公司2018年发生如下经济业务，据以进行账务处理。

（1）12月1日，收到“建筑业统一发票”的发票联，签发“转账支票”支付山河公司办公楼建筑工程结算款900万元，（系2017年12月1日动工兴建一幢办公楼，工期为一年，工程采用出包方式）。

建筑业统一发票（自开）

发票联

发票代码 00012712001

开票日期 2018 年 12 月 1 日　　发票号码 04123057802

机打代码 机打号码 机器号码	0215478 3210456 0012002		税控码	12456781247141112548 00123654114257895412 44522168501245168452	
付款方名称	武汉天河有限责任公司	身份证号/组织机构代码/纳税人识别号	420110842903788	是否为总包人	否
收款方名称	山河公司	身份证号/组织机构代码/纳税人识别号	2000214500254	是否为分包人	否
工程项目名称	工程项目编号	结算项目	金额		
办公楼	011245	建筑施工	9 000 000.00		
合计金额（元）（大写）玖佰万元整				¥9 000 000.00	
主管税务机关及代码	0001245781	完税凭证号码	201456		
备注：					

第一联　发票联　付款方付款凭证

开票人：叶桃子　　开票单位签章：　　收款方签章：

中国工商银行 转账支票存根 号码：3795 附加信息 出票日期　年　月　日 收款人： 金额： 用途： 单位主管　会计	本支票付款期限十天	中国工商银行 转账支票　号码 3795 出票日期（大写）　年　月　日　付款行名称： 收款人：　出票人账号： 人民币（大写）　百 十 万 千 百 十 元 角 分 用途 上列款项请从 我账户内支付 出票人签章　复核　记账

（2）12 月 2 日，从北京红叶机床厂购入龙门刨床一台，货款 200 000 元，增值税税额 32 000 元，收到“增值税专用发票”的发票联与抵扣联，从开户行取回“托收”付款通知联。设备已送达基本生产车间待安装。

4471515022　增值税专用发票　No. 002784736

开票日期：2018 年 12 月 2 日

购货单位	名称：武汉天河有限责任公司 纳税人识别号：420110842903788 地址：武汉市东湖高新区光谷创业街 121 号 电话：027-54808382 开户行及账号：中国工商银行虎泉支行 12341234				密码区	654154789＊8412＊236546D12456W63 2789225462100T31＊554＊＊FER12546 K247169G12347D458H24796500125	
货物或应税劳务名称	规格型号	单位	数量	单价	金额	税率	税额
刨床	龙门	台	1		200 000. 00	16%	32 000. 00
合计					￥200 000. 00		￥32 000. 00
价税合计（人民币大写）	贰拾叁万贰仟元整					（小写）￥232 000. 00	
销货单位	名称：北京红叶机床厂 纳税人识别号：10200054600012 地址：北京市香山路 147 号 电话：010-75659880 开户行及账号：中国工商银行北京市香山支行 00100203				备注：已送达二车间，等待安装		

收款人：何志广　复核：谢来生　开票人：方刚伟　销售方：（章）

第二联 发票联 购货方记账凭证

增值税专用发票

No. 002784736

开票日期：2018 年 12 月 2 日

购货单位	名称：武汉天河有限责任公司 纳税人识别号：420110842903788 地址：武汉市东湖高新区光谷创业街 121 号 电话：027-54808382 开户行及账号：中国工商银行虎泉支行 12341234			密码区	654154789 * 8412 * 236546D12456W63 2789225462100T31 * 554 * * FER12546 K247169G12347D458H24796500125		
货物或应税劳务名称	规格型号	单位	数量	单价	金额	税率	税额
刨床	龙门	台	1		200 000.00	16%	32 000.00
合计					¥200 000.00		¥32 000.00
价税合计（人民币大写）	贰拾叁万贰仟元整				（小写）¥232 000.00		
销货单位	名称：北京红叶机床厂 纳税人识别号：10200054600012 地址：北京市香山路 147 号 电话：010-75659880 开户行及账号：中国工商银行北京市香山支行 00100203				备注：已送达二车间，等待安装 （印章：北京红叶机床厂 10200054600012 发票专用章）		

第三联　抵扣联　购货方抵扣凭证

收款人：何志广　　复核：谢来生　　开票人：方刚伟　　销售方：（章）

托收凭证（付款通知）5　　委托号码：第 1347 号

委托日期：2018 年 12 月 2 日　付款期限：2018 年 12 月 12 日

业务类型	委托收款（□邮划、□电划）　托收承付（□邮划、□√电划）			
付款人 全称	武汉天河有限责任公司	收款人	全称	北京红叶机床厂
付款人 账号	12341234	收款人	账号	00100203
付款人 开户银行	工行虎泉支行	收款人	开户银行	工行北京市香山支行
委收金额	人民币（大写）：贰拾叁万贰仟元整		千百十万千百十元角分	¥ 2 3 2 0 0 0 0 0
款项内容	销货款	委托收款凭据名称	增值税专用发票	附寄单证张数 2
备注： 付款人开户银行收到日期 2018 年 12 月 2 日 复核 记账	（印章：中国工商银行 虎泉支行） 付款人开户银行签章 2018 年 12 月 2 日		付款人注意： 1. 根据支付结算办法，上列委托收款款项在付款期限内未提出拒付，即视为同意付款，以此代付款通知 2. 如需提出全部或部分拒付，应在规定期限内，将拒付理由书并附债务证明退开户银行	

此联是付款人开户银行给付款人的付款通知

（3）12 月 3 日，从武汉金尊有限责任公司购入设备安装零配件，货款 12 000 元，增值税税额 2 040 元，收到“增值税专用发票”的发票联与抵扣联及“工程物资入库单”。签发

"转账支票"支付13 920元。

4471515022

增值税专用发票

No. 002784736

开票日期：2018年12月2日

购货单位	名称：武汉天河有限责任公司 纳税人识别号：420110842903788 地址：武汉市东湖高新区光谷创业街121号 电话：027-54808382 开户行及账号：中国工商银行虎泉支行12341234	密码区	12578921333214565415478 9＊8412＊23654 6D12456W632789225462100T31＊554＊＊F ER12546K247169G12347D458H24796500 1250055471220312456879322116+240321 4567895620124562

货物或应税劳务名称	规格型号	单位	数量	单价	金额	税率	税额
配件					12 000.00	16%	1 920.00
合计					¥12 000.00		¥1 920.00
价税合计（人民币大写）	壹万叁仟玖佰贰拾元整					（小写）¥13 920.00	

销货单位	名称：武汉金尊有限责任公司 纳税人识别号：3002000050006 地址：武汉市五七路285号 电话：027-86865521 开户行及账号：中国工商银行徐东支行32456124	备注：已验收入库

收款人：陈铁良　　复核：张小冰　　开票人：柴然　　销货单位（章）：

第二联　发票联　购货方记账凭证

4471515022

增值税专用发票

No. 002784736

开票日期：2018年12月2日

购货单位	名称：武汉天河有限责任公司 纳税人识别号：420110842903788 地址：武汉市东湖高新区光谷创业街121号 电话：027-54808382 开户行及账号：中国工商银行虎泉支行12341234	密码区	12578921333214565415478 9＊8412＊2 36546D12456W632789225462100T31 ＊554＊＊FER12546K247169G12347D4 58H2479650012500554712203124568 79322116+2403214567895620124562

货物或应税劳务名称	规格型号	单位	数量	单价	金额	税率	税额
配件					12 000.00	16%	1 920.00
合计					¥12 000.00		¥1 920.00
价税合计（人民币大写）	壹万叁仟玖佰贰拾元整					（小写）¥13 920.00	

销货单位	名称：武汉金尊有限责任公司 纳税人识别号：3002000050006 地址：武汉市五七路285号 电话：027-86865521 开户行及账号：中国工商银行徐东支行32456124	备注：已验收入库

收款人：陈铁良　　复核：张小冰　　开票人：柴然　　销货单位（章）：

第三联　抵扣联　购货方抵扣凭证

中国工商银行 转账支票存根 号码：3795 附加信息 出票日期　年　月　日 收款人： 金额： 用途： 单位主管　会计	本支票付款期限十天	中国工商银行 转账支票　号码 3795 出票日期（大写）　年　月　日　付款行名称： 收款人：　出票人账号： 人民币（大写）　百 十 万 千 百 十 元 角 分 用途 上列款项请从 我账户内支付 出票人签章　财务专用章　复核　记账

工程物资入库单

类别：机床配件　编号：0277

验收日期：2018 年 12 月 3 日　来源：武汉金尊有限责任公司

品名	规格	单位	数量		实际价格			
			来料	实际	单价	总价	运杂费	合计
配件								12 000.00

主管：朱蒙蒙　保管员：毕源物　检验员：简相伯

（4）12 月 4 日，“工程物资出库单”会计记账联上列明，机修车间安装龙门刨床领用配件，金额为 10 000 元。

工程物资出库单

领料部门或单位：机修车间　2018 年 12 月 4 日　编号：0220

材料编号	材料名称	计量单位	数量		单价	金额
			请领	实领		
0241	配件					10 000.00
备注	安装龙门刨床领用					

第三联　会计记账

主管：朱蒙蒙　保管：毕源物　领料：哈肖格

（5）12 月 16 日，龙门刨床安装完工达到预定可使用状态，交基本生产车间使用。收到“固定资产验收单”的会计记账联。

固定资产验收单

2018 年 12 月 16 日　　　　第 1451 号

制造单位：北京红叶机床厂		使用部门：二车间			使用年限：20 年	
名称	规格	单位	数量	单价	金额	备注：
刨床	龙门	台	1			
合计人民币（大写）					¥	

第二联　会计记账

主管：胡未　　　　验收：马立

（6）12 月 18 日，本公司将暂时闲置的仓库出租给秋佳公司，开具“武汉市房屋出租专用发票”（留下会计记账联），收到秋佳公司交来的 9 000 元现金。

武汉市房屋出租专用发票

发票联

开票日期 2018 年 12 月 18 日　　　　发票代码 0012457111
发票号码 0023451244

机打代码 机打号码 机器号码	012214500045 124114714736 225400587124	密 码 区	124567852241000＊/11247＊＊2145012547 11245789654123544521123489655335223 133456+359+33289+3221258892＊/-212	
付款方名称	秋佳公司	身份证号/组织机构代码/纳税人识别号		01244578122212
收款方名称	武汉天河有限责任公司	身份证号/组织机构代码/纳税人识别号		42011842903788
项目	出租起止时间	计租面积	单位租金	金额
仓库出租	2018 年 12 月至 2019 年 6 月	200 平方米	45.00	9 000.00
房屋座落地点：武汉市东湖高新区光谷创业街 121 号			产权人：天河公司	
合计金额（元）（大写）玖仟元整				¥9 000.00
主管税务机关及代码	00124578421	完税凭证号码		214578945
备注：现金收讫				

现金收讫

第一联　记账联（收款方记账凭证）

开票人：沈沙丽　　　　开票单位签章：　　　　收款方签章：

（7）12 月 25 日，公司的货车送汽车修配厂进行大修理，具体修配项目如下：汽车补胎 500 元，汽车轮胎充气 110 元，更换零部件 8 900 元。收到汽车修配厂的“增值税专用发票”发票联与抵扣联，经审核无误后签发“转账支票”支付。

4471515022　　**增值税专用发票**　　No. 0574812

开票日期：2018 年 12 月 25 日

购货单位	名称：武汉天河有限责任公司 纳税人识别号：420110842903788 地址：武汉市东湖高新区光谷创业街 121 号 电话：027-54808382 开户行及账号：中国工商银行虎泉支行 12341234	密码区	02142145654154789 * 8412 * 236546D1 2456W632789225462100T31 * 554 * * F ER12546K247169G12347D458H2479 6500125005547122031245687932211 6+2403214567895620478900224415 7

货物或应税劳务名称	规格型号	单位	数量	单价	金额	税率	税额
补胎					500.00	16%	80.00
充气					200.00		32.00
配件					8 900.00		1 424.00
合计					¥9 600.00		¥1 536.00

价税合计（人民币大写）　壹万壹仟壹佰叁拾陆元整　　（小写）¥11 136.00

销货单位	名称：武汉汽车修配厂 纳税人识别号：5120000321005 地址：武汉市徐东路 102 号 电话：027-86865855 开户行及账号：中国工商银行徐东支行 21478001	备注：车已修好交付使用

收款人：吕水桃　　复核：查梅珍　　开票人：李水仙　　销货单位（章）：

第二联　发票联　购货方记账凭证

4471515022　　**增值税专用发票**　　No. 0574812

开票日期：2018 年 12 月 25 日

购货单位	名称：武汉天河有限责任公司 纳税人识别号：420110842903788 地址：武汉市东湖高新区光谷创业街 121 号 电话：027-54808382 开户行及账号：中国工商银行虎泉支行 12341234	密码区	02142145654154789 * 8412 * 236546D1 2456W632789225462100T31 * 554 * * F ER12546K247169G12347D458H2479 6500125005547122031245687932211 6+2403214567895620478900224415 7

货物或应税劳务名称	规格型号	单位	数量	单价	金额	税率	税额
补胎					500.00	16%	80.00
充气					200.00		32.00
配件					8 900.00		1 424.00
合计					¥9 600.00		¥1 536.00

价税合计（人民币大写）　壹万壹仟壹佰叁拾陆元整　　（小写）¥11 136.00

销货单位	名称：武汉汽车修配厂 纳税人识别号：5120000321005 地址：武汉市徐东路 102 号 电话：027-86865855 开户行及账号：中国工商银行徐东支行 21478001	备注：车已修好交付使用

收款人：吕水桃　　复核：查梅珍　　开票人：李水仙　　销货单位（章）：

第三联　抵扣联　购货方抵扣凭证

中国工商银行
转账支票存根
号码：3795
附加信息
____
____
____
____
出票日期　　年　月　日

收款人：
金额：
用途：

单位主管　　会计

本支票付款期限十天

中国工商银行 转账支票　　　　号码 3795
出票日期（大写）　　年　月　日　　付款行名称：
收款人：　　　　　　　　　　　　　出票人账号：

人民币（大写）	百	十	万	千	百	十	元	角	分

用途________
上列款项请从
我账户内支付
出票人签章　　　　复核　　　　记账

（8）12 月 31 日，期末“内部转账单”上列示本公司为建造办公楼发生了专门借款，该工程应负担的资本化利息为 720 000 元。

内部转账单

转账日期：2018 年 12 月 31 日　　　　编号：02457

摘要	金额
长期借款——基建借款	10 000 000. 00
利率	8%
“在建工程——建筑工程”账上余额	9 000 000. 00
计入在建工程利息	720 000. 00
计入财务费用利息	80 000. 00

复核：孙木妆　　　　制单：堂倌月

（9）12 月 31 日，办公楼工程竣工，达到预定可使用状态，交付使用。收到“固定资产验收单”的会计记账联。

固定资产验收单

2018 年 12 月 31 日　　　　第 1452 号

制造单位：山河公司			使用部门：行政部门		使用年限：50 年	
名称	规格	单位	数量	单价	金额	备注：
办公楼						
合计人民币（大写）					¥	

第二联　会计记账

主管：胡未　　　　验收：马立

（10）12 月 31 日，依据固定资产账户资料分别采用年数总和法、双倍余额递减法和平均年限法计提折旧。与此业务相关的凭证如下：

固定资产卡片（正面）

类别：生产经营用固定资产

固定资产名称	数控机床	资产编号	006060595
型号（结构）	立式	规格	GP-1060
制（建）造商	上海重型机床厂	出厂时间	2013 年 12 月 1 日
使用单位	基本生产车间	出厂编号	21215533
资金来源	长期借款	资产原值	380 000 元
列账凭证	2013 年 12 月 2 日 30 号	启用日期	2013 年 12 月 15 日
附件或附属物	附件箱、手册一套	验收日期	2013 年 12 月 1 日
调拨转移记录		折旧年限	8
报废清理记录		预计净残值	2%
中间停用记录		减值准备	

验收人：　　　　接管部门主管：车前旗　　　　制表人：

固定资产卡片（背面）

固定资产名称：数控机床

折旧方法：年数总和法 380 000（1-2%）＊5/36=									
年号	年折旧率	年折旧额	月折旧额	累计年折旧额	年号	年折旧率	年折旧额	月折旧额	累计年折旧额
2014	8/36				2015	4/36			
2015	7/36				2016	3/36			
2016	6/36				2018	2/36			
2018	5/36				2018	1/36			
大修理记录									
更新改造记录									

制表人：

固定资产卡片（正面）

类别：生产经营用固定资产

固定资产名称	龙门刨床	资产编号	006060526
型号（结构）	卧式	规格	B2020＊6———16M
制（建）造商	北京机床厂	出厂时间	2013 年 12 月 1 日
使用单位	基本生产车间	出厂编号	00559902
资金来源	自有	资产原值	900 000 元
列账凭证	2014 年 12 月 10 日 26 号	启用日期	2014 年 12 月 15 日
附件或附属物	工作灯、水平垫块及调整螺丝螺帽	验收日期	2014 年 12 月 8 日
调拨转移记录		折旧年限	8
报废清理记录		预计净残值率	2%
中间停用记录		减值准备	

验收人：　　　　接管部门主管：车前旗　　　　制表人：

固定资产卡片（背面）

固定资产名称：龙门刨床

折旧方法：双倍余额递减法									
年号	年折旧率	年折旧额	月折旧额	累计年折旧额	年号	年折旧率	年折旧额	月折旧额	累计年折旧额
2015	2/8	225 000			2017	2/8			
2016	2/8	168 750			2018	2/8			
大修理记录									
更新改造记录									

制表人：

固定资产折旧计算表

2018 年 12 月

部门	固定资产类型	固定资产原值（期初余额）	预计净残值率	预计使用年限	年折旧率	月折旧额
基本生产车间	房屋及建筑物	9 000 000	2%	35	2.8%	
	机床加工设备	18 000 000	2%	10	9.8%	
	专用电子设备	600 000	2%	10	9.8%	
	其他专用设备	100 000	2%	10	9.8%	
	超期使用设备	20 000				
	数控机床	（见固定资产卡片）				
	龙门刨床	（见固定资产卡片）				
小计						
销售机构	房屋及建筑物	800 000	2%	40	2.45%	
	其他专用设备	20 000	2%	10	9.8%	
小计						
动力车间	房屋及建筑物	5 200 000	2%	35	2.8%	
	内燃发电机组	1 800 000	2%	20	4.9%	
	其他专用设备	120 000	2%	10	9.8%	
小计						
管理部门	房屋及建筑物	10 000 000	2%	40	2.45%	
	其他专用设备	1 200 000	2%	10	9.8%	
	不需用设备	200 000	2%	10	9.8%	
小计						
出租	仓库	200 000	2%	10	9.8%	
合计						

制表人：

注：依据表中资料采用平均年限法计提折旧。

（11）12 月 31 日，用于经营性出租的仓库因重建提前报废，“固定资产卡片”上列明仓库原值 500 000 元，已提折旧 375 000 元。收到“固定资产报废单”会计记账联。

固定资产报废单

使用部门：出租　　2018 年 12 月 31 日　　第 0214 号

固定资产名称及编号	规格型号	单位	数量	预计使用年限	已使用年限	原始价值	已提折旧	备注
仓库		m^2	500	20 年	15	500 000	37 500	
固定资产状况及报废原因	经营性出租的仓库因重建提前报废							
处理意见	使用部门		技术鉴定小组		固定资产管理部门		主管部门	
	出租收回报废		危房不可继续使用		原址重建		情况属实同意报废	

第二联　会计记账

制单：朱立云　　审核：熊姗姗

（12）12 月 31 日，仓库清理残料如下：青砖 1 000 000 块，每块 0. 30 元，计 300 000 元，其他材料 8 000 元，合计 308 000 元。材料全部入库作重建仓库用，编制“工程物资入库单”。

工程物资入库单

类别：建筑材料　　编号：0278

验收日期：2018 年 12 月 31 日　来源：清理报废仓库残料

品名	规格	单位	数量		实际价格			
			来料	实际	单价	总价	运杂费	合计
青砖		块		100 万	0. 30	300 000. 00		300 000. 00
其他								8 000. 00
合计								￥308 000. 00

主管：朱蒙蒙　　保管员：毕源物　　检验员：简相伯

（13）12 月 31 日，清理报废仓库的农民工蔡桂富等人领取清理费 860 元，清理仓库的项目经理蔡基本在“费用报销单”上签字：同意按规定报销。出纳以现金付讫。仓库清理完毕，编制“内部转账单”结平“固定资产清理——报废仓库清理”账户。

费用报销单　　第 0289 号

2018 年 12 月 31 日

部门或姓名	农民工蔡桂富等		
报销事由	报废仓库清理工钱	附报销单据张数	2 张
人民币（大写）捌佰陆拾元整		￥860. 00	
审核意见	同意按规定报销 蔡基本 2018. 12. 31	现金付讫	

主管：王卫国　　出纳：　　领款人：蔡桂富

内部转账单

转账日期：2018 年 12 月 31 日　　　　编号：02459

摘要	金额
转入清理的报废仓库净值	
报废仓库残料入库价值	
报废仓库清理的工钱	
营业外支出（或营业外收入）	

复核：　　　　制单：

（14）12 月 31 日，动力车间内燃发电机组主机损坏，已被停用。经测算，该发电机组可收回金额为 100 000 元，此时的该内燃发电机组“固定资产卡片”上记录的账面价值为 280 000 元。以前未对该内燃发电机组计提减值准备。编制“固定资产减值准备计提表”。

固定资产减值准备计提表

使用部门：动力车间　　　　2018 年 12 月 31 日

固定资产名称	可变现净值	账面价值	期末固定资产减值准备		
			账面应有余额	账面已有余额	当期应提跌价准备
内燃发电机组	100 000.00	280 000.00	180 000.00	0	180 000.00
备注	主机损坏，已被停用				

制表：　　　　主管：车前旗

（15）12 月 31 日，“固定资产盘存报告单”上列示：基本生产车间一台车床原值 200 000元，已提折旧 150 000 元，已提减值准备 30 000 元，盘亏原因为耗能超标。按车间李冒主任的要求搬出车间后，车床不知去向。

固定资产盘存报告单

使用部门：基本生产车间　　　　2018 年 12 月 31 日

名称	制造厂商	计量单位	盘存数量	账存数量	盘盈数量	盘亏数量	原值	已提折旧	已提减值准备
车床	上海机床厂	台	9	10		1	200 000	150 000	30 000
备注	因为耗能超标，按车间李冒主任的要求搬出车间后，不知去向								

使用人：陈办示　　　　复核：肖依东　　　　主管：车前旗

（16）12月31日，收到“固定资产清查结果审批表”，盘亏车床由李冒赔偿2 000元后转销。

固定资产清查结果审批表

2018年12月31日

名称	制造厂商	盘盈数量	盘亏数量	净值	资产处意见	财务部意见	负责人批示
车床	上海机床厂		1	20 000.00	管理不当，应承担10%的责任	责任人应赔偿2 000元	从下月工资扣李冒2 000元

复核：肖依东　　　　　　　　　　主管：车前旗

【基本任务训练】

一、单项选择题

1. 下列各项中，应包括在资产负债表“固定资产原价”项目内的是（　　）。

A. 经营租入固定资产　　B. 经营租出固定资产

C. 尚未清理完毕的固定资产　　D. 待安装固定资产

2. 某工业企业采用经营租赁方式租出设备一台，该设备计提的折旧费应计入（　　）。

A. 生产成本　　B. 制造费用

C. 管理费用　　D. 其他业务成本

3. 某工业企业对生产车间现有的某项设备进行改建，该设备账面原价250 000元，累计折旧70 000元。在改建过程中发生的各项支出共50 000元，拆除部分零部件的变价收入为10 000元。该设备改建后的原价为（　　）。

A. 220 000元　　B. 290 000元

C. 310 000元　　D. 240 000元

4. 某一固定资产账面原值为200 000元，使用年限为5年，估计残值率为5%。在采用双倍余额递减法计提折旧的情况下，按照我国现行制度规定，第二年应提折旧额为（　　）元。

A. 48 000　　B. 24 000

C. 47 200　　D. 30 400

5. 企业采用出包方式购建固定资产，按合同规定预付工程款时，应借记（　　）。

A.“预付账款”账户　　B.“应付账款”账户

C.“在建工程”账户　　D.“其他应付款”账户

6. 某企业购入一台需要安装的生产设备，取得的增值税专用发票上注明的设备买价为50 000元，增值税税额为8 000元，支付的运输费为1 000元，发生的增值税税额为100元。设备安装时领用工程用材料物资价值1 500元，购进该批材料物资时支付的增值税税额为240元，设备安装时支付有关人员工资费用2 500元。该固定资产的入账原价为（　　）元。

A. 55 000　　B. 55 240

C. 62 000　　D. 63 755

7. 购入非生产用固定资产支付的增值税应计入（　　）。

A. 固定资产原价　　B. 应交税费——应交增值税

C. 管理费用　　D. 制造费用

8. 固定资产折旧采用加速折旧法符合会计核算的（　　）原则。

A. 权责发生制原则

B. 谨慎性原则

C. 客观性原则

D. 划分收益性支出和资本性支出的原则

9. 企业购入的待安装的生产设备交付安装后应记入“（　　）”账户。

A. 固定资产　　B. 制造费用

C. 在建工程　　D. 工程物资

10. 企业固定资产发生毁损，应将固定资产的账面净值转入“（　　）”账户核算。

A. 待处理财产损溢　　B. 固定资产清理

C. 营业外支出　　D. 在建工程

11. 某设备的账面原价为 20 000 元，预计使用年限为 4 年，采用双倍余额递减法计提折旧（不考虑净残值）时，第 4 年应计提的折旧额为（　　）元。

A. 10 000　　B. 7 500

C. 5 000　　D. 2 500

12. 某一般纳税企业购入不需安装非生产设备一台，所支付的买价和增值税税额分别为 20 000元和 3 200 元，另支付运杂费 600 元、包装费 400 元。该设备的入账价值为（　　）元。

A. 20 000　　B. 23 400

C. 21 000　　D. 24 200

13. 某设备原值为 50 000 元，预计可使用 8 年，预计净残值为 2 000 元。若该设备采用年数总和法计提折旧，则其第一年的年折旧率为（　　）。

A. 12. 5%　　B. 21. 33%

C. 22. 22%　　D. 19. 44%

14. 某企业 2018 年 6 月 15 日交用设备一台，原值为 100 000 元，预计可用 8 年，预计净残值为 4 000 元。企业对该设备采用直线法计提折旧，设备除大修理外从未停用，则其 2022 年 6 月 30 日的净值为（　　）元。

A. 52 000　　B. 51 000

C. 50 000　　D. 48 000

15. 企业拥有的某项无形资产，如果法律和企业申请书分别规定了有效期限和受益年限，则该项无形资产的摊销年限应按照（　　）。

A. 法定有效期限确定

B. 受益年限确定

C. 法定有效期限与受益年限孰短的原则确定

D. 不少于 10 年的期限确定

二、多项选择题

1. 企业的下列固定资产中，应计提折旧的有（　　）。

A. 经营租入的设备　　B. 融资租入的设备

C. 闲置的房屋　　D. 大修理停用的设备

2. 下列固定资产中，不需要计提折旧的有（　　）。

A. 季节性停用的设备

B. 已提足折旧继续使用的固定资产

C. 以经营租赁方式租出的设备

D. 以经营租赁方式租入的设备

3. 下列各项中，需要对固定资产账面价值进行调整的有（　　）。

A. 对固定资产进行大修理

B. 对固定资产进行改扩建

C. 对经营租赁租入固定资产进行改良

D. 计提固定资产减值准备

4. 在采用自营方式建造固定资产的情况下，下列项目中应计入固定资产取得成本的有（　　）。

A. 工程耗用原材料

B. 工程人员的工资

C. 工程领用本企业的商品实际成本

D. 工程领用商品的销项税款

5. 下列哪些固定资产的折旧方法属于加速折旧法？（　　）

A. 平均年限法　　B. 工作量法

C. 年数总和法　　D. 双倍余额递减法

6. 下列哪些固定资产折旧方法的年折旧率是固定的？（　　）

A. 平均年限法　　B. 工作量法

C. 年数总和法　　D. 双倍余额递减法

7. 下列哪些固定资产的折旧方法是用一个固定的依据乘以年折旧率计算各年应提取的折旧额的？（　　）

A. 平均年限法　　B. 工作量法

C. 年数总和法　　D. 双倍余额递减法

8. 下列哪些业务应将固定资产的净值转入“固定资产清理”账户？（　　）

A. 固定资产改扩建　　B. 固定资产盘盈或盈亏

C. 固定资产报废　　D. 固定资产对外出售

E. 固定资产毁损

9. 固定资产清理发生净损益，应由“固定资产清理”账户转入“（　　）”账户。

A. 长期待摊费用　　B. 其他业务收入

C. 营业外收入　　D. 营业外支出

E. 其他业务支出

10. 工业企业的“固定资产清理”账户借方反映的内容有（　　）。

A. 出售固定资产的折余价值

B. 出售固定资产支付的拆卸费

C. 转让不动产应缴纳的增值税

D. 结转的清理固定资产净收益

11. 影响企业固定资产年折旧额的主要因素有（　　）。

A. 固定资产原价　　B. 固定资产的使用年限

C. 固定资产的预计净残值　　D. 固定资产的折旧方法

12. 其他资产包括（　　）。

A. 长期待摊费用　　B. 银行冻结存款

C. 待处理的毁损物资　　D. 冻结物资

E. 涉及诉讼中的财产

13. 下列各项中，属于无形资产的有（　　）。

A. 国有企业通过无偿划拨方式取得的土地使用权

B. 尚未注册的商标

C. 企业购入的土地使用权

D. 购入的专有技术

14. 关于无形资产的摊销期限，下列说法正确的有（　　）。

A. 合同规定了受益年限的，按不超过受益年限的期限摊销

B. 合同没有规定受益年限而法律规定了有效年限的，按不超过法律规定的有效年限摊销

C. 经营期短于有效年限的，按不超过经营期的年限摊销

D. 合同没有规定受益年限，且法律也没有规定有效年限的，按不超过10年的期限摊销

15. 下列属于可以单独取得或转让的无形资产有（　　）。

A. 专利权　　B. 非专利技术

C. 商标权　　D. 商誉

E. 土地使用权

三、判断题

1. 采用个别折旧率计提折旧时，某项固定资产无论采用哪种折旧方法计提折旧，其累计提取的折旧额不应超过该固定资产应计提的折旧总额。（　　）

2. 企业作为固定资产核算的必须是拥有所有权的物品。（　　）

3. 已达到预定可使用状态但尚未办理移交手续的固定资产，可先按估计价值记账，待确定实际价值后再行调整。（　　）

4. 固定资产的修理费用一般应直接计入当期损益，必要时可采用待摊或预提的方法。（　　）

5. 企业出租的固定资产由于是其他单位在用，因此企业不应计提折旧，而应由使用单位计提折旧。（　　）

6. 报废毁损的固定资产的清理费用，应记入“待处理财产损溢”账户。（　　）

7. 无论采用何种折旧计算方法，在固定资产整个使用过程中，预计的折旧总额总是相等的。（　　）

8. 处于改扩建过程中的固定资产应照提折旧。（　　）

9. 加速折旧法，意味着可以在固定资产的整个使用过程中少交所得税。（　　）

10. 年折旧额相等的是直线法，年折旧额不相等的是加速折旧法。（　　）

四、计算及会计处理题

1. 某企业2018年5月发生如下有关固定资产的业务：

（1）月初“固定资产”账户的借方余额为5 600 000元，“累计折旧”账户的贷方余额为2 100 000元。

（2）购入一台需要安装的设备，购入时增值税发票注明的价款为200 000元，增值税税额为32 000元，运杂费7 600元。发生的安装费用总计16 000元，其中，领用材料的计划成本为10 000元，材料成本差异率为超支1%，该材料的进项税额为1 760元，其余费用以存款支付。该设备已交付使用。

（3）购入旧卡车一辆。其账面原价为45 000元，已提折旧10 000元，双方协议作价30 000元。

（4）接受捐赠设备一台。其发票账面金额为10 000元，估计有六成新。另外，发生运杂费800元。

（5）接受外单位投资的设备一台。该设备账面原值是115 000元，计提折旧37 000元。评估结果为，资产原价为120 000元，净值为90 000元，双方同意以评估净值确认投资额。

（6）基本生产车间报废设备一台。该设备的账面原值为34 000元，预计净残值为2 000元。该设备预计使用寿命为10年，已使用8年，采用直线法计提折旧。用存款支付清理费用2 000元，同时取得残料收入4 700元。

（7）出售旧设备一台。该设备账面原值为10 000元，已计提折旧4 800元，售价为5 400元。在销售过程中由企业承担运费160元，增值税税额16元。

要求：编制上述有关业务的会计分录。

2. 某企业某项固定资产原价为100 000元，预计净残值5 000元，预计使用年限4年。

要求：用双倍余额递减法和年数总和法分别计算该项固定资产每年的折旧额。

3. 2018年5月1日甲企业从乙企业购入一项专利的所有权，以银行存款支付买价和有关费用共计80 000元，支付增值税税额4 800元。该专利权的法定有效期限为10年，合同规定的有效期限为8年。假定甲企业于年末一次计提全年无形资产摊销。2020年1月1日，甲企业将上项专利权的所有权转让给丙企业，取得转让收入70 000元（含增值税，税率6%，不考虑其他税费），已存入银行。

要求：

（1）编制甲企业购入专利权的会计分录。

（2）计算该项专利权的年摊销额并编制有关会计分录。

（3）编制与该项专利权转让有关的会计分录并计算转让该项专利权的净损益。

4. 2018年12月，甲公司发生下列经济业务：

（1）出租一项专利权，取得租金收入10万元，收到款项存入银行。应交增值税1万元。

（2）对一项无形资产计提减值准备6万元。

要求：编制上述业务的会计分录（金额单位用万元表示）。

【案例分析训练】

资料：2018年甲公司有关固定资产的业务事项如下：

（1）2018年6月25日，甲公司购入一辆货运汽车，购买价格300 000元，发生相关费用20 000元。该货运汽车预计使用年限5年，预计净残值为20 000元，甲公司采用直线法计提折旧。

（2）2018年12月31日货运汽车出售预计可获得净现金流入215 000元，预期从该资产的持有和处置中形成的预计未来现金流量的现值为220 000元。计提减值后预计使用年限为4年，预计净残值为10 000元。

（3）2019年12月31日货运汽车出售预计可获得净现金流入120 000元，预期从该资产的持有和处置中形成的预计未来现金流量的现值为188 000元。

要求：

（1）分析购入货运汽车的入账价值，编制汽车购入时的会计分录。

（2）分析2018年应计提的折旧额，并在年末进行账务处理。

（3）分析2018年12月31日应计提的固定资产减值准备，并进行账务处理。

（4）分析2019年应计提的折旧额，并在年末进行账务处理。

（5）分析2019年12月31日应计提的固定资产减值准备，并进行账务处理。

【项目小结】

资产项目核算指企业非流动资产的固定资产和无形资产核算。企业无论采用何种方式取得固定资产和无形资产，均应采用取得时的实际成本作为入账价值。固定资产和无形资产在使用过程中发生的价值损耗，应通过计提折旧或价值摊销方式予以补偿。固定资产计提折旧的方法有直线折旧法和加速折旧法两大类，企业应根据固定资产特点和税法规定合理选择折旧计提方法，合理计提固定资产折旧，保障固定资产的正常循环周转。固定资产因出售、毁损、报废等原因减少时，应在“固定资产清理”账户核算清理损益，并经相关领导审批后进行结转，期末按照固定资产可收回金额低于账面价值的差额计提固定资产减值准备。

【关键概念】

固定资产　无形资产　折旧　固定资产清理　固定资产减值准备　无形资产减值准备

项目五
职工薪酬岗位核算

【学习目标】

知识目标：通过本章的学习，了解职工薪酬核算岗位职责和核算任务，掌握职工薪酬的计算、发放和分配的核算方法；掌握短期薪酬、离职后福利、辞退福利和其他与工资有关的费用的核算方法。

能力目标：通过本章的学习，应具备胜任职工薪酬核算岗位工作的能力。

素质目标：培养学生耐心细致的工作作风和一丝不苟的严谨工作态度。

【项目分析】

学习重点：职工薪酬的计算和核算方法。

学习难点：辞退福利和个人所得税的计算方法。

项目概述：本项目主要包括职工薪酬岗位核算任务，职工薪酬的含义、构成内容，职工薪酬的计算、分配、发放和五险一金的缴纳等内容。

职工薪酬的核算任务：

1. 建立与完善职工薪酬制度

（1）认识本单位目前所采用的职工薪酬制度的优劣，评价现行薪酬体系的有效性、实用性。

（2）协助人力资源部门草拟职工薪酬福利方面的规章制度。

（3）宣讲和解释职工薪酬制度。

2. 职工薪酬的计算与管理

（1）根据人力资源部门制定的薪酬制度，计算每位职工的薪金报酬。

（2）根据单位人事变动资料和企业薪资调整标准，调整员工薪金报酬。

（3）工薪档案的登记、保管与转移。

3. 考勤管理

（1）协助人力资源部门建立和完善职工考勤制度。

（2）考勤的下发、收集、汇总和保管。

（3）不定期抽查考勤记录。

4. 保险与福利

（1）定期按照国家规定计提五险一金，定期向有关部门缴纳五险一金和代扣个人收入所得税。

（2）按照国家规定的各种福利保障措施，建立完善本单位内部福利措施。

5. 劳动统计

各种劳动、统计表的填报，办理劳动年检。

【案例 5-1】华泰有限责任公司为一般纳税人，适用增值税税率为 16%，主要从事手机生产与销售，现有职工 310 人，其中生产工人 200 人，车间管理人员 25 人，行政管理人员 25 人，销售人员 20 人，在建工程人员 40 人。按照规定公司分别按照工资总额的 10%、12%、2%和 10%计提医疗保险、养老保险、失业保险和住房公积金，缴纳给当地社会保险机构和住房公积金管理中心，分别按照职工工资总额的 2%和 2.5%计提工会经费和职工教育经费；企业预计 2018 年度应承担的职工福利费义务金额为职工工资总额的 14%。2018 年 12 月发生如下经济业务：

(1) 12 月 5 日，本月应付职工工资总额 380 万元，工资费用分配表中列示产品生产工人工资为 200 万元，车间管理人员工资为 40 万元，行政管理人员工资为 55 万元，销售人员工资为 40 万元，在建工程人员工资为 45 万元。

(2) 12 月 15 日提取现金 3 507 400 元备发工资。

(3) 12 月 15 日发放本月工资 3 507 400 元，代扣社会保险费 9 400 元，代扣住房公积金 27 200 元，代扣个人所得税 256 000 元。

(4) 12 月 16 日，下设职工食堂享受企业提供的补贴，本月领用一批自产产品，该产品的成本为 6 万元，市场价值为 8 万元（不含增值税），适用的消费税税率为 10%。

(5) 12 月 17 日，以其自己生产的手机发放给公司每名职工，每人一部，共发放 310 部，每部手机生产成本为 810 元，市场销售价格为每部 1 000 元。

(6) 12 月 25 日，为总部部门经理以上职工提供免费汽车使用，为副总裁以上高级管理人员每人租赁一套住房。公司现有部门经理以上职工 10 人，所提供汽车每月每辆折旧 2 000元；现有副总裁 3 人，所提供住房每月每套租金为 10 000 元。

(7) 12 月 26 日，用银行存款支付副总裁以上职工租房租金 30 000 元。

(8) 12 月 30 日，计提 12 月份职工社保费和住房公积金。

(9) 12 月 30 日，计提职工教育经费、工会经费和职工福利费。

(10) 12 月 30 日，开出转账支票，上缴职工各种保险费 912 000 元，其中个人承担 9 400元，企业承担 902 600 元。

(11) 12 月 30 日，开出转账支票上缴住房公积金 380 000 元，其中职工个人承担 27 200元。

(12) 12 月 30 日，上缴个人收入所得税 256 000 元。

(13) 12 月 31 日，公司由于业务减少，公司管理层研究决定准备辞退 10 位员工和 2 位管理人员，并且已与计划辞退员工达成赔偿协议，员工每人补偿 10 000 元，管理人员每人补偿 20 000 元。企业与辞退人员已签订提前辞退补偿协议，辞退人员已领了补偿费。

要求：根据以上经济业务编制会计分录。

任务分析：以上业务涉及职工薪酬的含义、构成、计价等基础知识，同时涉及职工薪酬的计提、发放和代扣社保费、住房公积金、所得税的缴纳核算。

基本任务（基本能力）

必备知识（理论知识）

任务一　职工薪酬的确认与计量

一、职工薪酬的含义和构成

1. 职工薪酬的含义

职工薪酬，是指企业为获得职工提供的服务或解除劳动关系而给予的各种形式的报酬或补偿。职工薪酬包括短期薪酬、离职后福利、辞退福利和其他长期职工福利。企业提供给职工配偶、子女、受赡养人、已故员工遗属及其他受益人等的福利，也属于职工薪酬。

职工，是指与企业订立劳动合同的所有人员，含全职、兼职和临时职工，也包括虽未与企业订立劳动合同但由企业正式任命的人员。未与企业订立劳动合同或未由其正式任命，但向企业所提供服务与职工所提供服务类似的人员，也属于职工的范畴，包括通过企业与劳务中介公司签订用工合同而向企业提供服务的人员。

短期薪酬，是指企业在职工提供相关服务的年度报告期间结束后十二个月内需要全部予以支付的职工薪酬，因解除与职工的劳动关系给予的补偿除外。短期薪酬具体包括：职工工资、奖金、津贴和补贴，职工福利费，医疗保险费、工伤保险费和生育保险费等社会保险费，住房公积金，工会经费和职工教育经费，短期带薪缺勤，短期利润分享计划，非货币性福利以及其他短期薪酬。

下列项目不包含在职工薪酬之中：

（1）企业年金基金，适用《企业会计准则第 10 号——企业年金基金》。

（2）以股份为基础的薪酬，适用《企业会计准则第 11 号——股份支付》。

2. 职工薪酬的构成

（1）会计上所称的“工资总额”，是指国家统计局 1989 年 1 号令《关于职工工资总额组成的规定》中明确的概念和标准，即“工资总额”包括六个部分：计时工资、计件工资、奖金、津贴和补贴、加班加点工资、特殊情况下支付的工资。

（2）职工福利费是指企业按工资一定比例提取出来的专门用于职工医疗、补助以及其他福利事业的经费。目前我国企业每期应当按照工资总额的 14%计算确定职工福利费，并按照职工提供服务的受益对象，计入相关资产的成本或确认为当期费用。在计提时应根据发生的性质计入生产成本或期间费用。

（3）社会保险费用（五险）。

①养老保险费是指按当期企业职工工资总额的一定比例向社会保险机构缴纳的用于养老保险的款项。养老保险费，包括根据国家规定的标准向社会保险经办机构缴纳的基本养老保险费，以及根据企业年金计划向企业年金基金相关管理机构缴纳的补充养老保险费。《国务院关于建立统一的企业职工基本养老保险制度的决定》（国发〔1997〕26 号）规定：“按本人缴费工资 11%的数额为职工建立基本养老保险个人账户，个人缴费全部记入个人账户，其余部分从企业缴费中划入。”职工退休后，个人账户养老金月标准为本人账户储存额除以 120。企业每月按照缴费基数的 20%缴纳，职工按照本人工资的 8%缴纳。

②医疗保险，是指以保险合同约定的医疗行为的发生为给付保险金条件，为被保险人接受诊疗期间的医疗费用支出提供保障的保险。企业的缴费比例为工资总额的 8%左右，个

人缴费比例为本人工资的2%。

单位缴纳的基本医疗保险费一部分用于建立统筹基金，一部分划入个人账户；个人缴纳的基本医疗保险费记入个人账户。

③失业保险是指国家通过立法强制实行的，由社会集中建立基金，对因失业而暂时中断生活来源的劳动者提供物质帮助进而保障失业人员失业期间的基本生活，促进其再就业的制度。

根据《失业保险条例》（国务院令第258号）对失业保险费缴纳的规定，城镇企业事业单位应按照本单位工资总额的1%～1.5%缴纳失业保险费。单位职工按照本人工资的0.5%缴纳失业保险费。

④生育保险是通过国家立法，在怀孕和分娩的妇女劳动者暂时中断劳动时由国家和社会及时给予生活保障和物质帮助的一项社会保险制度。企业按照职工缴费基数的0.7%缴纳生育保险费。

⑤工伤保险是指劳动者在工作中或在规定的特殊情况下，遭受意外伤害或患职业病导致暂时或永久丧失劳动能力以及死亡时，劳动者或其遗属从国家和社会获得物质帮助的一种社会保险制度。

用人单位缴纳工伤保险费的数额应为本单位职工工资总额乘以单位缴费费率之积，职工个人不缴纳。例如，陕西省行业工伤风险类别划分为一类至八类，不同工伤风险类别的行业执行不同的工伤保险行业基准费率。一类行业工伤保险费率为0.2%，二类至八类行业工伤保险费率在行业基准费率的基础上下浮30%，即0.3%、0.5%、0.7%、0.8%、1%、1.2%、1.4%。

（4）住房公积金。

住房公积金，是指国家机关、国有企业、城镇集体企业、外商投资企业、城镇私营企业及其他城镇企业、事业单位、民办非企业单位、社会团体及其在职职工缴存的长期住房储金。住房公积金由两部分组成，一部分由职工所在单位缴存，另一部分由职工个人缴存。职工个人缴存部分由单位代扣后，连同单位缴存部分一并缴存到住房公积金个人账户内。

（5）工会经费以工资总额为基数，其提取比例为2%，在提取时应计入管理费用。职工教育经费是指企业为职工学习先进技术和提高文化水平而支付的费用。职工教育经费以工资总额为基数，其计提比例为1.5%，在提取时应计入管理费用。

（6）短期带薪缺勤是指企业支付工资或提供补偿的职工缺勤，包括年休假、病假、短期伤残、婚假、产假、丧假和探亲假等。短期带薪缺勤分为累计带薪缺勤和非累计带薪缺勤两种。

（7）短期利润分享计划是指员工根据其工作绩效而获得一部分公司利润的组织整体激励计划。利润分享计划的形式多种多样：

①现金计划。现金计划是最流行的利润分享计划形式，即每隔一定时间，把一定比例（通常为15%-20%）的利润作为利润分享额。

②延期利润分享计划。在监督委托管理的情形下，企业按预定比例把一部分利润存入员工账户，在一定时期后支付。这类计划使员工可以享受税收优惠，因为个人收入所得税的支付要延期到员工退休后，员工只需以较低的税率纳税。

（8）非货币性福利是指企业以非货币性资产支付给职工的薪酬，主要包括企业以自产产品发放给职工作为福利、将企业拥有的资产无偿提供给职工使用、为职工无偿提供医疗保健服务等。

（9）辞退补偿（或辞退福利）。企业在职工劳动合同到期之前解除与职工的劳动关系，或者为鼓励职工自愿接受裁减而提出给予补偿的建议，同时满足下列条件的，应当确认因解除与职工的劳动关系给予补偿而产生的预计负债，同时计入当期费用：

①企业已经制订正式的解除劳动关系计划或提出自愿裁减建议，并即将实施。该计划或建议应当包括拟解除劳动关系或裁减的职工所在部门、职位及数量，按工作类别或职位确定的解除劳动关系或裁减补偿金额，拟解除劳动关系或裁减的时间。

②企业不能单方面撤回解除劳动关系计划或裁减建议。

对于满足上述两个确认条件的解除劳动关系计划或自愿裁减建议，应当确认因辞退福利产生的应付职工薪酬（预计负债）。

对于职工没有选择权的辞退计划，应当根据计划条款规定拟解除劳动关系的职工数量、每一职位的辞退补偿等计提应付职工薪酬（预计负债）。

（10）离职后福利，是指企业为获得职工提供的服务而在职工退休或与企业解除劳动关系后，提供的各种形式的报酬和福利，短期薪酬和辞退福利除外。企业应当将离职后福利计划分类为设定提存计划和设定受益计划。

离职后福利计划，是指企业与职工就离职后福利达成的协议，或者企业为向职工提供离职后福利制定的规章或办法等。其中，设定提存计划，是指向独立的基金缴存固定费用后，企业不再承担进一步支付义务的离职后福利计划；设定受益计划，是指除设定提存计划以外的离职后福利计划。

（11）其他薪酬是指上述职工薪酬以外的薪酬，主要包括长期带薪缺勤、长期残疾福利、长期利润分享计划和其他与获得职工服务相关的支出等。

二、职工薪酬的确认

1. 短期薪酬的确认

按照《企业会计准则第 9 号——职工薪酬》第二章短期薪酬第五条至第十条的规定，企业短期薪酬应按照如下规定确认：

（1）企业应当在职工为其提供服务的会计期间，将实际发生的短期薪酬确认为负债，并计入当期损益，其他会计准则要求或允许计入资产成本的除外。

（2）企业发生的职工福利费，应当在实际发生时根据实际发生额计入当期损益或相关资产成本。职工福利费为非货币性福利的，应当按照公允价值计量。

（3）企业为职工缴纳的医疗保险费、工伤保险费、生育保险费等社会保险费和住房公积金，以及按规定提取的工会经费和职工教育经费，应当在职工为其提供服务的会计期间，根据规定的计提基础和计提比例计算确定相应的职工薪酬金额，并确认相应负债，计入当期损益或相关资产成本。

（4）企业应当在职工提供服务从而增加了其未来享有的带薪缺勤权利时，确认与累积带薪缺勤相关的职工薪酬，并以累积未行使权利而增加的预期支付金额计量。企业应当在职工实际发生缺勤的会计期间确认与非累积带薪缺勤相关的职工薪酬。

（5）利润分享计划同时满足下列条件的，企业应当确认相关的应付职工薪酬：

①企业因过去事项导致现在具有支付职工薪酬的法定义务或推定义务。

②因利润分享计划所产生的应付职工薪酬义务金额能够可靠估计。属于下列三种情形之一的，视为义务金额能够可靠估计：

第一，在财务报告批准报出之前企业已确定应支付的薪酬金额。

第二，该短期利润分享计划的正式条款中包括确定薪酬金额的方式。

第三，过去的惯例为企业确定推定义务金额提供了明显证据。

职工只有在企业工作一段特定期间才能分享利润的，企业在计量利润分享计划产生的应付职工薪酬时，应当反映职工因离职而无法享受利润分享计划福利的可能性。

如果企业在职工为其提供相关服务的年度报告期间结束后 12 个月内，不需要全部支付利润分享计划产生的应付职工薪酬，该利润分享计划应当适用本准则其他长期职工福利的有关规定。

2. 离职后福利的确认

根据《企业会计准则第 9 号——职工薪酬》第三章离职福利第十一条至第十九条的规定，企业离职福利应按照如下规定确认：

企业应当在职工为其提供服务的会计期间，将根据设定提存计划计算的应缴存金额确认为负债，并计入当期损益或相关资产成本。

根据设定提存计划，预期不会在职工提供相关服务的年度报告期结束后 12 个月内支付全部应缴存金额的，企业应当参照本准则第十五条规定的折现率，将全部应缴存金额以折现后的金额计量应付职工薪酬。

企业应当对所有设定受益计划义务予以折现，包括预期在职工提供服务的年度报告期结束后的 12 个月内支付的义务。折现时所采用的折现率应当根据资产负债表日与设定受益计划义务期限和币种相匹配的国债或活跃市场上的高质量公司债券的市场收益率确定。

企业应当在设定受益计划结算时，确认一项结算利得或损失。

设定受益计划结算利得或损失是下列两项的差额：

（1）在结算日确定的设定受益计划义务现值。

（2）结算价格，包括转移的计划资产的公允价值和企业直接发生的与结算相关的支付。

3. 辞退福利的确认

按照《企业会计准则第 9 号——职工薪酬》第二章短期薪酬第五条至第十条的规定，企业辞退福利应按照如下规定确认：

企业向职工提供辞退福利的，应当在下列两者孰早日确认辞退福利产生的职工薪酬负债，并计入当期损益：

（1）企业不能单方面撤回因解除劳动关系计划或裁减建议所提供的辞退福利时。

（2）业确认与涉及支付辞退福利的重组相关的成本或费用时。

企业应当按照辞退计划条款的规定，合理预计并确认辞退福利产生的应付职工薪酬。辞退福利预期在其确认的年度报告期结束后 12 个月内完全支付的，应当适用短期薪酬的相关规定；辞退福利预期在年度报告期结束后 12 个月内不能完全支付的，应当适用本准则关于其他长期职工福利的有关规定。

4. 其他长期职工福利的确认

按照《企业会计准则第 9 号——职工薪酬》第五章短期薪酬第二十二条至第二十四条的规定，企业其他长期职工福利应按照如下规定确认：

企业向职工提供的其他长期职工福利，符合设定提存计划条件的，应当适用关于设定提存计划的有关规定进行处理。

企业应当适用关于设定受益计划的有关规定，确认和计量其他长期职工福利净负债或净资产。在报告期末，企业应当将其他长期职工福利产生的职工薪酬成本确认为下列组成部分：

（1）服务成本。

（2）其他长期职工福利净负债或净资产的利息净额。

（3）重新计量其他长期职工福利净负债或净资产所产生的变动。

为简化相关会计处理，上述项目的总净额应计入当期损益或相关资产成本。

长期残疾福利水平取决于职工提供服务期间长短的，企业应当在职工提供服务的期间确认应付长期残疾福利义务，计量时应当考虑长期残疾福利支付的可能性和预期支付的期限；长期残疾福利与职工提供服务期间长短无关的，企业应当在导致职工长期残疾的事件发生的当期确认应付长期残疾福利义务。

二、职工薪酬的计量

1. 货币性职工薪酬的计量

（1）计量应付职工薪酬时，凡国家规定有计提基础和计提比例的，应当按照国家规定的标准计提。比如，应向社会保险经办机构等缴纳的医疗保险费、养老保险费（包括根据企业年金计划向企业年金基金相关管理人缴纳的补充养老保险费）、失业保险费、工伤保险费、生育保险费等社会保险费，应向住房公积金管理机构缴存的住房公积金，以及工会经费和职工教育经费等，应当在职工为其提供服务的会计期间，根据工资总额的一定比例计算确定。

（2）国家没有规定计提基础和计提比例的，企业应当根据历史经验数据和实际情况，合理预计当期应付职工薪酬。当期实际发生金额大于预计金额的，应当补提应付职工薪酬；当期实际发生金额小于预计金额的，应当冲回多提的应付职工薪酬。

（3）企业应当按照辞退计划条款的规定，合理预计并确认辞退福利产生的应付职工薪酬。辞退福利预期在其确认的年度报告期结束后12个月内完全支付的，以实际发生的金额计入相关资产成本或当期损益，同时确认职工薪酬；辞退福利预期在年度报告期结束后12个月内不能完全支付的，企业应当选择恰当的折现率，以应付职工薪酬折现后的金额计入相关资产成本或当期损益，同时确认职工薪酬。

（4）以股份为基础的薪酬，适用《企业会计准则第11号——股份支付》。

2. 非货币性职工薪酬的计量

（1）企业以自产产品或外购商品作为非货币性福利发放给职工的，应当根据受益对象，按照该产品或商品的公允价值计量，计入相关资产成本或当期损益，同时确认职工薪酬。

（2）企业将企业拥有的住房、车辆等资产无偿提供给职工使用的，应当按照受益对象，将该项资产当期应计提折旧计入相关资产成本或费用，同时确认应付职工薪酬；将租赁住房、车辆等资产无偿提供给职工使用的，应当按照受益对象，将该项资产每期应付租金计入相关资产成本或费用，同时确认应付职工薪酬；难以确认受益对象的非货币性福利，直接计入管理费用和应付职工薪酬。

必备能力（基本能力）

任务二　职工薪酬的核算

一、账户设置

企业应当设置“应付职工薪酬”账户，用来核算企业根据有关规定应付给职工各种薪酬的提取、结算、使用等情况。该账户属于负债类账户，贷方反映已分别记入有关成本费用账户的职工薪酬的数额，借方反映实际发放职工薪酬的数额。该账户期末贷方余额，反映企业应付未付的职工薪酬。

“应付职工薪酬”账户应当按照“短期薪酬”“离职后福利”“辞退福利”“其他长期职工福利”等应付职工薪酬项目设置明细账户，进行明细核算。外商投资企业按规定从净利润中提取的职工奖励及福利基金，也在本账户中核算。

企业应当根据职工提供服务的受益对象，将应确认的职工薪酬全部计入相关资产成本或者当期费用。

二、职工薪酬结算的类别

企业发放职工薪酬包括货币性职工薪酬的结算和非货币性职工薪酬的结算两种。

职工薪酬结算一般包括提取现金、发放薪酬、结转代扣款项、代扣款上交等几项内容。

1. 货币性职工薪酬的核算

企业货币性职工薪酬的发放有现金发放和工资卡发放（银行代发工资）两种。

（1）现金发放职工薪酬的核算。

企业应根据考勤记录、工时记录、产量记录、工资标准、工资等级等，编制“工资单”计算各种职工薪酬。根据“职工薪酬结算汇总表”中的实发金额合计数向银行提取现金，借记“库存现金”账户，贷记“银行存款”账户；实际发放职工薪酬时，借记“应付职工薪酬——工资”账户，贷记“库存现金”账户；从应付职工薪酬中扣还各种款项（代垫的家属药费、个人所得税等）等，借记“应付职工薪酬”账户，贷记“其他应收款”“应交税费——应交个人所得税”“其他应付款——社保费（或住房公积金等）”等账户（个人承担部分）。

（2）工资卡发放（银行代发）职工薪酬的核算。

银行代发工资的操作程序：①签订协议，委托单位与开户行就代发工资相关事宜签订委托代理协议。②开户，委托单位应该按照现行银行实名制的要求提供职工姓名、身份证号码等相关代发清单资料，开户行根据清单办理批量开户手续。③资金划拨，发放工资时，委托单位按照协议约定时间将代发工资资金足额划转到委托单位在开户行开立的指定账户，并向开户行提供书面代发工资明细清单。④履约上账，开户行按照委托协议约定及委托单位提供的代发清单资料按时将应发金额足额转入每位职工的储蓄账户。⑤客户取款，工资上账后，委托单位的职工即可自由办理取款业务。

其他程序处理同现金发放一致。

【案例 5-1 解答】

（1）12 月 15 日出纳员开出现金支票，提取现金备发工资时：

借：库存现金　　3 507 400

　贷：银行存款　　3 507 400

（2）12 月 15 日现金发放工资时：

借：应付职工薪酬——工资　　3 507 400

　贷：库存现金　　3 507 400

代扣社保费、住房公积金和个人收入所得税时：

借：应付职工薪酬——工资　　292 600

　贷：应交税费——代扣代缴个人所得税　　256 000

　　其他应付款——应付社保费　　9 400

　　　　——应付住房公积金　　27 200

案例中如果是银行代发工资的，工资发放时会计分录为：

借：应付职工薪酬——工资　　3 507 400

　贷：银行存款　　3 507 400

代扣社保费、住房公积金和个人收入所得税时，会计分录同前一致。

2. 非货币性职工薪酬的核算

（1）企业以其自产产品作为非货币性福利发放给职工的，应当根据受益对象，按照该产品的公允价值（即售价），计入相关资产成本或当期损益，同时确认应付职工薪酬。

【案例 5-1 解答】

（3）12 月 17 日，发放手机时：

借：应付职工薪酬　　359 600

　贷：主营业务收入　　310 000

应交税费——应交增值税（销项税额） 49 600

同时结转该产品成本：

借：主营业务成本 251 100

贷：库存商品 251 100

（2）无偿向职工提供企业住房、车辆等固定资产或租赁房屋、车辆等固定资产供职工使用。

①结转无偿供职工使用的固定资产应计提的折旧额，借记“应付职工薪酬——非货币性福利”账户，贷记“累计折旧”账户。

②实际支付租赁房屋、车辆等固定资产租赁费时，按照实际支付的租赁费金额，借记“应付职工薪酬——非货币性福利”，贷记“银行存款”账户。

【案例 5-1 解答】

（4）12 月 25 日，结转职工免费使用小轿车折旧时：

借：应付职工薪酬——非货币性福利 20 000

贷：累计折旧 20 000

（5）12 月 26 日，用银行存款支付职工免费使用住房租赁费时：

借：应付职工薪酬——非货币性福利 30 000

贷：银行存款 30 000

（3）无法确定受益对象的非货币性福利的领用，如企业职工食堂、浴池、幼儿园等无偿领用物资等。

根据《企业会计准则第 9 号——职工薪酬》的规定，无法确定受益对象的非货币性福利计入管理费用。

【案例 5-1 解答】

（6）职工食堂领用自产产品：

①分配职工免费享用的自产产品价值时：

借：管理费用——非货币性福利 100 800

贷：应付职工薪酬——非货币性福利 100 800

②结转自产产品成本时：

借：主营业务成本 60 000

贷：库存商品 60 000

③12 月 16 日，职工食堂实际领用自产产品时：

借：应付职工薪酬——非货币性福利 100 800

贷：主营业务收入 80 000

应交税费——应交增值税（销项税额） 12 800

——应交消费税 8 000

任务三　职工薪酬分配

一、职工薪酬的分配范围

月度终了，企业应当于职工在职的会计期间，将应付的职工薪酬（工资）、工会经费、职工教育经费、企业负担的社保费、企业负担的住房公积金等确认为负债，除因解除与职工的劳动关系给予的补偿外，应当根据职工提供服务的受益对象，进行本月工资的分配，计入有关成本费用。分别按照下列情况处理：

（1）应由生产产品、提供劳务负担的职工薪酬，记入“生产成本”或“劳务成本”账户。

（2）应由车间管理部门负担的职工薪酬，记入“制造费用”账户。

（3）应由企业厂部行政管理部门承担的职工薪酬，记入“管理费用”账户。

（4）应由在建工程、无形资产负担的职工薪酬，记入“在建工程”或“研发支出”账户。

（5）应由销售部门承担的专职销售人员薪酬，记入“销售费用”账户。

二、职工薪酬分配的核算

1. 工资的分配

工资是按照其发生地点进行归集，按照用途进行分配的。生产产品的工人工资借记“生产成本”账户，提供劳务的工人工资借记“劳务成本”账户，车间管理人员的工资借记“制造费用”账户，进行基本建设工程的人员工资借记“在建工程”账户，自创无形资产的人员工资借记“研发支出”账户，行政管理人员工资借记“管理费用”账户，销售部门人员工资借记“销售费用”账户等，贷记“应付职工薪酬——工资”账户。

实际工作中是根据“货币性职工薪酬结算汇总表”编制“工资费用分配汇总表”，然后根据“工资费用分配汇总表”，进行货币性职工薪酬分配的账务处理。

工资费用分配汇总表

应借科目		生产工人工资额分配			直接工资	合计
		生产工时	分配率	分配金额		
	生产成本——甲产品				24 960	24 960
	生产成本——乙产品				37 440	37 440
	小计				62 400	62 400
制造费用					6 600	6 600
管理费用					105 000	105 000
合计					174 000	174 000

财务主管　　　　　　　　　　　　　　　　　　　　　　　　　　制表人

【案例 5-1 解答】

（7）12 月 5 日，分配本月应付职工工资总额时，会计分录如下：

借：生产成本——基本生产成本——A 产品　　2 000 000

　　制造费用　　400 000

　　管理费用　　550 000

　　销售费用　　400 000

　　在建工程　　450 000

　贷：应付职工薪酬——短期薪酬（工资）　　3 800 000

2. 社保费和住房公积金的分配

企业按照国家有关规定计提社会保险费或住房公积金时，应当按照职工所在岗位进行分配，分别借记“生产成本”“制造费用”“在建工程”“管理费用”“研发支出”等账户，贷记“应付职工薪酬——社会保险费（或住房公积金）”账户；按照国家有关规定缴纳社会保险费或住房公积金时，借记“应付职工薪酬——社会保险费（或住房公积金）”（企业承担部分）和“其他应付款——社保费（或住房公积金）”等账户（职工承担部分），贷记“银行存款”账户。

【案例 5-1 解答】

（8）12 月 30 日，计提 12 月份职工社保费和住房公积金时，编制会计分录如下：

12 月应计提医疗保险金额=（2 000 000+400 000+550 000+400 000+450 000）×10%=200 000+40 000+55 000+40 000+45 000=380 000（元）

12 月应计提养老保险金额=（2 000 000+400 000+550 000+400 000+450 000）×12%=240 000+48 000+66 000+48 000+54 000=456 000（元）

12 月应计提失业保险金额=（2 000 000+400 000+550 000+400 000+450 000）×2%=40 000+8 000+11 000+8 000+9 000=76 000（元）

12 月计提住房公积金金额=（2 000 000+400 000+550 000+400 000+450 000）×10%=200 000+40 000+55 000+40 000+45 000=380 000（元）

借：生产成本——基本生产成本——A 产品	680 000	
制造费用	136 000	
管理费用	187 000	
销售费用	136 000	
在建工程	153 000	
贷：应付职工薪酬——短期薪酬（社保费）		912 000
——短期薪酬（住房公积金）		380 000

（9）12 月 30 日，开出转账支票，上缴职工各种保险费时，会计分录如下：

借：应付职工薪酬——短期薪酬（社保费）	902 600	
其他应付款——应付社保费	9 400	
贷：银行存款		912 000

（10）12 月 30 日，开出转账支票上缴住房公积金时，会计分录如下：

借：应付职工薪酬——短期薪酬（住房公积金）	352 800	
其他应付款——应付住房公积金	27 200	
贷：银行存款		380 000

3. 职工福利费的分配和使用

职工福利费是企业准备用于职工医疗卫生、职工困难补助和其他福利方面的资金。按现行政策规定，企业提取的职工福利费，可以按工资总额的一定比例计算提取，根据职工提供服务的受益对象计入相关成本费用，并确认为一项负债。职工福利费按实际发生额列支，与税收规定不一致时，应作纳税调整，年末账户余额清算结零。

企业提取职工福利费时，借记“生产成本”“制造费用”“销售费用”“管理费用”等账户，贷记“应付职工薪酬——短期薪酬（职工福利）”账户。支付的职工医疗卫生费用、职工困难补助和其他福利费以及应付的医务、福利人员工资等，借记“应付职工薪酬——短期薪酬（职工福利）”账户，贷记“库存现金”“银行存款”“应付职工薪酬——短期薪酬（工资）”等账户。

值得注意的是，按医务、福利人员工资的一定比例提取的职工福利费，不能借记“应付职工薪酬——短期薪酬（职工福利）”账户，而应借记“管理费用”账户。

【案例 5-1 解答】

（11）12 月 30 日，根据本月已分配工资额的 14% 提取职工福利费，编制会计分录如下：

12 月应计提职工福利费金额=（2 000 000+400 000+550 000+400 000+450 000）×14%=280 000+56 000+77 000+56 000+63 000=532 000（元）

借：生产成本——基本生产成本——A 产品 280 000
　　制造费用 56 000
　　管理费用 77 000
　　销售费用 56 000
　　在建工程 63 000
　贷：应付职工薪酬——短期薪酬（职工福利） 532 000

【案例 5-2】公司以现金支付职工王某生活困难补助 1 000 元。

【案例 5-2 解答】

编制会计分录如下：

借：应付职工薪酬——短期薪酬（职工福利） 1 000
　贷：库存现金 1 000

4. 工会经费及职工教育经费的分配

企业按照国家有关规定计提工会经费和职工教育经费时，借记“生产成本”“制造费用”等账户，贷记“应付职工薪酬——短期薪酬（工会经费或职工教育经费）”账户。

企业支付工会经费和职工教育经费用于工会活动和职工培训时，借记“应付职工薪酬——短期薪酬（工会经费或职工教育经费）”账户，贷记“银行存款”“库存现金”等账户。

（1）工会经费。

根据国家有关规定，企业每月应按照不高于应付职工货币性薪酬总额的 2%计提工会经费，按期拨付给企业工会使用。

计提的工会经费=应付职工货币性薪酬总额×2%

（2）职工教育经费。

为了提高企业单位职工的文化素质和科技水平，在一定程度上保证企业开展职工教育的经济来源，企业可以根据国家有关规定按不高于职工薪酬总额的 2.5%计提职工教育经费。

计提的职工教育经费=应付职工货币性薪酬总额×2.5%

【案例 5-1 解答】

（12）12 月 30 日，提取职工教育经费、工会经费。

12 月计提工会经费金额=（2 000 000+400 000+550 000+400 000+450 000）×2%=40 000+8 000+11 000+8 000+9 000=76 000（元）

12 月计提职工教育经费金额=（2 000 000+400 000+550 000+400 000+450 000）×2.5%=50 000+10 000+13 750+10 000+11 250=95 000（元）

借：生产成本——基本生产成本——A 产品 90 000
　　制造费用 18 000
　　管理费用 24 750
　　销售费用 18 000
　　在建工程 20 250
　贷：应付职工薪酬——短期薪酬（工会经费） 76 000
　　　　　　　　　——短期薪酬（职工教育经费） 95 000

任务四　辞退福利的核算

辞退福利通常采取在解除劳动关系时一次性支付补偿的方式，或者采取提高退休后养老金或其他离职后福利的标准，或者将职工工资支付至辞退后未来某一期间的方式。辞退福利同时满足下列条件的，应当确认因解除与职工的劳动关系给予补偿而产生的预计负债，同时计入当期管理费用。

（1）企业已经制订正式的解除劳动关系计划或提出自愿裁减建议，并即将实施。

（2）企业不能单方面撤回解除劳动关系计划或裁减建议。

正式的辞退计划或建议应当经过批准。辞退工作一般应当在一年内实施完毕，但因付款程序等原因使部分款项推迟至一年后支付的，视为符合应付职工薪酬的确认条件。满足辞退福利确认条件、实质性辞退工作在一年内完成，但付款时间超过一年的辞退福利，企业应当选择恰当的折现率，以折现后的金额计量应付职工薪酬。

企业应当根据《企业会计准则第 13 号——或有事项》的规定，严格按照辞退计划条款的规定，合理预计并确认辞退福利产生的应付职工薪酬。对于职工没有选择权的辞退计划，企业应当根据辞退计划条款规定的拟解除劳动关系的职工数量、每一职位的辞退补偿标准等，计提应付职工薪酬。

企业应当预计将会自愿接受裁减建议的职工数量，根据预计的职工数量和每一职位的辞退补偿标准等，按照《企业会计准则第 13 号——或有事项》的规定，计提应付职工薪酬。

辞退福利进行核算时，编制会计分录如下：

借：管理费用——辞退福利

　贷：应付职工薪酬——辞退福利

【案例 5-1 解答】

（13）辞退补偿金额 = 10×10 000+2×20 000 = 140 000（元）

借：管理费用——辞退福利　　　　140 000

　贷：应付职工薪酬——辞退福利　　　　140 000

任务五　个人收入所得税的代扣代缴

一、个人收入所得税的计算

工资薪金所得税的计算包括应纳税所得额的计算、应纳税额的计算。

（一）应纳税所得额的计算

工资薪金所得，以每月收入额扣除 5 000 元后的余额，作为应纳税所得额。其计算公式如下：

应纳税所得额 = 月工资薪金所得－“五险一金”－专项附加扣除－5 000

个人所得税专项附加扣除，是指个人所得税法规定的子女教育、继续教育、大病医疗、住房贷款利息或者住房租金、赡养老人等 6 项专项附加扣除。

（二）应纳税额的计算

工资薪金所得税的计算公式如下：

应纳税额 = 应纳税所得额× 适用税率－ 速算扣除数

应纳税额=（月工资薪金所得 -“五险一金”-子女教育支出-继续教育支出-大病医疗支出-住房贷款利息或住房租金-赡养老人支出-5 000）×适用税率-速算扣除数

2018 年 10 月 1 日起调整后，2018 年实行的 7 级超额累进个人所得税税率如下表：

工资、薪金所得适用个人所得税累进税率表

级数	全月应纳税所得额 含税级距	税率（%）	速算扣除数
1	不超过 3 000 元的	3	0
2	超过 3 000 元至 12 000 元的部分	10	210
3	超过 12 000 元至 25 000 元的部分	20	1 410
4	超过 25 000 元至 35 000 元的部分	25	2 660
5	超过 35 000 元至 55 000 元的部分	30	4 410
6	超过 55 000 元至 80 000 元的部分	35	7 160
7	超过 80 000 元的部分	45	15 160

【案例 5-3】华泰公司为中外合资企业，其中王涛为国内厂部管理人员，2019 年 1 月取得工资收入 9 000 元，当月个人承担住房公积金 300 元，基本养老保险金、医疗保险金、失业保险金共计 700 元，大病统筹每月交纳 50 元，子女教育每月 100 元、租房支出每月 300 元，王涛个人承担税金；Smith Taile 为美籍机械专家，担任华泰公司总工程师，2019 年 1 月取得工资收入为 25 000 元，税金由企业承担。

要求：分别计算上述两位员工当月应纳所得税额并编制会计分录。

【案例 5-3 解答】

（1）计算两位职工的个人收入所得税。

王涛应交个人收入所得税=（9 000-300-700-50-100-300-5 000）×3%-0=76.5（元）

Smith Taile 应交个人收入所得税=（25 000-5 000）×20%-1 410=2 590（元）

二、个人所得税的代扣代缴

企业作为个人所得税的扣缴义务人，按照规定扣缴职工应纳的个人所得税。扣缴义务人向个人支付应纳税所得（包括现金、实物和有价证券）时，不论纳税人是否属于本单位人员，均应代扣代缴其应纳的个人所得税款。

扣缴义务人在代扣税款时，必须向纳税人开具税务机关统一印制的代扣代收税款凭证，并详细注明纳税人姓名、工作单位、家庭住址和居民身份证或护照号码（无上述证件的，可用其他能有效证明身份的证件）等个人情况。对工资、薪金所得和利息、股息、红利所得等，因纳税人数众多，不便一一开具代扣代收税款凭证的，经主管税务机关同意，可不开具代扣代收税款凭证，但应通过一定形式告知纳税人已扣缴税款。纳税人为持有完税依据而向扣缴义务人索取代扣代收税款凭证的，扣缴义务人不得拒绝。

扣缴义务人应主动向税务机关申领代扣代收税款凭证，据以向纳税人扣税。非正式扣税凭证，纳税人可以拒收。

代扣个人所得税时：

借：应付职工薪酬

　贷：应交税费——代扣代缴个人所得税

企业为职工代扣代缴个人收入所得税通常有两种情况：①职工自己承担个人收入所得税，企业只负有扣缴义务；②企业既承担税款，又负有扣缴义务。

1. 职工自己承担个人收入所得税，企业只负有扣缴义务

【案例 5-3 解答】

（2）关于王涛当月应纳税额的会计分录。

①计提王涛工资时：

借：管理费用　　9 000

　贷：应付职工薪酬　　9 000

②发放工资时：

借：应付职工薪酬　　9 000

　贷：库存现金　　7 873.5

　　其他应交款——社保费　　750

　　　　　　——住房公积金　　300

　　应交税费——代扣代缴个人所得税　　76.5

③缴纳个人所得税时：

借：应交税费——代扣代缴个人所得税　　76.5

　贷：银行存款　　76.5

2. 企业既承担税款，又负有扣缴义务

【案例 5-3 解答】

（3）关于 Smith Taile 当月应纳税额的会计分录。

①计提 Smith Taile 工资时：

借：管理费用　　27 590

　贷：应付职工薪酬——工资　　27 590

②发放工资时

借：应付职工薪酬——工资　　27 590

　贷：库存现金　　25 000

　　应交税费——代扣代缴个人收入所得税　　2 590

③缴纳个人收入所得税时：

借：应交税费——代扣代缴个人收入所得税　　2 590

　贷：银行存款　　2 590

任务六　职工薪酬岗位核算实训

一、实训要求

（1）依据工作通知单、工作班产量记录，按计件编制工资结算表。

（2）按税法要求确定代扣个人所得税。

（3）编制工资分配表，并填制记账凭证。

（4）计算填制教育经费提取计算表并填制记账凭证。

（5）依据有关凭证登记“应付职工薪酬”明细账。

二、实训资料

黄河公司为家电生产企业，共有职工 310 人，其中生产工人 200 人，车间管理人员 15 人，行政管理人员 20 人，销售人员 15 人，在建工程人员 60 人。黄河公司适用的增值税税率为 16%。2018 年 12 月份发生如下经济业务：

（1）本月应付职工工资总额为 380 万元，工资费用分配汇总表中列示的产品生产工人

工资为200万元，车间管理人员工资为30万元，企业行政管理人员工资为50万元，销售人员工资为40万元，在建工程人员工资为60万元。

工资费用分配汇总表

车间或部门		应付职工薪酬				各种扣款				实发数
		计时工资	奖金	津贴	合计	房租	水电	…	合计	
一车间	生产人员	1 500 000	250 000	250 000	2 000 000					2 000 000
	管理人员	200 000	50 000	50 000	300 000					300 000
销售人员		200 000	100 000	100 000	400 000					400 000
行政管理人员		450 000	20 000	30 000	500 000					500 000
在建工程人员		400 000	100 000	100 000	600 000					600 000
合计		2 750 000	520 000	530 000	3 800 000					3 800 000

劳动（人事）部门：　　　　财会部门：　　　　审核人：　　　　制表人：

（2）下设的职工食堂享受企业提供的补贴，本月领用自产产品一批。该产品的账面价值为8万元，市场价格为10万元（不含增值税），增值税税率为16%，适用的消费税税率为10%。产成品出库单如下：

产成品出库单

使用单位：企业职工食堂　　　　2018年12月16日　　　　仓库：

产品名称	规格	计量单位	出库数量	总成本	单位成本	备注
甲产品		台	400	80 000		

（3）以其自己生产的某种电暖气发放给公司每名职工，每台电暖气的成本为800元，市场售价为每台1 000元（不含增值税）。产成品出库单如下：

产成品出库单

使用单位：企业职工　　　　2018年12月16日　　　　仓库：

产品名称	规格	计量单位	出库数量	总成本	单位成本	备注
电暖气		台	310	248 000	800	

（4）为总部部门经理以上职工提供汽车免费使用，为副总裁以上高级管理人员每人租赁一套住房。黄河公司现有总部部门经理以上职工共10人，假定所提供汽车每月计提折旧2万元；现有副总裁以上高级管理人员3人，所提供住房每月的租金为2万元。内部转账单如下：

内部转账单

2018 年 12 月 25 日

摘要	转账项目	结账前余额（元）
结转部门经理专用汽车折旧	部门经理专用汽车折旧费	20 000
结转副总裁等管理人员房租	房屋租金	20 000
合计		40 000

（5）用银行存款支付副总裁以上职工住房租金 2 万元。

中国工商银行
转账支票存根
支票号码：1013488
科　　目：
对方科目：
出票日期：2018 年 12 月 26 日

收款人：	租赁公司
金　额：	20 000.00
用　途：	支付房屋租金

单位主管　　会计

（6）支付本月应付职工工资总额 380 万元，代扣职工房租 10 万元，企业代垫职工家属医药费 2 万元，代扣个人所得税 20 万元，余款用银行存款支付。与此业务相关的凭证如下：

中国工商银行
转账支票存根
支票号码：1013489
科　　目：
对方科目：
出票日期：2018 年 12 月 26 日

收款人：	本公司
金　额：	3 480 000.00
用　途：	支付工资

单位主管　　会计

内部转账单

转账日期　2018 年 12 月 25 日

摘要	转账项目	结账前余额（元）
结转公司代扣的房租和代垫医药费	代扣的房租和代垫医药费	120 000
结转公司代扣代缴的个人所得税	代扣代缴的个人所得税	200 000
合计		320 000

（7）上缴个人所得税 20 万元。与此业务相关的凭证如下：

中国工商银行

转账支票存根

支票号码：1013490

科　　目：

对方科目：

出票日期：2018 年 12 月 26 日

收款人：地税局	
金　额：200 000. 00	
用　途：上缴个人所得税	

单位主管　　　会计

代扣代缴税款报告表

纳税人识别号 □□□□□□□□□□□□□□□□□□

税务管理代码 □□□□□□□□□□□□□□□□□□

扣缴义务人名称	黄河公司			开户银行		工行西斯办事处	账号	13589620	
代扣代缴税种	个人所得税			税款所属时期		2018 年 12 月 1 日至 2018 年 12 月 31 日			
纳税人名称	应税项目	应税收入	扣除费用	计税依据	税率	应扣税额	已扣税额	期初应解缴税款	累计应解缴税款
生产车间				工薪收入					100 000
管理部门				同上					20 000
机修车间				同上					20 000
销售部门				同上					20 000
在建工程				同上					20 000
供应部门				同上					20 000
合计									200 000

扣缴义务声明	我单位所申报的各种税（费）款真实、准确，如有虚假内容，愿承担法律责任。 办税员： 法定代表人（负责人）： 扣缴义务人（章） 年 月 日	授权人声明	现委托　　为我单位纳税申报代理人。 委托合同号码： 授权人（法定代表人）： 年 月 日	代理人声明	本纳税申报是按照国家税法和税务机关规定填报的，我确信其真实、合法。 代理人：张红 代理机构（章） 2018 年 12 月 31 日	税务机关	受理人（征收专用章） 受理日期： 2018 年 12 月 31 日 稽核人员：王山 稽核日期：2018 年 12 月 31 日

（8）下设的职工食堂维修领用价值 5 万元的原材料，其购入时支付的增值税为 0.8 万元。领料单如下：

领料单

材料科目：原材料　　　　凭证编号：212102

领料单位：企业职工食堂　　　　发料仓库：1#库

材料编号	材料名称	材料规格	计量单位	数量		计划成本	
				请领	实发	单位成本	金额
101	A 材料		千克	200	200	2 500.00	50 000
备注						合计	50 000

材料用途：维修　　　　2018 年 12 月 29 日

记账：　　领料单位负责人：　　领料人：黎明　　发料人：赵芳

【基本任务训练】

一、单项选择题

1. 按照企业会计制度规定，下列各项中应通过“应付职工薪酬”科目核算的是（　　）。

A. 退休人员退休金　　B. 车间管理人员困难补助

C. 生产工人医药费　　D. 行政管理人员经常性奖金

2. 职工薪酬义务的确认时间是在（　　）。

A. 职工提供服务的会计期间　　B. 款项应付或实际支付期间

C. 在职职工提供服务的会计期间　　D. 退休职工款项应付或实际支付期间

3. 企业缴纳参加职工医疗保险的医疗保险费应通过以下哪个账户进行核算？（　　）

A. 应交税费　　B. 应付职工薪酬

C. 其他应交款　　D. 其他应付款

4. 企业福利部门自用应税产品计算出的应交消费税和增值税，应借记以下哪个科目？（　　）

A. 制造费用　　B. 生产成本

C. 应付职工薪酬　　D. 税金及附加

5. 企业从应付职工工资中代扣的职工房租，应借记的会计科目是（　　）。

A. 应付职工薪酬　　B. 银行存款

C. 其他应收款　　D. 其他应付款

二、多项选择题

1. 以下项目中属于职工薪酬的有（　　）。

A. 失业保险费　　B. 住房公积金

C. 非货币性福利　　D. 职工生活困难补助

E. 可报销的医药费

2. 下列内容属于职工薪酬所指“职工”范畴的有（　　）。

A. 与企业订立劳动合同的全职人员　　B. 与企业订立劳动合同的临时人员

C. 企业正式任命的独立董事　　D. 与企业订立劳动合同的兼职人员

E. 企业聘请的清洁服务临时工

3. 下列内容属于职工薪酬的有（　　）。

A. 解除与职工的劳动关系给予的补偿　　B. 非货币性福利

C. 以权益工具结算的股份支付　　D. 给员工购买的商业保险

E. 以现金结算的股份支付

4. 下列负债中，企业在以后是用货币来偿付，而不是用商品或劳务偿付的流动负债是（　　）。

A. 应收账款　　B. 应付票据

C. 应付职工薪酬　　D. 应交税费

E. 应付利息

5. 下列各项中，应通过“其他应付款”科目核算的项目是（　　）。

A. 应付存入保证金　　B. 应付各种赔款

C. 应付租金　　D. 应付职工困难补助

E. 应付进项税额

三、判断题

1. 非货币性福利不一定通过"应付职工薪酬"账户核算，但在附注中仍将其归入职工薪酬总额内披露。（　）

2. 按照企业会计准则规定，企业应按工资总额的14%提取福利费记入相关成本费用账户。（　）

3. 企业提供给职工配偶、子女或其他被赡养人的福利等，均列入职工薪酬范围。（　）

4. 企业报销职工医药费、支付的福利补助费、发放的退休金等对职工个人支付的款项，均应通过"应付工资"科目核算。（　）

5. 企业报销职工医药费、支付的福利补助费、发放的退休金等对职工个人支付的款项，均应通过"应付职工薪酬"科目核算。（　）

四、计算题

1. 某企业2018年职工薪酬的有关资料如下：

（1）3月，应付工资总额1 724 000元，工资费用分配汇总表中列示的产品生产人员工资为1 080 000元，车间管理人员工资为280 000元，企业行政管理人员工资为236 000元，销售人员工资为128 000元。

（2）3月，企业根据历史经验数据和实际情况，提取职工福利费272 160元，其中，应计入基本生产车间生产成本的金额为179 200元，应计入制造费用的金额为39 200元，应计入管理费用的金额为53 760元。

（3）3月，根据国家规定的计提标准计算，企业应向社会保险经办机构缴纳职工基本养老保险费、医疗保险费、失业保险费等共计583 200元，其中，应计入基本生产车间生产成本的金额为384 000元，应计入制造费用的金额为84 000元，应计入管理费用的金额为115 200元。

（4）4月3日，根据"工资结算汇总表"结算上月应付职工工资总额1 724 000元，代扣职工房租120 000元，企业代垫职工家属医药费10 000元，代扣职工个人所得税共计16 000元，实发工资为1 578 000元。

（5）4月4日，以现金支付职工张某生活困难补助3 000元。

（6）4月5日，以银行存款缴纳职工基本养老保险费、医疗保险费、失业保险费等583 200元。

要求：根据上述经济业务编制有关会计分录。

2. 某企业是一家彩电生产企业，有职工400名，其中一线生产工人为340名，总部管理人员为60名。2018年2月，企业决定以其生产的液晶彩色电视机作为福利发放给职工。该项彩色电视机单位成本为20 000元，单位计税价格（公允价值）为28 000元，适用的增值税税率为16%。

要求：根据上述资料编制相应的会计分录。

【项目小结】

职工薪酬是指企业为获得职工提供的劳务服务而给予的各种形式的报酬以及其他相关支出，包括职工在职期间和离职后提供给职工的全部货币性薪酬和非货币性福利，也包括企业提供给职工配偶、子女或其他被赡养人的福利等支出。职工薪酬包括工资、福利费、五险一金、工会经费、职工教育经费、非货币性福利、辞退福利和股利支付八项内容。职工薪酬的核算程序包括职工薪酬的计提、发放和社保费、住房公积金、个人收入所得税的代扣代缴几个环节，在学习中应按照构成内容分环节逐项掌握以达到灵活应用的效果，尤其要注意掌握非货币性福利计提时应按照价税合计计入企业各项成本费用。

【关键概念】

职工薪酬　非货币性福利　辞退福利（补偿）　社保费　住房公积金　个人收入所得税

项目六
资金岗位核算

【学习目标】

知识目标：了解资金岗位的核算任务、核算内容、计价和确认；基本掌握长短期负债、所有者权益、交易性金融资产和持有至到期投资的核算；熟悉可供出售金融资产和长期股权投资的核算。

能力目标：能运用短期借款、长期借款、长期应付款、应付债券等长短期负债进行筹集资金的核算；熟练编制短期借款、长期借款、长期应付款、应付债券、实收资本、资本公积、盈余公积、未分配利润、交易性金融资产等相关记账凭证，并能登记与其相关的总账、明细账。

素质目标：培养学生严肃认真、一丝不苟的工作作风和社交能力。

【项目分析】

项目概述：本项目包括企业融资的两种来源渠道所形成的资金和货币等价物资产的核算，其中包括负债融资所形成的借款、应付债券和长期应付款的核算，所有者权益融资所形成的实收资本、资本公积、盈余公积和未分配利润的核算；货币等价物包括金融资产和长期股权投资的核算，由于金融资产中的可供出售金融资产和长期股权投资内容复杂且中小企业业务较少，对高职教学来讲，学生掌握难度较大且应用价值较低，故将这两部分内容安排在拓展能力中讲解，仅供学习能力较强的学生学习使用。

资金岗位核算任务：

（1）拟定资金管理和核算办法。

（2）编制资金收支计划。

（3）负责资金调度。

（4）负责资金筹集的明细分类核算。

（5）负责企业各项投资的明细分类核算。

资金岗位核算业务流程包括资金预算、资金筹集和资金使用三个模块。

学习重点：长期借款、长期应付款、交易性金融资产等业务的核算。

学习难点：应付债券、可供出售金融资产、持有至到期投资等业务的核算。

情景案例设计

【案例 6-1】华泰有限责任公司发生如下经济业务：

（1）2017 年 12 月 1 日，向建设银行借入半年期，年利率为 8% 的生产用贷款 300 000元。

（2）公司为建造一幢厂房，2017 年 1 月 1 日借入期限为两年的长期借款 1 000 000 元，款已存入银行。借款利率为 9%，每年付息一次，期满后一次还清本金。2017 年 1 月 1 日，以银行存款支付工程价款共计600 000元，2018年年初又以银行存款支付工程费用400 000元。该厂房于2018年8月底完工，交付使用，并办理了竣工决算手续。

要求：根据上述经济业务编制会计分录。

任务分析：本案例包括负债融资中的短期借款和长期借款的借入、利息的计提和到期归还本金和利息的核算内容，这一部分内容在初级会计实务中学过，在此重点掌握长期借款利息的资本化和费用化问题。

基本任务（基本能力）

任务一　负债

必备知识（理论知识）

一、短期借款

（一）短期借款的含义

短期借款，是指企业从银行或者其他金融机构借入的期限在一年以内（含一年）的各种借款。短期借款是企业为了弥补正常的生产经营过程中自有资金的不足而借入的，在企业经营过程中同自有资金一起，用于购买原材料、商品，支付费用或归还债务等。短期借款利息作为财务费用处理。

（二）账户设置

1. 短期借款账户

企业所发生的短期借款业务，应设置“短期借款”账户。该账户为负债类账户，用来核算短期借款的取得及偿还情况。该账户贷方登记取得借款的本金数额；借方登记偿还借款的本金数额；期末余额在贷方，表示期末尚未偿还的短期借款。该账户应按照贷款人设置明细账，并按借款种类和币种进行明细核算。

2. 财务费用账户

财务费用是指企业在生产经营过程中为筹集资金而发生的筹资费用。包括企业生产经营期间发生的利息支出（减利息收入）、汇兑损益（有的企业如商品流通企业、保险企业进行单独核算，不包括在财务费用）、金融机构手续费，企业发生的现金折扣或收到的现金折扣等。该账户为损益类账户。该账户借方登记利息费用的发生额，贷方登记期末转入本年利润账户的金额，期末无余额。该账户一般按照财务费用的构成项目名称设置明细账进行明细核算。

必备能力（基本操作技能）

（三）短期借款的会计核算

短期借款的核算主要包括借入的核算、借款利息的核算和归还的核算三方面内容。

1. 短期借款取得时的会计核算

企业在向银行借款时，应按照银行规定程序向银行提出申请。取得短期借款时，企业应按实际借入的本金，借记“银行存款”等账户，贷记“短期借款”账户。

【案例6-1解答】

(1) 12月1日，取得短期借款，收到银行借款到账通知书时：

借：银行存款　　　　300 000

贷：短期借款——建行借款　　300 000

2. 短期借款利息的会计核算

企业对于取得短期借款的利息，通常应当按照合同规定于每个季度末根据借款本金和合同利率确定的金额支付。根据权责发生制的要求，企业还应当在每个月末计提借款利息，将当期应付未付的利息确认为一项流动负债，计入应付利息，同时将利息确认为当期损益计入财务费用。

3. 短期借款到期偿还的会计核算

企业应于短期借款到期日偿还短期借款的本金以及尚未支付的利息，借记“短期借款”“应付利息”“财务费用”等账户，贷记“银行存款”账户。

【案例 6-1 解答】

（2）2017 年 12 月 31 日，公司计提借款利息时：

2017 年 12 月应计提利息额 = 300 000×8%÷12×1 = 2 000（元）

借：财务费用——利息　　2 000

　贷：应付利息　　2 000

2018 年 6 月 2 日支付本金及利息时：

借：应付利息　　10 000

　　财务费用　　2 000

　　短期借款　　300 000

　贷：银行存款　　312 000

必备知识（理论知识）

二、长期借款

（一）长期借款的含义

长期借款是指企业向银行或其他金融机构借入的期限在一年以上（不含一年）或超过一年的一个营业周期以上的各项借款。长期借款主要包括基建借款、技改借款、新产品研发借款、大修理工程借款等。

（二）账户设置

为了反映企业的各种长期借款的借入、应计利息和归还本息的情况，企业应设置“长期借款”账户，用来核算各种长期借款的借入、应计利息、归还和结欠情况。该账户属于负债类账户。其贷方登记借入的款项及预计的应付利息；借方登记还本付息的数额；期末余额在贷方，表示尚未偿还的长期借款本息数额。该账户应按贷款单位设置明细账，分别按照“本金”“利息调整”等明细账进行明细核算。

注意，预计的长期借款利息应通过“长期借款”账户进行核算，而不是记入“预提费用”账户。长期借款费用应根据长期借款的用途和期间分别记入“长期待摊费用”“在建工程”“固定资产”“财务费用”等账户。

必备能力（基本操作技能）

（三）长期借款的会计核算

长期借款的核算内容主要包括借入的核算、计提利息的核算和归还本息的核算三部分内容。

1. 长期借款取得时的会计核算

企业借入长期借款时，按照实际收到的金额，借记“银行存款”账户；按照取得长期借款的本金，贷记“长期借款——本金”账户；两者如果有差额，借记或贷记“长期借款

——利息”账户。

2. 长期借款利息的会计核算

企业应当在资产负债表日确认长期借款当期的利息费用，按照长期借款的摊余成本和实际利率计算确定的利息费用，将符合资本化的利息费用借记“在建工程”账户，不符合资本化条件的部分借记“财务费用”账户；按照借款本金和合同利率计算确定的应支付的利息，贷记“应付利息”账户；按照两者之间的差额，贷记“长期借款——利息调整”账户。

发生的借款费用（包括利息、汇兑损失等），应分以下情况进行处理：

①属于筹建期间的，作为长期待摊费用，借记“长期待摊费用”账户，贷记“长期借款”账户，于生产经营开始当月一次转入损益。②属于生产经营期间的，计入财务费用，借记“财务费用”账户，贷记“长期借款”账户。③属于与购建固定资产有关的专门借款的借款费用，在所购建固定资产达到预定可使用状态前按规定应予以资本化的，计入有关固定资产的购建成本，借记“在建工程”账户，贷记“长期借款”账户。固定资产达到预定可使用状态后发生的借款费用以及按规定不能予以资本化的借款费用，借记“财务费用”账户，贷记“长期借款”账户。归还长期借款时，借记“长期借款”账户，贷记“银行存款”账户。

3. 偿还长期借款的会计核算

企业到期偿还长期借款时，应当按照偿还的长期借款的本金金额，借记“长期借款——本金”账户，同时，贷记“银行存款”账户。

企业借入长期借款时，借记“银行存款”“在建工程”“固定资产”等账户，贷记“长期借款”账户。

【案例 6-1 解答】

（3）长期借款

①2017 年 1 月 1 日，取得借款时：

借：银行存款　　1 000 000

　贷：长期借款　　1 000 000

②2017 年 1 月 1 日，支付工程款时：

借：在建工程——基建工程（厂房）　　600 000

　贷：银行存款　　600 000

③2017 年 12 月 30 日，计算 2017 年应计利息时：

借款利息 = 1 000 000×9% = 90 000（元）

资本化利息 = 600 000×9% = 54 000（元）

借：在建工程　　54 000

　　财务费用——费用化利息　　36 000

　贷：应付利息　　90 000

④2017 年 12 月 31 日支付借款利息时：

借：应付利息　　90 000

　贷：银行存款　　90 000

⑤2018 年年初支付工程款时：

借：在建工程——基建工程（厂房）　　400 000

　贷：银行存款　　400 000

⑥2018 年竣工前的应付利息为：

1 000 000×9%÷12×8 = 60 000（元）

借：在建工程　60 000

　贷：应付利息　60 000

⑦资产完工交付使用时：

借：固定资产——厂房　1 114 000

　贷：在建工程——基建工程（厂房）　1 114 000

⑧资产办理竣工决算后，2018 年 9 月，按月预提借款利息为：

1 000 000×9%÷12=7 500（元）

借：财务费用——费用化利息　7 500

　贷：应付利息　7 500

2018 年 10 月、11 月按月预提借款利息的会计分录同⑧。

⑨2018 年 12 月 31 日支付借款利息时：

借：应付利息　82 500

　　财务费用——费用化利息　7 500

　　长期借款　1 000 000

　贷：银行存款　1 090 000

三、应付债券

（一）应付债券的含义和发行

债券是企业依照法定程序发行，约定在一定期限内还本付息的有价证券。它是企业筹集长期资金的一种重要方式。

应付债券的发行受到供求关系、发行风险及收益、市场利率、市场条件和宏观经济环境等因素影响，其中关键影响因素是市场利率。

债券发行价格取决于到期偿还的债券面值、按照市场利率计算的复利现值和各期支付利息按照市场利率计算的年金现值之和。

其计算公式为：

债券发行价格=债券面值×复利现值系数+每期利息×年金现值系数

上述复利现值系数和年金现值系数均可以通过查表得到。

由于债券票面利息率和市场利率之间存在差异，因此债券发行价格有面值发行、溢价发行和折价发行三种情况。

（1）当债券票面利率大于市场利率时，债券溢价发行。溢价金额为发行价高于债券面值的差额，它是企业未来多付利息的提前回收额，因此应确认为债券的利息调整，应在债券持有期内摊销。

（2）当债券票面利率小于市场利率时，债券折价发行。折价金额为发行价低于债券面值的差额，它是企业未来少付利息而给予持债人的补偿，因此应确认为债券的利息调整，应在债券持有期内摊销。

（3）当债券票面利率等于市场利率时，债券以面值发行（平价发行）。

（二）账户设置

为了总括核算和监督企业债券发行和偿还情况，应设置应付债券账户。

“应付债券”账户核算企业应付债券的发行、利息计提、到期偿还情况。该账户属于负债类账户。其借方登记偿还的债券本息；贷方登记应付债券的本金和利息；期末余额在贷方，表示尚未偿还的本息。该账户下设置“面值”“利息调整”“应付债券——应计利息”“应付利息”等明细账户进行明细核算。

企业发行公司债券时，应在备查簿中登记发行债券的面值、票面利率、还本付息期限、方式、发行总量、发行价格、发行日期、编号、委托代销单位、转换股票等情况。

必备能力（基本操作技能）

（三）应付债券的会计核算

由于企业发行债券常见的偿还方式有分期付息到期一次还本和本息到期一次偿还两种方式，所以会计核算也应分两种偿还方式分别核算。

1. 分期付息到期一次还本

【案例6-2】华泰公司于2018年1月1日发行期限5年、面值100 000元、年利率10%，每年末付息、到期一次还本债券。该债券筹集资金用于企业正常生产经营活动，债券的发行价格为110 000元，债券承销商按2%收取发行费，企业取得债券发行价款净额107 800元。

要求：根据上述业务，计算债券发行实际利率并编制会计分录。（发行价格高于面值的核算）

（1）债券发行时的核算。

企业发行债券时，按实际收到的款项，借记“银行存款”“库存现金”等账户，按债券票面价值，贷记“应付债券——面值”账户，按实际收到的款项与票面价值之间的差额，贷记或借记“应付债券——利息调整”账户。

（2）各期利息的计提。

在资产负债表日，对于分期付息、一次还本的债券，企业应按摊余成本和实际利率计算确定的债券利息费用，借记“在建工程”“制造费用”“财务费用”“研发支出”等账户，按票面利率计算确定的应付未付利息，贷记“应付利息”账户，按其差额，借记或贷记“应付债券——利息调整”账户。

（3）到期偿还的核算。

长期债券到期，支付债券本息时，借记“应付债券——面值”“应付利息”等账户，贷记“银行存款”等账户。同时，存在利息调整余额的，借记或贷记“应付债券——利息调整”账户，贷记或借记“在建工程”“制造费用”“财务费用”“研发支出”等账户。

【案例6-2解答】

（1）2018年1月1日发行债券时。

借：银行存款　　107 800

　贷：应付债券——面值　　100 000

　　　　　　——利息调整　　7 800

（2）2018年12月31日计提当年利息时。

计算实际利率，采用内插法。

$107\,800=100\,000\times10\%\ \{[1-(1+r)^{-5}]/r\}+100\,000\times(1+r)^{-5}$

通过内插法可计算出实际利率 $r=8.06\%$。

其债券计息调整如下表：

债券计息调整表

计息日期	票面利息①	实际利息②	利息调整（摊销溢价）③	未调整余额（未调整溢价）④	账面价值⑤
		②=上期⑤×8.06%	③=①-②	④=上期④-③	⑤=上期⑤-③
2018.1.1				7 800	107 800
2018.12.31	10 000	8 688.68	1 311.32	6 488.68	106 488.68

表(续)

计息日期	票面利息①	实际利息②	利息调整（摊销溢价）③	未调整余额（未调整溢价）④	账面价值⑤
2019.12.31	10 000	8 582.99	1 417.01	5 071.67	105 071.67
2020.12.31	10 000	8 468.78	1 531.22	3 540.45	103 540.45
2021.12.31	10 000	8 345.36	1 654.64	1 885.81	101 885.81
2022.12.31	10 000	8 114.19	1 885.81	0	100 000
合计	50 000	42 200	7 800	—	—

注：8 114.19＝10 000－1 885.81

（3）2018 年年末计息调整。

借：财务费用　　8 688.68

　　应付债券——利息调整　　1 311.32

　贷：应付利息　　10 000

（4）2019 年至 2021 年每年年末计息调整（略）。

（5）2022 年年末还本付息时。

借：财务费用　　8 114.19

　　应付债券——利息调整　　1 885.81

　　　　　　——面值　　100 000

　贷：银行存款　　110 000

【案例 6-3】华泰公司于 2018 年 1 月 1 日发行期限 5 年、面值 100 000 元、年利率 10%，每年末付息、到期一次还本债券。该债券筹集资金用于企业正常生产经营活动，债券的发行价格为 100 000 元，债券承销商按 2%收取发行费，企业取得债券发行价款净额 98 000元。

要求：根据上述业务，计算债券发行实际利率并编制会计分录。(发行价款净额低于债券面值)

【案例 6-3 解答】

（1）2018 年 1 月 1 日发行债券时。

借：银行存款　　98 000

　　应付债券——利息调整　　2 000

　贷：应付债券——面值　　100 000

（2）2018 年 12 月 31 日计提当年利息时。

计算实际利率采用内插法。

$98\,000=100\,000\times10\%\ \{[1-(1+r)^{-5}]/r\}+100\,000\times(1+r)^{-5}$

通过内插法可计算出实际利率 r＝10.54%。其债券计息调整如下表：

债券计息调整表

计息日期	票面利息①	实际利息②	利息调整（摊销折价）③	未调整余额（未调整折价）④	账面价值⑤
		②＝上期⑤×10.54%	③＝①－②	④＝上期④－③	⑤＝上期⑤－③
2018.1.1				2 000	98 000

表(续)

计息日期	票面利息①	实际利息②	利息调整（摊销折价）③	未调整余额（未调整折价）④	账面价值⑤
2018. 12. 31	10 000	10 329. 2	-329. 2	1 670. 8	98 329. 2
2019. 12. 31	10 000	10 363. 90	-363. 9	1 306. 9	98 693. 1
2020. 12. 31	10 000	10 402. 25	-402. 25	904. 65	99 095. 35
2021. 12. 31	10 000	10 444. 65	-444. 65	460. 00	9 954. 00
2022. 12. 31	10 000	10 460. 00	-460. 00	0	100 000
合计	50 000	52 000	-2 000	—	—

注：10 460=10 000+460

(3) 2018 年年末计提计息时。

借：财务费用　　10 329. 2

　贷：应付利息　　10 000

　　　应付债券——利息调整　　329. 2

2018 年年末支付利息时。

借：应付利息　　10 000

　贷：银行存款　　10 000

(4) 2019 年至 2021 年每年年末计提和支付计息同前原理一致（略）。

(5) 2022 年年末计提利息、支付本利时。

借：财务费用　　10 460

　　应付债券——面值　　100 000

　贷：银行存款　　100 000

　　　应付利息　　10 000

　　　应付债券——利息调整　　460

2. 到期一次还本付息

与上述分期付息一次还本债券相比较而言，由于到期一次还本付息债券偿还借款方式的不同，其实际利率的计算方法以及会计核算方法均有较大差异。

【案例 6-4】承【案例 6-2】资料。假设该债券于 2022 年年末到期一次还本付息 150 000元（100 000+100 000×10%×5），其他资料不变。

要求：根据上述业务，计算债券发行实际利率并编制会计分录。(发行价格高于面值的核算)

【案例 6-4 解答】

(1) 2018 年 1 月 1 日发行债券时。

借：银行存款　　107 800

　贷：应付债券——面值　　100 000

　　　　　　——利息调整　　7 800

(2) 2018 年年末计提计息时。

$107\ 800=150\ 000\ (1+r)^{-5}$

用内插法，可计算出实际利率 $r=6.83\%$。其债券计息调整如下表所示：

债券计息调整表

计息日期	票面利息①	实际利息②	利息调整（摊销溢价）③	未调整余额（未调整溢价）④	账面价值⑤
		②=上期⑤×6.83%	③=①-②	④=上期④-③	⑤=上期⑤+②
2018.1.1				7 800	107 800
2018.12.31	10 000	7 362.74	2 637.26	5 162.74	115 162.74
2019.12.31	10 000	7 865.62	2 134.38	3 028.36	123 028.36
2020.12.31	10 000	8 402.84	1 597.16	1 431.2	131 431.2
2021.12.31	10 000	8 976.75	1 023.25	407.95	140 407.95
2022.12.31	10 000	9 592.05	407.95	0	150 000
合计	50 000	42 200	7 800	—	—

注：9 592.05＝150 000－140 407.95

借：财务费用　　7 362.74
　　应付债券——利息调整　　2 637.26
　贷：应付债券——应计利息　　10 000

（3）2019 年至 2021 年每年年末计息（略）。

（4）2022 年末计提利息、偿还本利时。

借：财务费用　　9 592.05
　　应付债券——利息调整　　407.95
　贷：应付债券——应计利息　　10 000
借：应付债券——面值　　100 000
　　　　　　——应计利息　　50 000
　贷：银行存款　　150 000

由于企业实际发行公司债券存在手续费，所以即使企业发行价格等于面值，企业实际收到的金额也是低于面值的，因此平价发行几乎是不存在的，在此不再赘述。

四、长期应付款

（一）长期应付款的含义和核算内容

长期应付款，是指企业除长期借款和应付债券以外的其他各种长期应付款，包括应付融资租入固定资产的租赁费和以分期付款方式购入固定资产、无形资产或存货等发生的应付款项等。

必备能力（基本操作技能）

（二）长期应付款的会计核算

1. 应付融资租入固定资产的租赁费

企业采用融资租赁方式租入的固定资产，应当在租赁开始日，将租赁开始日租赁资产公允价值与最低租赁付款额现值的较低者，加上初始直接费用，作为租入资产的入账价值，借记“固定资产”“在建工程”等账户，按照最低租赁付款额，贷记“长期应付款”账户；按照发生的初始直接费用，贷记“银行存款”等账户；按照差额借记“未确认融资费用”账户。企业在按照合同约定的付款日支付租金时，借记“长期应付款”账户，贷记“银行存款”等账户。

2. 以分期付款方式购买资产的应付款项

如果企业在购买固定资产、无形资产或存货过程中，延期支付的购买价款超过正常信用条件，则该价款实质上具有融资性质。企业应当按照未来分期付款的现值借记“固定资产”“无形资产”“原材料”等账户；按照未来分期付款的总额贷记“长期应付款”账户；按照差额借记“未确认融资费用”账户。企业在按照合同约定的付款日分期支付价款时，借记“长期应付款”账户，贷记“银行存款”等账户。

【案例 6-5】华泰公司采用补偿贸易方式引进一套设备，该设备价款为1 000 000美元，随同设备一起进口的零配件价款为50 000美元，支付的国外运杂费为2 000美元，另以人民币支付进口关税111 500元，国内运杂费为2 000元，安装费为22 000元。设备在一周内即安装完毕，引进设备当日1美元折合5.8元人民币。

要求：编制上述业务的会计分录。

【案例 6-5 解答】

(1) 引入设备时，会计分录如下：

借：在建工程——安装工程　　5 811 600

　　原材料——修理用备件　　290 000

　贷：长期应付款——应付引进设备款——美元户（USD 1 052 000×5. 8）

　　6 101 600

(2) 支付进口关税、国内运杂费和设备安装费时，会计分录如下：

借：在建工程——安装工程　　135 500

　贷：银行存款　　135 500

(3) 将安装完毕的设备及进口工具和零配件交付使用时，会计分录如下：

借：固定资产　　5 947 100

　贷：在建工程——安装工程　　5 947 100

任务二　所有者权益

【案例 6-6】华鑫公司原由投资者A和投资者B共同出资成立，每人出资200 000元，各占50%的股权，经营两年内未发生亏损，也未有未分配利润。第三年，公司决定增加公司资本，此时有一新的投资者C要加入公司。经有关部门批准，华鑫公司实施增资，实收资本增加到900 000元，经三方协议一致同意，完成下述投资后，三方投资各拥有华鑫公司300 000元的实收资本，并各占华鑫公司1/3的股权。各方投资人的出资情况如下：

(1) 投资者A以一台设备投入华鑫公司作为增资。该设备原价180 000元，已提折旧95 000元，评估确认原值180 000元，净值126 000元。

(2) 投资者B以一批原材料投入华鑫公司作为增资。该批材料账面价值105 000元，评估确认价值110 000元，税务部门确认的应交增值税税额为18 700元，投资者B已开具了增值税专用发票。

(3) 投资者C以银行存款投入华鑫公司390 000元。

要求：根据以上资料分别编制华鑫公司接受投资者A、B、C投资时的会计分录。

任务分析：本案例涉及实收资本的含义、构成，接受投资的方式，实收资本的确认条件和计价，不同出资方式的核算等内容。

我国《企业会计准则——基本准则》规定：“所有者权益是指企业资产扣除负债后，由所有者享有的剩余权益。”公司的所有者权益又称股东权益。所有者权益是所有者对企业资产的剩余索取权，既可反映所有者投入资本的保值增值情况，又可体现保护债权人权益的理念。

按照《企业会计准则》的规定，所有者权益包括所有者投入的资本、直接计入所有者权益的利得和损失、留存收益等，通常由实收资本、资本公积、其他综合收益、盈余公积和未分配利润构成。

一、实收资本

（一）实收资本的含义和构成

实收资本是指企业的投资者按照企业章程或合同、协议的约定，实际投入企业的资本。我国实行的是注册资本制，因此，在投资者足额缴纳资本之后，企业的实收资本应该等于企业的注册资本。所有者向企业投入的资本，在一般情况下无须偿还，可以长期周转使用。投资者投入资本按照出资方式可分为货币及等价物投资、实物资产投资和无形资产投资。投入资本按照投资主体可分为国家资本、法人资本、外商资本和个人资本四种。

（二）实收资本的确认和计价

1. 实收资本的确认

企业应按照企业章程、合同、协议或有关规定，根据实际收到的货币、实物及无形资产来确认投入资本。设立公司必须经过中国注册会计师验资。

（1）对于以货币投资的，主要根据收款凭证加以确认与验证。对于外方投资者的外汇投资，应取得利润来源地外汇管理局的证明。

（2）对于以房屋建筑物、机器设备、材料物资等实物资产作价出资的，应以各项有关凭证为依据进行确认，并应进行实物清点、实地勘察以核实有关投资。房屋建筑物应具备产权证明。

（3）对于以专利权、专有技术、商标权、土地使用权等无形资产作价出资的，应以各项有关凭证及文件资料作为确认与验证的依据。外方合营者出资的工业产权与专有技术，必须符合规定的条件。

2. 实收资本的计价

（1）货币资金投资。

以人民币现金投资，应以实际收到或者存入企业开户银行的时间和金额确定入账。

以外币投资，应将外币折算为记账本位币金额入账。有合同约定汇率的，按合同、协议约定汇率折算；合同没有约定汇率的，按收到出资额当日的汇率折算。

（2）实物（固定资产、材料物资）投资，按投资各方合同、协议确认的价值作为实收资本入账。

（3）无形资产投资，一般不得超过企业注册资金的20%，按投资各方确认的价值作为实收资本入账。

（三）账户设置

由于企业的组织形式不同，所有者投入资本的会计处理方法也有所不同。股份有限公司应设置“股本”账户，其他企业应设置“实收资本”账户，核算企业实际收到投资人投入的资本。

“实收资本”账户为所有者权益类账户，用来核算非股份制企业投资者投入资本。该账户贷方登记投入资本的增加；借方登记投入资本的减少；余额在贷方，表示投入资本的实际数额。该账户按照投资人名称设置明细账进行明细核算。

必备能力（基本操作技能）

（四）实收资本的核算

企业收到投资人投入的现金，应当于实际收到或存入企业开户银行时，按实际收到的金额，借记“库存现金”“银行存款”账户；以实物资产投资的，应在办理实物产权转移手续时，借记有关资产账户；以无形资产投资的，应于合同、协议或公司章程规定移交有关凭证时，借记“无形资产”账户。按投入资本在注册资本或股本中所占的份额，贷记“实收资本”账户；按其差额，贷记“资本公积——股本（资本）溢价”账户。

股份有限公司与一般企业相比，其显著的特点在于将企业资本划分为等额股份，并通过发行股票的方式来筹集资本。股份有限公司股票发行的会计核算主要通过“股本”账户进行，仅核算公司发行股票的面值或设定价值部分。在“股本”账户下，按股票种类及股东名称设置明细账。在发行时，记入“股本”账户的金额必须按照股票的票面金额入账，超过部分作为股票溢价，记入“资本公积——股本溢价”账户。

1. 接受货币、实物或无形资产投资

（1）接受货币资产投资时，如果出资额为记账本位币，按照实际收到货币金额，借记“银行存款”账户，按照双方确认记入本金额，贷记“实收资本”账户，按照实际收到货币金额和记入本金额的差额，记入“资本公积——资本溢价”账户。

【案例 6-6 解答】

①接受投资者 C 投资时的会计分录如下：

借：银行存款	390 000	
贷：实收资本		300 000
资本公积——资本溢价		90 000

（2）接收材料、库存商品等物资投资时，应按照投资合同或协议约定价值确定材料物资的价值，但投资合同或协议约定价值不公允的除外。

借：原材料（按投资合同或协议约定的价值记录）

应交税费——应交增值税（进项税额）

贷：实收资本（按投入资本在企业注册资本中所占份额记录）

资本公积——资本溢价

【案例 6-6 解答】

②接受投资者 B 投资时的会计分录如下：

借：原材料	110 000	
应交税费——应交增值税（进项税额）	18 700	
贷：实收资本		100 000
资本公积——资本溢价		28 700

（3）接受投资者固定资产投资

企业接受投资者作价投入的房屋、建筑物、机器设备等固定资产，应按照投资合同或协议约定的价值确定固定资产的价值，但投资合同或协议约定价值不公允的除外。

借：固定资产（投资合同协议约定的价值）

贷：实收资本（按投资者在企业注册资本中应享有的份额）

资本公积——资本溢价（投资合同或协议价值超过投资者在企业注册资本中享有的份额部分）

【案例 6-6 解答】

③接受投资者 A 投资时的会计分录如下：

借：固定资产　　126 000

　贷：实收资本　　100 000

　　　资本公积——资本溢价　　26 000

（4）接受投资者无形资产投资

企业接受投资者作价投入的无形资产，应按照投资合同或协议约定价值确定无形资产的价值，但投资合同或协议约定价值不公允的除外。

借：无形资产（投资合同协议约定的价值）

　贷：实收资本（按投资者在企业注册资本中应享有的份额）

　　　资本公积——资本溢价（投资合同或协议价值超过投资者在企业注册资本中享有的份额部分）

2. 资本公积转增资本

借：资本公积——资本溢价

　贷：实收资本（股本）

二、资本公积

【案例6-7】泰达股份有限公司为经营铝材生产加工企业。

（1）公司于2018年12月5日首次公开发行普通股1 400万股，每股面值1元，每股发行价格为7.5元。泰达公司于12月6日以银行存款支付发行手续费、咨询费和审批费共计100万元，12月30日收到全部股票发行收入。假定不考虑其他因素。

（2）2018年1月1日，公司与3位高管签订股份支付协议，如果企业主营业务收入增长6%，每人将获得公司1 000股股票，预计2018年实现收入增长6%的可能性达到95%。2018年12月31日，公司主营业务收入增长达到6.5%。2018年12月31日，公司股票公允价值为10元/股。

（3）公司注册资本为人民币1 000 000元，合同规定以人民币为记账本位币，2018年12月25日接受外方投资，中外双方的出资比例为6.5∶3.5，外方投入的美元折合为人民币作为投入资本（美元兑人民币汇率为6）。2018年12月30日现收到外方的投资50 000美元，款项已存入银行。当日的外汇牌价为1美元兑换6.50元人民币。

（4）2018年12月1日，公司因扩大经营规模需要，经批准，按原出资比例将资本公积金1 200 000元转增资本，其中，李涛投资比例为25%，张红投资比例为30%，韩月投资比例为45%。

要求：根据以上业务编制会计分录。

任务分析：该案例涉及资本公积的含义、构成、用途、确认、计量和核算。这些知识是以前尚未学习掌握的，下面我们共同学习。

必备知识（理论知识）

（一）资本公积的含义、构成和用途

资本公积是投资者或者他人投入企业，所有权归属于全体投资者，并且投入金额超过其在企业注册资本（或股本）中所占部分的资本。资本公积包括资本（股本）溢价、其他资本公积。资本溢价是公司发行权益债券价格超出所有者权益的部分，股本溢价是公司发行股票的价格超出票面价格的部分，其他资本公积包括拨款转入、关联交易差价、股权投资准备、接受捐赠非现金资产准备在相关资产处置后转入的资本公积。关联交易差价是指上市公司与关联方之间显失公允的关联交易所形成的差价。拨款转入是指企业收到国家拨入的专门用于技术改造、技术研究等的拨款项目完成后，按规定转入资本公积的部分。

按照国家财务制度规定，资本公积只能按照法定程序转增资本。

必备能力（基本操作技能）

（二）账户设置

“资本公积”账户，用来核算和监督企业收到投资者出资超出其在注册资本或股本中所占的份额以及特殊交易事项所形成的资本公积金。该账户属于所有者权益类账户。其借方登记资本公积金减少数；贷方登记资本公积金增加数；期末余额在贷方，表示资本公积金的结存数。该账户应按照“资本（股本）溢价”和“其他资本公积”设置明细账进行明细核算。

（三）资本公积业务核算

1. 企业接受投资者投入的资本、发行股票等形成的资本公积

股份有限公司以发行股票的方式筹集股本，股票是企业签发的证明股东按其所持股份享有权利和承担义务的书面证明。为提供企业股本总额及其构成和注册资本等信息，在采用与股票面值相同价格发行股票的情况下，企业发行股票取得的收入，应全部记入“股本”账户；在采用溢价发行股票的情况下，企业发行股票取得的收入，股票面值的部分记入“股本”账户，超出股票面值的溢价收入记入“资本公积——股本溢价”账户。

【案例 6-7 解答】

(1) 12 月 6 日以银行存款支付发行手续费、咨询费和审批费时：

借：资本公积——股本溢价　　1 000 000

　贷：银行存款　　1 000 000

12 月 30 日收到发行股票收到款时：

借：银行存款　　105 000 000

　贷：股本　　14 000 000

　　　资本公积——股本溢价　　91 000 000

2. 资本公积转增资本

【案例 6-7 解答】

(2) 2018 年 12 月 1 日转增资本时：

借：资本公积　　1 200 000

　贷：实收资本　　1 200 000

三、其他综合收益

必备知识（理论知识）

（一）其他综合收益的含义和内容

其他综合收益，是指企业根据其他会计准则规定未在当期损益中确认的各项利得和损失。它包括以后会计期间不能重分类进损益的其他综合收益和以后会计期间满足规定条件时将重分类进损益的其他综合收益两类。具体包括以下内容：

①可供出售金融资产公允价值变动形成的利得和损失；

②可供出售外币非货币性项目的汇兑差额形成的利得和损失；

③持有至到期投资重分类为可供出售金融资产形成的利得和损失；

④存货或自用房地产转换为采用公允价值模式计量的投资性房地产形成的利得；

⑤权益法核算的长期股权投资，投资方应享有被投资单位实现的其他综合收益的份额；

⑥现金流量套期工具产生的利得或损失中属于有效套期的部分；

⑦外币报表折算差额；

⑧重新计量设定受益计划净负债或净资产形成的变动。

此外，与上述事项相关的所得税影响也是计入其他综合收益的。

必备能力（基本操作技能）

（二）账务处理

（1）可供出售金融资产公允价值的变动。

可供出售金融资产公允价值变动形成的利得，除减值损失和外币货币性金融资产形成的汇兑差额外，其会计分录如下：

借：可供出售金融资产——公允价值变动

　贷：资本公积——其他综合收益

或做相反的会计分录。

（2）可供出售外币非货币性项目的汇兑差额。

对于发生的汇兑损失，其会计分录如下：

借：资本公积——其他综合收益

　贷：可供出售金融资产

对于发生的汇兑收益，做相反的会计分录。

（3）采用权益法核算的长期股权投资。

①被投资单位其他综合收益变动，投资方按持股比例计算应享有的份额，其会计分录如下：

借：长期股权投资——其他综合收益

　贷：资本公积——其他综合收益

被投资单位其他综合收益减少，做相反的会计分录。

②处置采用权益法核算的长期股权投资时，其会计分录如下：

借：资本公积——其他综合收益

　贷：投资收益（或相反分录）

（4）金融资产的重分类。

①将可供出售金融资产重分类为采用成本或摊余成本计量的金融资产。

重分类日，该项金融资产的公允价值或账面价值作为成本或摊余成本。该项金融资产没有固定到期日的，与该金融资产相关、原直接计入所有者权益的利得或损失，仍应记入“其他综合收益”账户，在该金融资产被处置时转入当期损益。

②将持有至到期的投资重分类为可供出售金融资产，并以公允价值进行后续计量。

借：可供出售金融资产（金融资产的公允价值）

　　持有至到期投资减值准备

　贷：持有至到期投资

　　资本公积——其他综合收益（差额，或借方）

产生的“其他综合收益”在该可供出售金融资产发生减值或终止确认时转入当期损益。

（5）权益结算的股利支付、企业以权益结算的股利支付换取职工或其他方提供服务的，应按照确定的金额记入“其他综合收益”账户。

【案例 6-7 解答】

（3）会计分录：

借：管理费用　　30 000

　贷：资本公积——其他综合收益　　30 000

（6）外币报表折算差额。

【案例 6-7 解答】

（4）会计分录：

借：银行存款——美元户（＄50 000×6.5）　　325 000

　贷：实收资本——外方资本（＄50 0000×6）　　300 000

　　　资本公积——其他综合收益　　25 000

【案例 6-8】华泰公司 2017 年实现净利润 2 000 000 元，公司董事会于 2018 年 3 月 31 日通过公司当年利润分配方案，拟对当年实现的净利润进行分配，董事会批准的利润分配方案如下：

利润分配方案

项目	提请批准的方案
提取法定盈余公积	200 000
提取任意盈余公积	300 000
分配现金股利	1 200 000
合计	1 700 000

2018 年 5 月 10 日为股利发放日。

要求：根据上述资料编制会计分录。

任务分析：该案例任务涉及盈余公积金的含义、构成、确认、计量和核算的知识。下面我们共同学习。

四、盈余公积

（一）盈余公积的含义、构成和用途

盈余公积是指企业按照规定从税后利润中提取的积累资金。盈余公积包括法定盈余公积和任意盈余公积。法定盈余公积是指企业按规定从净利润中提取的积累资金。我国公司法规定，企业制企业的法定盈余公积按照税后利润的 10%提取，法定盈余公积累计额已达注册资本的 50%时可以不再提取。任意盈余公积是公司出于实际需要或采取审慎经营策略，从税后利润中提取的一部分留存收益。

盈余公积主要用来弥补企业以前年度亏损和转增资本。

法定盈余公积和任意盈余公积的区别就在于其各自计提的依据不同：前者以国家的法律或行政规章为依据提取；后者则由企业自行决定提取。

（二）账户设置

企业为了核算和监督盈余公积的提取、使用和结存情况，应设置“盈余公积”账户。该账户属于所有者权益类账户。其贷方登记盈余公积的提取数额；借方登记盈余公积的使用数；期末余额在贷方，表示盈余公积的结存数。该账户应按照构成项目“法定盈余公积”和“任意盈余公积”设置明细账进行明细核算。

必备能力（基本操作技能）

（三）盈余公积的会计处理

企业提取盈余公积时，借记“利润分配”账户，贷记“盈余公积——法定（或任意）盈余公积”账户。企业用提取的盈余公积转增资本，应当按照批准的转增资本的数额，借记“盈余公积”账户，贷记“实收资本”或“股本”账户。企业用盈余公积弥补亏损时，借记“盈余公积”账户，贷记“利润分配——盈余公积补亏”账户。

【案例6-8解答】

（1）2018年3月31日公司根据董事会提出的利润分配方案，进行账务处理，编制会计分录如下：

借：利润分配——提取法定盈余公积　　200 000
　　　　　　——提取任意盈余公积　　300 000
　　　　　　——应付现金股利　　1 200 000
　贷：盈余公积——法定盈余公积　　200 000
　　　　　　——任意盈余公积　　300 000
　　　　　　——应付股利　　1 200 000

（2）结转利润分配：

借：利润分配——未分配利润　　1 700 000
　贷：利润分配——提取法定盈余公积　　200 000
　　　　　　——提取任意盈余公积　　300 000
　　　　　　——应付现金股利　　1 200 000

（3）2018年5月10日发放现金股利时：

借：应付股利　　1 200 000
　贷：银行存款　　1 200 000

任务三　金融资产及交易性金融资产

【案例6-9】华泰公司为经营铝材生产加工企业。

（1）2017年12月1日，公司按每股5.5元的价格从二级市场购入A公司每股面值1元的股票60 000股作为交易性金融资产，并支付交易费用1 300元。

（2）2017年12月5日，公司按每股7.6元的价格从二级市场购入B公司每股面值1元的股票35 000股作为交易性金融资产，并支付交易费用1 100元。股票购买价格中包含每股0.2元已宣告但尚未领取的现金股利，该现金股利于2018年4月21日发放。

（3）公司持有A公司股票60 000股。2017年12月20日，A公司宣告2017年股利分配方案，每股分派现金股利0.2元，并于2018年4月20日发放。

（4）2017年12月31日，公司对持有的交易性金融资产按公允价值进行后续计量，确认公允价值变动损益。2017年12月31日，公司持有的交易性金融资产账面价值和公允价值资料如下：

交易性金融资产项目	调整前账面余额	期末公允价值	公允价值变动损益	调整后账面余额
A公司股票	330 000	270 000	-60 000	270 000
B公司股票	259 000	276 000	17 000	276 000

（5）2018年5月10日，公司持有的A公司股票全部售出，实际收到出售价款286 000元。股票出售日，A公司股票账面价值270 000元，其中成本330 000元，公允价值变动（贷方）60 000元。

要求：根据以上业务资料编制会计分录。

任务分析：该案例任务涉及金融资产的含义、确认条件、构成内容及其相关知识和交易性金融资产的确认条件和核算。由于金融资产种类繁多，构成项目很多，且分类等与我国投资者习惯有较大差异，所以内容较深，学习困难较大，我们共同勉励、互相学习。

一、金融资产

金融资产是指一切代表未来收益或资产合法要求权的凭证，也称金融工具或证券。金融资产是一切可以在有组织的金融市场上进行交易、具有现实价格和未来估价的金融工具的总称。

金融工具，是指形成一方的金融资产并形成其他方的金融负债或权益工具的合同。

（一）金融资产的确认条件

金融资产，是指企业持有的现金、其他方的权益工具以及符合下列条件之一的资产：

（1）从其他方收取现金或其他金融资产的合同权利。

（2）在潜在有利条件下，与其他方交换金融资产或金融负债的合同权利。

（3）将来须用或可用企业自身权益工具进行结算的非衍生工具合同，且企业根据该合同将收到可变数量的自身权益工具。

（4）将来须用或可用企业自身权益工具进行结算的衍生工具合同，但以固定数量的自身权益工具交换固定金额的现金或其他金融资产的衍生工具合同除外。

其中，企业自身权益工具不包括应当按照《企业会计准则第 37 号——金融工具列报》分类为权益工具的可回售工具或发行方仅在清算时才有义务向另一方按比例交付其净资产的金融工具，也不包括本身就要求在未来收取或交付企业自身权益工具的合同。

金融资产的最大特征是能够在市场交易中为其所有者提供即期或远期的货币收入流量。金融资产可分为现金与现金等价物和其他金融资产两类。现金与现金等价物是指个人拥有的以现金形式或高流动性资产形式存在的资产。所谓高流动性资产主要是指各类银行存款、货币市场基金和人寿保险现金收入。其他金融资产是指个人由于投资行为而形成的资产，如各类股票和债券等。它主要包括库存现金、银行存款、应收账款、应收票据、贷款、其他应收款、应收利息、债权投资、股权投资、基金投资、衍生金融资产等。

衍生工具，是指属于本准则范围并同时具备下列特征的金融工具或其他合同：

①其价值随特定利率、金融工具价格、商品价格、汇率、价格指数、费率指数、信用等级、信用指数或其他变量的变动而变动，变量为非金融变量的，该变量不应与合同的任何一方存在特定关系。

②不要求初始净投资，或者与对市场因素变化预期有类似反应的其他合同相比，要求较少的初始净投资。

③在未来某一日期结算。

常见的衍生工具包括远期合同、期货合同、互换合同和期权合同等。

（二）金融资产分类

企业应当根据其管理金融资产的业务模式和金融资产的合同现金流量特征，将金融资产划分为以下三类：

（1）以摊余成本计量的金融资产——银行存款、贷款、应收项目和持有至到期投资等。

（2）以公允价值计量且其变动计入其他综合收益的金融资产——可供出售金融资产、长期股权投资等。

（3）以公允价值计量且其变动计入当期损益的金融资产——交易性金融资产。

企业管理金融资产的业务模式，是指企业如何管理其金融资产以产生现金流量。业务模式决定企业所管理金融资产现金流量的来源是收取合同现金流量、出售金融资产还是两者兼有。企业管理金融资产的业务模式，应当以企业关键管理人员决定的对金融资产进行管理的特定业务目标为基础确定。企业确定管理金融资产的业务模式，应当以客观事实为依据，不得以按照合理预期不会发生的情形为基础确定。

根据《企业会计准则第 22 号——金融工具确认和计量》（2018 年）第三十三条的规

定，企业初始确认金融资产或金融负债，应当按照公允价值计量。对于以公允价值计量且其变动计入当期损益的金融资产和金融负债，相关交易费用应当直接记入当期损益；对于其他类别的金融资产或金融负债，相关交易费用应当记入初始确认金额。

交易费用，是指可直接归属于购买、发行或处置金融工具的增量费用。增量费用是指企业没有发生购买、发行或处置相关金融工具的情形就不会发生的费用，包括支付给代理机构、咨询公司、券商、证券交易所、政府有关部门等的手续费、佣金、相关税费以及其他必要支出，不包括债券溢价、折价、融资费用、内部管理成本和持有成本等与交易不直接相关的费用。

根据《企业会计准则第 22 号——金融工具确认和计量》（2018 年）第三十五条的规定，初始确认后，企业应当对不同类别的金融资产，分别以摊余成本、以公允价值计量且其变动计入其他综合收益或以公允价值计量且其变动计入当期损益进行后续计量。

（三）金融资产的终止确认

金融资产或金融负债终止确认，是指企业将之前确认的金融资产或金融负债从其资产负债表中予以转出。

金融资产满足下列条件之一的，应当终止确认：

（1）收取该金融资产现金流量的合同权利终止。

（2）该金融资产已转移，且该转移满足《企业会计准则第 23 号——金融资产转移》关于金融资产终止确认的规定。

由于银行存款、贷款、应收项目在本教材前面已经学过，在此不再赘述。在此我们就交易性金融资产、持有至到期投资和可供出售金融资产开展学习。

二、交易性金融资产

（一）交易性金融资产的含义、划分条件

交易性金融资产是指企业以赚差价为目的而持有，准备近期内出售而持有的债券投资、股票投资和基金投资等金融资产。

根据《企业会计准则第 22 号——金融工具的确认和计量》（2018 年）第十九条的规定，满足以下条件之一的金融资产应当划分为交易性金融资产：

（1）取得相关金融资产或承担相关金融负债的目的，主要是为了近期出售或回购。

（2）相关金融资产或金融负债在初始确认时属于集中管理的可辨认金融工具组合的一部分，且有客观证据表明近期实际存在短期获利模式。

（3）相关金融资产或金融负债属于衍生工具。但符合财务担保合同定义的衍生工具以及被指定为有效套期工具的衍生工具除外。

在初始确认时，如果能够消除或显著减少会计错配，企业可以将金融资产指定为以公允价值计量且其变动计入当期损益的金融资产。该指定一经做出，不得撤销。

（二）交易性金融资产的特征

（1）企业持有的目的是短期性的，即在初次确认时即确定其持有目的是短期获利。一般此处的短期也应该是不超过一年（包括一年）。

（2）该资产具有活跃市场，公允价值能够通过活跃市场获取。

（3）交易性金融资产持有期间不计提资产减值损失。

（三）账户设置

为了核算交易性金融资产的取得、收取现金股利及利息、处置等业务，企业应当设置“交易性金融资产”账户。该账户为资产类账户，用来核算企业为交易目的以公允价值计量且其变动计入当期损益的金融资产，包括为交易目的所持有的债券投资、股票投资、基金投资、权证投资等和直接指定为以公允价值计量且其变动计入当期损益的金融资产。其借方登记交易性金融资产取得成本、资产负债表日其公允价值高于账面余额的差额；贷方登记资产负债表日其公允价值低于账面余额的差额、企业出售交易性金融资产时结转的成本；期末余额在借方，反映企业截至期末交易性金融资产公允价值。该账户应当按照交易性金融资产的类别和品种，分别以“成本”“公允价值变动”进行明细核算。

为了核算企业投资性房地产、债务重组、非货币交换、交易性金融资产等公允价值变动形成的应计入当期损益的利得或损失（公允价值与账面价值之间的差额），应设置“公允价值变动损益”账户。该账户是损益类账户，用来核算交易性金融资产等因公允价值变动而形成的应计入当期损益的利得或损失。其借方登记资产负债表日企业持有的交易性金融资产等的公允价值低于账面余额的差额（即公允价值损失）及公允价值利得的结转；贷方登记资产负债表日企业持有的交易性金融资产等的公允价值高于账面余额的差额（即公允价值利得）及公允价值损失的结转；结转后无余额。

必备能力（基本操作技能）

（四）交易性金融资产的账务处理

1. 交易性金融资产的取得

交易性金融资产应当按照取得时的公允价值作为初始入账金额，记入“交易性金融资产——成本”账户，相关的交易费用在发生时直接记入当期损益的“投资收益”账户。

企业取得交易性金融资产所支付的价款中，如果包含已宣告但尚未发放的现金股利或已到付息期但尚未领取的债券利息，应记入“应收股利（或应收利息）”账户。

2. 持有期间的会计处理

在持有交易性金融资产期间被投资单位宣告发放的现金股利或债券利息，借记“应收股利（或应收利息）”账户，贷记“投资收益”账户。收到现金股利或利息时，借记“银行存款”账户，贷记“应收股利（或应收利息）”账户。

3. 交易性金融资产的期末计量

交易性金融资产的期末计量，是指采用一定的价值标准，对交易性金融资产的期末价值进行后续计量，并以此列示于资产负债表中的会计程序。

资产负债表日交易性金融资产应当按照公允价值计量，公允价值与账面余额之间的差额计入当期损益。如果公允价值高于账面余额的差额，借记“交易性金融资产——公允价值变动”账户，贷记“公允价值变动损益”账户；如果公允价值低于其账面余额的差额，做相反的会计分录。

4. 交易性金融资产的处置

出售交易性金融资产时，应当将该金融资产出售时的公允价值与其初始入账金额之间的差额确认为投资收益，同时调整公允价值变动损益。交易性金融资产的处置损益，是指处置交易性金融资产实际收到的价款减去所处置交易性金融资产账面余额后的差额。

企业应按照出售交易性金融资产实际收到的金额，借记“银行存款”等账户，按该交易性金融资产账面余额，贷记“交易性金融资产”账户，按其差额，借记或贷记“投资收益”账户；同时结转该交易性金融资产“公允价值变动损益”入投资收益，借记或贷记“公允价值变动损益”账户，贷记或借记“投资收益”账户。

【案例 6-9 解答】

（1）2017 年 12 月 1 日，公司购入 A 公司股票时：

初始购入成本 = 5.5 × 60 000 = 330 000（元）

借：交易性金融资产——A 公司股票——成本	330 000
投资收益	1 300

贷：其他货币资金——存出投资款 331 300

（2）2017 年 12 月 5 日，购入 B 公司股票时：

初始购入成本=（7.6-0.2）×35 000=259 000（元）

借：交易性金融资产——B 公司股票——成本 259 000
　　应收股利 7 000
　　投资收益 1 100
　贷：其他货币资金——存出投资款 267 100

2018 年 4 月 21 日，收到发放的现金股利时：

借：银行存款 7 000
　贷：应收股利 7 000

（3）2017 年 12 月 20 日，A 公司宣告分派现金股利时：

应收现金股利=0.2×60 000=12 000（元）

借：应收股利 12 000
　贷：投资收益 12 000

2018 年 4 月 20 日发放现金股利时：

借：银行存款 12 000
　贷：应收股利 12 000

（4）2017 年 12 月 31 日交易性金融资产期末计量时：

借：公允价值变动损益 60 000
　贷：交易性金融资产——A 公司股票——公允价值变动 60 000

借：交易性金融资产——B 公司股票——公允价值变动 17 000
　贷：公允价值变动损益 17 000

（5）2018 年 5 月 10 日，公司全部出售 A 公司股票时：

处置收益=286 000-270 000=16 000（元）

借：银行存款 286 000
　　交易性金融资产——A 公司股票——公允价值变动 60 000
　贷：交易性金融资产——A 公司股票——成本 330 000
　　　投资收益 16 000

同时：

借：投资收益 60 000
　贷：公允价值变动损益 60 000

任务四　以摊余成本计量的金融资产 ——持有至到期投资

【案例 6-10】华泰公司为经营铝材生产加工企业。

（1）2×18 年 1 月 1 日，公司支付价款 1 050 000 元（含交易费用）从上海证券交易所购入 A 公司 2×17 年 12 月 5 日发行的 5 年期公司债券 10 000 份，债券票面价值为 100 元，票面年利率为 5%，于年末支付本年度债券利息（即每年利息为 5 元），本金在债券到期时一次性偿还。公司将其划分为以摊余成本计量的金融资产持有至到期投资。该债券投资的实际利率为 3.89%。

（2）2×18 年 1 月 3 日，公司支付价款 95 元（含交易费用）从上海证券交易所购入 B

公司2×17年12月9日发行的5年期公司债券1份，债券票面价值为100元，票面年利率为5%，于年末支付本年度债券利息（即每年利息为5元），本金在债券到期时一次性偿还。公司将其划分为持有至到期投资。该债券投资的实际利率为6.19%。

（3）2×18年1月5日，公司支付价款2 000 000元（含交易费用）从上海证券交易所购入C公司2×17年12月6日发行的5年期公司债券12 500份，债券票面价值值总额为2 500 000元，票面年利率为4.72%，每年年末支付本年度债券利息（即每年利息为118 000元），本金在债券到期时一次性偿还。公司将其划分为持有至到期投资。该债券投资的实际利率为10%。

（4）2×18年12月31日及各年年末计提A公司债券投资利息。

（5）2×18年12月31日及各年年末计提B公司债券投资利息。

（6）根据约定，2×18年12月31日，公司按期收到C公司支付的第1年债券利息118 000元，并且按照摊余成本和实际利率确认的投资收益为200 000元。

（7）2×19年12月31日，公司按期收到C公司支付的第2年债券利息118 000元，并且按照摊余成本和实际利率确认的投资收益为208 200元。

（8）2×19年12月31日，有客观证据表明A公司发生了严重财务困难，假定公司对债券投资确定的减值损失为766 000元。2×21年12月31日，有客观证据表明A公司债券价值已恢复，且客观上与确认该损失后发生的事项有关的，假定公司确定的应恢复的金额为700 000元。

（9）2×22年1月5日，公司将所持有的12 500份C公司债券全部出售，取得价款2 400 000元。在该日，公司该债券投资的账面余额为2 380 562元，其中，成本明细账户为借方余额2 500 000元，利息调整明细账户为贷方余额119 438元。假定该债券投资在持有期间未发生减值。

要求：根据上述业务编制会计分录。

任务分析：本案例涉及以摊余成本计量的金融资产——持有至到期投资的含义、特征，持有至到期投资的确认和计量，购入持有至到期投资、持有期间利息计提和溢折价摊销，坏账准备的计提和出售的账务处理。

一、以摊余成本计量的金融资产——持有至到期投资的含义

持有至到期投资，是指到期日固定、回收金额固定或可确定，且企业有明确意图和能力持有至到期的非衍生金融资产。通常情况下，它包括企业持有的、在活跃市场上有公开报价的国债、企业债券、金融债券等。按照2018年公布《企业会计准则第22号——金融工具确认和计量》第十七条，金融资产同时符合下列条件的，应当分类为以摊余成本计量的金融资产：

（1）企业管理该金融资产的业务模式是以收取合同现金流量为目标。

（2）该金融资产的合同条款规定，在特定日期产生的现金流量，仅为对本金和以未偿付本金金额为基础的利息的支付。

持有至到期投资完全符合以摊余成本计量的金融资产的条件。

企业不能将下列非衍生金融资产划分为持有至到期投资：

（1）初始确认时即被指定为以公允价值计量且其变动计入当期损益的非衍生金融资产，即已确认为交易性金融资产的金融资产。

（2）初始确认时被指定为可供出售的非衍生金融资产。

二、持有至到期投资的特征

持有至到期投资具有以下特征：

1. 到期日固定、回收金额固定或可确定

到期日固定、回收金额固定或可确定是指相关合同明确了投资者在确定的时间内获得或应收取现金流量的金额和时间。

例如，符合持有至到期投资条件的债券投资，其到期日固定、利息和本金金额固定或可确定。而购入的股权投资因其没有固定的到期日，不符合持有至到期投资的条件，不能划分为持有至到期投资。

2. 有明确意图持有至到期

有明确意图持有至到期是指投资者在取得投资时意图明确，准备将投资持有至到期，除非遇到一些企业所不能控制、预期不会重复发生且难以合理预计的独立事件，否则将持有至到期。

存在下列情况之一的，表明企业没有明确意图将金融资产持有至到期：

（1）持有该金融资产的期限不确定。

（2）发生市场利率变化、流动性需要变化、替代投资机会及其投资收益率变化、融资来源和条件变化、外汇风险变化等情况时，将出售该金融资产，但是，无法控制、预期不会重复发生且难以合理预计的独立事项引起的金融资产出售除外。

（3）该金融资产的发行方可以按照明显低于其摊余成本的金额清偿。

（4）其他表明企业没有明确意图将该金融资产持有至到期的情况。

据此，对于发行方可以赎回的债务工具，如发行方行使赎回权，投资者仍可收回其几乎所有初始净投资（含支付的溢价和交易费用），那么投资者可以将此类投资划分为持有至到期投资。但是，对于投资者有权要求发行方赎回的债务工具投资，投资者不能将其划分为持有至到期投资。

3. 有能力持有至到期

有能力持有至到期是指企业有足够的财力资源，并不受外部因素影响将投资持有至到期。存在下列情况之一的，表明企业没有能力将具有固定期限的金融资产投资持有至到期：

（1）没有可利用的财力资源持续地为该金融资产投资提供资金支持，以使该金融资产持有至到期。

（2）受法律、行政法规的限制，使企业难以将该金融资产投资持有至到期。

（3）其他表明企业没有能力将具有固定期限的金融资产投资持有至到期的情况。

三、以摊余成本计量的金融资产——持有至到期投资的确认和计量

根据《企业会计准则第22号——金融工具确认和计量》第三十八条的规定，金融资产或金融负债的摊余成本，应当以该金融资产或金融负债的初始确认金额经下列调整后的结果确定：

（1）扣除已偿还的本金。

（2）加上或减去采用实际利率法将该初始确认金额与到期日金额之间的差额进行摊销形成的累计摊销额。

（3）扣除累计计提的损失准备（仅适用于金融资产）。

实际利率法，是指计算金融资产或金融负债的摊余成本以及将利息收入或利息费用分摊计入各会计期间的方法。

实际利率，是指将金融资产或金融负债在预计存续期的估计未来现金流量，折现为该金融资产账面余额或该金融负债摊余成本所使用的利率。

以摊余成本计量的金融资产——持有至到期投资的计量如下：

初始计量	按公允价值和交易费用之和计量（其中，交易费用在“持有至到期投资——利息调整”账户核算）
后续计量	采用实际利率法，按摊余成本计量
持有至到期投资转换为可供出售金融资产	可供出售金融资产按重分类日公允价值计量，公允价值与原持有至到期投资账面价值的差额计入其他综合收益
处置	处置时，售价与账面价值的差额计入投资收益

如何理解“加上或减去采用实际利率法将该初始确认金额与到期日金额之间的差额进行摊销形成的累计摊销额”，见下图：

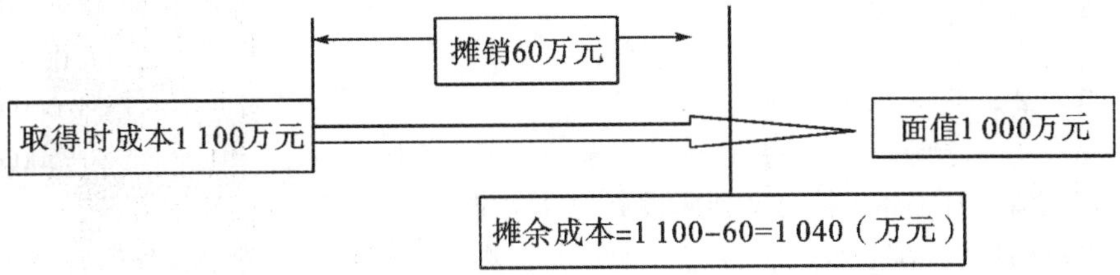

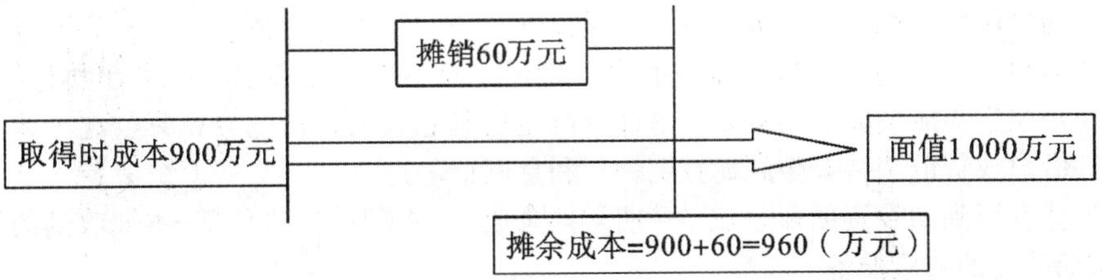

本期计提的利息（确定的利息收入）= 期初摊余成本×实际利率

本期期初摊余成本 = 上期期末摊余成本

期末摊余成本 = 期初摊余成本+本期计提的利息-本期收回的利息和本金-本期计提的减值准备

四、以摊余成本计量的金融资产——持有至到期投资的账户设置

为了核算企业持有至到期投资的购入成本、利息计提和到期价值，企业应当设置“持有至到期投资”账户。该账户属于资产类账户。其借方登记取得持有至到期投资金融资产的投资成本、应计利息和利息调整；贷方登记可供出售金融资产的出售及转入其他投资的金融资产；期末余额一般在借方，反映该持有至到期投资的期末摊余成本。该账户按照持有至到期投资的类别和品种，分别以“成本”“利息调整”“应计利息”等进行明细核算。其中，“利息调整”实际上反映企业债券投资溢价和折价的相应摊销。

必备能力（基本操作技能）

五、以摊余成本计量的金融资产——持有至到期投资的账务处理

持有至到期投资应采用实际利率法，按摊余成本计量。摊余成本为持有至到期投资初始金额扣除已偿还的本金和加上或减去累计摊销额以及扣除减值损失后的金额。

企业取得持有至到期投资时，应按该投资的面值（含已到付息期而尚未领取的利息），借记“持有至到期投资——成本”账户，按照实际支付金额贷记“银行存款”等账户，按其差额，借记或贷记“持有至到期投资——利息调整”账户。

【案例 6-10 解答】

（1）会计分录如下：

借：持有至到期投资——A 公司债券——成本　　1 000 000

　　　　　　　　　　　　　　——利息调整　　50 000

　贷：其他货币资金——存出投资款　　1 050 000

（2）会计分录如下：

借：持有至到期投资——B 公司债券——成本　　100

　贷：其他货币资金——存出投资款　　95

　　　持有至到期投资——B 公司债券——利息调整　　5

（3）会计分录如下：

借：持有至到期投资——C 公司债券——成本　　2 500 000

　贷：其他货币资金——存出投资款　　2 000 000

　　　持有至到期投资——C 公司债券——利息调整　　500 000

资产负债表日，如果持有至到期投资为分期付息、一次还本债券投资的，应按票面利率计算确定的应收未收利息，借记“应收利息”账户，按持有至到期投资摊余成本和实际利率计算确定的利息收入，贷记“投资收益”账户，按其差额，借记或贷记“持有至到期投资——利息调整”账户。如果持有至到期投资为一次还本付息债券投资，应于资产负债表日按票面利率计算确定的应收未收利息，借记“持有至到期投资——应计利息”账户，按持有至到期投资摊余成本和实际利率计算确定的利息收入，贷记“投资收益”账户，按照其差额借记或贷记“持有至到期投资——利息调整”账户。

期末持有至到期投资的摊余成本=期初摊余成本+本期计提的利息-本期收到的利息和本金-本期计提的减值准备

企业收到持有至到期投资支付的价款中包含的已到付息期的债券利息，借记“银行存款”账户，贷记“投资收益”账户。

企业收到分期付息、一次还本持有至到期投资持有期间支付的利息，借记“银行存款”账户，贷记“应收利息”账户。

【案例 6-10 解答】

（4）A 公司债券投资利息：

①2×18 年 12 月 31 日计提 A 公司债券利息、摊销溢价时：

票面利息=1 000 000×5%=50 000（元）

实际利息=1 050 000×3.89%=40 845（元）

借：应收利息　　50 000

　贷：投资收益　　40 845

　　　持有至到期投资——利息调整（差额）　　9 155

2×18 年 12 月 31 日的摊余成本=1 050 000-9 155=1 040 845（元）

②2×19 年 12 月 31 日摊销时：

票面利息=1 000 000×5%=50 000（元）

实际利息=1 040 845×3.89%=40 488.87（元）

借：应收利息（面值×票面利率）　　50 000

　贷：投资收益　　40 488.87

　　　持有至到期投资——利息调整（差额）　　9 511.13

2×19 年 12 月 31 日的摊余成本=1 040 845-9 511.13=1 031 333.87（元）

③2×20 年 12 月 31 日摊销时：

票面利息＝1 000 000×5%＝50 000（元）

实际利息＝1 031 333. 87×3. 89%＝40 118. 89（元）

借：应收利息（面值×票面利率） 50 000

贷：投资收益 40 118. 89

持有至到期投资——利息调整（差额） 9 881. 11

2×20 年 12 月 31 日的摊余成本＝1 031 333. 87−9 881. 11＝1 021 822. 74（元）

④2×21 年 12 月 31 日摊销时：

票面利息＝1 000 000×5%＝50 000（元）

实际利息＝1 021 822. 74×3. 89%＝39 748. 9（元）

借：应收利息（面值×票面利率） 50 000

贷：投资收益（摊余成本×实际利率） 39 748. 90

持有至到期投资——利息调整（差额） 10 251. 10

2×21 年 12 月 31 日的摊余成本＝1 021 822. 74−10 251. 1＝1 011 571. 64（元）

⑤2×22 年 12 月 31 日摊销时：

票面利息＝1 000 000×5%＝50 000（元）

借：应收利息（面值×票面利率） 50 000

贷：投资收益（摊余成本×实际利率） 38 428. 36

持有至到期投资——利息调整（差额） 11 571. 64

2×22 年 12 月 31 日的摊余成本＝1 011 571. 64−11 571. 64＝1 000 000（元）

（5）2×18 年 12 月 31 日计提 B 公司债券利息、摊销折价时：

①2×18 年 12 月 31 日摊销时：

票面利息＝100×5%＝5（元）

实际利息＝95×6. 19%＝5. 88（元）

借：应收利息（面值×票面利率） 5

持有至到期投资——利息调整（差额） 0. 88

贷：投资收益（摊余成本×实际利率） 5. 88

2×18 年 12 月 31 日的摊余成本＝95+0. 88＝95. 88（元）

②2×19 年 12 月 31 日摊销时：

票面利息＝100×5%＝5（元）

实际利息＝95. 88×6. 19%＝5. 93（元）

借：应收利息（面值×票面利率） 5

持有至到期投资——利息调整（差额） 0. 93

贷：投资收益（摊余成本×实际利率） 5. 93

2×19 年 12 月 31 日的摊余成本＝95. 88+0. 93＝96. 81（元）

③2×20 年 12 月 31 日摊销时：

票面利息＝100×5%＝5（元）

实际利息＝96. 81×6. 19%＝5. 99（元）

借：应收利息（面值×票面利率） 5

持有至到期投资——利息调整（差额） 0. 99

贷：投资收益（摊余成本×实际利率） 5. 99

2×20 年 12 月 31 日的摊余成本＝96. 81+0. 99＝97. 80（元）

④2×21 年 12 月 31 日摊销时：

票面利息＝100×5%＝5（元）

实际利息＝97.80×6.19%＝6.05（元）

借：应收利息（面值×票面利率） 5

　　持有至到期投资——利息调整（差额） 1.05

　贷：投资收益（摊余成本×实际利率） 6.05

2×21 年 12 月 31 日的摊余成本＝97.80+1.05＝98.85（元）

⑤2×22 年 12 月 31 日摊销时：

票面利息＝100×5%＝5（元）

利息调整＝100−98.85＝1.15（元）

投资收益＝5+1.15＝6.15（元）

借：应收利息（面值×票面利率） 5

　　持有至到期投资——利息调整（差额） 1.15

　贷：投资收益（摊余成本×实际利率） 6.15

2×22 年 12 月 31 日的摊余成本＝100（元）

（6）公司应做如下会计分录：

①2×18 年 12 月 31 日，确认 C 公司债券实际利息收入、摊销折价时，会计分录如下：

借：应收利息——C 公司 118 000

　　持有至到期投资——C 公司债券——利息调整 82 000

　贷：投资收益——C 公司债券 200 000

②收到债券利息时，会计分录如下：

借：其他货币资金——存出投资款 118 000

　贷：应收利息——C 公司 118 000

（7）2×19 年 12 月 31 日，确认 C 公司债券实际利息收入、摊销折价时，会计分录如下：

借：应收利息——C 公司 118 000

　　持有至到期投资——C 公司债券——利息调整 90 200

　贷：投资收益——C 公司债券 208 200

收到债券利息时，会计分录如下：

借：其他货币资金——存出投资款 118 000

　贷：应收利息——C 公司 118 000

出售持有至到期投资时，应按实际收到的金额，借记“银行存款”等账户，已计提减值准备的，借记“持有至到期投资减值准备”账户，按其账面余额，贷记“持有至到期投资（利息调整、应计利息）”账户，按其差额，贷记或借记“投资收益”账户。

【案例 6-10 解答】

（8）公司应编制如下会计分录：

借：其他货币资金——存出投资款 2 400 000

　　持有至到期投资——C 公司债券——利息调整 119 438

　贷：持有至到期投资——C 公司债券——成本 2 500 000

　　　投资收益——C 公司债券 19 438

持有至到期投资以摊余成本进行后续计量的，其发生减值时，应当将该持有至到期投资的账面价值与预计未来现金流量现值之间的差额确认为减值损失，计入当期损益。

为了核算企业持有至到期投资的减值准备，企业应设置“持有至到期投资减值准备”

账户。本账户应当按照持有至到期投资类别和品种进行明细核算。资产负债表日，持有至到期投资发生减值的，按应减记的金额，借记“资产减值损失”账户，贷记“持有至到期投资减值准备”账户。

已计提减值准备的持有至到期投资价值以后又得以恢复，应在原已计提的减值准备金额内，按恢复增加的金额，借记“持有至到期投资减值准备”，贷记“资产减值损失”账户。

【案例 6-10 解答】

(9) 公司账务处理如下：

①2×19 年 12 月 31 日，确认 A 公司债券投资的减值损失时：

借：资产减值损失——计提的持有至到期投资减值准备——A 公司债券

766 000

　贷：持有至到期投资减值准备——A 公司债券　766 000

②2×21 年 12 月 31 日，确认 A 公司债券投资减值损失的转回时：

借：持有至到期投资减值准备——A 公司债券　700 000

　贷：资产减值损失——计提的持有至到期投资减值准备——A 公司债券　700 000

拓展任务

拓展知识（理论知识）

任务五　可供出售金融资产

一、可供出售金融资产的含义

可供出售金融资产是指企业初始确认时即被指定为可供出售的非衍生金融资产，以及没有划分为以公允价值计量且其变动计入当期损益的金融资产、持有至到期投资、贷款和应收款项的金融资产。比如，企业购入的在活跃市场上有报价的股票、债券和基金等，没有划分为以公允价值计量且其变动计入当期损益的金融资产或持有至到期投资等金融资产的，可归为此类。存在活跃市场并有报价的金融资产到底应该划分为哪类金融资产，完全由管理者的意图和金融资产的分类条件决定。

二、可供出售金融资产的确认与计量

1. 可供出售金融资产的确认

对于公允价值能够可靠计量的金融资产，企业可以将其直接指定为可供出售金融资产。

(1) 如果企业没有将其划分为前三类金融资产，则应将其作为可供出售金融资产处理。相对于交易性金融资产而言，可供出售金融资产的持有意图不明确。例如，在活跃市场上有报价的股票投资、债券投资等。

(2) 限售股权的分类：①企业在股权分置改革过程中持有对被投资单位在重大影响以上的股权，应当作为长期股权投资，视对被投资单位的影响程度，分别采用成本法或权益法核算；企业在股权分置改革过程中持有对被投资单位不具有控制、共同控制或重大影响的股权，应当划分为可供出售金融资产。②企业持有上市公司限售股权且对上市公司不具有控制、共同控制或重大影响的，应当按金融工具确认和计量准则规定，将该限售股权划分为可供出售金融资产，除了满足该准则规定条件划分为以公允价值计量且其变动计入当期损益的金融资产。确定条件总结如下表：

在二级市场购入A公司股票，对被投资企业无控制、无共同控制、无重大影响	准备近期出售	交易性金融资产
	不准备近期出售	可供出售金融资产
	属于限售股权	可供出售金融资产/交易性金融资产
在二级市场购入B公司认股权证		交易性金融资产
购入C、D、E公司股权	拥有C公司5%的股权，C公司是一家非上市公司，不存在活跃市场的公开报价。（年末由于无法获得C公司股份的公开市场报价，可以采用市场乘数法确定其公允价值）	可供出售金融资产
	拥有D公司80%的股权，对被投资单位具有控制	长期股权投资 成本法
	拥有E公司30%的股权，对被投资单位具有共同控制或重大影响	长期股权投资 权益法
在二级市场购入F公司的债券	准备近期出售	交易性金融资产
	不准备近期出售但也不准备持有至到期	可供出售金融资产
	准备持有至到期且有充裕的现金	持有至到期投资

2. 初始计量

可供出售金融资产，应当按公允价值和交易费用计量。

注意：相关交易费用应当计入初始确认金额。企业取得金融资产所支付的价款中包含的已宣告但尚未发放的现金股利或已到付息期但尚未领取的债券利息，应当单独确认为应收项目进行处理。

3. 后续计量

可供出售金融资产的后续计量见下图：

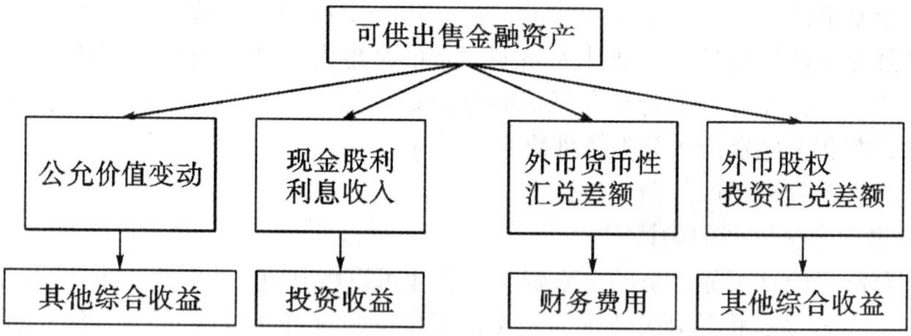

交易性金融资产与可供出售金融资产计量的相同点和不同点见下图：

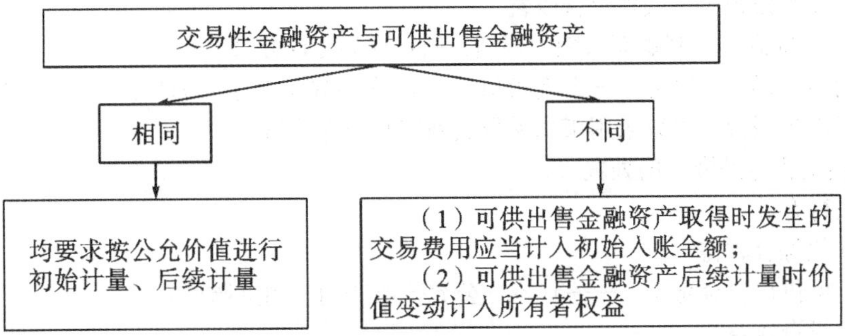

三、账户设置

为了核算和监督可供出售金融资产的取得、处置等业务，企业应设置“可供出售金融资产”账户。该账户核算企业持有的可供出售金融资产的价值，包括划分为可供出售的股票投资、债券投资等金融资产。该账户为资产类账户。其借方登记企业取得可供出售金融资产的成本、公允价值变动收益等；贷方登记企业处置可供出售金融资产的账面价值、公允价值变动损失等；期末余额在借方，反映企业期末可供出售金融资产账面价值。该账户分别按照“成本”“公允价值变动”“利息调整”“应计利息”设置明细账进行明细核算。

四、可供出售金融资产的核算

拓展能力

1. 企业取得可供出售金融资产时

（1）如果为股票投资：

借：可供出售金融资产——成本

　　应收股利

　贷：银行存款

（2）如果为债券投资：

借：可供出售金融资产——成本

　　应收利息

　　可供出售金融资产——利息调整

　贷：银行存款

　　　可供出售金融资产——利息调整

2. 资产负债表日，可供出售金融资产为债券，确认利息收入、摊销溢折价

（1）可供出售金融资产为分期付息、一次还本债券：

借：应收利息

　　可供出售金融资产——利息调整

　贷：投资收益

　　　可供出售金融资产——利息调整

（2）可供出售金融资产为一次还本付息债券：

将上述“应收利息”替换为“可供出售金融资产——应计利息”，其他不变。

3. 资产负债表日确认公允价值变动

对公允价值变动的处理，与交易性金融资产（计入当期损益，通常为投资收益）不同。

（1）可供出售金融资产的公允价值高于其账面余额的差额。

借：可供出售金融资产——公允价值变动

贷：资本公积——其他综合收益

（2）公允价值低于其账面余额的差额，做相反的会计分录。

《企业会计准则第39号——公允价值计量》准则规定，年末如果无法获得被投资公司股份的公开市场报价，可以采用市场乘数法确定其公允价值。

4. 可供出售金融资产的处置

借：银行存款

其他综合收益

贷：可供出售金融资产——成本、公允价值变动、利息调整等

投资收益

其他综合收益

【案例6-11】华泰公司为非上市公司，按年对外提供财务报告，适用的所得税税率为25%。该公司有关股票投资业务如下：

（1）2×18年9月6日，购买A公司发行的股票300万股，成交价为每股14.7元，其中包含已宣告但尚未发放的现金股利每股0.2元，另付交易费用10万元，占A公司表决权资本的5%。划分为可供出售金融资产。

（2）2×18年9月20日，收到上述现金股利。

（3）2×18年12月31日，该股票每股市价为15元。

（4）2×19年4月3日，A公司宣告发放现金股利每股0.3元。4月30日，华泰公司收到现金股利。

（5）2×19年12月31日，该股票每股市价为13元，公司预计股票价格下跌是暂时的。

（6）2×20年6月6日，华泰公司出售A公司全部股票，出售价格为每股17元，另支付交易费用12万元。

要求：根据以上业务编制会计分录。

【案例6-11解答】

（1）2×18年9月6日购买可供出售金融资产时，依据股票交易交割单和资金划拨单，做如下会计分录：

初始确认金额=300×（14.7-0.2）+10=4 360（万元）

借：可供出售金融资产——成本	43 600 000	
应收股利	600 000	
贷：银行存款		44 200 000

（2）2×18年9月20日，收到上述现金股利时，编制会计分录如下：

借：银行存款	600 000	
贷：应收股利		600 000

（3）2×18年12月31日，确认可供出售金融资产公允价值变动损益。

公允价值变动损益=300×15-4 360=140（万元）

借：可供出售金融资产——公允价值变动	1 400 000	
贷：资本公积——其他综合收益		1 400 000

2×18年“可供出售金融资产”项目列示金额=300×15=4 500（万元）

（4）2×19年4月3日，A公司宣告发放现金股利每股0.3元时。

借：应收股利	900 000	
贷：投资收益		900 000

4月30日，华泰公司收到现金股利时。

借：银行存款	900 000	

贷：应收股利 900 000

（5）2×19 年 12 月 31 日，确认可供出售金融资产公允价值变动损益。

公允价值变动损益＝300×（13－15）＝－600（万元）

借：资本公积——其他综合收益 6 000 000

贷：可供出售金融资产——公允价值变动 6 000 000

（6）2×20 年 6 月 6 日，华泰公司出售 A 公司全部股票，出售价格为每股 17 元，另支付交易费用 12 万元。

成本＝4 360（万元）

公允价值变动＝140－600＝－460（万元）（贷方）

借：银行存款 50 880 000

可供出售金融资产——公允价值变动 4 600 000

贷：可供出售金融资产——成本 43 600 000

资本公积——其他综合收益 4 600 000

投资收益 7 280 000

任务六 长期股权投资

【案例 6－12】2×18 年 5 月 15 日，华泰公司以银行存款购买诚远股份有限公司的股票 100 000 股作为长期投资，占被投资单位股份的 55%，每股买入价为 10 元，每股价格中包含 0.2 元的已宣告未分派的现金股利，另支付相关税费 7 000 元。

（1）2×18 年 6 月 20 日，华泰公司收到诚远股份有限公司分来的购买该股票时已宣告分派的股利 20 000 元。

（2）2×19 年 6 月 20 日，华泰公司收到诚远股份有限公司宣告分配 2018 年现金股利的通知，应分得现金股利 5 000 元。

（3）2×19 年 12 月 31 日，华泰公司计提长期股权投资减值准备 70 000 元。

（4）2×20 年 1 月 10 日，华泰公司将诚远股份有限公司的股票以每股 15 元的价格卖出，支付相关税费 9 000 元，取得价款 1 500 000 元，款项已由银行收妥。

要求：根据上述资料编制华泰公司上述业务的会计分录。

任务分析：本案例涉及长期股权投资的含义、确认条件和计量，长期股权投资的账户设置、核算方法和相互之间的转化。

拓展知识（理论知识）

一、长期股权投资的含义、目的和特点

按照《企业会计准则第 2 号——长期股权投资》（2014 年）的规定，长期股权投资，是指投资方对被投资单位实施控制、重大影响的权益性投资，以及对其合营企业的权益性投资。企业对其他单位的长期股权投资，通常是为长期持有，以期通过股权投资达到控制被投资单位，或对被投资单位施加重大影响，或与被投资单位建立密切关系，以分散经营风险的目的。

长期股权投资的特点：①投资以经营战略实现为目的，是为了获取长期经济利益、分散经营风险而非获取短期利益。长期股权投资通常以经营领域拓展、战略资源控制、开辟物资供应和流通渠道、建立长期贸易关系等战略目标的实现为目的。为了实现上述战略目标就必须长期持有股权，通过被投资单位的经营获利，而不能重点考虑价差收益。②长期股权投资的投资期限较长。

二、长期股权投资适用范围

明确界定长期股权投资的范围，是对长期股权投资进行正确确认、计量和报告的前提。根据长期股权投资准则的规定，长期股权投资包括以下几个方面：

（1）投资方能够对被投资单位实施控制的权益性投资，即对子公司投资。控制，是指投资方拥有对被投资单位的权力，通过参与被投资单位的相关活动而享有可变回报，并且有能力运用对被投资单位的权力影响其回报金额。关于控制和相关活动的理解及具体判断，见《企业会计准则第33号——合并财务报表》（以下简称“合并财务报表准则”）及其应用指南（2014年）的相关内容。

（2）投资方与其他合营方一同对被投资单位实施共同控制且对被投资单位净资产享有权利的权益性投资，即对合营企业投资。共同控制，是指按照相关约定对某项安排所共有的控制，并且该安排的相关活动必须经过分享控制权的参与方一致同意后才能决策。

（3）投资方对被投资单位具有重大影响的权益性投资，即对联营企业投资。重大影响，是指对一个企业的财务和经营政策有参与决策的权力，但并不能够控制或者与其他方一起共同控制这些政策的制定。

实务中，较为常见的重大影响体现为在被投资单位的董事会或类似权力机构中派有代表，通过在被投资单位财务和经营决策制定过程中的发言权实施重大影响。投资方直接或通过子公司间接持有被投资单位20%以上但低于50%的表决权资本时，一般认为对被投资单位具有重大影响，除非有明确的证据表明该种情况下不能参与被投资单位的生产经营决策，不形成重大影响。

企业通常可以通过以下一种或几种情形来判断是否对被投资单位具有重大影响：

①在被投资单位的董事会或类似权力机构中派有代表。

②参与被投资单位财务和经营政策制定过程。

③与被投资单位之间发生重要交易。

④向被投资单位派出管理人员。

⑤向被投资单位提供关键技术资料。

（4）企业对被投资单位不具有控制、共同控制或重大影响，且在活跃市场中没有报价，公允价值不能可靠计量的权益性投资。

三、长期股权投资的计量

拓展能力

（一）长期股权投资初始投资成本的确认（即长期股权投资取得的核算）

企业合并形成的长期股权投资，应当按照下列规定确定其初始投资成本：

1. 同一控制下的企业合并形成长期股权投资

同一控制下企业合并是指参与合并的企业在合并前后均受同一方或相同的多方最终控制且该控制并非暂时性的企业合并。同一控制下企业合并，在合并日取得对其他参与合并企业控制权的一方称为合并方，参与合并的其他企业称为被合并方。对于同一控制下的企业合并，在合并中不涉及自少数股东手中购买股权的情况下，合并方应遵循以下原则进行相关的处理：

（1）合并方在合并中确认取得的被合并方的资产和负债仅限于被合并方账面上原已确认的资产和负债，合并中不产生新的资产和负债。

（2）合并方在合并中取得的被合并方各项资产和负债应维持其在被合并方的原账面价值不变。被合并方在企业合并前采用的会计政策与合并方不一致的，首先统一会计政策，即合并方应当按照本企业会计政策对被合并方资产、负债的账面价值进行调整，并以调整后的账面价值作为有关资产、负债的入账价值。

（3）合并方在合并中取得的净资产的入账价值相对于为进行企业合并支付的对价账面价值之间的差额，不作为资产的处置损益，不影响企业合并当期的利润表，有关差额应调整所有者权益相关项目。

同一控制下的企业合并，本质上不作为购买，而是两个或多个会计主体权益的整合。合并方在企业合并中取得的价值量相对于所放弃价值量之间存在差额的，应当调整所有者权益。在根据合并差额调整合并方的所有者权益时，应首先调整资本公积（资本溢价或股本溢价）。资本公积（资本溢价或股本溢价）的余额不足冲减的，应冲减留存收益。

同一控制下的企业合并对价方式有合并方以支付现金、转让非现金资产或承担债务方式作为合并对价和以发行权益性证券作为合并对价两种。

①合并方以支付现金、转让非现金资产或承担债务方式作为合并对价的，应当在合并日按照被合并方所有者权益在最终控制方合并财务报表中的账面价值的份额作为长期股权投资的初始投资成本。长期股权投资初始投资成本与支付的现金、转让的非现金资产以及所承担债务账面价值之间的差额，应当调整资本公积；资本公积不足冲减的，调整留存收益。

合并方为企业发行的债券或承担其他债务方式支付的手续费、佣金等，应当计入所发行债券及其他债务的初始计量金额；为进行企业合并发生的各项直接相关费用，如为进行企业合并而支付的审计、评估、法律服务等费用，应当于发生时直接计入当期损益（管理费用）。

合并方应当在合并当日按照被合并方所有者权益在最终控制方合并财务报表中的账面价值的份额作为长期股权投资的初始投资成本，借记“长期股权投资——成本”账户，按照享有被投资单位已宣告但尚未发放的现金股利或利润，借记“应收股利”账户，按照支付的合并对价的账面价值，贷记“银行存款”“固定资产清理”等账户，按照长期股权投资初始投资成本与作为对价的账面价值之间的差额，借记或贷记“资本公积——资本溢价或股本溢价”账户，如果“资本公积”贷方余额不足冲减的，应当调整留存收益（即借记“盈余公积”账户和“利润分配——未分配利润”账户）。

【案例 6-13】华泰公司、向阳公司和智源公司同为和鑫公司的子公司，且会计政策和估计一致。

（1）2018 年 1 月 1 日华泰公司与向阳公司达成合并协议，约定华泰公司以固定资产、无形资产和 2 000 万元银行存款向向阳公司投资，占向阳公司股份总额的 70%，华泰公司投出固定资产的账面原价为 1 800 万元，已计提折旧 500 万元，已计提固定资产减值准备 100 万元；付出无形资产账面原价 900 万元，已摊销金额 100 万元，未计提无形资产减值准备；付出银行存款 2 000 万元。2018 年 3 月 1 日，华泰公司实际取得向阳公司的控制权。当日，向阳公司所有者权益总额账面价值为 5 000 万元，华泰公司“资本公积——股本溢价”账户余额 450 万元，华泰公司盈余公积 200 万元。

（2）2018 年 5 月 3 日，华泰公司与智源公司达成合并协议，约定华泰公司以增发的权益性证券作为对价向智源公司投资，占智源公司股份总额的 80%。2018 年 6 月 30 日，华泰公司增发股票成功，共增发普通股 2 000 万股，每股面值 1 元，股票公允价值为 2 元，支付发行手续费、佣金等费用 50 万元。2018 年 7 月 31 日，华泰公司取得对智源公司的控制权，当日智源公司所有者权益总额为 5 000 万元。

（3）2018 年 8 月 1 日，华泰公司与泰达公司达成合并协议，约定华泰公司以一条生产线和银行存款 500 万元向泰达公司投资，占泰达公司股份总额的 55%。该固定资产的账面原价为 8 000 万元，已计提累计折旧 1 500 万元，已计提固定资产减值准备 500 万元，公允价值为 7 000万元。假定华泰公司和泰达公司在此前不存在任何投资关系，不考虑相关税费。

要求：根据以上业务对华泰公司业务编制会计分录。

【案例 6-13 解答】

（1）华泰公司合并向阳公司的账务处理。

①华泰公司转销参与合并固定资产。

借：固定资产清理　　12 000 000

　　累计折旧　　5 000 000

　　固定资产减值准备　　1 000 000

　贷：固定资产　　18 000 000

②确认华泰公司长期股权投资初始投资成本。

长期股权投资初始成本＝5 000×70%＝3 500（万元）

合并投出（对价）资产账面价值＝1 200+（900−100）+2 000＝4 000（万元）

合并投出（对价）资产账面价值 4 000 万元>长期股权投资初始投资成本 3 500 万元，高出的 500 万元应冲减华泰公司“资本公积——股本溢价”450 万元，不足部分 50 万元应冲减“盈余公积”。会计分录如下：

借：长期股权投资　　35 000 000

　　累计摊销　　1 000 000

　　资本公积——股本溢价　　4 500 000

　　盈余公积　　500 000

　贷：固定资产清理　　12 000 000

　　　无形资产　　9 000 000

　　　银行存款　　20 000 000

②合并方以发行权益性证券作为合并对价的，应当在合并日按照被合并方所有者权益在最终控制方合并财务报表中的账面价值的份额作为长期股权投资的初始投资成本。按照发行股份的面值总额作为股本，长期股权投资初始投资成本与所发行股份面值总额之间的差额，应当调整资本公积；资本公积不足冲减的，调整留存收益。

【案例 6-13 解答】

（2）华泰公司确认长期股权投资初始投资成本时：

长期股权投资初始投资成本＝5 000×80%＝4 000（万元）

借：长期股权投资——成本　　40 000 000

　贷：股本　　20 000 000

　　　资本公积——股本溢价　　20 000 000

支付股票发行费用时：

借：资本公积——股本溢价　　500 000

　贷：银行存款　　500 000

2. 非同一控制下的企业合并

非同一控制下的企业合并，是指参与合并各方在合并前后不受同一方或相同的多方最终控制的交易合并，即排除判断属于同一控制下的企业合并的情况以外的其他的企业合并。在购买日取得对其他参与合并企业控制权的一方称为购买方，参与合并的其他企业称为被购买方。

非同一控制下的企业合并，购买方应将企业合并作为一项购买交易，合并成本以购买方所付出的资产、发生或承担的负债及发行的权益性证券的公允价值计量。购买方作为合并对价付出的资产，应当按照其公允价值对该资产进行会计处理，其中，付出资产为固定资产、无形资产的，其付出资产的公允价值与账面价值的差额，计入营业外收入或营业外支出；付出资产为存货的，应当作为销售处理，以其公允价值确认收入，同时按其账面价值结转成本，涉及增值税的，还应进行相应处理。具体如下：①通过一次交换交易实现的企业合并，合并成本为购买方在购买日为取得对被购买方的控制权而付出的资产、发生或承担的负债以及发行的权益性证券的公允价值。②通过多次交易分步实现的企业合并，合并成本为购买方已经持有的被购买方股本在购买日（或交易日）的公允价值以及购买日支付其他对价的公允价值之和。在合并合同或协议中对可能影响合并成本的未来事项做出约定的，购买日如果估计未来事项很可能发生并且对合并成本的影响能够可靠计量的，购买方应当将其计入合并成本。

购买方为进行企业合并而发行债券支付的手续费、佣金等费用，应当计入所发行债券及其他债务的初始计量金额，不构成长期股权投资的初始成本；购买方为进行企业合并而发行权益性证券支付的手续费、佣金等费用，应当抵减权益性证券的溢价发行收入（资本公积），溢价发行收入不足冲减的，冲减留存收益。

合并方或购买方为企业合并发生的审计、法律服务、评估咨询等中介费用以及其他相关管理费用，应当于发生时计入当期损益。

购买方应在购买日按照确定的企业合并成本作为长期股权投资初始投资成本，借记“长期股权投资——成本”账户，按照享有被投资单位已宣告但尚未发放的现金股利或利润，借记“应收股利”账户，按照支付合并对价的账面价值，贷记有关资产等账户，将发生的直接相关费用，贷记“银行存款”等账户，按其差额，贷记“营业外收入”或“营业外支出”等账户，同时，发行权益性证券过程中支付的手续费、佣金等费用，借记“资本公积——资本溢价或股本溢价”账户，贷记“银行存款”等账户，溢价发行收入不足冲减的，应依次借记“盈余公积”“利润分配——未分配利润”等账户。

【案例6-13解答】

（3）结转合并投出固定资产账面价值。

借：固定资产清理　　60 000 000
　　累计折旧　　15 000 000
　　固定资产减值准备　　5 000 000
　贷：固定资产　　80 000 000

确认长期股权投资初始投资成本=7 000+500=7 500（万元）>合并对价资产账面价值6 500万元（6 000+500）的1 000万元计入营业外收入。

借：长期股权投资——成本　　75 000 000
　贷：固定资产清理　　60 000 000
　　银行存款　　5 000 000
　　营业外收入　　10 000 000

如果该生产流水线的公允价值为5 500万元，则长期股权投资初始投资成本=5 500+500=6 000（万元）<合并对价资产账面价值6 500万元（6 000+500）的500万元计入营业外支出。

借：长期股权投资——成本　　60 000 000
　　营业外支出　　5 000 000
　贷：固定资产清理　　60 000 000
　　银行存款　　5 000 000

除企业合并形成的长期股权投资以外，其他方式取得的长期股权投资，应当按照下列规定确定其初始投资成本：

（1）以支付现金取得的长期股权投资，应当按照实际支付的购买价款作为初始投资成本。初始投资成本包括与取得长期股权投资直接相关的费用、税金及其他必要支出。

（2）以发行权益性证券取得的长期股权投资，应当按照发行权益性证券的公允价值作为初始投资成本。与发行权益性证券直接相关的费用，应当按照《企业会计准则第 37 号——金融工具列报》的有关规定确定。

（3）通过非货币性资产交换取得的长期股权投资，其初始投资成本应当按照《企业会计准则第 7 号——非货币性资产交换》的有关规定确定。这些内容将在高级会计实务中学习，在此不再赘述。

（4）通过债务重组取得的长期股权投资，其初始投资成本应当按照《企业会计准则第 12 号——债务重组》的有关规定确定。这些内容将在高级会计实务中学习，在此不再赘述。

（二）长期股权投资的后续计量

（1）投资方能够对被投资单位实施控制的长期股权投资应当采用成本法核算。

采用成本法核算的长期股权投资应当按照初始投资成本计价。追加或收回投资应当调整长期股权投资的成本。被投资单位宣告分派的现金股利或利润，应当确认为当期投资收益。

（2）投资方对联营企业和合营企业的长期股权投资，应当采用权益法核算。

①投资方对联营企业的权益性投资，其中一部分通过风险投资机构、共同基金、信托公司或包括投连险基金在内的类似主体间接持有的，无论以上主体是否对这部分投资具有重大影响，投资方都可以按照《企业会计准则第 22 号——金融工具确认和计量》的有关规定，对间接持有的该部分投资选择以公允价值计量且其变动计入损益，记入“交易性金融资产”账户，并对其余部分采用权益法核算。

②长期股权投资的初始投资成本大于投资时应享有被投资单位可辨认净资产公允价值份额的，不调整长期股权投资的初始投资成本；长期股权投资的初始投资成本小于投资时应享有被投资单位可辨认净资产公允价值份额的，其差额应当计入当期损益，同时调整长期股权投资的成本。

③投资方取得长期股权投资后，应当按照应享有或应分担的被投资单位实现的净损益和其他综合收益的份额，分别确认投资收益和其他综合收益，同时调整长期股权投资的账面价值；投资方按照被投资单位宣告分派的利润或现金股利计算应享有的部分，相应减少长期股权投资的账面价值；投资方对于被投资单位除净损益、其他综合收益和利润分配以外所有者权益的其他变动，应当调整长期股权投资的账面价值并计入所有者权益。

投资方在确认应享有被投资单位净损益的份额时，应当以取得投资时被投资单位可辨认净资产的公允价值为基础，对被投资单位的净利润进行调整后确认。

被投资单位采用的会计政策及会计期间与投资方不一致的，应当按照投资方的会计政策及会计期间对被投资单位的财务报表进行调整，并据以确认投资收益和其他综合收益等。

投资方确认被投资单位发生的净亏损，应当以长期股权投资的账面价值以及其他实质上构成对被投资单位净投资的长期权益减记至零为限，投资方负有承担额外损失义务的除外。

被投资单位以后实现净利润的，投资方在其收益分享额弥补未确认的亏损分担额后，恢复确认收益分享额。

④投资方计算确认应享有或应分担被投资单位的净损益时，与联营企业、合营企业之间发生的未实现内部交易损益按照应享有的比例计算归属于投资方的部分，应当予以抵销，在此基础上确认投资收益。

⑤投资方与被投资单位发生的未实现内部交易损失，按照《企业会计准则第 8 号——资产减值》等的有关规定属于资产减值损失的，应当全额确认。

（3）处置长期股权投资，其账面价值与实际取得价款之间的差额，应当计入当期损益。

采用权益法核算的长期股权投资，在处置该项投资时，采用与被投资单位直接处置相关资产或负债相同的基础，按相应比例对原计入其他资本公积的部分进行会计处理。

（4）投资方应当关注长期股权投资的账面价值是否大于享有被投资单位所有者权益账面价值的份额等类似情况。出现类似情况时，投资方应当按照《企业会计准则第8号——资产减值》对长期股权投资进行减值测试，可收回金额低于长期股权投资账面价值的，应当计提减值准备。

四、长期股权投资成本法

（一）成本法的含义和适用范围

长期股权投资成本法，指长期股权投资的价值通常按照初始投资成本计量，除在收到清算性股利和追加或收回投资外，一般不对长期股权投资账面价值进行调整的方法。

长期股权投资成本法的适用范围：

（1）投资方能够对被投资单位实施控制的长期股权投资。控制是指有权决定一个企业的财务和经营政策，并能据以从该企业的经营活动中获取利益。

控制包括两种情形：①投资方拥有被投资单位50%以上的表决权资本，具有直接控制、间接控制、直接加间接控制三种形式。②投资方虽然未拥有被投资单位半数以上的表决权资本，但通过其他方式可以对被投资单位实施有效控制，具体包括：通过与其他投资者协议，投资方拥有被投资单位50%以上的表决权资本；根据章程或协议，投资方有权控制被投资单位的财务和经营政策；投资方有权任免被投资单位董事会等类似权力机构的多数成员；投资方在被投资单位董事会等类似权力机构会议上有半数以上的表决权。

（2）投资方对被投资单位不具有共同控制或重大影响，并且在活跃市场中没有报价、公允价值不能可靠计量的长期股权投资。①共同控制，是指按照合同约定对某项经济活动所共有的控制。共同控制与合营企业相联系。②重大影响，是指对一个企业的财务和经营政策有参与决策的权力。重大影响与联营企业相联系。投资企业应直接或通过子公司间接拥有被投资单位20%以上（含20%）但低于50%的表决权股份。

（二）长期股权投资的取得

长期股权投资取得时，应按照初始投资成本计价。以支付现金、非现金资产等其他方式取得的长期股权投资，借记“长期股权投资”账户，贷记“银行存款”等账户。如果实际支付的价款中包含已宣告但尚未发放的现金股利或利润，借记“应收股利”账户，贷记“银行存款”账户。

（三）长期股权投资持有期间被投资单位宣告发放现金股利或利润

当被投资单位宣告发放现金股利时，投资方按投资持股比例计算的份额，借记“应收股利”账户，贷记“投资收益”账户。

（四）长期股权投资的处置

处置长期股权投资时，按实际取得的价款与长期股权投资账面价值的差额确认为投资损益，并应同时结转已计提的长期股权投资减值准备。企业处置长期股权投资时，应按实际收到的金额，借记“银行存款”等账户，按原已计提减值准备，借记“长期股权投资减值准备”账户，按该项长期股权投资的账面余额，贷记“长期股权投资”账户，按尚未领取的现金股利或利润，贷记“应收股利”账户，按其差额，贷记或借记“投资收益”账户。

【案例6-12解答】

（1）2×18年5月15日，计算初始投资成本。

股票成交金额＝100 000×10＝ 1 000 000（元）

加：相关税费7 000（元）

减：已宣告分派的现金股利 =100 000×0.2=20 000（元）

长期股权投资初始投资成本=1 000 000+7 000-20 000=987 000（元）

借：长期股权投资——诚远股份有限公司　　987 000

　　应收股利——诚远股份有限公司　　20 000

　贷：其他货币资金——存出投资款　　1 007 000

（2）2×18 年 6 月 20 日收到诚远股份有限公司分来的购买该股票时已宣告分派的股利 20 000 元。

借：银行存款　　20 000

　贷：应收股利——诚远股份有限公司　　20 000

（3）2×19 年 6 月 20 日收到诚远股份有限公司宣告分配 2×18 年现金股利的通知，应分得现金股利 5 000 元。

借：应收股利——诚远股份有限公司　　5 000

　贷：投资收益　　5 000

（4）2×19 年 12 月 31 日，计提长期股权投资减值准备 70 000 元。

借：资产减值损失——计提长期股权投资减值准备　　70 000

　贷：长期股权投资减值准备　　70 000

（5）2×20 年 1 月 10 日，以每股 15 元的价格卖出，支付相关税费 9 000 元，取得价款 1 500 000元，款项已由银行收妥。

股票转让取得净价款　1 500 000-9 000=1 491 000（元）

减：投资账面余额　987 000 - 70 000=917 000（元）

投资收益=574 000（元）

借：其他货币资金——存出投资款　　1 491 000

　　长期股权投资减值准备　　70 000

　贷：长期股权投资——诚远股份有限公司　　987 000

　　　投资收益　　574 000

五、长期股权投资权益法

【案例 6-14】2×18 年 1 月 1 日至 2×20 年 1 月 13 日华泰公司发生下列与长期股权投资有关的经济业务：

（1）2×18 年 1 月 1 日从证券市场购入乙公司 40%的股份进行长期股权投资，对乙公司能够施加重大影响，购入时支付价款 550 万元，其中包括已宣告但尚未发放的现金股利 20 万元，同时支付相关税费 10 万元，购入时乙公司可辨认净资产的公允价值为 1 500 万元。

（2）2×18 年 1 月 5 日收到现金股利 20 万元。

（3）2×18 年乙公司实现净利润 600 万元。

（4）2×19 年 1 月 1 日，乙公司宣告分派现金股利 400 万元。

（5）2×19 年 1 月 5 日，华泰公司收到现金股利。

（6）2×19 年乙公司实现净利润 1 200 万元。

（7）2×19 年 12 月 31 日，乙公司可供出售金融资产公允价值上升 200 万元。

（8）2×19 年 12 月 31 日，该项长期股权投资的可回收金额为 1 200 万元。

（9）2×20 年 1 月 1 日，乙公司宣告分派现金股利 400 万元。

（10）2×20 年 1 月 5 日，华泰公司收到现金股利。

（11）2×20 年 1 月 13 日，华泰公司将其持有的乙公司 40%的股份全部转让，收到款项 1 300 万元。

要求：根据上述资料，不考虑其他条件，编制上述业务的会计分录。

任务分析：上述业务涉及长期股权投资权益法的含义、适用范围、账户设置，长期股权投资取得、被投资单位实现净损益投资单位的确认，被投资单位其他权益变动投资单位的确认，投资单位处置长期股权投资的账务处理。

（一）权益法的含义和适用范围

长期股权投资权益法是指投资以初始投资成本计量后，在投资持有期间根据投资企业享有被投资单位所有者权益份额的变动对投资的账面价值进行调整的方法。长期股权投资权益法是将长期股权投资理解为投资方在被投资单位拥有的净资产量，被投资方实现净利润、出现亏损、分派现金股利、可供出售金融资产的公允价值变动都会引起投资方净资产量的相应变动，都应调整投资方长期股权投资账面价值。

投资企业对被投资单位具有共同控制或重大影响的长期股权投资，应当采用权益法核算（一般持股比例在20%以上50%以下）。

在权益法下，为了反映被投资方权益变动对投资方长期股权投资账面价值的影响，除应设置“长期股权投资”账户外，还应设置“投资成本”“损益调整”“其他综合收益”和“其他权益变动”等明细账进行明细核算。

（二）长期股权投资权益法的核算

（1）初始投资成本的调整。

取得长期股权投资时，如果长期股权投资的初始投资成本大于投资时应享有被投资单位可辨认净资产公允价值份额的，不调整长期股权投资的初始投资成本，按照长期股权投资初始投资成本，借记“长期股权投资——投资成本”账户，贷记“银行存款”账户；长期股权投资的初始投资成本小于投资时应享有被投资单位可辨认净资产公允价值份额的，按照投资单位享有被投资单位可辨认净资产公允价值份额作为长期股权投资初始投资成本，借记“长期股权投资——投资成本”账户，按照实际购买支付款项金额，贷记“银行存款”账户，应按其差额，贷记“营业外收入”账户（非同一控制下企业合并）或“资本公积”账户（同一控制下企业合并）。

【案例6-14解答】

①2×18年1月1日：

初始投资成本＝550－20＋10＝540（万元）＜被投资单位可辨认资产公允价值1 500×40%＝600（万元）

长期股权投资初始投资成本＝600（万元）

计入营业外收入的金额＝600－540＝60万元

借：长期股权投资——乙公司——投资成本　　6 000 000
　　应收股利——乙公司　　200 000
　贷：其他货币资金——存出投资款　　5 600 000
　　　营业外收入　　600 000

②2×18年1月5日收到乙公司发放现金股利：

借：银行存款　　200 000
　贷：应收股利——乙公司　　200 000

（2）持有期间的净利润或亏损。

投资企业取得长期股权投资后，应当按照应享有被投资单位实现的净利润的份额，调整长期股权投资的账面价值，并确认为当期损益，借记“长期股权投资——损益调整”账户，贷记“投资收益”账户；被投资单位发生净亏损时，编制相反会计分录，但应以“长期股权投资”账户账面价值减记至零为限，借记“投资收益”账户，贷记“长期股权投资

——损益调整”账户。

投资企业按照被投资单位宣告分派的利润或现金股利计算应分得的部分，相应减少长期股权投资的账面价值，借记“应收股利”账户，贷记“长期股权投资——损益调整”账户。

收到被投资方发放的股票股利时，不进行账务处理，但应在备查簿中登记。

【案例 6-14 解答】

③2×18 年 12 月 31 日确认被投资单位净收益时：

华泰公司 2018 年应确认投资收益 = 600×40% = 240（万元）

借：长期股权投资——乙公司——损益调整　　2 400 000

　贷：投资收益　　2 400 000

④2×19 年 1 月 1 日，乙公司宣告分派现金股利时：

华泰公司应收到现金股利 = 400×40% = 160（万元）

借：应收股利——乙公司　　1 600 000

　贷：长期股权投资——乙公司——损益调整　　1 600 000

⑤2×19 年 1 月 5 日，华泰公司收到现金股利时，编制会计分录如下：

借：银行存款　　1 600 000

　贷：应收股利——乙公司　　1 600 000

⑥2×19 年年末华泰公司确认被投资单位净收益时：

华泰公司 2019 年应确认投资收益 = 1 200×40% = 480（万元）

借：长期股权投资——乙公司——损益调整　　4 800 000

　贷：投资收益　　4 800 000

⑦2×20 年 1 月 1 日，乙公司宣告分派现金股利 400 万元：

华泰公司应收到现金股利 = 400×40% = 160（万元）

借：应收股利——乙公司　　1 600 000

　贷：长期股权投资——乙公司——损益调整　　1 600 000

⑧2×20 年 1 月 5 日，华泰公司收到现金股利：

借：银行存款　　1 600 000

　贷：应收股利——乙公司　　1 600 000

（3）被投资单位除净损益以外所有者权益的其他变动。

投资企业对于被投资单位除净损益以外所有者权益的其他变动，按照持股比例确认归属于本企业的部分应当调整长期股权投资的账面价值并计入所有者权益。

在持股比例不变的情况下，被投资单位除净损益以外所有者权益的其他变动，投资企业按持股比例计算应享有的份额，借记或贷记“长期股权投资——其他综合收益”账户，贷记或借记“资本公积——其他综合收益”账户。

【案例 6-14 解答】

⑨2×19 年 12 月 31 日，确认被投资公司其他权益变动对华泰公司的影响：

华泰公司应确认“长期股权投资——其他综合收益”金额 = 200×40% = 80（万元）

借：长期股权投资——其他综合收益　　800 000

　贷：资本公积——其他综合收益　　800 000

（4）长期股权投资减值准备。

长期股权投资的减值以成本法核算的、在活跃市场中没有报价、公允价值不能可靠计量的长期股权投资，其减值应当按照《企业会计准则第 22 号——金融工具确认和计量》处理；其他长期股权投资的减值按照《企业会计准则第 8 号——资产减值》处理。前面已经学过，在此不再赘述。

【案例 6-14 解答】

⑩2×19 年 12 月 31 日，计提长期股权投资减值准备：

长期股权投资账面价值=600+240-160+480+80=1 240（万元）>长期股权投资的可回收金额为 1 200 万元，应计提长期股权投资减值准备 40 万元。会计分录如下：

借：资产减值损失——计提长期股权投资减值准备金	400 000	
贷：长期股权投资减值准备		400 000

（5）长期股权投资的处置。

处置长期股权投资时，按实际取得的价款和长期股权投资账面价值的差额计入当期投资收益，并同时结转已计提的长期股权投资减值准备。同时，还应结转原计入资本公积的金额。

假如长期股权投资的账面价值、损益调整明细账户、其他权益明细账户有借方余额，那么在处置（出售）时就要在贷方转出去。

【案例 6-14 解答】

⑪2×20 年 1 月 13 日处置长期股权投资时：

2×20 年 1 月 13 日长期股权投资账面价值=600+240-160+480+80-160=1 080（万元）

2×20 年 1 月 13 日长期股权投资账面净价值=1 080-40=1 040（万元）

长期股权投资收益=1 300-1 040=260（万元）

收到出售长期股权投资款时，会计分录如下：

借：其他货币资金——存出投资款	13 000 000	
长期股权投资减值准备	400 000	
贷：长期股权投资——乙公司投资成本		6 000 000
——乙公司损益调整		4 000 000
——乙公司其他权益变动		800 000
投资收益		2 600 000

同时结转资本公积，会计分录如下：

借：资本公积——其他综合收益	800 000	
贷：投资收益		800 000

任务七　资金岗位核算实训

一、实训目的

教学目标：通过实训操作，实验者能了解资金核算岗位的职责，掌握资金核算工作相关的基础知识，理解资金核算日常业务的核算。

能力目标：能够根据实验操作资料正确理解原始凭证并能够填制部分原始凭证，掌握资金管理和核算办法，办理资金筹集工作。

知识目标：掌握资金管理和核算办法，填制原始凭证，编制记账凭证。

二、实训要求

（1）填写有关空白原始凭证；

（2）根据原始凭证编制记账凭证。

三、实训资料

（一）公司概况

汇达贸易有限公司有关情况如下：

开户银行：农业银行丰华路支行

账号：20037200780000598

联系电话：0327-87668888

公司地址：力田市丰华路 251 号

（二）该公司发生以下业务

（1）2×18 年 1 月 1 日，公司为建造一栋厂房，向银行借入款项 2 000 000 元，每年年末计提利息，到期一次还本付息。该厂房 1 月 1 日开工，预计 2 年能达到预定可使用状态。

中国农业银行　借款凭证

日期：2×18 年 1 月 1 日

<table>
<tr><td colspan="2">借款人</td><td colspan="3">汇达贸易有限公司</td><td colspan="6">借据编号</td><td colspan="7">131200900123456</td></tr>
<tr><td colspan="2">借款种类</td><td>专门借款</td><td>借款用途</td><td colspan="7">建造厂房</td><td colspan="4">利率%</td><td colspan="3">9</td></tr>
<tr><td rowspan="2">贷款账号</td><td>本币</td><td>20037200780000598</td><td rowspan="2">存款账号</td><td>本币</td><td colspan="13">20037200780000598</td></tr>
<tr><td>外币</td><td></td><td>外币</td><td colspan="13"></td></tr>
<tr><td colspan="2" rowspan="2">币种及金额（大写）</td><td colspan="3" rowspan="2">人民币贰佰万元整</td><td>百</td><td>十</td><td>亿</td><td>千</td><td>百</td><td>十</td><td>万</td><td>千</td><td>百</td><td>十</td><td>元</td><td>角</td><td>分</td></tr>
<tr><td></td><td></td><td></td><td>¥</td><td>2</td><td>0</td><td>0</td><td>0</td><td>0</td><td>0</td><td>0</td><td>0</td><td>0</td></tr>
<tr><td colspan="2">借款合同编号</td><td>农银字（2×18）第 1 号</td><td colspan="2">担保合同编号</td><td colspan="13">1393200900001001</td></tr>
<tr><td colspan="2">借款日期</td><td>2×18 年 1 月 1 日</td><td colspan="2">到期日期</td><td colspan="13">2×21 年 12 月 31 日</td></tr>
<tr><td colspan="18">上述贷款已入借款人账户</td></tr>
</table>

农业银行丰华路支行 2×18.1.1 转账 转讫

（2）2×18 年 4 月 1 日，向银行借入款项 600 000 元，到期一次还本付息。

中国农业银行　借款凭证

日期：2×18 年 4 月 1 日

<table>
<tr><td colspan="2">借款人</td><td colspan="3">汇达贸易有限公司</td><td colspan="6">借据编号</td><td colspan="7">131200900124759</td></tr>
<tr><td colspan="2">借款种类</td><td>临时借款</td><td>借款用途</td><td colspan="7">购买设备</td><td colspan="4">利率%</td><td colspan="3">5</td></tr>
<tr><td rowspan="2">贷款账号</td><td>本币</td><td>20037200780000598</td><td rowspan="2">存款账号</td><td>本币</td><td colspan="13">20037200780000598</td></tr>
<tr><td>外币</td><td></td><td>外币</td><td colspan="13"></td></tr>
<tr><td colspan="2" rowspan="2">币种及金额（大写）</td><td colspan="3" rowspan="2">人民币陆拾万元整</td><td>百</td><td>十</td><td>亿</td><td>千</td><td>百</td><td>十</td><td>万</td><td>千</td><td>百</td><td>十</td><td>元</td><td>角</td><td>分</td></tr>
<tr><td></td><td></td><td></td><td></td><td>¥</td><td>6</td><td>0</td><td>0</td><td>0</td><td>0</td><td>0</td><td>0</td><td>0</td></tr>
<tr><td colspan="2">借款合同编号</td><td>农银字（2×18）第 81 号</td><td colspan="2">担保合同编号</td><td colspan="13">1393200900001234</td></tr>
<tr><td colspan="2">借款日期</td><td>2×18 年 4 月 1 日</td><td colspan="2">到期日期</td><td colspan="13">2×18 年 6 月 30 日</td></tr>
<tr><td colspan="18">上述贷款已入借款人账户</td></tr>
</table>

农业银行丰华路支行 2×18.4.1 转账 转讫

（3）2×18 年 4 月 30 日，计提短期借款利息（见下表）。

借款应付利息计算表

2×18 年 4 月 30 日

起讫期	借款种类	计息积数	日利率	应付利息
4. 1—4. 30				
合计				

审核：　　　　　　　　　　　　　　　　　　　　　　　　　　　　制单：

（4）2×18 年 5 月 31 日，计提短期借款利息（见下表）。

借款应付利息计算表

2×18 年 5 月 31 日

起讫期	借款种类	计息积数	日利率	应付利息
5. 1—5. 31				
合计				

审核：　　　　　　　　　　　　　　　　　　　　　　　　　　　　制单：

（5）2×18 年 6 月 30 日，偿还到期短期借款本金和利息。与此业务相关的凭证如下：

借款应付利息计算表

2×18 年 6 月 30 日

起讫期	借款种类	计息积数	日利率	应付利息
6. 1—6. 30				
合计				

审核：　　　　　　　　　　　　　　　　　　　　　　　　　　　　制单：

中国农业银行　还款凭证　　01—0002819535

收款日期　2×18 年 6 月 30 日

<table>
<tr><td>还款人</td><td>汇达贸易有限公司</td><td>贷款人</td><td colspan="11">汇达贸易有限公司</td></tr>
<tr><td>存款账号</td><td>20037200780000598</td><td>贷款账户</td><td colspan="11">20037200780000598</td></tr>
<tr><td>开户银行</td><td>农业银行丰华路支行</td><td>开户银行</td><td colspan="11">农业银行丰华路支行</td></tr>
<tr><td rowspan="2">本息合计币种（大写）</td><td colspan="2" rowspan="2">人民币陆拾万零柒仟伍佰元整</td><td>亿</td><td>千</td><td>百</td><td>十</td><td>万</td><td>千</td><td>百</td><td>十</td><td>元</td><td>角</td><td>分</td></tr>
<tr><td></td><td></td><td>¥</td><td>6</td><td>0</td><td>7</td><td>5</td><td>0</td><td>0</td><td>0</td><td>0</td></tr>
<tr><td colspan="14">收回 2×18 年 4 月 1 日发放，2×18 年 6 月 30 日到期的贷款
本金：陆拾万元整　利息：柒仟伍佰元整
该笔贷款尚欠本金利息：零元</td></tr>
<tr><td colspan="14">上列款项已从你单位账户扣付

转账日期 2×18 年 6 月 30 日</td></tr>
</table>

农业银行丰华路支行 2×18. 6. 30 转账 转讫

第一联 还款通知

制票：吴华　　　　　　　　复核：孙岩

（6）2×18 年 12 月 31 日，计提长期借款利息（见下表）。

借款应付利息计算表

2×18 年 12 月 31 日

起讫期	借款种类	借款本金	年利率	应付利息
1. 1—12. 31				
合计				

审核：　　　　　　　　制单：

（7）2×18 年 1 月 1 日，公司为研发新产品，经批准委托中亚证券投资公司发行 3 年期，票面利率为 7%，一次还本、分期付息的公司债券 1 000 000 元，债券利息在每年 12 月 31 日支付。假定债券发行时的市场利率为 6%，实际发行价格为 1 027 100 元。预计新产品 2×21年 12 月 31 日研发成功。银行进账单如下：

中国农业银行进账单（回单）

2×18 年 1 月 1 日

出票人	全称	中亚证券投资公司	收款人	全称	汇达贸易有限公司
	账号	10001234900000927		账号	20037200780000598
	开户银行	工商银行开放路支行		开户银行	农业银行丰华路支行
金额	人民币（大写）	壹佰零贰万柒仟壹佰元整			
票据种类		票据张数			
票据号码				农业银行丰华路支行 转账 转讫 开户银行签章 1	
复核：许天鹏　记账：胡玲					

此联是开户银行交给持票人的回单

（8）2×19 年 12 月 31 日，计提长期借款利息（见下表）。

借款应付利息计算表

2×19 年 12 月 31 日

起讫期	借款种类	借款本金	年利率	应付利息
1. 1—12. 31				
合计				

审核：　　　　　　　　　　　　制单：

（9）2×18 年 12 月 31 日，计提应付债券利息（见下表）。

债券利息费用一览表

单位：元

付息日期	支付利息（7%）	利息费用（6%）	摊销的利息调整	应付债券摊余成本
2×18 年 1 月 1 日				
2×18 年 12 月 31 日				
2×19 年 12 月 31 日				
2×20 年 12 月 31 日				
合计				

（10）2×20 年 12 月 31 日，计提长期借款利息（见下表）。

表 6-14

借款应付利息计算表

2×20 年 12 月 31 日

起讫期	借款种类	借款本金	年利率	应付利息
1.1—12.31				
合计				

审核： 制单：

（11）2×21 年 12 月 31 日，偿还长期借款本金和利息。与此业务相关的凭证如下：

表 6-15

借款应付利息计算表

2×21 年 12 月 31 日

起讫期	借款种类	借款本金	年利率	应付利息
1.1—12.31				
合计				

审核： 制单：

中国农业银行 还款凭证 01—0002819535

收款日期 2×21 年 12 月 31 日

还款人	汇达贸易有限公司	贷款人	汇达贸易有限公司										
存款账号	20037200780000598	贷款账户	20037200780000598										
开户银行	农业银行丰华路支行	开户银行	农业银行丰华路支行										
本息合计币种（大写）	农业银行丰华路支行 2×21.12.31 转讫		亿	千	百	十	万	千	百	十	元	角	分
				¥	2	5	4	0	0	0	0	0	0
收回 2×18 年 1 月 1 日发放 2×21 年 12 月 31 日到期的贷款 本金：贰佰万元整 利息：伍拾肆万元整 该笔贷款尚欠本金利息：零元													
上列款项已从你单位账户扣付 转账日期 2×21 年 12 月 31 日													

第一联 还款通知

制票：甄静 复核：陆西

（12）2×19 年 12 月 31 日，计提应付债券利息（见下表）。

债券利息费用一览表　　单位：元

付息日期	支付利息（7%）	利息费用（6%）	摊销的利息调整	应付债券摊余成本
2×18 年 1 月 1 日				
2×18 年 12 月 31 日				
2×19 年 12 月 31 日				
2×20 年 12 月 31 日				
合计				

（13）2×20 年 12 月 31 日，计提应付债券利息（见下表）。

债券利息费用一览表　　单位：元

付息日期	支付利息（7%）	利息费用（6%）	摊销的利息调整	应付债券摊余成本
2×18 年 1 月 1 日				
2×18 年 12 月 31 日				
2×19 年 12 月 31 日				
2×20 年 12 月 31 日				
合计				

（14）2×20 年 12 月 31 日，偿还应付债券本金和利息。与此业务相关的凭证如下：

债券利息费用一览表　　单位：元

付息日期	支付利息（7%）	利息费用（6%）	摊销的利息调整	应付债券摊余成本
2×18 年 1 月 1 日				
2×18 年 12 月 31 日				
2×19 年 12 月 31 日				
2×20 年 12 月 31 日				
合计				

中国农业银行
转账支票存根
IV VII 009589
附加信息________

出票日期 2×20 年 12 月 31 日

收款人：	中亚证券投资公司
金　额：	1 070 000. 00
用　途：	偿还债券本息

单位主管　　　会计

【基本任务训练】

一、单项选择题

1. 企业对应付的商业承兑汇票，如果到期不能足额付款，在会计处理上应将其转作（　　）。

A. 应付账款　　B. 其他应付款

C. 预付账款　　D. 短期借款

2. 按企业会计制度规定，短期借款所发生的利息，一般应计入（　　）。

A. 管理费用　　B. 营业外支出

C. 财务费用　　D. 投资收益

3. 企业为购建固定资产而借入的长期借款，发生的利息支出应（　　）。

A. 全部计入财务费用

B. 全部计入固定资产购建成本

C. 全部计入长期待摊费用

D. 在固定资产达到预定可使用状态之前符合资本化条件的计入固定资产购建成本，其余及以后计入当期损益

4. 就发行债券的企业而言，所获债券溢价收入的实质是（　　）。

A. 为以后少付利息而付出的代价　　B. 为以后多付利息而得到的补偿

C. 为以后少得利息而得到的补偿　　D. 为以后多得利息而付出的代价

5. 某企业用发行债券方式筹资兴建一条生产线，该生产线投产后的债券利息，应计入（　　）。

A. 财务费用　　B. 在建工程

C. 管理费用　　D. 固定资产价值

6. 某企业于 2018 年 10 月 1 日发行票面价值总额为 100 万元的公司债券，该债券票面年利率为 6%，期限为 3 年，面值发行（发行手续费略），到期还本付息。2019 年 6 月 30 日该公司应付债券的账面价值为（　　）万元。

A. 100　　B. 103

C. 104　　D. 104.5

7. 企业以折价方式发行债券时，每期实际负担的利息费用是（　　）。

A. 按票面利率计算的应计利息减去应摊销的折价

B. 按票面利率计算的应计利息加上应摊销的折价

C. 按实际利率计算的应计利息减去应摊销的折价

D. 按实际利率计算的应计利息加上应摊销的折价

8. 下列会计事项中，会引起企业净资产总额变动的是（　　）。

A. 提取盈余公积　　B. 用盈余公积弥补亏损

C. 用盈余公积转增资本　　D. 用未分配利润分派现金股利

9. 盈余公积转增资本时，转增后留存的此项公积金应不少于注册资本的（　　）。

A. 30%　　B. 25%

C. 20%　　D. 50%

10. 下列账户中需按所有者设置明细账的是（　　）。

A. 实收资本　　B. 本年利润

C. 盈余公积　　D. 利润分配

11. 当有限责任公司投资者的投入资本超过注册资本时，超过的部分应当计入公司的

（　　）。

A. 实收资本　　B. 资本公积

C. 盈余公积　　D. 营业外收入

12. 根据我国《企业会计准则第22号——金融工具确认和计量》的规定，企业的交易性金融资产在持有期间取得的现金股利，应确认为（　　）。

A. 投资收益　　B. 营业外收入

C. 财务费用　　D. 交易性金融资产成本的调整

13. 交易性金融资产主要是指企业为了近期内出售而持有的金融资产。下列各项中不属于交易性金融资产的有（　　）。

A. 企业以赚取差价为目的从一级市场购入的股票

B. 企业对联营企业的权益性投资

C. 企业以赚取差价为目的从二级市场购入的认股权证

D. 企业以赚取差价为目的从二级市场购入的开放式基金

14. 某企业于2017年5月18日以赚取差价为目的从二级市场购入某公司股票100 000股，买价3.2元/股，购买价款中包含已宣告但尚未发放的现金股利0.2元/股，另支付给券商佣金600元，印花税320元，过户费100元。当年12月31日，该股票的公允价值为290 000元。次年4月20日企业以2.6元/股的价格将其全部出售。出售时，支付给券商佣金500元，印花税260元，过户费100元。该股票出售时应确认的投资收益是（　　）元。

A. -39 840　　B. -30 860

C. -61880　　D. -40 000

15. 某企业以现金在二级市场购入股票5 000股，每股市价20元。其中含0.2元/股的已宣告但尚未领取的现金股利，另支付印花税3 000元，佣金1 000元，购入的股票作为交易性金融资产。该项交易性金融资产的初始确认金额为（　　）元。

A. 100 000　　B. 104 000

C. 103 000　　D. 99 000

二、多项选择题

1. 企业会计制度规定，下列借款费用中，不予以资本化的有（　　）。

A. 为投资而发生的长期借款费用

B. 固定资产达到预定可使用状态前的专门借款利息

C. 筹建期间发生的长期借款费用

D. 固定资产达到预定可使用状态后的专门借款利息

2. 企业发生的各种借款费用，根据不同的情况，可能借记的会计科目有（　　）。

A. 财务费用　　B. 在建工程

C. 长期待摊费用　　D. 固定资产

3. 下列各项，应作为“长期应付款”核算的有（　　）。

A. 应付的职工统筹退休金

B. 应付的补偿贸易引进设备款

C. 应付的经营租入固定资产租金

D. 应付的融资租入固定资产租赁费

4. 下列各项中，应在“应付债券”账户贷方核算的有（　　）。

A. 债券溢价　　B. 债券折价

C. 债券溢价摊销　　D. 债券折价摊销

5. 长期借款所发生的利息费用，根据长期借款的使用方向，可以将其直接计入的项目有（　　）。

A. 财务费用　　B. 在建工程
C. 营业外支出　　D. 管理费用

6. 企业为了核算对外发行的公司债券，应当在“应付债券”科目下设置的明细科目有（　　）。

A. 债券面值　　B. 债券溢价
C. 债券溢价摊销　　D. 应计利息

7. 应付债券溢价或折价摊销可采用的方法有（　　）。

A. 成本法　　B. 实际利率法
C. 直线法　　D. 权益法

8. 企业发生的下列经济业务中，能增加资本公积的有（　　）。

A. 溢价发行股票　　B. 溢价发行债券
C. 接受捐赠资产　　D. 盘盈固定资产

9. 盈余公积可用于（　　）。

A. 支付股利　　B. 转增资本
C. 弥补亏损　　D. 转为资本公积

10. 下列仅影响所有者权益内部结构变动的项目有（　　）。

A. 用盈余公积弥补亏损　　B. 用盈余公积转增资本
C. 宣告分配现金股利　　D. 分配股票股利

11. 企业从二级市场购入的债券，其初始确认金额不应包括（　　）。

A. 支付给券商的佣金
B. 支付给代理机构的手续费
C. 实际支付的价款中包含的已到付息期但尚未领取的债券利息
D. 实际支付的价款中包含的尚未到付息期的债券利息

12. 按企业会计准则规定，下列项目中，不应记入“投资收益”科目的有（　　）。

A. 成本法核算的被投资企业发生亏损
B. 收到的交易性金融资产利息
C. 权益法核算下，被投资企业宣告发放现金股利
D. 为取得交易性金融资产而支付的相关费用

13. 下列说法中正确的有（　　）。

A. 购入的交易性金融资产实际支付的价款中包含的已宣告但尚未领取的现金股利或已到付息期但尚未领取的债券利息，应单独核算，不构成交易性金融资产的成本
B. 为购入交易性金融资产所支付的相关费用，不计入该资产的成本
C. 为购入交易性金融资产所支付的相关费用，应计入该资产的成本
D. 交易性金融资产在持有期间，收到现金股利，应确认投资收益

14. 资产负债表日，交易性金融资产公允价值超过其账面余额的差额应（　　）。

A. 借记“交易性金融资产（公允价值变动）”科目
B. 贷记“交易性金融资产（公允价值变动）”科目
C. 借记“公允价值变动损益”科目
D. 贷记“公允价值变动损益”科目

15. 下列情况下，投资方应采用权益法核算长期股权投资的是（　　）。

A. 控制　　B. 重大影响
C. 无重大影响　　D. 共同控制

三、判断题

1. 企业按规定用盈余公积弥补以前年度亏损时，应按弥补数额，借记“盈余公积”科目，贷记“本年利润”科目。（　　）

2. “利润分配——未分配利润”明细科目期末借方余额，反映企业历年累积的未弥补亏损。（　　）

3. 当企业投资者投入的资本高于其注册资本时，应当将高出部分计入营业外收入。（　　）

4. 企业在长期股权投资持有期间所取得的现金股利，应全部计入投资收益。（　　）

5. 长期股权投资在成本法核算下，只要被投资单位宣告现金股利就应确认投资收益。（　　）

6. 企业作为交易性金融资产持有的股票投资，在持有期间对于被投资单位宣告发放的现金股利应在实际收到被投资单位发放的现金股利时确认应收项目，并计入当期投资收益。（　　）

7. 资产负债表日，交易性金融资产应当按照公允价值计量，公允价值与账面余额之间的差额计入当期损益。（　　）

8. 长期股权投资中已宣告但尚未领取的现金股利应作为应收股利处理。（　　）

9. 长期股权投资在资产负债表日应按其可收回金额低于其账面价值的差额确认为资产减值损失，计入当期损益，同时计提相应的资产减值准备。（　　）

10. 企业应付各种赔款、应付租金、应付存入保证金等应在“其他应付款”科目核算。（　　）

四、计算与会计处理题

1. 甲公司于2017年1月2日组建为股份有限公司，并以公开发行股票方式募集股本，共发行普通股股票400万股，每股面值1元，每股发行价格1.2元。证券公司代理发行费用共10万元，从发行收入中扣除。现发行完毕，所收股款存入银行。乙公司按发行价格购买甲公司普通股股票240万股（占甲公司全部股份的60%），共支付价款288万元，另付佣金及手续费8万元。

甲公司2017年至2018年有关资料如下：

（1）2017年实现税后利润20万元，提取盈余公积3万元，分派普通股现金股利16万元，并于当年全部支付。

（2）2018年接受外商捐赠设备一台，价值10万元。

（3）2018年发生亏损15万元，本年度未分配现金股利。

要求：

（1）计算甲公司2017年年末和2018年年末的所有者权益总额。

（2）计算乙公司2017年和2018年的投资收益或损失。2017年年末和2018年年末“长期股权投资”科目的账面余额。（不考虑股权投资差额）

2. 甲公司原由投资者A和投资者B共同出资成立，每人出资20万元，各占50%的股份。经营两年后，投资者A和B决定增加公司资本，此时有一新投资者C要求加入甲公司。经有关部门批准后，甲公司实施增资，将实收资本增加到90万元。经三方协商一致同意，完成下述投入后，三方投资者各拥有甲公司30万元实收资本，并各占甲公司1/3的股份。各投资者的出资情况如下：

（1）投资者A以一台设备投入甲公司作为增资，该设备原价18万元，已提折旧95 000元，双方确认价值126 000元。

（2）投资者B以一批原材料投入甲公司作为增资，该批材料账面价值105 000元，各方确认价值 11 万元，税务部门认定应交增值税税额为 18 700 元。投资者 B 已开具了增值税专用发票。

（3）投资者 C 以银行存款投入甲公司 39 万元。

要求：

根据以上资料，分别编制甲公司接受投资者 A、投资者 B 增资时以及投资者 C 初次出资时的会计分录。（“应交税费”科目要求写出二级和三级明细科目）

3. 华远股份有限公司委托某证券公司代理发行普通股 500 万股，每股面值 1 元，每股发行价格 1.5 元。华远股份有限公司与证券公司约定，按发行收入的 2%收取佣金，从发行收入中扣除。假定收到的股款已经收存银行。

要求：

编制华远股份有限公司与上述业务有关的会计分录。

4. A 公司于 2017 年 1 月 1 日从证券市场上购入 B 公司 30%（450 万股）的股份，实际支付价款 640 万元（含支付的相关税费 10 万元），B 公司 2017 年 1 月 1 日的所有者权益为 2 000万元（其中，股本为 1 500 万元，资本公积为 100 万元，盈余公积为 100 万元，未分配利润为 300 万元）。B 公司 2017 年实现净利润为 200 万元，按实现净利润的 10%提取法定盈余公积，5%提取任意公积金。2017 年 B 公司发生亏损 50 万元，用以前年度的未分配利润每股分派现金股利 0.1 元，每 10 股分派股票股利 1 股。2018 年 B 公司接受现金捐赠 60 万元。A 公司采用权益法核算对 B 公司的投资，股权投资差额按 10 年摊销。

要求：

（1）编制 A 公司 2017 年和 2018 年与投资有关的业务的会计分录。

（2）编制 B 公司 2017 年和 2018 年结转盈亏、利润分配和接受现金捐赠等有关业务的会计分录。

（3）计算 A 公司 2017 年 12 月 31 日长期股权投资账户的余额。

【拓展任务训练】

一、单项选择题

1. 可供出售金融资产以公允价值进行后续计量。公允价值变动形成的利得或损失，除减值损失和外币货币性金融资产形成的汇兑差额外，应当直接记入（　　）科目。

A. 营业外支出　　B. 投资收益

C. 公允价值变动损益　　D. 资本公积

2. 持有至到期投资在持有期间应当按照（　　）计算确认利息收入，计入投资收益。

A. 实际利率　　B. 票面利率

C. 市场利率　　D. 合同利率

3. A 公司以 22 万元购入 B 公司的股票共 10 万股，占 B 公司股份的 1%，该股票目前的市价为每股 2 元，每股面值 1 元。B 公司曾在 5 天前宣告分派现金股利，并将在股利宣告日后第 7 天为在册股东分派每股 0.10 元的现金股利。此外，A 公司还支付了股票的过户费等相关税费 0.15 万元。A 公司购入 B 公司股票后将其作为可供出售金融资产管理，则 A 公司应确定的可供出售金融资产的初始投资成本是（　　）万元。

A. 22.15　　B. 20.15

C. 10.15　　D. 21.15

3. 甲公司购入某上市公司发行的期限为 3 年，到期一次还本付息的债券。甲公司准备并有能力持有至到期，则甲公司应将该项投资划分为（　　）。

A. 以摊余成本计价的金融资产

B. 以公允价值计量且变动计入当期损益的金融资产

C. 长期股权投资

D. 以公允价值计量且变动计入综合收益的金融资产

4. 关于可供出售金融资产的计量，下列说法中正确的是（　　）。

A. 应当按取得该金融资产的公允价值和相关交易费用之和作为初始确认金额

B. 应当按取得该金融资产的公允价值作为初始确认金额，相关交易费用计入当期损益

C. 持有期间取得的利息或现金股利，应当冲减成本

D. 资产负债表日，可供出售金融资产应当以公允价值计量，且公允价值变动计入当期损益

5. A 公司于 2018 年 1 月 2 日从证券市场上购入 B 公司于 2017 年 1 月 1 日发行的债券，该债券为 3 年期、票面年利率为 5%、每年 1 月 5 日支付上年度的利息，到期日为 2020 年 1 月 1 日，到期日一次归还本金和最后一次利息。A 公司购入债券的面值为1 000万元，实际支付价款为 1 011.67 万元，另支付相关费用 20 万元。A 公司购入后将其划分为持有至到期投资。购入债券的实际利率为 6%。2018 年 12 月 31 日，A 公司应确认的投资收益为（　　）万元。

A. 58.90　　　　B. 50

C. 49.08　　　　D. 60.70

6. A 公司于 2017 年 4 月 5 日从证券市场上购入 B 公司发行在外的股票 100 万股作为可供出售金融资产，每股支付价款 5 元（含已宣告但尚未发放的现金股利 1 元），另支付相关费用 8 万元。A 公司可出售金融资产取得时的入账价值为（　　）万元。

A. 408　　　　B. 400

C. 500　　　　D. 508

7. A 公司于 2017 年 11 月 5 日从证券市场上购入 B 公司发行在外的股票 200 万股作为可供出售金融资产，每股支付价款 5 元，另支付相关费用 20 万元。2017 年 12 月 31 日，这部分股票的公允价值为 1 050 万元。A 公司 2017 年 12 月 31 日应确认的公允价值变动损益为（　　）万元。

A. 0　　　　B. 收益 50

C. 收益 30　　　　D. 损失 50

8. 某企业股票投资采用权益法核算，当被投资企业宣告发放现金股利时，应借记“应收股利”科目，贷记（　　）。

A.“投资收益”科目

B.“本年利润”科目

C.“长期股权投资——损益调整”科目

D.“以前年度损益调整”科目

9. 甲企业采用权益法核算长期股权投资，被投资企业发生的下列事项中，能引起甲企业的长期股权投资和投资收益都增加的是（　　）。

A. 实现税后利润　　　　B. 向投资者分配利润

C. 收到捐赠的固定资产　　　　D. 法定财产重估增值

10. 企业购买上市交易的股票，若支付的价款中含有已宣告发放但尚未领取的现金股利，应将这部分股利记入（　　）科目。

A.“短期投资”　　　　B.“长期股权投资”

C.“应收股利”　　　　D.“财务费用”

二、多项选择题

1. 以下各项资产减值损失中，一经确认，在以后会计期间不得转回的有（　　）。

A. 存货减值损失　　B. 长期股权投资减值损失

C. 固定资产减值损失　　D. 无形资产减值损失

2. 以支付现金取得的长期股权投资的初始入账价值包括（　　）。

A. 实际支付的价款中包含的已宣告但尚未领取的利润

B. 实际支付的价款中包含的已宣告但尚未领取的现金股利

C. 与取得长期股权投资直接相关的费用

D. 与取得长期股权投资直接相关的税金

3. 企业应当在初始确认金融资产时，将其划分为（　　）。

A. 以公允价值计量且其变动计入当期损益的金融资产

B. 以摊余成本计价的金融资产

C. 长期股权投资

D. 以公允价值计量且其变动计入综合收益的金融资产

4. 下对各项中，会引起持有至到期投资账面价值发生增减变动的有（　　）。

A. 计提持有至到期投资减值准备

B. 确认分期付息持有至到期投资利息

C. 确认到期一次付息持有至到期投资利息

D. 采用实际利率法摊销初始确认金额与到期日金额之间的差额

5. 关于金融资产的后续计量，下列说法中正确的有（　　）。

A. 资产负债表日，企业应将"以公允价值计量且其变动计入当期损益"的金融资产的公允价值变动计入当期损益

B. 持有至到期投资在持有期间应当按照摊余成本和实际利率计算确认利息收入，计入投资收益

C. 资产负债表日，可供出售金融资产应当以公允价值计量，且公允价值变动计入资本公积

D. 资产负债表日，可供出售金融资产应当以公允价值计量，且公允价值变动计入当期损益

三、判断题

1. 长期股权投资中已宣告但尚未领取的现金股利应作为应收股利处理。（　　）

2. 长期股权投资在资产负债表日应按其可收回金额低于其账面价值的差额确认为资产减值损失，计入当期损益，同时计提相应的资产减值准备。（　　）

3. 对持有至到期投资、贷款和应收款项等金融资产的减值损失一经确认，不得转回。（　　）

4. 对于已确认减值损失的可供出售权益工具，在随后的会计期间公允价值已上升且客观上与原减值损失确认后发生的事项有关的，原确认的减值损失应当予以转回，计入当期损益。（　　）

5. 可供出售金融资产发生减值后，利息收入应当按照票面利率计算确认。（　　）

四、账务处理题

1. 2017 年 5 月 6 日，甲公司支付货款 5 080 000 元（含交易费用 5 000 元和已宣告发放现金股利 75 000 元），购入乙公司发行的股票 2 000 000 股，占乙公司有表决权股份的 0.5%。甲公司将其划分为可供出售金融资产。

2017 年 5 月 10 日，甲公司收到乙公司发放的现金股利 75 000 元。

2017 年 6 月 30 日，该股票市价为每股 2.6 元。

2017 年 12 月 31 日，甲公司仍持有该股票；当日，该股票市价为每股 2.5 元。

2018 年 5 月 9 日，乙公司宣告发放股利 20 000 000 元。

2018 年 5 月 13 日，甲公司收到乙公司发放的现金股利。

2018 年 5 月 20 日，甲公司以每股 2.45 元的价格将股票全部转让。

要求：做出甲公司的账务处理。

2. 2017 年 1 月 1 日，甲公司按面值从债券二级市场购入乙公司公开发行的债券10 000 张，每张面值 200 元，票面利率 3%。甲公司将其划分为可供出售金融资产。

2017 年 12 月 31 日，该债券的市场价格为每张 200 元。

2017 年，乙公司因投资决策失误，发生严重财务困难，但仍可支付该债券当年的票面利息。2017 年 12 月 31 日，该债券的公允价值下降为每张 160 元。甲公司预计，如乙公司不采取措施，该债券的公允价值会持续下跌。

2018 年，乙公司调整产品结构并整合其他资源，致使上年发生的财务困难大为好转。2018 年 12 月 31 日，该债券（即乙公司发行的上述债券）的公允价值已上升至每张 190 元。

假定甲公司初始确认该债券时计算确定的债券实际利率为 3%，且不考虑其他因素。

要求：做出甲公司的账务处理。

【案例分析训练】

资料：2017 年 1 月 1 日，甲企业从二级市场支付价款 510 000 元（含已到付息期但尚未领取的利息 10 000 元）购入某公司发行的债券，另发生交易费用 10 000 元。该债券面值 500 000 元，剩余期限为 2 年，票面年利率为 4%，每半年付息一次。甲企业将其划分为交易性金融资产。其他资料如下：

（1）2017 年 1 月 5 日，收到该债券 2016 年下半年利息 10 000 元；

（2）2017 年 6 月 30 日，该债券的公允价值为 575 000 元（不含利息）；

（3）2017 年 7 月 5 日，收到该债券半年利息；

（4）2017 年 12 月 31 日，该债券的公允价值为 550 000 元（不含利息）；

（5）2018 年 1 月 5 日，收到该债券 2017 年下半年利息；

（6）2018 年 3 月 31 日，甲企业将该债券出售，取得价款 590 000 元（含一季度利息 5 000 元）。

假定不考虑其他因素。

要求：做出甲企业的账务处理。

【项目小结】

本项目包括企业资金来源的权益资金和负债资金及企业货币等价物的资产的核算。权益资金包括实收资本（或股本）、资本公积和未分配利润，负债资金包括短期借款、长期借款、应付债券和长期应付款，货币等价物资产主要包括交易性金融资产、持有至到期投资、可供出售金融资产和长期股权投资等。其中，基本任务包括权益资金、负债资金和交易性金融资产核算；拓展任务包括持有至到期投资、可供出售金融资产和长期股权投资核算。注意区分可供出售金融资产、持有至到期投资和交易性金融资产投资收益的确认的不同，长期股权投资权益法和成本法的适用条件和投资收益的确认的差异。

【关键概念】

长期借款　资本公积　应付债券　金融资产　交易性金融资产　持有至到期投资　可供出售金融资产　长期股权投资　权益法

项目七 财务成果岗位核算

【学习目标】

知识目标：了解财务成果岗位的核算任务；掌握财务成果岗位的核算流程，掌握收入业务、营业成本及期间费用业务和所得税、利润、利润分配业务的计算和核算。

能力目标：能进行企业收入、营业成本、期间费用、利润、利润分配业务的核算，会计算所得税费用、主营业务利润、其他业务利润、营业利润、利润总额、净利润和应分配的利润；能编制收入、营业成本、期间费用、利润、利润分配业务和应交所得税等相关原始凭证、记账凭证；能根据有关资料登记有关总账、明细账簿。

素质目标：依法确认和计量收入、费用、利润和税金，培养学生法律意识。

【项目分析】

学习重点：收入、营业成本和期间费用的确认和核算及本年利润、利润分配的业务核算。

学习难点：劳务确认与核算、所得税的计算与核算。

项目概述：

财务成果岗位核算任务主要包括以下内容：

（1）负责编制收入、利润计划，会同有关部门制定利润管理和核算实施办法。

（2）办理销售款项结算业务、负责增值税专用发票的票据认证工作，并按月装订成册。

（3）负责收入和利润的明细核算。

（4）负责管理费用、财务费用和销售费用的核算。

（5）负责利润分配的明细核算。

（6）每月末，协助有关部门对产成品进行清点盘查，发现问题，查明原因并提出处理意见，报领导审批，根据审批结果及时进行账务处理。

（7）按月进行销售收入、产品销售成本升降原因分析，及时向领导提出改进建议和措施。

财务成果岗位核算过程主要包括：各项收入的确认与计量、各项成本的计算与结转、各项期间费用的归集与结转、本期税金的计算与缴纳、本期利润的计算和利润分配及未分配利润的核算六个过程。

财务成果岗位核算流程主要包括：①各项收入、成本、期间费用、营业外收支、税金及附加记账凭证的编制与审核；②登记各项收入、成本、期间费用、营业外收支、税金及附加总账和明细账；③月末结转上述各损益项目入“本年利润”账户核算各期利润；④年末将各期利润结转“利润分配”账户；⑤年末利润分配（弥补亏损、计提盈余公积、向投资者分配利润、结转未分配利润）。

任务一　商品销售收入

【案例 7-1】华泰有限责任公司为一般纳税人，适用的增值税税率为16%，2×18 年 12 月发生如下业务：

（1）2×18 年 10 月份销售的 60 件 A 产品（单位售价 100 元，单位成本 60 元）于 2×18 年 12 月 5 日因质量问题退回 10 件，货款已退还给购货单位，该项销售未发生现金折扣。该公司本月无 A 产品销售，适用的增值税税率为 16%。

（2）2×18 年 12 月 12 日向乙公司销售 B 产品 500 件，每件产品的标价为 400 元，B 产品适用的增值税税率为 16%；因双方合作多年，相互信誉颇佳，华泰公司给予乙公司每件产品标价 2%的折扣；B 产品于 12 月 15 日发出，华泰公司于当日开具增值税专用发票。

（3）2×18 年 12 月 15 日向乙公司销售 B 产品 500 件，每件产品的标价为 400 元，B 产品适用的增值税税率为 16%；合同中规定现金折扣条件为（2/10，1/20，n/30）；假定公司实行不含税价折扣，B 产品于 12 月 16 日发出，华泰公司于当日开具增值税专用发票，12 月 25 日收到价税款。

（4）2×18 年 11 月 15 日，华泰公司向乙公司销售 C 产品一批，发出产品并开出增值税专用发票，售价为 100 000 元，增值税税额为 16 000 元，货款未收。12 月 27 日乙公司发现产品质量不合格，要求在价格上给予 5%的折让。乙公司提出的销售折让要求符合原合同的约定，华泰公司同意并办妥了相关手续，开具了增值税专用发票（销项税红字发票）。

要求：根据以上业务编制会计分录。

任务分析：上述业务涉及收入的含义、确认条件和计量的基础知识，产品销售收入、销售退回、折扣、折让的账务处理。

一、收入

收入，是指企业在日常活动中形成的、会导致所有者权益增加的、与所有者投入资本无关的经济利益的总流入。

（一）收入的特征

（1）收入是指企业在日常活动中形成的经济利益的总流入。

日常活动是指企业为完成其经营目的所从事的经常性活动以及与之相关的活动。工商企业销售产品、咨询公司提供咨询服务、软件开发企业为客户开发软件、安装公司提供安装服务、商业银行对外贷款、租赁公司出租资产等活动，均属于企业为完成其经营目标所从事的经常性活动，由此形成的经济利益的总流入构成收入。

收入形成于企业日常经营活动的特征，有助于正确区分收入与产生于非日常活动的利得的不同。利得通常不通过经营过程就能取得或属于企业不曾期望获得的收益。例如，工业企业处置固定资产、无形资产，因其他企业违约收取罚款等。所以，这些活动形成的经济利益的总流入属于企业的利得而不是收入。

（2）收入会导致企业所有者权益的增加。

收入形成的经济利益总流入的形式多种多样，既可能表现为资产的增加，如增加银行存款、应收账款，也可能表现为负债的减少，如减少预收账款，还可能表现为两者的组合，如销售实现时，部分冲减预收账款，部分增加银行存款。收入形成的经济利益总流入能增加资产或减少负债或者两者兼而有之，根据“资产-负债=所有者权益”的会计等式，收入一定能增加企业所有者权益。

（3）收入与所有者投入资本无关。

所有者投入资本主要是为谋求享有企业资产的剩余权益，由此形成的经济利益的总流入不构成收入，而应确认为企业所有者权益的组成部分。

（二）收入的分类

（1）收入按企业从事日常活动的性质不同分为以下三种：

①销售商品收入，主要包括销售自产产品，为转售而购进的商品、原材料、包装物等。

②提供劳务收入，主要包括安装工程、软件研发、管理咨询、财务咨询等服务业务。

③让渡资产使用权收入，主要包括利息收入和使用费收入。

利息收入主要是指金融企业对外贷款形成的利息收入，以及同业之间发生往来形成的利息收入等。

使用费收入主要是指企业转让流动资产、固定资产、无形资产（如商标权、专利权、专营权、版权）等资产的使用权形成的使用费收入（租金收入）。

提示：进行债权投资收取的利息、进行股权投资取得的现金股利等，也构成让渡资产使用权收入。

（2）收入按企业经营业务的主次不同分为以下两种：

①主营业务收入。主营业务收入，是指企业为完成其经营目标所从事的经常性活动实现的收入。

②其他业务收入。其他业务收入，是指企业为完成其经营目标所从事的与经常性活动相关的活动实现的收入。

制造企业的其他业务收入主要包括对外销售材料，对外出租包装物、商品或固定资产，对外转让无形资产使用权，提供非工业性劳务，对外进行权益性投资（取得现金股利）或债权性投资（取得利息）等实现的收入。

二、商品销售收入的确认、计量、核算

（一）销售商品收入的确认

根据2018年1月1日实施的《企业会计准则第14号——收入》第二章第四条至第十三条的规定，企业应当在履行了合同中的履约义务，即在客户取得相关商品控制权时确认收入。

1. 销售商品收入的确认条件

当企业与客户之间的合同同时满足下列条件时，企业应当在客户取得相关商品控制权时确认收入：

（1）合同各方已批准该合同并承诺将履行各自义务；

（2）该合同明确了合同各方与所转让商品或提供劳务（以下简称“转让商品”）相关的权利和义务；

（3）该合同有明确的与所转让商品相关的支付条款；

（4）该合同具有商业实质，即履行该合同将改变企业未来现金流量的风险、时间分布或金额；

（5）企业因向客户转让商品而有权取得的对价很可能收回。

在合同开始日即满足前款条件的合同，企业在后续期间无须对其进行重新评估，除非有迹象表明相关事实和情况发生重大变化。合同开始日通常是指合同生效日。

在合同开始日不符合上述五条规定的合同，企业应当对其进行持续评估，并在其满足上述五条规定时按照该条的规定进行会计处理。

对于不符合上述五条规定的合同，企业只有在不再负有向客户转让商品的剩余义务，且已向客户收取的对价无须退回时，才能将已收取的对价确认为收入，否则，应当将已收取的对价作为负债进行会计处理。没有商业实质的非货币性资产交换，不确认为收入。

在判断客户是否已取得商品控制权时，企业应当考虑下列迹象：

（1）企业就该商品享有现时收款权利，即客户就该商品负有现时付款义务；

（2）企业已将该商品的法定所有权转移给客户，即客户已拥有该商品的法定所有权；

（3）企业已将该商品实物转移给客户，即客户已实物占有该商品；

（4）企业已将该商品所有权上的主要风险和报酬转移给客户，即客户已取得该商品所有权上的主要风险和报酬；

（5）客户已接受该商品；

（6）其他表明客户已取得商品控制权的迹象。

企业已将商品所有权上的主要风险和报酬全部转移给购买方。风险主要指商品由于贬值、损坏、报废等造成的损失；报酬是指商品中包含的未来经济利益，包括商品因增值以及直接使用该商品所带来的经济利益。如果一项商品发生的任何损失均不需要本企业承担，带来的经济利益也不归本企业所有，则意味着该商品所有权上的风险和报酬已转移给购买方。

判断一项商品所有权上的主要风险和报酬是否已转移给购买方，需要视不同情况而定。主要风险和主要报酬是否转移的类型归纳起来有以下四种情况：①主要风险和主要报酬全部未转移。如某生产商通过委托代销方式将其产品分送到各地代销商处，由代销商负责代销，代销商可以按照销售金额的一定比例收取手续费，但不承担包销责任。②主要报酬已转移，主要风险未转移。如甲筑路公司为取得一项特定路段建造的政府合同，从乙制造商处购买了若干台重型推土机，购销合同规定，如果甲筑路公司最后未取得该道路建筑的政府合同，可以将推土机退回。③主要风险已转移，主要报酬未转移。如甲企业将一块土地以 40 万元的市场价格卖给乙房地产公司，销售协议规定，甲企业有权在交易结束后的第二年年末以等于原价 110%的价格回购卖出的土地，但乙房地产公司却没有权利要求甲企业一定要回购。交易结束后房地产市场一直处于低迷状态，预计近两年内也难有起色。④主要风险和主要报酬已全部转移。A 企业将一批商品销售给某客户，货已发出，并取得了收取货款的权利，根据与该客户多年来的商业交往经验，A 企业在收回价款方面不存在重大不确定因素。

企业已将该商品的法定所有权转移给客户，客户已拥有该商品的法定所有权，即企业既没有保留通常与所有权相联系的继续管理权，也没有对已售出商品实施控制。

（1）与所有权相联系的继续管理权。①与所有权有关的继续管理权。如甲企业为房地产开发企业，将其尚未开发的土地卖给乙企业，合同规定由甲企业开发这片土地，开发后的土地出售后，利润由甲、乙企业按比例共同享有，这种情况属于甲企业保留了与所有权有关的继续管理权，此交易不属于销售交易，而是属于甲、乙企业共同开发土地、共同分享利润的投资交易，因而在出售土地时，不应确认收入。②与所有权无关的继续管理权。如某开发商将其开发的一住宅小区出售给某客户并负责该小区以后的物业管理，就属于与所有权无关的继续管理权。开发商出售商品房时，如同时符合收入确认的其他条件，就应确认收入了。

（2）对售出商品实施有效控制（主要指售后回购）。

①回购价已在合同中定明。如甲企业将产品销售给乙企业，双方订立的合同回购价格为 100 万元，假定回购当日的市场价格为 120 万元，甲企业回购商品时会少支付 20 万元，甲企业将获得 20 万元报酬；如回购当日市场价格为 90 万元，甲企业回购商品时会多支付 10 万元，甲企业将承担 10 万元损失。体现在商品所有权上的主要风险和报酬就没有转移给购买方，同时又对商品实施控制，所以甲企业销售产品时，不应确认收入。②回购价为回

购当日的市场价。如A企业将商品以100万元的价格销售给B企业，双方订立合同时明确规定，A企业回购该商品时的回购价格为回购当日的市场价。假定回购当日的市场价格为130万元，B企业会在A企业回购商品的过程中获得30万元的报酬；假定回购当日的市场价格为85万元，B企业将在A企业回购商品的过程中蒙受15万元的损失。尽管体现在商品所有权中的主要风险和报酬已经转移给了购买方，但由于A企业对售出商品实施了控制，所以A企业在销售该商品时，不应确认销售收入。

2. 销售商品收入确认条件的具体应用

（1）销售商品采用托收承付方式的，在办妥托收手续时确认收入。

（2）销售商品采用预收款方式的，在发出商品时确认收入，预收的货款应确认为负债。

（3）销售商品需要安装和检验的，在购买方接收商品及安装和检验完毕前，不确认收入，待安装和检验完毕时确认收入。如果安装程序比较简单，可在发出商品时确认收入。

（4）销售商品采用以旧换新方式的，销售的商品应当按照销售商品收入确认条件确认收入，回收的商品作为购进商品处理。

（5）销售商品采用支付手续费方式委托代销的，在收到代销清单时确认收入。

（二）销售商品收入的计量

根据2018年1月1日实施的《企业会计准则第14号——收入》第三章第十四条至第二十五条的规定，企业应当按照分摊至各单项履约义务的交易价格计量收入。交易价格，是指企业因向客户转让商品而预期有权收取的对价金额。企业代第三方收取的款项（如受托代销收入）以及企业预期将退还给客户的款项（如押金收入），应当作为负债进行会计处理，不计入交易价格。

合同中存在可变对价的，企业应当按照期望值或最可能发生金额确定可变对价的最佳估计数，但包含可变对价的交易价格，应当不超过在相关不确定性消除时累计已确认收入极可能不会发生重大转回的金额。企业在评估累计已确认收入是否极可能不会发生重大转回时，应当同时考虑收入转回的可能性及其比重。

合同中存在重大融资成分的，企业应当按照假定客户在取得商品控制权时即以现金支付的应付金额确定交易价格。该交易价格与合同对价之间的差额，应当在合同期间内采用实际利率法摊销。

合同开始日，企业预计客户取得商品控制权与客户支付价款间隔不超过一年的，可以不考虑合同中存在的重大融资成分。

客户支付非现金对价的，企业应当按照非现金对价的公允价值确定交易价格。非现金对价的公允价值不能合理估计的，企业应当参照其承诺向客户转让商品的单独售价间接确定交易价格。非现金对价的公允价值因对价形式以外的原因而发生变动的，应当作为可变对价，按照可变对价规定进行会计处理。

单独售价，是指企业向客户单独销售商品的价格。

企业应付客户（或向客户购买本企业商品的第三方）对价的，应当将该应付对价冲减交易价格，并在确认相关收入与支付（或承诺支付）客户对价二者孰晚的时点冲减当期收入，但应付客户对价是为了向客户取得其他可明确区分商品的除外。企业应付客户对价是为了向客户取得其他可明确区分商品的，应当采用与本企业其他采购相一致的方式确认所购买的商品。企业应付客户对价超过向客户取得可明确区分商品公允价值的，超过金额应当冲减交易价格。向客户取得的可明确区分商品公允价值不能合理估计的，企业应当将应付客户对价全额冲减交易价格。

合同中包含两项或多项履约义务的，企业应当在合同开始日，按照各单项履约义务所承诺商品的单独售价的相对比例，将交易价格分摊至各单项履约义务。企业不得因合同开始日之后单独售价的变动而重新分摊交易价格。

企业在类似环境下向类似客户单独销售商品的价格，应作为确定该商品单独售价的最佳证据。单独售价无法直接观察的，企业应当综合考虑其能够合理取得的全部相关信息，采用市场调整法、成本加成法、余值法等方法合理估计单独售价。

市场调整法，是指企业根据某商品或类似商品的市场售价考虑本企业的成本和毛利等进行适当调整后，确定其单独售价的方法。

成本加成法，是指企业根据某商品的预计成本加上其合理毛利后的价格，确定其单独售价的方法。

余值法，是指企业根据合同交易价格减去合同中其他商品可观察的单独售价后的余值，确定某商品单独售价的方法。企业在商品近期售价波动幅度巨大，或者因未定价且未曾单独销售而使售价无法可靠确定时，可采用余值法估计其单独售价。

对于合同折扣，企业应当在各单项履约义务之间按比例分摊。有确凿证据表明合同折扣仅与合同中一项或多项（而非全部）履约义务相关的，企业应当将该合同折扣分摊至相关一项或多项履约义务。

合同折扣，是指合同中各单项履约义务所承诺商品的单独售价之和高于合同交易价格的金额。

（三）商品销售收入的核算

1. 设置的会计账户

企业需要设置“主营业务收入”账户。该账户属于损益类账户，用于核算企业在销售商品、提供劳务等日常活动中所产生的收入。其贷方登记实际取得的商品销售收入，借方登记期末结转到“本年利润”的收入，月末一般无余额。该账户应按主营业务的种类设置明细账，进行明细核算。

2. 一般商品销售的会计账务处理

（1）符合收入确认条件的销售收入的核算。

借：应收账款或银行存款或应收票据等

  贷：主营业务收入

    应交税费——应交增值税（销项税额）

结转已销产品成本。

借：主营业务成本

  贷：库存商品

（2）不符合收入确认条件的商品销售的核算。

对不符合商品销售确认条件商品销售，只能结转成本，不能确认收入。

借：发出商品

  贷：库存商品

3. 销售退回、商业折扣、现金折扣和销售折让

（1）商品销售的退回分为未确认收入的商品销售退回和已确认收入的商品销售退回两种。未确认收入的商品销售退回，只需将已计入“发出商品”账户的商品成本转回到“库存商品”账户即可；已确认收入的商品销售退回，不论是当期销售还是上期销售的商品，一般冲减当期收入并按当期同类商品成本冲减当期的商品销售成本。

①未确认收入的退回。

借：库存商品

  贷：发出商品

②确认收入的退回。

冲减当期主营业务收入时，会计分录如下：

借：主营业务收入

贷：应收账款或银行存款等

应交税费——应交增值税（销项税额）

结转销售退回商品成本时，会计分录如下：

借：库存商品

贷：主营业务成本

冲减成本金额的确定：

1）当月销售当月退回：冲减当月销售产品成本。

2）当月退回以前月份出售商品：冲减当月销售产品成本，具体确定如下：

A. 如果本月有同种产品销售的，可以直接从本月的销售数量中减去，得出本月销售净数量，然后计算应结转的销售成本。

B. 单独计算本月退回产品的成本。可以按照退回月份销售的同种或同类产品的实际销售成本计算，也可以按照销售月份该种产品的销售成本计算确定，然后从本月销售产品的成本中扣除。

【案例 7-1 解答】

（1）销售退回的核算。

①冲减销售收入。

借：主营业务收入　　1 000

贷：银行存款　　1 160

应交税费——应交增值税（销项税额）　　160

②冲减销售成本。

借：库存商品　　600

贷：主营业务成本　　600

（2）商业折扣，是指企业为促进商品销售而在商品价格上给予的价格扣除。企业销售商品发生商业折扣的，应当按照扣除商业折扣后的实际成交的金额确定销售商品收入，即按照净价法入账。企业无须对商业折扣单独进行核算。

【案例 7-1 解答】

（2）12 月 12 日销售时。

主营业务收入＝500×400（1-2%）＝196 000（元）

增值税（销项税额）＝196 000×16%＝31 360（元）

会计分录如下：

借：应收账款——乙公司　　227 360

贷：主营业务收入　　196 000

应交税费——应交增值税（销项税额）　　31 360

（3）现金折扣，是指在赊销情况下，销货企业（债权人）为鼓励客户尽早付款而给予的一种价格优惠。现金折扣一般用符号“折扣率/付款期限”表示，如（2/10，1/20，n/30）（即 10 天内付款，货款折扣 2%；20 天内付款，货款折扣 1%；30 天内全额付款）。现金折扣发生在销货之后，是一种融资性质的理财费用，因此销售折扣不得从销售额中减除，采用总价法核算。现金折扣又分为含税折扣和不含税折扣两种。

【案例 7-1 解答】

（3）含现金折扣的产品销售核算。

①12 月 15 日销售时。

借：应收账款——乙公司　　232 000
　贷：主营业务收入　　200 000
　　应交税费——应交增值税（销项税额）　　32 000

②12 月 24 日付款时。

现金折扣额＝200 000×2%＝4 000（元），记入财务费用账户，会计分录如下：

借：银行存款　　228 000
　财务费用——现金折扣　　4 000
　贷：应收账款——乙公司　　232 000

③假设 2×19 年 1 月 4 日付款时。

现金折扣额＝200 000×1%＝2 000（元），记入财务费用账户，会计分录如下：

借：银行存款　　230 000
　财务费用——现金折扣　　2 000
　贷：应收账款——乙公司　　232 000

④假设 2×19 年 1 月 15 日付款时，全额付款，会计分录如下：

借：银行存款　　232 000
　贷：应收账款——乙公司　　232 000

（4）销售折让，是指企业因售出商品的质量不合格、外包装与合同不符、发货延迟等原因而在售价上给予的减让。如果销售折让在交易合同中标明的，按照折扣后的实际售价计算确认销售收入；如果是在交易之后发生的销售折让，则应在实际发生时冲减当期营业收入，同时冲减折让部分的当期增值税销项税。

【案例 7-1 解答】

（4）销售折让的账务处理。

①11 月 15 日销售时。

借：应收账款——乙公司　　116 000
　贷：主营业务收入　　100 000
　　应交税费——应交增值税（销项税额）　　16 000

②12 月 27 日发生销售折让时。

借：主营业务收入　　5 000
　贷：应收账款——乙公司　　5 800
　　应交税费——应交增值税（销项税额）　　800

三、特殊销售商品业务及其账务处理

【案例 7-2】华泰有限责任公司为一般纳税人，适用的增值税税率为 16%，2×18 年 12 月发生以下经济业务：

（1）公司委托乙公司销售 A 商品 1 000 件，每件转让协议价 100 元。该商品成本为 80 元/件，适用的增值税税率为 16%。公司收到乙公司开来的代销清单时开具增值税专用发票，发票上注明：售价 100 000 元，增值税税额 16 000 元。乙公司实际销售时按每件 150 元的价格出售，开具的增值税发票上注明：150 000 元，增值税税额为 24 000 元。

（2）公司委托某零售商店代销 B 产品 1 000 件，单位成本 250 元，产品已发出。每件产品不含税售价为 450 元，税率 16%。根据代销合同规定，代销手续费按不含税售价的 6% 支付。月末收到代销清单，已售出 B 产品 600 件。

（3）华泰公司下属某商场对某品牌彩电采取以旧换新的方式销售，旧货折价每台 800 元，新彩电售价 3 480 元（含税），当月采用此方法销售彩电 200 台，每台生产成本为 2 500元。

（4）2×18 年 12 月 1 日，华泰公司向丙公司销售一批商品，开出的增值税专用发票上注明的销售价格为 1 000 000 元，增值税税额为 160 000 元。该批商品成本为 800 000 元，商品已经发出，款项已经收到。协议约定，华泰公司应于 2×19 年 5 月 1 日将所售商品购回，回购价为1 100 000元（不含增值税税额）。假定不考虑其他因素。

（5）2×18 年 12 月 1 日，公司采用分期收款方式向乙公司销售一套大型设备，合同约定的销售价格为 20 000 000 元，分 5 次于每年 12 月 31 日等额收取。该大型设备成本为 15 600 000元。在现销方式下，该大型设备的销售价格为 16 000 000 元。假定公司发出商品时开出增值税专用发票，注明的增值税税额为 3 200 000 元，并于当天收到增值税税额 3 200 000元。每年会计利润为 100 000 000 元。不考虑所得税等其他因素。

要求：根据以上业务，编制相应经济业务的会计分录

任务分析：上述业务涉及委托代销、分期收款销售、售后回购等特殊销售的含义、确认条件和计量的基础知识以及对应的账务处理，其难度较大。下面我们共同努力学习。

（一）特殊销售收入的确认与计量

根据 2018 年 1 月 1 日实施的《企业会计准则第 14 号——收入》第五章第三十二条至第四十条的规定：

（1）对于附有销售退回条款的销售，企业应当在客户取得相关商品控制权时，按照因向客户转让商品而预期有权收取的对价金额（即不包含预期因销售退回将退还的金额）确认收入，按照预期因销售退回将退还的金额确认负债；同时，按照预期将退回商品转让时的账面价值，扣除收回该商品预计发生的成本（包括退回商品的价值减损）后的余额，确认为一项资产，按照所转让商品转让时的账面价值，扣除上述资产成本的净额结转成本。

每一资产负债表日，企业应当重新估计未来销售退回情况，如有变化，应当作为会计估计变更进行会计处理。

（2）对于附有质量保证条款的销售，企业应当评估该质量保证是否在向客户保证所销售商品符合既定标准之外提供了一项单独的服务。企业提供额外服务的，应当作为单项履约义务，按照本准则规定进行会计处理；否则，质量保证责任应当按照《企业会计准则第 13 号——或有事项》规定进行会计处理。

客户能够选择单独购买质量保证的，该质量保证构成单项履约义务。

（3）企业应当根据其在向客户转让商品前是否拥有对该商品的控制权，来判断其从事交易时的身份是主要责任人还是代理人。企业在向客户转让商品前能够控制该商品的，该企业为主要责任人，应当按照已收或应收对价总额确认收入；否则，该企业为代理人，应当按照预期有权收取的佣金或手续费的金额确认收入，该金额应当按照已收或应收对价总额扣除应支付给其他相关方的价款后的净额，或者按照既定的佣金金额或比例等确定。

（4）对于附有客户额外购买选择权的销售，企业应当评估该选择权是否向客户提供了一项重大权利。企业提供重大权利的，应当作为单项履约义务，按照单项履约义务规定将交易价格分摊至该履约义务，在客户未来行使购买选择权取得相关商品控制权时，或者该选择权失效时，确认相应的收入。客户额外购买选择权的单独售价无法直接观察的，企业应当综合考虑客户行使和不行使该选择权所能获得的折扣的差异、客户行使该选择权的可能性等全部相关信息后，予以合理估计。

客户虽然有额外购买商品选择权，但客户行使该选择权购买商品时的价格反映了这些商品单独售价的，不应被视为企业向该客户提供了一项重大权利。

（5）企业向客户预收销售商品款项的，应当首先将该款项确认为负债，待履行了相关履约义务时再转为收入。当企业预收款项无须退回，且客户可能会放弃其全部或部分合同权利时，企业预期将有权获得与客户所放弃的合同权利相关的金额的，应当按照客户行使

合同权利的模式按比例将上述金额确认为收入；否则，企业只有在客户要求其履行剩余履约义务的可能性极低时，才能将上述负债的相关余额转为收入。

（6）企业在合同开始（或接近合同开始）日向客户收取的无须退回的初始费（如俱乐部的入会费等）应当计入交易价格。企业应当评估该初始费是否与向客户转让已承诺的商品相关。该初始费与向客户转让已承诺的商品相关，并且该商品构成单项履约义务的，企业应当在转让该商品时，按照分摊至该商品的交易价格确认收入；该初始费与向客户转让已承诺的商品相关，但该商品不构成单项履约义务的，企业应当在包含该商品的单项履约义务履行时，按照分摊至该单项履约义务的交易价格确认收入；该初始费与向客户转让已承诺的商品不相关的，该初始费应当作为未来将转让商品的预收款，在未来转让该商品时确认为收入。

（7）企业向客户授予知识产权许可的，应当按照单项履约义务规定评估该知识产权许可是否构成单项履约义务，构成单项履约义务的，应当进一步确定其是在某一时段内履行还是在某一时点履行。

企业向客户授予知识产权许可，同时满足下列条件时，应当作为在某一时段内履行的履约义务确认相关收入；否则，应当作为在某一时点履行的履约义务确认相关收入：

①合同要求或客户能够合理预期企业将从事对该项知识产权有重大影响的活动；

②该活动对客户将产生有利或不利影响；

③该活动不会导致向客户转让某项商品。

（二）特殊销售业务的核算

1. 委托代销商品的核算

企业商品代销通常有视同买断委托代销和收取手续费的委托代销两种方式。

（1）视同买断委托代销。

视同买断方式，是指由委托方和受托方签订协议，委托方按协议价收取所代销商品的货款，实际售价可由受托方自定，实际售价与协议价之间的差额归受托方所有的销售方式。在这种销售方式下，委托方在交付商品时不确认收入，受托方也不作为购进商品处理。受托方将商品销售后，应按实际售价确认为销售收入，并向委托方开具代销清单。委托方收到代销清单时，再确认为收入。

【案例 7-2 解答】

（1）视同买断的委托代销业务核算。

1）华泰公司的账务处理如下：

①在委托方华泰公司将商品交付给受托方乙公司时。

借：发出商品——A 商品	80 000	
贷：库存商品——A 商品		80 000

②收到受托方乙公司的代销清单时。

借：应收账款——乙公司	116 000	
贷：主营业务收入		100 000
应交税费——应交增值税（销项税额）		16 000
借：主营业务成本——A 商品	80 000	
贷：发出商品——A 商品		80 000

③收到受托方乙公司转来代销商品价税款时。

借：银行存款	116 000	
贷：应收账款——乙公司		116 000

2）受托方乙公司的账务处理如下：

①收到华泰公司的代销商品时。

借：受托代销商品——A 商品　　100 000

　贷：受托代销商品款　　100 000

②实际销售时。

借：银行存款　　174 000

　贷：主营业务收入——A 商品　　150 000

　　　应交税费——应交增值税（销项税额）　　24 000

借：主营业务成本　　100 000

　贷：受托代销商品　　100 000

借：受托代销商品款　　100 000

　贷：应付账款——委托企业　　100 000

③按合同协议价将款项付给委托企业时。

借：应付账款——委托企业　　100 000

　　应交税费——应交增值税（进项税额）　　16 000

　贷：银行存款　　116 000

（2）收取手续费的委托代销。

收取手续费的委托代销，是指受托方根据所代销的商品数量向委托方收取手续费的销售方式。在这种代销方式下，受托方必须按照委托方规定的价格销售，而不得自行改变售价。受托方应在将受托商品销售后，向委托方开具代销清单。委托方在收到代销清单后确认收入。受托方在商品销售后，应按收取的手续费确认收入。

【案例 7-2 解答】

（2）收取手续费的委托代销商品。

1）委托方华泰公司核算。

①发出商品时。

借：委托代销商品（或发出商品）　　250 000

　贷：库存商品　　250 000

②收到代销清单时。

借：应收账款　　313 200

　贷：主营业务收入　　270 000

　　　应交税费——应交增值税（销项税额）　　43 200

借：销售费用　　16 200

　贷：应收账款　　16 200

③结转代销商品成本时。

借：主营业务成本　　150 000

　贷：委托代销商品　　150 000

④收到货款时。

借：银行存款　　297 000

　贷：应收账款　　297 000

2）受托代销商店的账务处理。

①收到代销商品时。

借：受托代销商品　　450 000

　贷：受托代销商品款　　450 000

②对外销售时（对外开出增值税票）。

借：银行存款　　313 200
　贷：应付账款　　270 000
　　应交税费——应交增值税（销项税额）　　43 200

③收到增值税专用发票时（提供代销清单，收到对方开具的增值税票）。

借：应交税费——应交增值税（进项税额）　　43 200
　贷：应付账款　　43 200

借：受托代销商品款　　270 000
　贷：受托代销商品　　270 000

④支付货款并计算代销手续费时。

借：应付账款　　226 800
　贷：银行存款　　210 600
　　主营业务收入　　16 200

2. 以旧换新销售

以旧换新销售，是指企业在销售商品的同时回收与所售商品相同的旧商品。在这种销售方式下，销售的商品应当按照销售商品收入确认条件确认收入，回收的商品作为购进商品处理。销售货物与有偿收购旧的货物是两项不同的业务活动，销售额与收购额不能相互抵减。商品购进和商品销售业务的核算前面已经学过，在此不再赘述。

【案例 7-2 解答】

（3）以旧换新销售业务核算。

借：库存现金　　536 000
　　库存商品　　160 000
　贷：主营业务收入　　600 000
　　应交税费——应交增值税（销项税额）　　96 000

同时结转销售产品成本：

借：主营业务成本　　500 000
　贷：库存商品　　500 000

3. 售后回购

售后回购，是指企业销售商品的同时承诺或有权选择日后再将该商品（包括相同或几乎相同的商品，或以该商品作为组成部分的商品）购回的销售方式。

对于售后回购交易，企业应当区分下列两种情形分别进行会计处理：

①企业因存在与客户的远期安排而负有回购义务或企业享有回购权利的，表明客户在销售时点并未取得相关商品控制权，企业应当作为租赁交易或融资交易进行相应的会计处理。其中，回购价格低于原售价的，应当视为租赁交易，按照《企业会计准则第 21 号——租赁》的相关规定进行会计处理；回购价格不低于原售价的，应当视为融资交易，在收到客户款项时确认金融负债，并将该款项和回购价格的差额在回购期间内确认为利息费用等。企业到期未行使回购权利的，应当在该回购权利到期时终止确认金融负债，同时确认收入。

②企业负有应客户要求回购商品义务的，应当在合同开始日评估客户是否具有行使该要求权的重大经济动因。客户具有行使该要求权重大经济动因的，企业应当将售后回购作为租赁交易或融资交易，按照规定进行会计处理；否则，企业应当将其作为附有销售退回条款的销售交易，按照销售退回规定进行会计处理。

【案例 7-2 解答】

（4）华泰公司的账务处理如下：

①12 月 1 日发出商品时。

借：发出商品　　800 000

　贷：库存商品　　800 000

收到商品款时。

借：银行存款　　1 160 000

　贷：应交税费——应交增值税（销项税额）　　160 000

　　其他应付款　　1 000 000

②12 月末确认利息时，回购价大于原售价的差额，应在回购期间按期计提利息，计入当期财务费用。每月计提利息费用为 20 000 元（100 000 元÷5 月）。

借：财务费用　　20 000

　贷：其他应付款　　20 000

2×19 年 1—4 月同上。

③2×19 年 5 月 1 日回购商品时，收到的增值税专用发票上注明的商品价款为1 100 000 元，增值税税额为 176 000 元。假定商品已验收入库，款项已经支付。

借：库存商品　　800 000

　贷：发出商品　　800 000

借：其他应付款　　1 100 000

　　应交税费——应交增值税（进项税额）　　176 000

　贷：银行存款　　1 276 000

4. 分期收款销售商品

分期收款销售是指商品已经售出，但货款分期收回的一种销售方式。这种方式一般适用于具有金额大、收款期限长、款项收回风险大等特点的重大商品交易，如房产、汽车、重型设备等。《企业会计准则第 14 号——收入》规定，对企业采用递延方式分期收款，实质上具有融资性质的销售商品或提供劳务，应收的合同或协议价款与其公允价值相差较大的，应按照应收的合同或协议价款的公允价值确定销售商品收入金额，应收的合同或协议价款与其公允价值之间的差额，应当在合同或协议期间内采用实际利率法进行摊销，计入当期损益（财务费用）。通常应当按照其未来现金流量现值或商品现销价格计算确定。

递延方式分期收款销售是具有融资性质的，应在销售成立时，按公允价值即分期收款总额的现值确认收入金额。按应收合同或协议价款借记“长期应收款”账户，按应收合同或协议价款的公允价值，贷记“主营业务收入”账户，按专用发票上注明的增值税税额，贷记“应交税费——应交增值税（销项税额）”，按其差额，贷记“未实现融资收益”；未实现融资收益按期采用实际利率法确定利息收入，借记“未实现融资收益”账户，贷记“财务费用”账户。

【案例 7-2 解答】

（5）分期收款销售的核算。

根据本例的资料，华泰公司应当确认的销售商品收入金额为 1 600 万元。

未来五年收款额的现值=现销方式下应收款项金额

在多次测试（略）的基础上，用插值法计算折现率（见下表）：$r=7.93\%$

单位：万元

日期	未收本金 ①=上期①-上期④	财务费用 ②=①×7.93%	收现总额 ③	已收本金 ④=③-②
2×18 年 1 月 1 日	1 600.00			
2×18 年 12 月 31 日	1 600.00	126.88	400.00	273.12

表(续)

日期	未收本金 ①=上期①-上期④	财务费用 ②=①×7.93%	收现总额 ③	已收本金 ④=③-②
2×19年12月31日	1 326.88	105.22	400.00	294.78
2×20年12月31日	1 032.10	81.85	400.00	318.15
2×21年12月31日	713.95	56.62	400.00	343.38
2×22年12月31日	370.57	29.43	400.00	370.57
合计		400.00	2 000.00	1 600.00

根据上表的计算结果（其中29.43含小数尾差0.04），华泰公司各期的会计处理如下（单位：万元，以下同）：

①2×18年12月1日销售实现时。

借：长期应收款　　20 000 000

　　银行存款　　3 200 000

　贷：主营业务收入　　16 000 000

　　　应交税费——应交增值税（销项税额）　　3 200 000

　　　未实现融资收益　　4 000 000

借：主营业务成本　　15 600 000

　贷：库存商品　　15 600 000

②2×18年12月31日收取货款时。

借：银行存款　　4 000 000

　贷：长期应收款　　4 000 000

借：未实现融资收益　　1 268 800

　贷：财务费用　　1 268 800

以后每年末收取货款的分录略。

任务二　劳务收入

【案例7-3】华泰有限责任公司为一般纳税人，适用的增值税税率为16%。劳务收入为公司辅助经营活动。2×18年12月华泰公司发生如下业务：

（1）公司于12月1日接受一项软件安装调试、培训任务，该项安装培训任务可一次完成，合同价款15 000元（含税价），实际发生安装人员工资5 000元，其他费用4 000元，合同价款和安装调试费已通过银行存款收付。

（2）公司于12月5日接受一项生产线安装调试任务，安装期为5个月，合同总收入300 000元，至年底已预收安装费为220 000元，实际发生安装费用为140 000元，其中安装人员薪酬120 000元，其他零星费用20 000元，估计还会发生60 000元。假定公司按实际发生成本占估计总成本的比例确定劳务的完工程度。

（3）公司于12月7日接受甲公司委托，为其提供中层领导现代管理培训，培训期6个月，当日开学。协议约定，甲公司应向本公司支付的培训费用总额为300 000元，分三期等额支付，第一次在开学时预付，第二次在2×19年2月7日支付，第三次在培训结束时支付。当日，甲公司预付第一次培训费。2×18年12月31日，公司得知甲公司经营发生困难，后两次培训费能否收回难以确定，截至12月31日公司已发生培训成本150 000元（假定均为培训人员薪酬)，不考虑税金等其他因素。

要求：根据上述业务编制华泰公司账务处理的会计分录。

任务分析：本案例涉及劳务收入的含义、确认和计量，劳务在同一会计期间和劳务在不同会计期间完成劳务收入结果可以可靠估计和不能可靠估计的账务处理，下面我们共同学习。

一、劳务收入的确认和计量

劳务收入是指企业通过对外提供劳务实现的收入。劳务的种类包括产品安装、运输、饮食、广告、咨询、代理、培训、旅游等。有的劳务一次就能完成，有的劳务需要花费一段较长的时间才能完成。

对于在某一时段内履行的履约义务，企业应当在该段时间内按照履约进度确认收入，但是履约进度不能合理确定的除外。企业应当考虑商品的性质，采用产出法或投入法确定恰当的履约进度。其中，产出法是根据已转移给客户的商品对于客户的价值确定履约进度，投入法是根据企业为履行履约义务的投入确定履约进度。当履约进度不能合理确定时，企业已经发生的成本预计能够得到补偿的，应当按照已经发生的成本金额确认收入，直到履约进度能够合理确定为止。

履约进度投入法通常有：①已完工的测量，这是一种比较专业的测量方法，由专业测量师对已经提供的劳务进行测量，并按一定方法计算确定提供劳务交易的完工程度。②已经提供的劳务占应提供劳务总量的比例，这种方法主要以劳务量为标准确定提供劳务交易的完工程度。③已经发生的成本占估计总成本的比例，这种方法主要以成本为标准确定提供劳务交易的完工程度。只有反映已提供劳务的成本才能包括在已经发生的成本中，只有反映已提供或将提供劳务的成本才能包括在估计总成本中。

对于在某一时点履行的履约义务，企业应当在客户取得相关商品控制权时确认收入。

二、劳务收入的核算

（一）账户设置

为了核算企业提供劳务所发生的收入和成本，应设置“劳务收入”和“劳务成本”账户。“劳务收入”账户用于核算企业对外提供劳务所取得的收入。该账户属于损益类账户，贷方登记企业对外提供劳务所取得的各项收入，借方登记期末转入本年利润账户的收入金额，期末结转后无余额；“劳务成本”账户用于核算企业对外提供劳务发生的成本，借方登记企业提供劳务发生各种耗费时的成本，贷方登记企业确认收入时，按照权责发生制应结转入本年利润的成本，期末结转后无余额。

（二）劳务收入的账务处理

1. 在同一会计期间内开始并完成的劳务收入的确认、计量与会计核算

对于一次就能完成的劳务或者在同一会计期间内开始并完成的劳务，其劳务收入应在所提供劳务完成时确认，确认收入的金额通常为接受劳务方已收或应收的合同或协议的价款。在劳务完成时，按照劳务合同所确认的收入金额，借记“应收账款”“银行存款”等账户，贷记“主营业务收入”“应交税费——应交增值税（销项税额）”等账户；对于发生的有关支出，借记“劳务成本”账户，贷记“应付职工薪酬”账户等；结转劳务成本时，借记“主营业务成本”账户，贷记“劳务成本”账户。

（1）一次就能完成的劳务核算。

【案例 7-3 解答】

（1）劳务在同一会计期间一次完工。

①确认劳务收入。

不含税劳务收入=15 000÷（1+16%）= 12 820.5

借：银行存款　15 000
　贷：其他业务收入　12 820.5
　　　应交税费——应交增值税（销项税额）　2 179.5

②发生劳务费用时。

借：劳务成本　9 000
　贷：应付职工薪酬　5 000
　　　银行存款　4 000

③结转劳务成本。

借：其他业务成本　9 000
　贷：劳务成本　9 000

（2）同一会计期间完成的劳务核算。

①发生劳务成本。

借：劳务成本
　贷：银行存款
　　　应付职工薪酬等

②确认劳务收入。

借：银行存款
　贷：主营业务收入/其他业务收入
　　　应交税费——应交增值税（销项税额）

③结转劳务成本。

借：主营业务成本/其他业务成本
　贷：劳务成本

2. 劳务的开始和完成分属不同会计期间的劳务收入的确认、计量与会计核算。

（1）资产负债表日提供劳务交易的结果能够可靠估计的劳务收入的确认、计量与会计核算

1）提供劳务交易的结果能够可靠估计的条件。

同时满足以下四个条件，提供劳务交易的结果才能够可靠估计：

①收入的金额能够可靠地计量；

②相关的经济利益很可能流入企业；

③交易的完工进度能够可靠地确定；

④交易中已发生和将发生的成本能够可靠地计量。

2）确定提供劳务交易的履约进度确认收入的方法。

①按已完工作的测量结果确定；

②按已经提供的劳务占应提供劳务总量的比例确定；

③按已经发生的成本占估计总成本的比例确定。

3）完工百分比法。

完工百分比法是指按照提供劳务交易的完工进度确认收入与费用的方法。

完工百分比法计算公式：

本期确认的收入＝劳务总收入×本期末止劳务的履约进度－以前期间累计已确认的劳务收入

本期确认的费用＝劳务总成本×本期末止劳务的履约进度－以前期间累计已确认的劳务费用

4）会计核算。

企业应当采用完工百分比法确认劳务收入，对于预收的款项，应借记“银行存款”账户，贷记“预收账款”或“应收账款”账户；对于当期发生的劳务成本，借记“劳务成本”账户，贷记“应付职工薪酬”“银行存款”“原材料”等账户；确认本期劳务收入时，按照确认的劳务金额，借记“银行存款”“预收账款”“应收账款”等账户，贷记“主营业务收入”或“其他业务收入”账户、“应交税费——应交增值税（销项税额）”等账户；期末结转劳务成本时，借记“主营业务成本”或“其他业务成本”账户，贷记“劳务成本”账户。

【案例 7-3 解答】

（2）资产负债表日劳务交易的结果可以可靠估计的核算。

①发生劳务成本。

借：劳务成本　　140 000

　贷：银行存款　　20 000

　　　应付职工薪酬　　120 000

②年末预收劳务款项时。

借：银行存款　　220 000

　贷：预收账款　　220 000

③2×18 年 12 月 31 日确定劳务收入。

截至 2×18 年发生成本占总成本的比例 = 140 000÷（140 000+60 000）= 70%

2×18 年应确认劳务收入 = 300 000×70%−0 = 210 000（元）

2×18 年应确认劳务成本 =（140 000+60 000）×70%−0 = 140 000（元）

不含税收入 = 210 000÷（1+16%）= 179 487（元）

增值税销项税额 = 210 000−179 487 = 30 513（元）

借：预收账款　　210 000

　贷：其他业务收入　　179 487

　　　应交税费——应交增值税（销项税额）　　30 513

④结转成本时。

借：其他业务成本　　140 000

　贷：劳务成本　　140 000

（2）资产负债表日提供劳务交易的结果不能可靠估计的劳务收入的确定与计量方法。

1）企业资产负债表日提供劳务交易的结果不能可靠估计的，应当分别按下列情况处理：

①已经发生的劳务成本能够得到补偿的，应当按照已经发生的劳务成本金额确认提供劳务收入，并按相同金额结转劳务成本。

②已经发生的劳务成本预计只能部分得到补偿的，应当按照能够得到补偿的劳务成本金额确认提供劳务收入，并按照已经发生的劳务成本结转劳务成本。

③已经发生的劳务成本预计全部不能得到补偿的，应当将已经发生的劳务成本计入当期损益，不能确认提供劳务收入。

总之，资产负债表日提供劳务交易的结果不能可靠估计的劳务收入的确定只能确认亏损，不能确认盈利。

2）资产负债表日提供劳务交易的结果不能可靠估计的劳务收入核算。

已经发生的劳务成本预计能够得到补偿的：

借：预收账款/应收账款

　贷：主营业务收入

应交税费——应交增值税（销项税额）

借：主营业务成本

贷：劳务成本

已经发生的劳务成本预计全部不能得到补偿的：

借：主营业务成本

贷：劳务成本

【案例 7-3 解答】

①2×18 年 12 月 7 日收到甲公司预付培训费时：

借：银行存款　100 000

贷：预收账款　100 000

②实际发生培训支出时：

借：劳务成本　150 000

贷：应付职工薪酬　150 000

③2×18 年 12 月 31 日结转收入时：

借：预收账款　100 000

贷：其他业务收入　100 000

结转成本：

借：其他业务成本　150 000

贷：劳务成本　150 000

任务三　其他业务收支

【案例 7-4】华泰有限责任公司为一般纳税人，适用的增值税税率为 16%，城建税税率为 7%，教育费附加征收比例为 3%，材料采用计划成本法核算，包装物成本采用一次摊销法核算，无形资产采用按使用年限平均摊销。2×18 年 12 月发生如下业务：

(1) 12 月 1 日，公司向乙公司转让软件使用权 2 年，该软件的原始入账价值为 100 000 元，已使用 3 年，该无形资产未计提减值准备，该软件使用寿命期为 10 年，一次性收取使用费 100 000 元，不提供后续服务，款项已收存银行。

(2) 12 月 2 日，公司向丙公司出租包装物，取得租金收入 40 000 元（不含税），包装物成本 25 000 元，租金收入已存入银行。

(3) 12 月 20 日，销售原材料一批收到货款 5 800 元（含税），存入银行，结转材料的计划成本 4 500 元，材料成本差异率为 2%。

(4) 12 月 31 日，公司收丁公司租赁厂房租金 500 000 元（不含税，增值税税率为 10%），该厂房每年计提折旧 300 000 元，租金收入款项已送存银行。

(5) 12 月 31 日，公司向戊公司提供生产线修理业务，当月完成，收到戊公司转来设备修理收入 100 000 元（不含税，增值税税率为 10%），本月共发生修理人员工资 60 000 元，其他零星支出 15 000 元。

(6) 计算企业应缴纳的城建税和教育费附加（假设没有其他增值税进项税）。

(7) 结转其他业务收支。

要求：根据以上资料编制会计分录。

任务分析：本案例涉及其他业务收入和其他业务成本的含义、包括内容、确认和计量，其他业务收入和成本的账务处理，下面我们共同学习。

一、其他业务收支的概念

其他业务收支主要包括除出售商品或提供劳务以外的其他业务所形成的收入和成本。核算内容包括其他业务收入和其他业务成本的核算。其他业务收入包括：材料销售收入、无形资产使用权转让收入、固定资产出租收入、包装物出租收入、修理业务收入等业务所取得的收入，其他业务成本包括上述业务所形成的成本费用。

二、其他业务收支核算

（一）需要设置的账户

为了核算企业发生的其他业务收入和支出，企业需设置“其他业务收入”和“其他业务成本”两个账户。

（1）“其他业务收入”账户。该账户属于损益类账户，用以核算企业确认的除主营业务活动以外的其他经营活动实现的收入，包括出租固定资产、出租无形资产、出租包装物和商品、销售材料、用材料进行非货币性交换（非货币性资产交换具有商业实质且公允价值能够可靠计量）或债务重组等实现的收入。该账户贷方登记企业发生的其他业务收入，借方登记企业月末结转到“本年利润”账户中去的其他业务收入。期末，结转后该账户应无余额。该账户按照其他业务收入的项目进行明细核算。

（2）“其他业务成本”账户。该账户属于损益类账户，用以核算企业确认的除主营业务活动以外的其他经营活动所发生的支出，包括出租固定资产的折旧额、出租无形资产的摊销额、出租包装物的成本或摊销额、销售材料的成本等。该账户借方登记企业发生的其他业务支出，贷方登记企业月末结转到“本年利润”账户中去的其他业务支出。期末，结转后该账户应无余额。该账户按照其他业务支出的种类进行明细核算。采用成本模式计量投资性房地产的，其投资性房地产计提的折旧额和摊销额，也通过本账户核算。

（二）其他业务收支的账务处理

【案例 7-4 解答】

（1）无形资产出租的核算。

①预收软件出租款时：

借：银行存款	100 000	
贷：预收账款		100 000

②确认本年度无形资产出租收入时：

每年含税收入 = 100 000÷2 = 50 000（元）

本月应确认含税收入 = 50 000÷12 = 4 166.67（元）

本月应确认不含税收入 = 4 166.67÷（1+16%） = 3 561.25（元）

借：预收账款	4 166.67	
贷：其他业务收入——无形资产出租收入		3 591.96
应交税费——应交增值税（销项税额）		574.71

③确认本年度无形资产出租成本：

本年度无形资产摊销额 = 100 000÷（10×12） = 833.3（元）

借：其他业务成本——出租无形资产摊销	833.33	
贷：累计摊销——出租无形资产摊销		833.33

（2）出租包装物的核算。

①年末确认出租包装物收入时：

借：银行存款	46 400	
贷：其他业务收入		40 000
应交税费——应交增值税（销项税额）		6 400

②年末结转出租包装物成本时：

借：其他业务成本　　25 000

　贷：周转材料——包装物　　25 000

(3) 销售材料的核算。

①收到材料销售价税款时：

借：银行存款　　5 800

　贷：其他业务收入　　5 000

　　　应交税费——应交增值税（销项税额）　　800

②结转销售材料成本时：

借：其他业务支出　　4 590

　贷：原材料　　4 500

　　　材料成本差异　　90

(4) 出租固定资产业务核算。

①收到出租固定资产租金时：

借：银行存款　　55 000

　贷：其他业务收入　　50 000

　　　应交税费——应交增值税（销项税额）　　5 000

②摊销固定资产折旧时：

借：其他业务成本　　30 000

　贷：累计折旧　　30 000

(5) 修理费用的核算。

①发生劳务费用时：

借：劳务成本　　75 000

　贷：应付职工薪酬——工资　　60 000

　　　银行存款　　15 000

②确认劳务收入时：

借：银行存款　　110 000

　贷：其他业务收入　　100 000

　　　应交税费——应交增值税（销项税额）　　10 000

③月末结转劳务成本时：

借：其他业务成本　　75 000

　贷：劳务成本　　75 000

(6) 计算城建税和教育费附加。

本月应交城建税＝（574.71+6 400+800+5 000+10 000）×7%＝1 594.23（元）

本月应交教育费附加＝（574.71+6 400+800+5 000+10 000）×3%＝683.24（元）

借：税金及附加　　2 277.47

　贷：应交税费——应交城建税　　1 594.23

　　　　　　——应交教育费附加　　683.24

(7) 结转本期其他业务收入和其他业务成本。

本期其他业务收入＝3 561.25+40 000+5 000+50 000+100 000＝198 561.25（元）

本期其他业务成本＝833.33+25 000+4 590+30 000+75 000＝135 423.33（元）

结转其他业务收入时：

借：其他业务收入　　198 561.25

贷：本年利润　　198 561.25

结转其他业务成本时：

借：本年利润　　135 423.33

贷：其他业务成本　　135 423.33

任务四　成本、期间费用

【案例 7-5】华泰有限责任公司为一般纳税人，适用的增值税税率为 16%，城建税税率为 7%，教育费附加征收比例为 3%，材料采用计划成本法核算，包装物成本采用一次摊销法核算，无形资产采用按使用年限平均摊销。2×18 年 12 月发生如下业务：

（1）12 月 1 日，销售领用包装物 1 000 元，采用一次摊销法。

（2）12 月 20 日，以银行存款支付本月广告费 6 000 元，增值税税额 600 元。

（3）12 月 21 日，以银行存款支付应由公司承担的运输费 10 000 元，增值税税额 1 000 元，装卸费 3 000 元，增值税税额 300 元。

（4）12 月 24 日，以银行存款支付厂部业务招待费 8 000 元，增值税税额 800 元，办公用品费 3 000 元，增值税税额 480 元。

（5）12 月 25 日，结转专职销售人员工资 50 000 元，福利费 5 000 元。

（6）12 月 26 日，本月公司行政管理部门共发生费用 225 000 元，其中行政管理人员薪酬 150 000 元，行政部门固定资产折旧 45 000 元，行政人员差旅费 21 000 元（假定无预借差旅费），水电费 8 000 元和增值税 800 元（银行存款支付），摊销无形资产 1 000 元。

（7）12 月 27 日，公司按照税法规定，计算当期应交房产税 5 000 元、车船使用税2 000 元、城镇土地使用税 4 500 元。

（8）12 月 28 日，接银行通知，已划拨本月银行借款利息 8 500 元，银行转来存款利息 3 000 元。

（9）月末结转销售费用、管理费用、财务费用。

要求：根据上述业务内容编制会计分录。

任务分析：本案例涉及费用的含义、特征和分类等基础知识，费用的确认和计量规定，生产成本和期间费用的构成内容，销售费用、管理费用和财务费用账户的设置和账务处理。下面我们共同学习。

一、费用概述

（一）费用的概念和特征

费用是指企业日常活动中发生的，会导致所有者权益减少的、与向所有者分配利润无关的经济利益的总流出。费用的特征包括以下两点：

（1）费用是企业在日常活动中发生经济利益的总流出。

（2）费用会导致企业所有者权益的减少，但与向所有者分配利润无关。例如企业所有者抽回投资或企业向所有者分配利润，虽然会引起资产减少或负债增加，并使所有者权益减少，但不属于企业发生费用的经济业务。

（二）费用的主要内容和分类

费用是在生产过程中发生的各种耗费，根据费用的性质和特征，可以按照不同的标准进行分类。

1. 按照费用的经济内容进行分类

（1）外购材料费用，指企业为生产而耗用的一切从外部购入的原材料、半成品、辅助材料、包装物、修理备用件和低值易耗品等。

（2）外购燃料费用，指企业为生产而耗用的一切从外部购进的各种燃料，包括煤炭、油料、天然气等。

（3）外购动力费用，指企业为生产而从外部购进的各种动力。

（4）职工工资及福利费用，指企业应计入生产费用的职工工资以及按照职工工资总额的一定比例计提的职工福利费用。

（5）折旧费，指企业拥有或控制的固定资产按照使用情况而计提的折旧费用。

（6）利息费用，指企业为筹集生产经营资金而发生的利息支出。

（7）税金，指企业应计入生产费用的各种税金，如房产税、车船使用税、土地使用税等。

（8）其他费用，指不属于上述项目的费用支出。

2. 费用按照经济用途的分类

按经济用途分类，费用可分为计入产品成本的费用和不计入产品成本的费用即期间费用。

（1）计入产品成本的费用又可以继续分为直接材料、直接人工和制造费用等。

①直接材料，是指企业生产产品和提供劳务的过程中所消耗的、直接用于产品生产、构成产品实体的各种材料及主要材料、外购半成品以及有助于产品形成的辅助材料等。

②直接人工，是指企业在生产产品和提供劳务过程中，直接从事产品的生产的工人的工资、津贴、补贴和福利费以及社保等。

③制造费用，是指企业生产单位为生产产品和提供劳务而发生的各项间接成本。企业应当根据制造费用的性质，合理地选择制造费用分配方法。具体有以下项目：各个生产单位管理人员的工资、职工福利费、房屋建筑费、劳动保护费、季节性生产和修理期间的停工损失等等。

（2）期间费用，是指不计入某个特定产品成本，而直接计入发生当期损益的费用，包括销售费用、管理费用和财务费用。

①销售费用是指企业在销售产品、自制半成品和提供劳务等过程中发生的各项费用。销售费用包括由企业负担的包装费、运输费、广告费、装卸费、保险费、委托代销手续费、展览费、租赁费（不含融资租赁费）和销售服务费、专职销售人员工资、职工福利费、差旅费、折旧费、修理费、物料消耗、低值易耗品摊销以及其他经费等，异地专设销售机构经费。与销售有关的差旅费应计入销售费用。

②管理费用是指企业行政管理部门为组织和管理生产经营活动而发生的各项费用。管理费用属于期间费用，在发生的当期计入当期的损益。管理费用包括公司经费、职工教育经费、业务招待费、税金、技术转让费、无形资产摊销、咨询费、诉讼费、开办费摊销、上缴上级管理费、劳动保险费、失业保险费、董事会会费、财务报告审计费、房产税、车船使用税、城镇土地使用税、印花税、矿产资源补偿费、研究费用、排污费、筹建期间发生的开办费以及其他管理费用。公司经费包括：总部管理人员工资、职工福利费、差旅费、办公费、折旧费、修理费、物料消耗、低值易耗品摊销及其他公司经费。董事会会费是指企业最高权力机构及其成员为执行职能而发生的各项费用，包括差旅费、会议费等。

③财务费用指企业在生产经营过程中为筹集资金而发生的筹资费用。包括企业生产经营期间发生的利息支出（减利息收入）、汇兑损益（有的企业如商品流通企业、保险企业进行单独核算，不包括在财务费用中）、金融机构手续费以及因筹集资金而发生的其他财务费用。但在企业筹建期间发生的利息支出，应计入开办费；为购建或生产满足资本化条件的资产发生的应予以资本化的借款费用，在“在建工程”“制造费用”等账户核算。

二、费用的确认和计量

（一）费用的确认

1. 费用的确认原则

（1）划分收益性支出和资本化支出的原则。按照划分收益性支出与资本性支出原则，某项支出的效益涉及几个会计年度（或几个营业周期），该项支出应予以资本化，计入资产成本，不能作为当期的费用；如果某项支出的效益只在一个会计期间内即确认为费用。这一原则为费用的确认给定了一个时间上的总体界限。正确地区分收益性支出与资本性支出，保证了正确地计量资产的价值和正确地计算各期的产品成本、期间费用及损益。

（2）权责发生制原则。权责发生制原则规定了具体在什么时点上确认费用。企业会计准则规定，凡是当期已经发生或应当负担的费用，不论款项是否收付，都应作为当期的费用；凡是不属于当期的费用，即使款项已在当期支付，也不应当作为当期的费用。

（3）配比原则。其基本含义是，当收入已经实现时，某些资产（如物料用品）已被消耗，或已被出售（如商品），以及劳务已经提供（如专设的销售部门人员提供的劳务），已被耗用的这些资产和劳务的成本，应当在确认有关收入的期间予以确认。如果收入要到未来期间实现，相应的费用应递延分配于未来的实际受益期间。因此，费用的确认，要根据费用与收入的相关程度，确定哪些资产耗费或负债的增加应从本期收入中扣减。

2. 费用确认的标准

（1）企业为生产产品、提供劳务等发生的可归属于产品成本、劳务成本的费用，应当在确认产品销售收入、劳务收入等时，将已销售产品、已提供劳务的成本等计入当期损益，如销售成本的确认。

（2）企业发生的支出产生经济利益的，或即使能够产生经济利益但不符合，或不再符合资产确认条件的，应当在发生时确认为费用，计入当期损益，如无形资产摊销和保险费摊销等。

（3）企业发生的交易或事项导致其承担了一项负债而不确认为一项资产，应当发生时确认为费用，计入当期损益。如未决诉讼、担保等败诉的可能性极大时，应确认为一项预计负债。

（二）费用的计量

企业在生产经营过程中所发生的其他各项费用，应当以实际发生数计入成本、费用。

1. 实际发生时确认为费用

对于数额较小或虽然数额较大，但是受益期在当期且无法确定分配标准的，可在发生时直接全部计入当期费用，如差旅费、办公费等。

2. 合理预计或分配费用

对于数额较大的耗费，且受益期超过一个会计期间，就需要在不同的会计期间进行分配。如固定资产大修理费用、一次性支付的保险费等都需要合理地预计或分摊。

三、费用的账务处理

（一）账户设置

1. “税金及附加”账户

“税金及附加”账户，用以核算企业经营活动发生的消费税、城市维护建设税、教育费附加、资源税等相关税费。该账户属于损益类，借方登记计算确定的与经营活动相关的税费，贷方登记期末转入“本年利润”账户的金额，期末结转后该账户无余额。该账户应按照税费种类设置明细账，采用多栏式明细账账本。

2. “管理费用”账户

“管理费用”账户用于核算企业为组织和管理生产经营活动而发生的各项管理费用。该账户属于损益类账户，借方登记当期发生的管理费用金额，贷方登记期末转入“本年利润”账户的金额，期末结转后无余额。该账户应按照税费种类设置明细账，采用多栏式明细账账本。

3.“财务费用”账户

“财务费用”账户，用于核算公司为筹集生产经营所需资金等而发生的费用。该账户属于损益类账户，借方登记当期发生的财务费用金额，贷方登记期末转入“本年利润”账户的金额，期末结转后无余额。该账户应按照财务费用构成项目设置明细账，采用多栏式明细账账本。

4.“销售费用”账户

“销售费用”账户用于核算企业在整个经营环节中所发生的费用，包括公司销售商品过程中发生的费用和商业性公司在进货过程中发生的费用。该账户属于损益类账户，借方登记当期发生的销售费用金额，贷方登记期末转入“本年利润”账户的金额，期末结转后无余额，应按照销售费用构成项目设置明细账，采用多栏式明细账账本。

（二）账务处理

1. 税金及附加的核算

【案例 7-4】中已有案例处理，在此不再赘述。

2. 销售费用的核算

【案例 7-5 解答】

（1）12 月 1 日销售领用包装物时：

借：销售费用	1 000	
贷：周转材料——包装物		1 000

（2）12 月 20 日支付广告费时：

借：销售费用——广告费	6 000	
应交税费——应交增值税（进项税额）	600	
贷：银行存款		6 600

（3）12 月 21 日支付由销货方承担的运输、装卸费时：

借：销售费用——运输费	10 000	
——装卸费	3 000	
应交税费——应交增值税（进项税额）	1 300	
贷：银行存款		14 300

（4）12 月 25 日结转专职销售人员工资、福利费时：

借：销售费用——销售人员工资	50 000	
——销售人员福利费	5 000	
贷：应付职工薪酬——短期薪酬（工资）		50 000
——短期薪酬（福利费）		5 000

3. 管理费用的核算

【案例 7-5 解答】

（5）12 月 24 日支付厂部办公费和业务招待费时：

借：管理费用——招待费	8 000	
——办公费	3 000	
应交税费——应交增值税（进项税额）	1 280	
贷：银行存款		12 280

（6）12 月 26 日结转厂部管理发生费用时：

借：管理费用——薪酬　150 000
——折旧　45 000
——差旅费　21 000
——水电费　8 000
——无形资产摊销　1 000
应交税费——应交增值税（进项税额）　800
贷：应付职工薪酬——短期薪酬（工资）　150 000
累计折旧　45 000
累计摊销　1 000
库存现金　21 000
银行存款　8 800

（7）12月27日计算房产税等时：

借：管理费用——房产税　5 000
——车船使用税　2 000
——城镇土地使用税　4 500
贷：应交税费——应交房产税　5 000
——车船使用税　2 000
——城镇土地使用税　4 500

4. 财务费用的核算

【案例 7-5 解答】

（8）12月28日，收到银行扣息通知书时：

借：财务费用——借款利息　8 500
贷：银行存款　8 500

12月28日，接到银行利息结算清单时：

借：银行存款　3 000
贷：财务费用——利息收入　3 000

5. 结转期间费用

会计期末应将期间费用转入本年利润账户。

【案例 7-5 解答】

（9）12月31日，结转期间费用时：

借：本年利润　328 000
贷：销售费用　75 000
管理费用　247 500
财务费用　5 500

任务五　营业外收支

【案例 7-6】华泰有限责任公司为一般纳税人，适用的增值税税率为16%，劳务收入为公司辅助经营活动，2×18年12月发生如下业务：

（1）12月1日，公司欠乙公司账款3 000 000元，因公司确实经营困难，债务无法向乙公司偿还，决定进行债务重组。经协商，重组内容是：公司以银行存款1 550 000元偿还，同时以一项无形资产偿还所欠余款。公司该项无形资产原值900 000元，已摊销100 000元，公允价值为 1 050 000 元，假定不考虑相关税费。

(2) 12 月 8 日，公司通过民政机构向本市残联捐赠 200 000 元，款已支付。

(3) 12 月 10 日，公司用银行存款向国税局支付上月税收滞纳金 1 000 元。

(4) 12 月 15 日，公司收到甲公司支付的合同违约金 250 000 元，存入银行。

(5) 12 月 31 日，公司批准将盘盈固定资产净收益 12 000 元转账。

(6) 12 月 31 日，公司批准将自然灾害造成的流动资产净损失 10 000 元转账。

(7) 12 月 31 日，公司批准将固定资产清理净损失 30 000 元转账。

(8) 12 月 31 日，结转公司营业外收支。

要求：根据以上业务编制会计分录。

任务分析：本案例涉及营业外收支的含义、特征和构成内容，营业外收入和营业外支出账户设置和账务处理。

营业外收支是指与企业的业务经营无直接关系的收益和支出，又称营业外损益，是企业财务成果的组成部分。

一、营业外收入

(一) 营业外收入的概念

营业外收入，是指企业发生的与其日常活动无直接关系的各项利得。

营业外收入内容包括非货币性资产交换利得、债务重组利得、政府补助、盘盈利得、捐赠利得、确实无法支付而按规定程序经批准后转作营业外收入的应付款项等。盘盈利得，主要指对于现金等清查盘点中盘盈的现金等，报经批准后计入营业外收入的金额。捐赠利得，指企业接受捐赠产生的利得。

(二) 营业外收入的核算

1. 账户设置

企业应设置“营业外收入”账户，用以核算企业发生的与其生产经营无直接关系的各项收入。该账户属于损益类账户，贷方登记企业发生的各项营业外收入，借方登记期末转入“本年利润”账户的营业外收入，期末结转后该账户无余额。该账户应按收入项目设置明细账进行明细核算。

2. 账务处理

(1) 债务重组利得、非流动资产处置利得核算。

【案例 7-6 解答】

(1) 12 月 1 日，债务重组完成时：

处置非流动资产利得 = 105 - (90 - 10) = 25 (万元)

债务重组利得 = 300 - 155 - 105 = 40 (万元)

借：应付账款——乙公司	3 000 000	
累计摊销	100 000	
贷：银行存款		1 550 000
无形资产		900 000
资产处置损益		650 000

(2) 违约金收入核算。

【案例 7-6 解答】

④12 月 15 日，公司收到甲公司支付的合同违约金时：

借：银行存款	250 000	
贷：营业外收入——违约金		250 000

（3）非流动资产处置利得核算。

【案例 7-6 解答】

（3）12 月 31 日，批准结转固定资产盘盈收益时：

借：营业外收入——盘盈固定资产利得　　12 000

　贷：待处理财产损溢——待处理固定资产损溢　　12 000

其他内容的核算留待高级会计实务学习，在此不再赘述。

二、营业外支出

（一）营业外支出的概念

营业外支出，是指企业发生的与其日常活动无直接关系的各项损失。

营业外支出内容包括非货币性资产交换损失、债务重组损失、盘亏损失、公益性捐赠支出、非常损失等。

其中，盘亏损失，主要指对于财产清查盘点中盘亏的资产，在查明原因处理时按确定的损失计入营业外支出的金额。公益性捐赠支出，指企业对外进行公益性捐赠发生的支出。非常损失，指企业对于因客观因素（如自然灾害、战争等）造成的损失，在扣除保险公司赔偿后应计入营业外支出的净损失。

（二）营业外支出的核算

1. 账户设置

企业应设置“营业外支出”账户，用以核算企业发生的与其生产经营无直接关系的各项支出。该账户属于损益类账户，借方登记企业发生的各项营业外支出，贷方登记期末转入“本年利润”账户的营业外支出，期末结转后该账户无余额。该账户应按收入项目设置明细账，进行明细核算。

2. 账务处理

（1）公益性捐赠的核算。

【案例 7-6 解答】

（4）12 月 8 日，向民政机构捐款时：

借：营业外支出——公益性捐赠　　200 000

　贷：银行存款　　200 000

（2）支付滞纳金的核算。

【案例 7-6 解答】

（5）12 月 10 日向国税局支付滞纳金时：

借：营业外支出——滞纳金　　1 000

　贷：银行存款　　1 000

（3）非流动资产处置损失的核算。

【案例 7-6 解答】

（6）12 月 31 日，批准固定资产处置损失时：

借：资产处置损益　　30 000

　贷：固定资产清理　　30 000

（4）盘亏资产损失核算。

【案例 7-6 解答】

（7）12 月 31 日，批准结转盘亏流动资产损失时：

借：营业外支出——盘亏流动资产损失　　10 000

　贷：待处理财产损溢——待处理流动资产损溢　　10 000

其他内容留待高级会计实务学习，在此不再赘述。

三、结转营业外收入和支出

【案例 7-6 解答】

(8) 营业外收支的结转。

结转营业外收入时:

借：营业外收入	262 000	
资产处置损益	620 000	
贷：本年利润		882 000

结转营业外支出时:

借：本年利润	221 000	
贷：营业外支出		211 000

任务六　利润及其分配

【案例 7-7】华泰有限责任公司为一般纳税人，适用的增值税税率为 16%，劳务收入为公司辅助经营活动，2×18 年发生如下业务:

(1) 12 月 5 日，将 2×17 年 5 月 10 日购入的 100 万元作为交易性金融资产的股票出售，取得 110 万元收入，该股票 2017 年年末股票公允价值为 106 万元。

(2) 公司 2×18 年 1 月 1 日支付 700 万元，取得 A 公司 60%股权，投资时 A 公司可辨认净资产公允价值为 1 100 万元。本公司与 A 公司不存在关联关系，为非同一控制下的企业合并。2×18 年上半年 A 公司实现净利润 180 万元，2×18 年 12 月 10 日分出现金股利 50 万元。

(3) 12 月 31 日结转投资收益。

要求：根据上述资料编制会计分录。

任务分析：本案例涉及投资收益的含义、构成内容，投资收益账户设置和账务处理。

一、投资收益

(一) 投资收益的含义和构成

投资收益是指企业在一定的会计期间对外投资所取得的回报，包括对外投资所分得的股利和收到的债券利息，以及投资到期收回或到期前转让债权所得款项高于账面价值的差额（价差收益）等。

(二) 账户设置

“投资收益”账户属于损益类账户，用于核算企业对外投资所取得的收益或发生的损失。该账户借方登记投资的损失和期末转入“本年利润”账户的投资收益，贷方登记企业发生的各种投资收益和期末转入“本年利润”的投资损失，期末结转后该账户无余额。该账户按照收益的项目设置明细账进行明细核算。

(三) 投资收益的账务处理

(1) 长期股权投资采用成本法核算的，企业应按被投资单位宣告发放的现金股利或利润中属于本企业的部分，借记“应收股利”账户，贷记“投资收益账户”；属于被投资单位在取得投资前实现净利润的分配额，应作为投资成本的收回，贷记“长期股权投资”账户。

(2) 长期股权投资采用权益法核算的，资产负债表日，企业应按根据被投资单位实现的净利润或经调整的净利润计算应享有的份额，借记“长期股权投资——损益调整”账户，贷记“投资收益”账户。

被投资单位发生亏损、分担亏损份额超过长期股权投资而冲减长期权益账面价值的，借记“投资收益”账户，贷记“长期股权投资——损益调整”账户。发生亏损的被投资单位以后实现净利润的，企业计算的应享有的份额，如有未确认投资损失的，应先弥补未确认的投资损失，弥补损失后仍有余额的，借记“长期股权投资——损益调整”账户，贷记“投资收益”账户。

出售长期股权投资时，企业应按实际收到的金额，借记“银行存款”等账户，原已计提减值准备的，借记“长期股权投资减值准备”账户，按其账面余额，贷记“长期股权投资”账户，按尚未领取的现金股利或利润，贷记“应收股利”账户，按其差额，贷记或借记“投资收益”账户。出售采用权益法核算的长期股权投资时，还应按处置长期股权投资的投资成本比例结转原记入“资本公积——其他综合收益”账户的金额，借记或贷记“资本公积——其他综合收益”账户，贷记或借记“投资收益”账户。

（3）企业持有的交易性金融资产、持有至到期投资、可供出售金融资产期间取得的投资收益以及处置损益，前已讲过在此不再赘述。

（4）投资收益的结转。

①结转投资净收益。

借：投资收益

　贷：本年利润

②结转投资净损失。

借：本年利润

　贷：投资收益

【案例7-7解答】

（1）12月5日出售交易性金融资产时：

2×17年年末公允价值变动收益=106-100=6（万元）

2×18年12月5日出售股票投资收益=110-106=4（万元）

2×18年12月5日结转公允价值变动收益形成利润=6（万元）

借：银行存款	1 100 000	
公允价值变动损益	60 000	
贷：交易性金融资产		1 060 000
投资收益		100 000

（2）本公司采用成本法核算：

①2×18年1月1日投资时：

借：长期股权投资——A公司	7 000 000	
贷：银行存款		7 000 000

②2×18年上半年A公司实现净利润180万元，本企业采用成本法核算，不作账务处理。

③2×18年12月10日A公司决定分配现金红利时：

借：应收股利	300 000	
贷：投资收益		300 000

收到现金红利时：

借：银行存款	300 000	
贷：应收股利		300 000

（3）12月31日结转投资净收益时：

借：投资收益	400 000	

贷：本年利润　　400 000

二、利润

（一）利润概述

利润是指企业在一定会计期间的经营成果。利润包括收入减去费用后的净额、直接计入当期利润的利得和损失等。利润表明企业在每一会计期间的最终经营成果。

直接计入当期的利得和损失，是指应当计入当期损益、会导致所有者权益发生增减变动的、与所有者投入资本或者所有者分配利润无关的利得或损失。

1. 营业利润

主营业务利润=主营业务收入-主营业务成本-税金及附加-销售费用-管理费用-财务费用

其他业务利润=其他业务收入-其他业务成本

营业利润=主营业务利润+其他业务利润-资产减值损失±公允价值变动净损益±投资净损益

2. 利润总额

利润总额=营业利润+营业外收入-营业外支出

3. 净利润

净利润=利润总额-所得税费用

（二）利润的核算方法

1. 账户设置

为了核算企业全年生产经营成果，需设置“本年利润”账户。“本年利润”账户属于权益类账户，用来核算企业本年度内实现的净利润或亏损。该账户贷方登记会计期末各类收益账户结转的余额，借方登记会计期末各类成本、费用账户结转的余额。该账户期末借方余额反映当期发生的亏损，贷方余额反映当期产生的利润。年度终了，应将“本年利润”账户的余额转入“利润分配”账户。

2. 本年利润结转的方法

在实际工作中，利润的核算方法有账结法和表结法两种。每月月末，企业可根据实际情况自行选用，年终则采用账结法。

（1）表结法。

表结法即用“利润表”结转期末损益类项目，计算体现期末财务成果的方法。每月月末只结出损益类账户的月末余额，但不结转到“本年利润”账户，只有在年末结转时才使用“本年利润”账户。“本年利润”账户集中反映当年利润及构成情况。使用表结法，每月月末只结计损益类账户的本月发生额合计并填入利润表的本月栏，将本月余额填入利润表的本年累计栏，账户不结转。表结法平时直接在利润表结转，省去了转账环节并可以从账户余额得出本年累计的指标，同时并不影响利润表的编制及有关损益指标的利用。到了年末再使用账结法结转整个年度的累计余额。

【案例 7-8】应用华泰公司【案例 7-1 解答】至【案例 7-7 解答】编制损益类账户余额表如下表所示：

科目名称	结账前余额	科目名称	结账前余额
主营业务收入	17 460 000	其他业务收入	490 868.75
主营业务成本	16 330 000	其他业务成本	434 423.33
税金及附加	3 371.04	投资收益	400 000
销售费用	75 000	营业外收入	262 000

表(续)

科目名称	结账前余额	科目名称	结账前余额
管理费用	247 500	营业外支出	211 000
财务费用	5 500	所得税费用	414 018.6
资产处置利得	620 000		

企业适用的公司所得税税率为25%，假定公司本年无纳税调整项目。

(2) 账结法。

账结法是通过编制记账凭证来完成损益结转工作的方法，即在账上每月进行损益类账户的结转，每月月末结出损益类账户余额，并从余额的反方向结转入“本年利润”账户。损益类账户结转后均无余额。企业各月的财务成果，直接体现在“本年利润”账户中，将各月利润累计即可求得当期累计实现的财务成果。采用这种方法，各月均要通过“本年利润”账户提供其当期利润额，记账业务程序完整。但从实用角度讲，采用账结法增加了每月编制结转损益分录的工作量。

(三) 利润的账务处理

【案例7-9】根据【案例7-8】资料得来。

(1) 将收入类账户余额转入“本年利润”账户时。

借：主营业务收入　　17 460 000
　　其他业务收入　　490 868.75
　　投资收益　　400 000
　　营业外收入　　262 000
　　资产处置利得　　620 000
　贷：本年利润　　19 232 868.75

(2) 将支出类账户余额转入“本年利润”账户时。

借：本年利润　　17 306 794.37
　贷：主营业务成本　　16 330 000
　　　其他业务成本　　434 423.33
　　　税金及附加　　3 371.04
　　　管理费用　　247 500
　　　销售费用　　75 000
　　　财务费用　　5 500
　　　营业外支出　　211 000

(3) 假设无其他调整事项，计算应交所得税。

借：所得税费用　　481 518.60
　贷：应交税费——应交企业所得税　　481 518.60
借：本年利润　　481 518.60
　贷：所得税费用　　481 518.60

三、利润分配

(一) 利润分配概述

利润分配，是指企业按照国家规定的政策和企业章程的规定，对已实现的净利润在企业和投资者之间进行分配。企业当期实现的净利润，加上年初未分配利润（或减去年初未弥补亏损）和其他转入后的余额，为可供分配的利润。

（二）利润分配顺序

企业当年实现的净利润，除法律、行政法规另有规定外，应按照以下顺序分配：

1. 弥补以前年度亏损

企业纳税年度发生的亏损，准予向以后年度结转，用以后年度的所得弥补，但结转年限最长不得超过5年。

2. 提取法定盈余公积

公司制企业按照税后利润10%的比例提取法定盈余公积，非公司制企业也可按照超过10%的比例提取法定盈余公积。计算提取基数时不包括企业年初未分配利润。法定盈余公积累计提取额已达到公司注册资本50%以上时，可以不再提取。

3. 提取任意盈余公积

公司制企业经股东会或股东大会决议，还可以从税后利润中提取任意盈余公积，非公司制企业经类似权力机构批准也可提取。

4. 向投资者分配利润

公司弥补亏损和提取盈余公积后所余税后利润，可按照股东实缴的出资比例分取红利，但全体股东有约定或者公司章程有规定的除外。分配程序如下：

（1）应付优先股股利；

（2）应付普通股股利；

（3）转作资本（或股本）的普通股股利。

企业以前年度亏损未弥补完，不能提取法定盈余公积，在提取法定盈余公积前，不得向投资者分配利润。

（三）利润分配的核算

1. 账户设置

（1）利润分配账户。

企业设置“利润分配”账户，用来核算企业利润的分配（或亏损的弥补）和历年分配（或弥补）后的余额。该账户属于所有者权益类账户。该账户借方登记利润分配数，贷方登记由“本年利润”账户转入的税后净利润，年末贷方余额表示历年累计的未分配利润，如为借方余额则表示历年未弥补亏损。该账户应当分别设置“提取法定盈余公积”“提取任意盈余公积”“应付现金股利或利润”“转作股本的股利”“盈余公积补亏”“未分配利润”等明细账户进行明细核算。

“未分配利润”明细账户，用来核算企业全年实现的净利润（或净亏损）、净利润分配和尚未分配的利润（或尚未弥补的亏损）。年度终了，企业将全年实现的净利润（或净亏损）自“本年利润”账户转入“未分配利润”明细账户，同时，将“利润分配”账户下的其他明细账户的余额转入“未分配利润”明细账户。年终结转后，其他明细账户无余额，“未分配利润”明细账户如为贷方余额，反映尚未分配的利润，如为借方余额，则反映尚未弥补的亏损。

（2）盈余公积账户。

“盈余公积”属于所有者权益类账户，用来核算企业从净利润中提取的法定盈余公积和任意盈余公积。该账户的贷方登记盈余公积的提取数，借方登记盈余公积的使用数，期末余额在贷方，表示盈余公积的结存数。

（3）应付利润账户。

“应付利润”账户用来反映和监督企业向投资者支付利润的情况。该账户为负债类账户，贷方登记企业计算出的应支付而尚未支付给投资者的利润数额，借方登记实际支付给投资者的利润数额，期末余额如果在贷方，表示应付而尚未支付的利润额，如果在借方，则表示多支付的利润额。

2. 账务处理

【案例 7-10】根据【案例 7-9】资料，假定华泰公司以前年度未分配利润无结余，华泰公司按照税后净利润 10%提取法定盈余公积，公司董事会决议按照税后净利润 6%计提任意盈余公积，按照税后净利润 50%向投资者分配利润。

要求：编制华泰公司利润分配的会计分录，并计算企业留存收益额。

【案例 7-10 解答】

(1) 年末“本年利润”账户余额结转。

借：本年利润　　1 444 555. 78

　贷：利润分配——未分配利润　　1 444 555. 78

(2) 提取盈余公积。

借：利润分配——提取法定盈余公积　　144 455. 58

　　　　　　——提取任意盈余公积　　86 673. 35

　贷：盈余公积——法定盈余公积　　144 455. 58

　　　　　　——任意盈余公积　　86 673. 35

(3) 向投资者分配利润。

借：利润分配——应付利润　　722 277. 89

　贷：应付利润　　722 277. 89

(4) 宣告发放现金股股利。

借：利润分配——应付现金股股利

　贷：应付股利

(5) 年末结转“利润分配”各明细账户。

借：利润分配——未分配利润　　953 406. 82

　贷：利润分配——提取法定盈余公积　　144 455. 58

　　　　　　——提取任意盈余公积　　86 673. 35

　　　　　　——应付利润　　722 277. 89

年末“利润分配——未分配利润”明细账余额=1 444 555. 78-953 406. 82=491 148. 96（元）

任务七　财务成果岗位核算实训

一、实训目的

通过本实训项目，学生能熟练掌握各种销售业务的处理，掌握收入的确认和费用的计量以及利润和利润分配的核算程序和方法。

二、实训资料

(1) 金达股份有限公司为增值税一般纳税人，主要经营甲、乙、丙、丁四种产品，每次销售产品同时结转成本。流转税费平时预交，下月 10 日内结清。

名称：金达股份有限公司

纳税人识别号：32012658363803366

地址、电话：南京市江宁区天印大道 123 号

开户行及账号：工行南京分行 16030058363804567

(2) 2×18 年 12 月份有关销售、费用和利润分配的业务附后。

(3) 所需凭证账页：记账凭证（通用或专用凭证）、三栏式明细账页。

三、实训任务

（1）熟悉原始凭证，必要时填制部分原始凭证。

（2）依据原始凭证编制记账凭证。

（3）依据编制的记账凭证登记本月主营业务收入、主营业务成本、税金及附加、其他业务收入、投资收益、营业外收入、营业外支出、本年利润及利润分配明细账，期末结账。

四、业务资料

金达股份有限公司 2018 年业务资料如下：

（1）销售给宏远贸易有限责任公司 50 件甲产品。与此业务相关的凭证如下：

3300033140　　**江苏省增值税专用发票**　　No. 22006007

记账联

开票日期：2018 年 12 月 5 日

国税函[2006]102号金达股份有限公司

购货单位	名称：宏远贸易有限责任公司 纳税人识别号：3201202002235891 地址、电话：中山南路 246 号 025-3132678 开户行及账号：工行南京分行 180100112201019				密码区	（略）	
货物及应税劳务名称	规格型号	单位	数量	单价	金额	税率	税额
甲产品		件	50	4 000.00	200 000.00	16%	32 000.00
价税合计（大写）	贰拾叁万贰仟元整						（小写）¥232 000.00
销货单位	名称：金达股份有限公司 纳税人识别号：32012658363803366 地址、电话：南京市江宁区天印大道 123 号 开户行及账号：工行南京分行　16030058363804567				备注		

第四联　记账联　销货方记账凭证

收款人：　　复核：　　开票人：郑国庆　　销货单位：（章）

发货单

购货单位：宏远贸易有限责任公司　　2018 年 12 月 5 日　　编号：000206

产品编号	产品名称	单位	数量	单价	金额	备注
43201	甲产品	件	50	4 000	200 000	

销售部门负责人：　　发货人：　　提货人：　　制单：

中国工商银行　进账单（收账通知）　0120426

填制日期 2018 年 12 月 5 日

付款人	全称	宏远贸易有限责任公司	收款人	全称	金达股份有限公司
	账号	180100112201019		账号	16030058363804567
	开户银行	工行南京分行		开户银行	工行南京分行

金额	人民币（大写）贰拾叁万贰仟元整	千	百	十	万	千	百	十	元	角	分
			¥	2	3	2	0	0	0	0	0

票据种类	转账支票	收款人开户行盖章
票据张数	1	
销货款 单位主管　会计　复核　记账		

此联是收款人开户银行交给收款人的收账通知

（2）销售给佳佳百货有限责任公司 20 件乙产品。与此业务相关的凭证如下：

3300033140　**江苏省增值税专用发票**　No. 22006010

记账联

开票日期：2018 年 12 月 10 日

购货单位	名称：佳佳百货有限责任公司 纳税人识别号：3201202002235523 地址、电话：中山东路 108 号 025-2362678 开户行及账号：工行南京分行 180100112243328	密码区	（略）

货物及应税劳务名称	规格型号	单位	数量	单价	金额	税率	税额
乙产品		件	20	25 000.00	500 000.00	16%	80 000.00
价税合计（大写）	伍拾捌万元整					（小写）	¥580 000.00

销货单位	名称：金达股份有限公司 纳税人识别号：32012658363803366 地址、电话：南京市江宁区天印大道 123 号 开户行及账号：工行南京分行　16030058363804567	备注	

收款人：　复核：　开票人：郑国庆　销货单位：（章）

国税函[2006]102号金达股份有限公司

第四联　记账联　销货方记账凭证

发货单

购货单位：佳佳百货有限责任公司　2018 年 12 月 10 日　　编号：00213

产品编号	产品名称	单位	数量	单价	金额	备注
53201	乙产品	件	20	25 000	500 000	

销售部门负责人：　　发货人：　　提货人：　　制单：

中国工商银行　进账单（收账通知）　0120451

填制日期 2018 年 12 月 10 日

付款人	全称	佳佳百货有限责任公司	收款人	全称	金达股份有限公司
	账号	180100112243328		账号	16030058363804567
	开户银行	工行南京分行		开户银行	工行南京分行

金额	人民币（大写）伍拾捌万元整	千	百	十	万	千	百	十	元	角	分
			¥	5	8	0	0	0	0	0	0

票据种类	转账支票	
票据张数	1	
销货款 单位主管　会计　复核　记账		收款人开户行盖章

此联是收款人开户银行交给收款人的收账通知

（3）支付给众信广告设计有限公司广告费 150 000 元。与此业务相关的凭证如下：

中国工商银行
转账支票存根
支票号码：08098670
科　　目：
对方科目：
出票日期：2018 年 12 月 15 日

收款人：众信广告设计有限公司	
金　额：¥150 000.00	
用　途：付广告费	

单位主管　赵一　会计　张力

江苏省广告业统一发票

发票联

№57484858

客户名称及地址：金达股份有限公司　2018 年 12 月 15 日

品名	规格	单位	数量	单价	金额								备注
					十	万	千	百	十	元	角	分	
产品广告费					1	5	0	0	0	0	0	0	
合计人民币（大写）	壹拾伍万元整				1	5	0	0	0	0	0	0	

第二联　发票联

填票人　收款人　单位名称

（印章：大信广告设计有限公司 发票专用章）

（4）支付给广东财院培训费用 24 000 元。与此业务相关的凭证如下：

中国工商银行

转账支票存根

支票号码：08098679

科　　目：

对方科目：

出票日期：2018 年 12 月 16 日

收款人：广东财院	
金　额：￥24 000.00	
用　途：培训费用	

单位主管　赵怡　会计　张东

广东省行政事业单位收费收据

2018 年 12 月 16 日

№1200374

付款单位	本公司	金额								
		百	十	万	千	百	十	元	角	分
金额（大写）	人民币　贰万肆仟元整		￥	2	4	0	0	0	0	0
事由	继续教育费用　广东财院收费专用章	备注：								

三联记账

会计主管：赵怡　收款人：丁凡　制单：张东

（5）支付借款利息。

中国建设银行南京市分行借款计息通知（付款通知联）

存款账户户名：金达股份有限公司　　账号：16030058363804567		
利息计算时间：2018 年 12 月 31 日　止　　11 月 30 日　起		左列借款利息已从你单位账号账户中划出。 开户银行盖章 2018 年 12 月 20 日
计息积数共计：¥120 000.00	利率：2.625%	
利息金额（大写）叁仟壹佰伍拾元整　¥3 150.00		
附记：	¥120 000.00	

会计 8 号　　事后监督 7 号　　复核 9 号　　制单 10 号

（6）向永安商场发售 50 件丁产品，发货单如下：

表 7-5　　**发货单**

购货单位：永安商场　　2018 年 12 月 21 日　　编号：000210

产品编号	产品名称	单位	数量	单价	金额	备注
63201	丁产品	件	50	12 000.00	600 000.00	

销售部门负责人：　　发货人：　　提货人：　　制单：

（7）开具增值税专用发票。

3300033140　　**江苏省增值税专用发票**　　No. 220060015

记账联

开票日期：2018 年 12 月 25 日

国税函[2006]102号金达股份有限公司

购货单位	名称：宏远贸易有限责任公司 纳税人识别号：3201202002235891 地址、电话：中山南路 246 号 025-3132678 开户行及账号：工行南京分行 180100112201019				密码区	（略）	
货物及应税劳务名称	规格型号	单位	数量	单价	金额	税率	税额
甲产品		件	10	4 000.00	40 000.00	16%	6 400.00
价税合计（大写）	肆万陆仟肆佰元整					（小写）¥46 400.00	
销货单位	名称：金达股份有限公司 纳税人识别号：32012658363803366 地址、电话：南京市江宁区天印大道 123 号 开户行及账号：工行南京分行　16030058363804567				备注		

第四联　记账联　销货方记账凭证

收款人：　　复核：　　开票人：郑国庆　　销货单位：（章）

（8）10 件甲产品验收入库。产成品入库通知单如下：

产成品入库通知单

仓库名称：产成品仓库　　2018 年 12 月 26 日　　No. 20060161

名称	材质	规格	计量单位	数量		单位定额成本	定额总成本	送验单位
				送验	实收			
甲产品			件	10	10	3 500	35 000	销售部
合计								

第二联　记账联

仓库主管：李玉峰　　记账：张明　　验收：李平　　送验人：马小辉

（9）收到广州市商品销售统一发票发票联。

广州市商品销售统一发票

发票联

G：3706038575006

№36475686

客户名称及地址：华润超市　2018 年 12 月 25 日

品名	规格	单位	数量	单价	金额								备注
					十	万	千	百	十	元	角	分	
办公用品								3	6	0	0	0	
							¥	3	6	0	0	0	
合计人民币（大写）	叁佰陆拾元整						¥	3	6	0	0	0	

现金付讫

第二联　发票联

填票人　严寒　　　　收款人　　　　单位名称

（10）开具增值税专用发票，收到永安商场货款。与此业务相关的凭证如下：

3300033140　　**江苏省增值税专用发票**　　No. 22006007

记账联

开票日期：2018 年 12 月 5 日

<table>
<tr><td>购货单位</td><td colspan="3">名称：永安商场
纳税人识别号：3201202002235431
地址、电话：中山南路 246 号 025-3132678
开户行及账号：工行南京分行 232901040000313</td><td>密码区</td><td colspan="3">（略）</td></tr>
<tr><td>货物及应税劳务名称</td><td>规格型号</td><td>单位</td><td>数量</td><td>单价</td><td>金额</td><td>税率</td><td>税额</td></tr>
<tr><td>乙产品</td><td></td><td>件</td><td>55</td><td>10 000. 00</td><td>550 000. 00</td><td>16%</td><td>88 000. 00</td></tr>
<tr><td></td><td></td><td></td><td></td><td></td><td></td><td></td><td></td></tr>
<tr><td></td><td></td><td></td><td></td><td></td><td></td><td></td><td></td></tr>
<tr><td>价税合计（大写）</td><td colspan="7">陆拾叁万捌仟元整　　（小写）¥638 000. 00</td></tr>
<tr><td>销货单位</td><td colspan="4">名称：金达股份有限公司
纳税人识别号：32012658363803366
地址、电话：南京市江宁区天印大道 123 号
开户行及账号：工行南京分行　16030058363804567</td><td>备注</td><td colspan="2"></td></tr>
</table>

国税函[2006]102号金达股份有限公司

第四联　记账联　销货方记账凭证

收款人：　　复核：　　开票人：郑国庆　　销货单位：（章）

中国建设银行　电汇凭证（回单）

第 2254 号

委托日期 2018 年 12 月 30 日　　应解汇款编号

汇款人	全称	永安商场			收款人	全称	金达股份有限公司		
汇款人	账号或住址	232901040000313			收款人	账号或住址	16030058363804567		
汇款人	汇出地点	南京	汇出行名称		收款人	汇入地点		汇入行名称	工商银行

金额	人民币（大写）陆拾叁万捌仟元整	千	百	十	万	千	百	十	元	角	分
			¥	6	3	8	0	0	0	0	0

款项已收入收款人账户 汇入行盖章 2018 年 12 月 30 日	款项已收妥 收款人盖章 2018 年 12 月 30 日	账户：借：______ 对方账户：贷：______ 汇入行解汇日期 2018 年 12 月 30 日 复核××× 出纳×× 记账×××

此联给付款人的回单

（11）编制增值税计算表。

增值税计算表

2018 年 12 月 31 日

	货物名称	数量	单价	金额	适用税率	税额
进项税额构成						
销项税额						
进项税额转出						
本月预交增值税						
本月应交未交增值税						
备注						

税收管理员：　　　　填表日期：

（12）编制城建税、教育费附加计算表。

城建税、教育费附加计算表

2018 年 12 月 31 日

项目	计算依据	比例	金额
城建税		7%	
教育费附加		3%	
合计			

（13）编制损益账户发生额汇总表。

损益账户发生额汇总表

2018 年 12 月

账户	本月数	
	借方	贷方
主营业务收入		
主营业务成本		
税金及附加		
其他业务收入		
其他业务支出		
营业外收入		
营业外支出		
投资收益		
管理费用		
销售费用		
财务费用		
补贴收入		
公允价值变动损益		
资产处置利得		
合计		

（14）编制所得税计算表。

所得税计算表

2018 年 12 月 31 日

应税项目	应税金额	税率	应交所得税税额	备注
税前会计利润				无任何纳税调整事项
合计				

主管　　　　　　　　　　　　复核　　　　　　　　　　　　制表

要求：完成财产成果岗位的经济业务核算。

【基本任务训练】

一、单项选择题

1. 下列各项中，不属于企业收入的是（　　）。

A. 企业销售代制品取得的收入

B. 企业出售无形资产所得价款

C. 企业销售材料所得价款

D. 企业进行股权投资所取得的股利收入

2. 在收取手续费的代销方式下，受托方按（　　）确认收入。

A. 受托代销商品的成本

B. 受托代销商品的实际售价

C. 应收取的手续费

D. 受托代销商品的售价与应收取的手续费之和

3. 企业结转因自然灾害而毁损固定资产的净损失时，应借记（　　）账户。

A. 营业外支出——非流动资产处置损失

B. 营业外支出——盘亏损失

C. 营业外支出——非常损失

D. 固定资产清理

4. 下列关于企业采用表结法于会计期末结转本年利润的表述，不正确的是（　　）。

A. 各损益类账户每月月末需结出本月发生额

B. 各损益类账户每月月末需结出月末累计余额

C. 各损益类账户每月月末需将本月发生额结转到“本年利润”账户

D. 在年末时需将各损益类账户的全年累计余额结转入“本年利润”账户

5. 某企业“生产成本”科目的期初余额为 10 万元，本期为生产产品发生直接材料费用 80 万元、直接人工费用 15 万元、制造费用 20 万元、企业行政管理费用 10 万元，本期结转完工产品成本 100 万元。假定该企业只生产一种产品，期末“生产成本”账户的余额为（　　）万元。

A. 5　　B. 15

C. 25　　D. 35

6. 在下列各项税金中，应在利润表中的“税金及附加”项目反映的是（　　）。

A. 车船使用税　　B. 城市维护建设税

C. 印花税　　D. 房产税

7. 下列各项中，不属于企业收入的是（　　）。

A. 销售自制半成品取得的价款

B. 无形资产出租收入

C. 在视同买断的代销方式下，企业作为受托方销售所代销的商品而取得的价款

D. 企业代国家收取的增值税

8. 下列各项中，在发出商品时，企业应确认销售商品收入的是（　　）。

A. 在收取手续费方式下发出委托代销商品

B. 发出分期收款销售的商品

C. 在一般销售方式下按合同规定发出商品，并于发出商品的当天办妥托收手续

D. 将商品销售给目前现金流转严重困难的老客户

9. 企业发生的存货盘亏经批准转销后不应借记（　　）账户。

A. 管理费用
B. 其他应收款
C. 生产成本
D. 营业外支出

10. “本年利润”账户年末贷方余额，表示（　　）。

A. 历年累计实现的利润总额
B. 历年累计实现的净利润
C. 当年实现的利润总额
D. 当年实现的净利润

11. 某企业取得的下列各项收入中，不属于让渡资产使用权所取得的收入的是（　　）。

A. 债券利息收入
B. 进行股权投资而取得的股利收入
C. 出租固定资产而取得的租金收入
D. 出售无形资产而取得的价款

12. 下列各项中，不属于“主营业务成本”账户核算内容的是（　　）。

A. 本期销售商品、提供劳务的实际成本
B. 期末转入“本年利润”账户的成本
C. 因销售退回而冲减的主营业务成本
D. 因销售折让而减少的收入金额

13. 采用视同买断方式代销商品的，委托方通常应在（　　）时确认收入。

A. 发出商品
B. 收到代销清单
C. 受托方销售商品
D. 收到代销商品的价款

14. 如果劳务的开始和完成分属不同的会计期间，且企业在资产负债表日提供劳务交易的结果不能可靠估计的，在（　　）的情况下，应按已收或者预计能够收回的金额确认劳务收入，将已经发生的劳务成本计入当期损益，不确认劳务收入。

A. 已经发生的劳务成本预计全部能够得到补偿
B. 已经发生的劳务成本预计部分能够得到补偿
C. 已经发生的劳务成本预计全部不能得到补偿
D. 已经收回部分合同金额，但已经发生的劳务成本不能全部得到补偿

15. 某企业当期主营业务收入200万元，主营业务成本130万元，税金及附加10万元，其他业务收入30万元，其他业务成本20万元，销售费用10万元，管理费用20万元，财务费用贷方余额2万元，营业外支出5万元。假如不考虑其他因素，该企业当期的营业利润是（　　）万元。

A. 60
B. 38
C. 42
D. 37

二、多项选择题

1. 下列各项中，不应计入商品销售收入的有（　　）。

A. 应收取的代垫运杂费
B. 应收取增值税销项税额
C. 预计可能发生的现金折扣
D. 实际发生的商业折扣

2. 某企业取得的下列各项收入中，应属于让渡资产使用权所取得的收入的有（　　）。

A. 进行股权投资而取得的股利收入
B. 出租包装物取得的租金收入
C. 销售材料取得的收入
D. 让渡无形资产使用权取得的使用费收入

3. 收入是企业在日常活动中产生的经济利益的总流入。下列各项中，属于收入的有（　　）。

A. 销售商品收入
B. 提供劳务收入
C. 销售原材料收入
D. 出租固定资产收入

4. 下列各项中，最终应计入产品生产成本的有（　　）。

A. 发生的生产工人工资　　B. 计提的生产工人福利费
C. 支付的生产工人医药费　　D. 支付的离退休人员医药费

5. 下列各项，属于企业期间费用的有（　　）。
A. 销售费用　　B. 制造费用
C. 管理费用　　D. 财务费用

6. 下列各项中，属于工业企业其他业务收入的有（　　）。
A. 材料销售收入
B. 销售商品收入
C. 包装物出租收入
D. 销售随同商品出售且单独计价的包装物取得的收入

7. 下列各项中，应通过“销售费用”账户核算的有（　　）。
A. 销售商品发生的运输费
B. 工业企业购入材料支付的保险费
C. 为销售商品而发生的招待费
D. 随同商品出售且不单独计价的包装物成本

8. 企业支付给职工或为职工支付的各项薪酬，可能借记的账户有（　　）。
A. 生产成本　　B. 制造费用
C. 管理费用　　D. 销售费用

9. 下列各项中，影响营业利润的有（　　）。
A. 主营业务收入　　B. 管理费用
C. 投资收益　　D. 其他业务成本

10. 下列各项中，应借记“营业外支出”账户的有（　　）。
A. 出售无形资产净损失　　B. 矿产资源补偿费
C. 公益性捐赠支出　　D. 诉讼费

11. 下列（　　）条件均能满足时，劳务交易的结果能够可靠地估计。
A. 收入的金额能够可靠地计量
B. 相关的经济利益很可能流入企业
C. 交易的完成进度能够可靠地确定
D. 交易中已经发生和将发生的能够可靠地计量

12. 下列各项中应通过“税金及附加”账户核算的有（　　）。
A. 主营业务应负担的税金　　B. 其他业务应负担的教育费附加
C. 房产税　　D. 矿产资源补偿费

13. 下列各项中应计入销售费用的有（　　）。
A. 业务招待费
B. 商品维修费
C. 销售本企业商品而专设的销售机构的业务费
D. 预计产品质量保证损失

14. 下列各项中影响营业利润的有（　　）。
A. 其他业务收入　　B. 公允价值变动收益
C. 投资损失　　D. 财务费用

15. 下列各项，按规定应计入营业外支出的有（　　）。
A. 无形资产出售净收益　　B. 捐赠支出
C. 固定资产盘亏净损失　　D. 计提的坏账准备

三、判断题

1. 如劳务的开始和完成分属不同的会计期间，应按完工百分比法确认收入。（　）

2. 现金折扣和销售折让，均应在实际发生时计入当期财务费用。（　）

3. 工业企业为拓展销售市场所发生的业务招待费，应计入销售费用。（　）

4. 企业将生产的电梯销售给某一客户，并负责电梯的安装工作，但至会计期末安装工作尚未完成，则该企业在会计期末不应确认该电梯的销售收入。（　）

5. 企业销售商品满足收入确认条件时，应当按照已收或应收的合同或协议价款确认销售商品收入金额。（　）

6. 出售无形资产的净收益属于计入当期损益的利得。（　）

7. 企业让渡资产使用权的使用费收入，一般通过“其他业务收入”账户核算；所让渡资产计提的摊销额等，一般通过“其他业务成本”账户核算。（　）

8. 企业发生或收到的现金折扣都通过“财务费用”账户核算。（　）

9. 投资收益是指企业对外投资所取得的收益，减去发生的投资损失和计提的投资减值准备后的净额。（　）

10. 企业为客户提供的现金折扣应在实际发生时冲减当期收入。（　）

四、账务处理题

1. 某企业2018年度结转前损益类科目的余额如下：

某企业2018年度结转前损益类科目的余额　　单位：万元

会计科目	借方余额	贷方余额
主营业务收入		2 000
其他业务收入		200
投资收益		150
营业外收入		110
公允价值变动损益		38
主营业务成本	1 400	
税金及附加	50	
其他业务成本	120	
销售费用	70	
管理费用	162	
财务费用	20	
资产减值损失	26	
营业外支出	50	

（1）上表中除“所得税费用”科目外不存在其他未列损益类科目。

（2）无纳税调整事项。

（3）该企业适用的所得税税率为25%。

（4）年初未弥补的亏损为102万元（该亏损发生于2017年，已超过税前弥补的期限），该企业权力机构决定分别按净利润的10%提取法定盈余公积，向投资者分配利润200万元。

要求：根据上述资料，计算营业利润、利润总额、应纳税所得额、应交所得税、所得税费用、净利润和期末未分配利润并编制相关的会计分录（所得税按资产负债表负债法核算，金额单位可用万元表示）。

2. 甲企业自2016年4月1日起为乙企业开发一项系统软件。合同约定工期为两年，合同总收入为1 00 000元，2016年4月1日乙企业支付项目价款50 000元，余款于软件开发完成时收取。4月1日，甲企业收到乙企业支付的该项目价款50 000元，并存入银行。该项目预计总成本为40 000元。其他相关资料如下：

时间	收款金额（元）	累计实际发生成本（元）	开发程度
2016年4月1日	50 000	—	—
2016年12月31日	—	16 000	40%
2017年12月31日	—	34 000	85%
2018年4月1日	—	41 000	100%

该项目于2018年4月1日完成并交付给乙企业，但余款尚未收到。甲企业按开发程度确定该项目的完工程度。假定为该项目发生的实际成本均用银行存款支付。

要求：编制甲企业全部与开发此项目有关的会计分录。

3. 甲公司的部分商品委托其他单位销售，发生如下业务：

委托乙企业代销200件商品，销售价（不含税）150元/件，实际成本95元/件，乙企业按不含税销售额的15%收取代销手续费，并向甲公司结清代销款。

要求：编制甲企业有关会计分录。(两企业均为增值税一般纳税人)

4. 顺达股份有限公司（以下简称顺达公司）系工业企业，为增值税一般纳税人，适用的增值税税率为16%，适用的企业所得税税率为25%。销售单价除标明为含税价格外，均为不含增值税价格。

顺达公司2018年12月发生如下业务：

（1）12月3日，向甲企业赊销A产品50件，单价为20 000元，单位销售成本为10 000元。

（2）12月15日，向乙企业销售材料一批，价款为700 000元，该材料发出成本为500 000元。当日收取面值为819 000元的票据一张。

（3）12月18日，丙企业要求退回本年11月25日购买的20件A产品。该产品销售单价为20 000元，单位销售成本为10 000元，其销售收入400 000元已确认计账，价款尚未收取。经查明，退货原因系发货错误，同意丙企业退货，并办理退货手续和开具红字增值税专用发票。

（4）12月20日，收到外单位租用本公司办公用房下一年度租金600 000元，款项已收存银行。

（5）12月21日，甲企业来函提出12月3日购买的A产品质量不完全合格。经协商，同意按销售价款的10%给予折让，并办理退款手续和开具红字增值税专用发票。

（6）12月31日，计算本月应缴纳的城市维护建设税8 377.6元，其中产品销售应缴纳7 544.6元，销售材料应缴纳833元；教育费附加3 590.4元，其中产品销售应缴纳3 233.4元，销售材料应缴纳357元。

要求：根据上述业务编制相关的会计分录。

（答案中的金额以元为单位；“应交税费”科目须写出二级和三级明细科目，其他科目可不写出明细科目）

【案例分析训练】

宁远股份有限公司（本题下称“宁远公司”）系上市公司，主要从事电子设备的生产和销售，为增值税一般纳税人，适用的增值税税率为16%。

2019年1月1日，宁远公司监事会在对财务会计资料审查的过程中发现以下会计处理情况：

（1）2018年10月15日，宁远公司与甲公司签订协议，采用支付手续费方式委托甲公司销售400台A设备，代销协议规定的销售价格为每台10万元，宁远公司按甲公司销售每台A设备价格的5%支付手续费。至2018年12月31日，宁远公司累计向甲公司发出400台A设备。每台A设备成本为8万元。

2018年12月31日，宁远公司收到甲公司转来的代销清单，注明已销售A设备300台，同时开出增值税专用发票，确认主营业务收入4 000万元，确认主营业务成本3 200万元，同时对增值税和销售费用进行了处理。

（2）2018年12月1日，宁远公司与乙公司签订合同，以每台20万元的价格向乙公司销售50台B设备。每台B设备成本为15万元。同时，宁远公司与乙公司签订补充合同，约定宁远公司在2019年4月30日以每台25万元的价格购回B设备。当日，宁远公司开出增值税专用发票，注明增值税税额为160万元，款项已收存银行。2018年12月31日，50台B设备已发出，宁远公司确认主营业务收入1 000万元，确认主营业务成本750万元，同时对增值税进行了处理。

（3）2018年11月25日，宁远公司与丙公司签订合同，为丙公司培训20名设备维护人员，分两期培训，每期培训10人，时间为30天；培训费用总额为40万元，培训开始日支付15万元，余款在第二期培训结束时支付。

2018年12月1日，宁远公司开始第一期培训，同时收到丙公司支付的培训费15万元并存入银行。至2018年12月31日，宁远公司已培训10人，发生培训支出18万元（以银行存款支付）。2018年12月28日，丙公司由于遭受自然灾害，生产经营发生严重困难，宁远公司预计25万元培训费难以收回。宁远公司认为，第一期培训班已经结束，为此确认劳务收入20万元，确认劳务成本18万元。

要求：

分析、判断宁远公司对事项（1）至（3）的会计处理是否正确，并分别简要说明理由。如不正确，请说明正确的会计处理。

【项目小结】

本项目核算企业与财务成果形成直接有关的收入、成本、费用和税金。收入是指企业在销售商品、提供劳务及让渡资产使用权等日常经营活动中所形成的经济利益总流入，主要包括主营业务收入和其他业务收入。应重点掌握产品销售收入、劳务收入和让渡资产使用权收入确认准则。费用是指企业在销售商品、提供劳务及让渡资产使用权等日常经营活动中所形成的经济利益总流出，主要包括主营业务成本、其他业务成本和期间费用。期间费用包括管理费用、销售费用和财务费用。利润是指企业在一定会计期间的经营成果，包括营业利润、利润总额和净利润。利润总额（也称为税前利润）包括营业利润、投资收益和营业外收支净额三部分。净利润为利润总额减除所得税费用后的差额，也称为税后利润。注意我国会计利润计算口径与西方国家会计利润计算口径的差异，企业经营取得的利润应按照会计准则的规定进行分配。

【关键概念】

收入　销售折扣　费用　利润　所得税费用

项目八
主管会计岗位核算

【学习目标】

知识目标：本项目主要介绍会计主管岗位的核算任务与业务流程、会计稽核和编制会计报表。通过本项目的学习，学生能够了解会计主管岗位的职责和核算任务，掌握会计稽核的内容和编制会计报表的方法。

能力目标：具备会计凭证、会计账簿、会计报表的稽核、编制能力。

素质目标：培养学生依法的职业意识和耐心细致的工作作风。

【项目分析】

学习重点：资产负债表的编制。

学习难点：现金流量表的编制。

项目概述：

一、会计主管岗位核算任务

（1）设置会计账户名称、账簿种类和格式。

（2）选择会计政策和会计估计。

（3）登记总分类账。

（4）会计稽核。

（5）组织人员进行财产清查。

（6）按时编制和报送财务报告。

（7）计算缴纳各种税金。

（8）组织会计人员学习业务、考核调配人员。

二、会计主管岗位业务核算主要内容

（1）稽核各种会计凭证。

（2）计算各种税金。

（3）试算平衡。

（4）编制报表。

任务一　会计稽核

一、会计稽核的概念

会计稽核是会计机构本身对于会计核算工作进行的一种自我检查或审核工作。建立会计机构内部稽核制度，其目的在于防止会计核算工作上的差错和有关人员的舞弊。通过稽核，对日常会计核算工作中出现的疏忽、错误等及时加以纠正或者制止，以提高会计核算工作的质量。会计稽核是会计工作的重要内容，也是规范会计行为、提高会计资料质量的重要保证。

二、会计稽核对象

会计稽核对象为各会计岗位，包括出纳核算岗位、往来核算岗位、存货核算岗位、资产核算岗位、职工薪酬核算岗位、资金核算岗位、财务成果核算岗位等。

三、会计稽核岗位职责

（1）负责财务稽核和会计报告工作。

（2）负责审核原始凭证、记账凭证的签章的完整性，对不合格的记账凭证，责成有关人员查明原因，更正处理。

（3）负责审核各种明细账、总账和会计报告，并核对相符。

（4）参加起草、修订有关财务管理、会计核算方面的制度。

（5）完成月度、季度、年度财务报告工作。

（6）做好财务软件升级的审查、微机记账单位的定期检查验收工作。

（7）制定会计核算账户体系。

（8）完成领导交办的其他工作。

四、会计稽核要求

（1）各级财务部门必须设立稽核岗位。有条件的单位设立专职稽核员。会计人员较少的单位，由主管会计兼任稽核员，但出纳人员不得兼管稽核工作。

（2）稽核人员必须具备较高的政治素质和业务素质，且需由会计师以上职称的人员担任。

（3）稽核人员必须依据国家有关政策、法律及单位规章制度等有关规定对所发生的会计事项进行稽核，严把稽核关。对不合法、内容不真实、手续不完备、数字不准确的原始凭证予以退回，要求更正、补充。对内容不完整、数字不准确、会计账户使用不当的记账凭证要求更正。

（4）所有会计凭证必须经过稽核人员稽核后，才能据以记账；所有支出，必须经过稽核人员稽核后，出纳人员才能付款。对于无计划或超计划的项目开支，稽核人员有权拒绝支付。对不符合规定的收入项目，稽核人员应提出意见或拒绝办理。

（5）稽核人员在对经济业务进行审核和监督的过程中，若发现异常情况必须及时处理，并向领导汇报。

五、会计稽核的内容

（一）原始凭证稽核的内容

（1）真实性和完整性，即审核经济业务事项的实质是否与企业经营范围相符，相关手续和凭据内容是否齐全。

（2）合法性和合理性，即看有没有违反国家法律法规的规定，收支是否符合单位的各项管理制度。

（3）及时性和正确性，即看取得凭据的时效符不符合规定，有没有超过会计结算期，凭证各项的填写是否规范，数量单价金额的计算是否正确。

【案例 8-1】宏大机床厂 2018 年 12 月所取得的原始凭证中，经审核以下几份均存在问题。

××市增值税专用发票

开票日期：2018 年 12 月 15 日　　　　№　01643893

购货单位	名称	宏大机床厂			纳税人登记号	3570248546	
	地址、电话	68352048			开户银行及账号	开发银行 3255787221	
商品或应税劳务名称		计量单位	数量	单价	金额	税率（%）	税额
圆钢 ф30mm		千克	3 000	5.00	15 000	16	2 550
圆钢 ф15mm		千克	2 000	4.00	8 000	16	1 360
合计			5 000		23 000		3 910
价税合计（大写）		仟　佰　拾贰万陆仟壹佰玖拾零元零角零分					¥：26 910
销售单位	名称	振兴钢厂			纳税人登记号	0765445854	
	地址、电话	65303542			开户银行及账号	工商银行 2879644473	

销货单位（章）：佟伟　收款人：李 敏　复核：张 林　开票人 洪顺

（企业名称）

收料单

供货单位：振兴钢厂　　　　凭证编号：0015

发票编号：01643893　　2017 年 12 月 15 日　　收料仓库：2 号

材料类别	材料编号	材料名称	规格	计量单位	数量		金额			
					应收	实收	单价	买价	采购费用	合计
型钢	0346	圆钢	ф30mm	千克	3 000	3 000	5.00	15 000	600	15 600
型钢	0349	圆钢	ф15mm	千克	2 000	2 000	4.10	8 000	400	8 400

会计主管 李华　会计 王恺　审核　记账 何涛　收料 姜文

（企业名称）

限额领料单

领料部门：生产车间　　　　　　　　　　　　　　　　　　发料仓库：2号

用途：B产品生产　　　　　　2018年12月　日　　　　　　编　　号：012

材料类别	材料编号	材料名称及规格	计量单位	领料限额	实际领用	单价	金额	备注
型钢	0349	圆钢 ϕ15mm	千克	1 000	950	4.20	3 990	

供应部门负责人：　　　　　　　　　　　生产计划部门负责人：

日期	请领		实发			限额结余	退库	
	数量	领用单位签章	数量	发料人	领料人		数量	退库单编号
2.16	400		400	姜惠	王玉	600		
2.20	320		320	姜惠	王玉	300		
2.24	250		250	姜惠	王玉	50		
合计	950		950			50		

仓库负责人签章：孟晓

学习任务：请同学们审核，并指出问题所在（每张凭证上有一处错误）。

（二）记账凭证稽核

（1）是否根据审核无误的原始凭证填制，是否内容齐全、填写规范。

（2）会计账户的运用及其对应关系是否正确。

（3）所附原始凭证的张数和金额是否相符，借贷金额是否平衡。

（4）相关责任人是否签章。

审核内容图示如下：

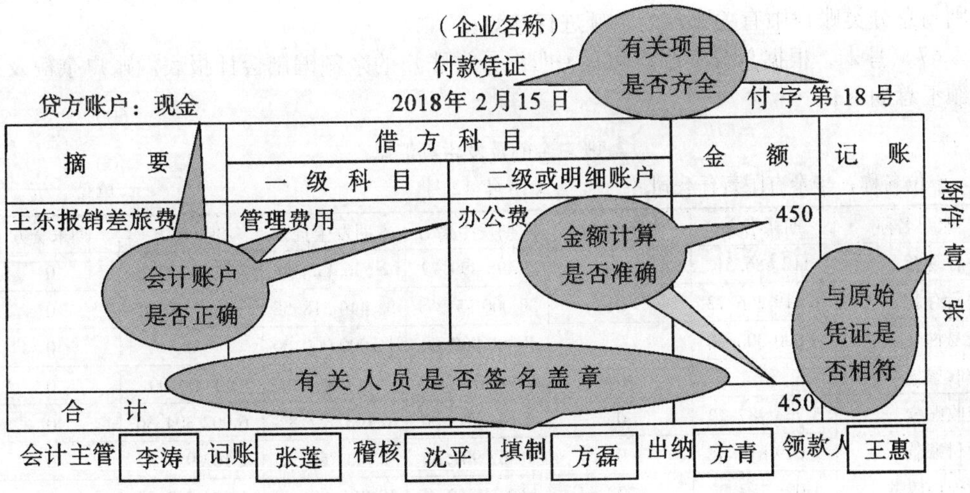
（企业名称）

付款凭证

贷方账户：现金　　　　2018年2月15日　　　　付字第18号

摘　要	借方科目		金　额	记　账
	一级科目	二级或明细账户		
王东报销差旅费	管理费用	办公费	450	
合　计			450	

附件壹张

会计主管 李涛　记账 张莲　稽核 沈平　填制 方磊　出纳 方青　领款人 王惠

（三）会计账簿的稽核

（1）账簿的设置是否合法、适用。

（2）是否根据审核无误的会计凭证记账，是否符合记账规则。

（3）运用更正错误的方法是否规范。

（4）账证、账账、账表是否相符。

（四）会计报表的稽核

（1）是否根据完整无误的会计账簿及有关资料编制，报表格式是否统一。

（2）账表是否相符，表与表之间的勾稽关系是否衔接。

（3）审核报表是否数字真实、计算准确、内容完整、说明清楚。

（4）相关责任人的签字和盖章是否齐全。

任务二　账户汇总表的编制

一、账户汇总表的概念

账户汇总表也称记账凭证汇总表，是定期对全部记账凭证进行汇总，按各个会计账户列示其借方发生额和贷方发生额的一种汇总记账凭证。

依据借贷记账法的基本原理，账户汇总表中各个会计账户的借方发生额合计与贷方发生额合计应该相等，因此，账户汇总表具有试算平衡的作用。账户汇总表是账户汇总表核算形式下总分类账登记的依据。

二、账户汇总表核算形式的账务处理程序

（1）依据原始凭证或原始凭证汇总表填制记账凭证（包括收款凭证、付款凭证、转账凭证）；

（2）依据收款凭证、付款凭证逐笔登记现金日记账、银行存款日记账；

（3）依据原始凭证、原始凭证汇总表或记账凭证逐笔登记各种明细账；

（4）依据记账凭证定期编制账户汇总表；

（5）依据账户汇总表登记总分类账；

（6）月末，将现金日记账、银行存款日记账余额以及各种明细分类账户的余额合计数，分别与总分类账户中有关账户的余额进行核对；

（7）月末，根据总分类账户和有关明细分类账户的余额编制会计报表。账户余额及发生额汇总如下：

账户余额及发生额汇总

单位名称：华泰有限责任公司　　2018 年 12 月　　单位：元

账户名称	期初借方	期初贷方	本期发生借方	本期发生贷方	期末借方	期末贷方
库存现金	112 686. 51	0	2 498 499. 72	2 536 438. 99	74 747. 24	0
银行存款	6 419 206. 72	0	38 000 551. 77	38 446 318. 58	5 973 439. 91	0
交易性金融资产	8 000 000. 00	0	8 000 000. 00	16 000 000. 00	0	0
应收票据	0	0	70 000. 00	20 000. 00	50 000. 00	0
应收账款	5 763 987. 23	0	7 244 245. 00	6 105 927. 87	6 902 304. 36	0
预付账款	2 079 818. 32	0	1 467 901. 32	1 443 762. 32	2 103 957. 32	0
其他应收款	1 098 123. 32	0	13 792 252. 40	12 966 142. 99	1 924 232. 73	0
原材料	921 530. 24	0	5 352 751. 53	3 996 320. 45	2 277 961. 32	0
库存商品	1 882 030. 63	0	8 291 018. 63	6 706 835. 82	3 466 213. 44	0

表(续)

账户名称	期初借方	期初贷方	本期发生借方	本期发生贷方	期末借方	期末贷方
长期股权投资	1 043 834. 19	0	0	0	1 043 834. 19	0
固定资产	2 458 827. 23	0	52 842. 26	0	2 511 669. 49	0
累计折旧	0	672 387. 18	0	400 591. 75	0	1 072 978. 93
在建工程	0	0	80 000. 00	0	80 000. 00	0
长期待摊费用	0	0	61 599. 84	2 053. 32	59 546. 52	0
资产类小计	29 780 044. 39	672 387. 18	84 911 662. 47	88 624 392. 09	26 467 906. 52	1 072 978. 93
应付账款	0	9 033 470. 76	7 115 580. 00	325 395. 46	0	2 243 286. 22
应交税费	0	630 156. 74	2 725 202. 00	2 507 999. 90	0	412 954. 64
应付职工薪酬	0	870 000. 00	6 590 321. 76	6 620 321. 76	0	900 000. 00
预收账款	0	2 169 028. 40	4 872 106. 78	6 204 208. 38	0	3 501 130. 00
负债类小计	0	12 702 655. 90	21 303 210. 54	15 657 925. 50	0	7 057 370. 86
实收资本	0	8 015 410. 00	898 553. 00	280 000. 00	0	7 396 857. 00
资本公积	0	723. 27	0	0	0	723. 27
盈余公积	0	1 096 727. 94	0	304 960. 23	0	1 401 688. 17
本年利润	0	0	3 049 602. 31	3 049 602. 31	0	0
利润分配	0	8 690 564. 66	304 960. 23	3 049 602. 31	0	11 435 206. 74
所有者权益类小计	0	17 803 425. 87	4 253 115. 54	6 684 164. 85	0	20 234 475. 18
主营业务收入	0	0	16 131 099. 03	16 131 099. 03	0	0
投资收益	0	0	131 682. 20	131 682. 20	0	0
主营业务成本	0	0	6 706 835. 82	6 706 835. 82	0	0
生产成本	1 398 424. 56	0	8 789 512. 52	8 291 018. 63	1 896 918. 45	0
主营业务税金及附加	0	0	123 637. 14	123 637. 14	0	0
销售费用	0	0	1 504 695. 59	1 504 695. 59	0	0
管理费用	0	0	4 442 553. 49	4 442 553. 49	0	0
财务费用	0	0	-8 648. 35	-8 648. 35	0	0
营业外支出	0	0	500. 00	500. 00	0	0
所得税费用	0	0	443 605. 23	443 605. 23	0	0
收入成本费用类小计	1 398 424. 56	0	38 265 472. 67	37 766 978. 78	1 896 918. 45	0
	31 178 468. 95	31 178 468. 95	148 733 461. 22	148 733 461. 22	28 364 824. 97	28 364 824. 97

任务三　会计报表的编制

一、财务会计报告的概述

（一）财务会计报告的含义

财务会计报告是指企业对外提供的反映企业某一特定日期财务状况和某一特定期间经营成果、现金流量的书面文件。财务会计报告包括资产负债表、利润表、现金流量表、所有者权益变动表（或股东权益变动表）和附注。

（二）财务会计报告编制的目的

（1）企业的投资者、潜在的投资者和债权人通过阅读报表了解企业的偿债能力、获利能力、投资报酬和利润分配情况等，了解企业经营活动范围及发展趋势，据此做出投资、融资和信贷决策。

（2）企业管理者依据会计报表，可以系统了解企业的财务状况、经营成果并发现经营管理中存在的问题，以便迅速做出调整措施，不断提高经济效益。

（3）财政、税务、审计等有关部门依据会计报表，可以检查企业财经纪律执行情况、财务管理情况和税法的执行及税收任务的完成情况，进行国家宏观管理和调控。

（4）国家经济管理机构通过对报表汇总，分析宏观经济的运行情况，促进社会资源合理分配，为宏观管理和调控提供依据。

（三）编制财务报表的一般要求

1. 真实可靠

企业编制财务会计报告，应根据真实的交易、事项及登记完整、核对无误的会计账簿记录和其他有关资料，按照国家统一的会计制度规定的编制基础、编制依据、编制原则和方法，做到内容完整、数字真实、计算准确、编报及时。

2. 相关可比

会计报表之间、会计报表各项目之间，凡是有对应关系的数字，应当相互一致，会计报表中本期与上期的有关数字，应当相互衔接。

3. 全面完整

各种财务会计报告之间及财务会计报告的各项指标之间，是相互联系、互为补充的，因此，必须按照企业会计制度规定的种类、格式和内容填报。不应漏编、漏报报表，也不应漏填报表项目。

4. 编报及时

财务会计报告必须根据有关规定的期限及时编制与报送，以便报告使用者及时了解和分析企业在报告期内的财务状况、经营成果和现金流量，并保证会计资料的及时逐级汇总。

对外提供的财务会计报告，应由单位负责人和主管会计的负责人、会计机构负责人（会计主管人员）签名并盖章；设置总会计师的企业，还应由总会计师签名并盖章，方可生效。

二、资产负债表的编制

（一）资产负债表的含义

资产负债表是反映企业某一特定日期财务状况的会计报表，是静态会计报表。

特定日期是指某一特定的时点，如月初、月末、季初、季末、年初、年末。

财务状况是指企业资产、负债、所有者权益的分布情况，企业的支付能力和偿债能力。

（二）资产负债表的作用

（1）提供企业拥有或控制的经济资源及分布情况，是分析企业生产经营能力的重要资料。

（2）提供某一特定日期负债总额及结构，表明企业未来需要用多少资产或劳务清偿债务，反映企业负债总额及其结构状况。

（3）提供某一特定日期所有者权益总额及构成情况，表明投资者对企业净资产的要求权。

（4）提供财务分析数据资料，企业的投资者、债权人可以了解企业是否有效利用了经济资源，了解企业的偿债能力和支付能力及现有的财务状况，借以评价企业的偿债能力。

（三）资产负债表的结构

国际上流行的资产负债表格式主要有账户式和报告式两种。按照我国会计准则的规定，企业的资产负债表一般采用账户式。账户式资产负债表分为左右两方：左方列示资产各项目，各项目按资产的流动性大小排列；右方列示负债及所有者权益项目，其中负债各项目按偿还期的长短顺序排列，而所有者权益各项目则按永久性程度排列。资产负债表的具体格式如下：

资产负债表

会企03表

编制单位：　　　　　　　　年　月　日　　　　　　　　单位：元

资　　产	期末余额	年初余额	负债和所有者权益（或股东权益）	期末余额	年初余额
流动资产：			流动负债：		
货币资金			短期借款		
交易性金融资产			交易性金融负债		
衍生金融资产			衍生金融负债		
应收票据			应付票据		
应收账款			应付账款		
预付款项			预收款项		
应收利息			应付职工薪酬		
应收股利			应交税费		
其他应收款			应付利息		
存货			应付股利		
持有待售资产			其他应付款		
一年内到期的非流动资产			持有待售负债		
其他流动资产			一年内到期的非流动负债		
流动资产合计			其他流动负债		
非流动资产：			流动负债合计		
可供出售金融资产			非流动负债：		
持有至到期投资			长期借款		
长期应收款			应付债券		
长期股权投资			其中：优先股		
投资性房地产			永续债		
固定资产			长期应付款		
在建工程			专项应付款		
工程物资			预计负债		
固定资产清理			递延收益		
生产性生物资产			递延所得税负债		
油气资产			其他非流动负债		
无形资产			非流动负债合计		
开发支出			负债合计		

表(续)

资　　产	期末余额	年初余额	负债和所有者权益（或股东权益）	期末余额	年初余额
商誉			所有者权益（或股东权益）：		
长期待摊费用			实收资本（或股本）		
递延所得税资产			其他权益工具		
其他非流动资产			其中：优先股		
非流动资产合计			永续债		
			资本公积		
			减：库存股		
			其他综合收益		
			盈余公积		
			未分配利润		
			所有者权益（或股东权益）合计		
资产总计			负债和所有者权益（或股东权益）总计		

资产负债表

编制单位：甲有限责任公司　　2018 年 12 月 31 日　　单位：元

资　　产	期末余额	年初余额	负债和所有者权益（或股东权益）	期末余额	年初余额
流动资产：			流动负债：		
货币资金	6 048 187. 15	6 531 893. 23	短期借款		
交易性金融资产		8 000 000. 00	交易性金融负债		
衍生金融资产			衍生金融负债		
应收票据	50 000. 00		应付票据		
应收账款	6 902 304. 36	5 763 987. 23	应付账款	2 243 286. 22	9 033 470. 76
预付款项	2 103 957. 32	2 079 818. 32	预收款项	3 501 130. 00	2 169 028. 40
应收利息			应付职工薪酬	900 000. 00	870 000. 00
应收股利			应交税费	412 954. 64	630 156. 74
其他应收款	1 924 232. 73	1 098 123. 32	应付利息		
存货	7 641 093. 21	4 201 985. 43	应付股利		
持有待售资产			其他应付款		
一年内到期的非流动资产			持有待售负债		
其他流动资产			一年内到期的长期负债		
流动资产合计	24 669 774. 77	27 675 807. 53	其他流动负债		
非流动资产：			流动负债合计	7 057 370. 86	12 702 655. 90
可供出售金融资产			非流动负债：		
持有至到期投资			长期借款		
长期应收款			应付债券		
长期股权投资	1 043 834. 19	1 043 834. 19	其中：优先股		
投资性房地产			永续债		

表(续)

资　　产	期末余额	年初余额	负债和所有者权益（或股东权益）	期末余额	年初余额
固定资产	1 438 690. 56	1 786 440. 05	长期应付款		
在建工程	80 000. 00		专项应付款		
工程物资			预计负债		
固定资产清理			递延收益		
生产性生物资产			递延所得税负债		
油气资产			其他非流动负债		
无形资产			非流动负债合计		
开发支出			负债合计	7 057 370. 86	12 702 655. 90
商誉			所有者权益（或股东权益）：		
长期待摊费用	59 546. 52		实收资本（或股本）	7 396 857. 00	8 015 410. 00
递延所得税资产			其他权益工具		
其他非流动资产			其中：优先股		
非流动资产合计	2 622 071. 27		永续债		
			资本公积	723. 27	723. 27
			减：库存股		
			其他综合收益		
			盈余公积	1 401 688. 17	1 096 727. 94
			未分配利润	11 435 206. 74	8 690 564. 66
			所有者权益（或股东权益）合计	20 234 475. 18	17 803 425. 87
资产总计	27 291 846. 04	30 506 081. 77	负债和所有者权益（或股东权益）总计	27 291 846. 04	30 506 081. 77

企业负责人　　　　　　　　财务负责人　　　　　　　　会计

（四）资产负债表的编制方法

资产负债表的各项目均需填列“期初余额”和“期末余额”两栏。其中，“期初余额”栏内各项数据，应根据上年年末资产负债表的“期末余额”栏内所列数据填列。如果本年度资产负债表规定资产负债表各项目的名称和内容与上一年度不一致，则应按照本年度的规定对上年年末资产负债表各项目的名称和数据进行调整，填入本表“期初余额”栏内。“期末余额”则可分月末、季末或年末的数字，其资料来源于总账余额、明细账余额、总账和明细账两者的余额计算填列及相关备查登记簿。

1. 一般填列方法

（1）根据相关总账账户期末余额直接填列。

资产负债表中大部分项目的“期末余额”可以根据有关总账账户的期末余额直接填列，如“交易性金融资产”“应收票据”等资产项目，“短期借款”“交易性金融负债”“应付票据”“应付职工薪酬”“应交税费”等负债项目，“实收资本”“资本公积”“盈余公积”等所有者权益项目。如果其相应账户出现借方余额，应以“-”号填列；如果其相应的账户出现贷方余额，也应以“-”号填列。

（2）根据相关总账账户期末余额计算填列。

资产负债表中一部分项目的“期末余额”需要根据有关总账账户的期末余额计算填列。

①“货币资金”项目，应根据“库存现金”“银行存款”和“其他货币资金”等账户的期末余额合计填列。

②“未分配利润”项目，应根据“本年利润”账户和“利润分配”账户的期末余额计算填列。如为未弥补亏损，则在本项目内以“-”号填列。年末结账后，“本年利润”账户已无余额，“未分配利润”项目应根据“利润分配”账户的年末余额直接填列，贷方余额

以正数填列，如为借方余额，应以“-”号填列。

（3）根据相关明细账账户期末余额分析计算填列。

资产负债表中一部分项目的“期末余额”需要根据有关明细账户的期末余额分析计算填列。

①“应付账款”项目，应根据“应付账款”账户和“预付账款”账户所属明细账户的期末贷方余额合计数填列。

②“预收款项”项目，应根据“预收账款”账户和“应收账款”账户所属明细账户的期末贷方余额合计数填列。

（4）根据相关总账与明细账账户期末余额分析计算填列。

如“长期借款”项目，应当根据“长期借款”总账期末余额扣除所属明细账中将在一年内到期且企业不能自主地将清偿义务展期的部分后的金额填列。

（5）根据总账期末余额减去其备抵账户期末余额后的净额填列。

①“应收账款”项目，应根据“应收账款”账户和“预收账款”账户所属明细账户的期末借方余额合计数，减去“坏账准备”账户中有关应收账款计提的坏账准备期末余额后的金额填列。

②“预付款项”项目，应根据“预付账款”账户和“应付账款”账户所属明细账户的期末借方余额合计数，减去“坏账准备”账户中有关预付款项计提的坏账准备期末余额后的金额填列。

2. 各项目具体填列方法

资产负债表“期末余额”各项目的内容和填列方法：

（1）“货币资金”项目，反映企业库存现金、银行结算存款、其他货币资金的合计数。本项目应根据“库存现金”“银行存款”“其他货币资金”账户的期末余额合计填列。

（2）“交易性金融资产”项目，反映企业持有的以公允价值计量且变动计入当期损益的为交易目的所持有的债权投资、股票投资、基金投资、权证投资等金融资产。本项目根据“交易性金融资产”账户的期末余额填列。

（3）“衍生金融资产”项目，反映衍生金融工具的公允价值。该项目按照“衍生金融资产”账户期末借方余额填列。

（4）“应收票据”项目，反映企业收到的未到期收款也未向银行贴现的商业票据，包括商业银行承兑汇票和银行承兑汇票。本项目应根据“应收票据”账户的期末余额填列。到期未收到款项、已向银行贴现和已背书转让的应收票据不包括在本项目内，其中已贴现的商业承兑汇票应在会计报表附注中单独披露。

（5）“应收账款”项目，反映企业因销售商品、提供劳务等而应向购买单位收取的各种款项，减去已计提的坏账准备后的净额。本项目应根据“应收账款”和“预收账款”账户所属各明细账户的期末借方余额合计数，减去“坏账准备”账户中有关应收账款计提的坏账准备期末余额后的金额填列。如果“应收账款”账户所属明细账户期末有贷方余额，应在资产负债表“预收款项”项目内填列。

（6）“预付款项”项目，反映企业按照购货合同规定预付给供应单位的款项。本项目应根据“预付账款”账户和“应付账款”账户所属明细账户的借方余额合计数，减去“坏账准备”账户中有关预付款项计提的坏账准备期末余额后的金额填列，如果“预付账款”账户所属有关明细账期末有贷方余额，应在资产负债表“应付账款”项目内填列。

（7）“应收利息”项目，反映企业因债权投资等而应收取的利息。本项目应根据“应收利息”账户的期末余额填列。如果计提了坏账准备的，还应减去“坏账准备”账户中有关应收利息计提的坏账准备金额。

（8）“应收股利”项目，反映企业应收取的现金股利和应收取其他单位分配的利润。本项目应根据“应收股利”账户的期末余额填列。如果计提了坏账准备的，还应减去“坏账准备”账户中有关应收股利计提的坏账准备金额。

（9）“其他应收款”项目，反映企业除应收款项、应收票据、预付款项、应收利息、应收股利以外的其他应收和暂付的款项。本项目应根据“其他应收款”账户的期末余额，减去“坏账准备”账户中有关其他应收款计提的坏账准备期末余额后的金额填列。

（10）“存货”项目，反映企业期末在库、在途和在加工中的各项存货的可变现净值，包括各种材料、商品、在产品、半成品、包装物、低值易耗品、委托代销商品等。本项目应根据“在途物资”或“材料采购”“原材料”“周转材料”“库存商品”“委托加工物资”“委托代销商品”“生产成本”等账户的期末余额合计数，减去“存货跌价准备”账户期末余额后的金额填列。材料采用计划成本核算，以及库存商品采用计划成本或售价核算的企业，应按加或减材料成本差异、商品进销差价后的金额填列。

（11）“持有待售资产”项目，反映资产负债表日划分为持有待售类别的非流动资产及划分为持有待售类别的处置组中的流动资产和非流动资产的期末账面价值。本项目应根据在资产类科目新设置的“持有待售资产”科目的期末余额，减去“持有待售资产减值准备”科目的期末余额后的金额填列。

（12）“一年内到期的非流动资产”项目，反映企业将于1年内（含1年）到期的非流动资产项目金额。本项目应根据有关账户的期末余额分析计算填列。

（13）“其他流动资产”项目，反映企业除上述流动资产项目外的其他流动资产。本项目应根据有关账户余额填列。

（14）“可供出售金融资产”项目，反映企业持有的以公允价值计量的可供出售的股票投资、债券投资等金融资产。本项目根据“可供出售金融资产”账户期末余额，减去“可供出售金融资产减值准备”账户期末余额后的金额填列。

（15）“持有至到期投资”项目，反映企业持有的以摊余成本计量的持有至到期投资。本项目根据“持有至到期投资”账户期末余额，减去“持有至到期投资减值准备”账户期末余额后的金额填列。

（16）“长期应收款”项目，反映企业融资租赁产生的应收款项和采用递延方式分期收款、实质上具有融资性质的销售商品和提供劳务等经营活动产生的应收款项。本项目根据“长期应收款”账户期末余额，减去相应的“未实现融资收益”账户余额和“坏账准备”账户所属相关明细账户的期末余额后的金额填列。

（17）“长期股权投资”项目，反映企业持有的对子公司、联营企业和合营企业的长期股权投资。本项目根据“长期股权投资”账户期末余额，减去“长期股权投资减值准备”账户期末余额后的金额填列。

（18）“投资性房地产”项目，反映企业持有的投资性房地产。企业采用成本计价模式的投资性房地产的，本项目根据“投资性房地产”账户期末余额，减去“投资性房地产累计折旧”和“投资性房地产减值准备”账户期末余额后的金额填列。企业采用公允价值模式计量投资性房地产的，本项目应根据“投资性房地产”账户期末余额填列。

（19）“固定资产”项目，反映企业各种固定资产原价减去累计折旧和减值准备后的净额。本项目应根据“固定资产”账户期末余额，减去“累计折旧”和“固定资产减值准备”账户的期末余额后的金额填列。

（20）“在建工程”项目，反映企业期末各项未完工程的实际支出。本项目应根据“在建工程”账户的期末余额，减去“在建工程减值准备”账户期末余额后的填列。

（21）“工程物资”项目，反映企业各项工程尚未使用的工程物资的实际成本。本项目应根据“工程物资”账户的期末余额填列。

（22）“固定资产清理”项目，反映企业因出售、毁损、报废等原因转入清理但尚未清理完毕的固定资产的账面价值，以及固定资产清理过程中所发生的清理费用和变价收入等各项金额的差额。本项目应根据“固定资产清理”账户的期末借方余额填列。如“固定资产清理”账户期末为贷方余额，以“-”号填列。

（23）“无形资产”项目，反映企业持有的各项无形资产的账面余额。本项目应根据“无形资产”账户的期末余额，减去“累计摊销”和“无形资产减值准备”账户期末余额后的金额填列。

（24）“开发支出”项目，反映企业开发无形资产过程中符合资本化条件的计入无形资产成本的研发支出。本项目应根据“研发支出”账户中所属“资本化支出”明细账户期末余额填列。

（25）“商誉”项目，反映企业合并中形成的商誉价值。本项目应根据“商誉”账户的期末余额，减去“商誉减值准备”账户期末余额后的金额填列。

（26）“长期待摊费用”项目，反映企业已经发生但应由本期和以后各期负担的摊销期限在1年以上（不含1年）的各种费用。长期待摊费用中在1年内（含1年）摊销的部分，应在资产负债表“一年内到期的非流动资产”项目填列。本项目应根据“长期待摊费用”账户的期末余额减去将于1年内（含1年）摊销的数额后的金额填列。

（27）“递延所得税资产”项目，反映企业确认的可抵扣暂时性差异产生的递延所得税资产。本项目应根据“递延所得税资产”账户期末余额填列。

（28）“其他非流动资产”项目，反映企业除以上非流动资产以外的其他非流动资产。本项目应根据有关账户的期末余额填列。

（29）“短期借款”项目，反映企业向银行或其他金融机构借入的期限在1年期以下（含1年）的借款。本项目应根据“短期借款”账户的期末余额填列。

（30）“交易性金融负债”项目，反映企业持有的以公允价值计量且变动计入当期损益的为交易目的所持有的金融负债。本项目根据“交易性金融负债”账户的期末余额填列。

（31）“衍生金融负债”项目，反映企业衍生金融工具产生负债的公允价值。本项目按照“衍生金融负债”账户的贷方余额填列。

（32）“应付票据”项目，反映企业购买原材料、商品和接受劳务供应等开出、承兑的商业汇票，包括银行承兑汇票和商业承兑汇票。本项目应根据“应付票据”账户的期末余额填列。

（33）“应付账款”项目，反映企业购买原材料、商品和接受劳务供应等而应付给供应单位的款项。本项目应根据“应付账款”账户和“预付账款”账户所属各有关明细账户的期末贷方余额合计数填列。如“应付账款”账户所属各明细账户期末为借方余额，应在资产负债表内“预付款项”项目填列。

（34）“预收款项”项目，反映企业按照购货合同规定预先收到购货单位预付的购货款项。本项目应根据“预收账款”账户和“应收账款”账户所属明细账户的贷方余额合计数填列。如果“预收账款”账户所属有关明细账期末有借方余额，应在资产负债表内“应收账款”项目内填列。

（35）“应付职工薪酬”项目，反映企业按照规定应付给职工的短期薪酬、离职后福利、辞退福利和其他长期职工福利。本项目应根据“应付职工薪酬”账户期末贷方余额填列。外商投资企业按规定从净利润中提取的职工奖励和福利基金也在本项目中。

（36）“应交税费”项目，反映企业按照税法规定计算应缴纳的各种税费。本项目应根据“应交税费”账户的期末贷方余额填列。如“应交税费”账户期末为借方余额，以“-”

号填列。

（37）“应付利息”项目，反映企业按照规定应支付的利息，包括分次付息到期一次还本的长期借款应支付的利息和企业发行的公司债券应支付的利息等。本项目应根据“应付利息”账户的期末余额填列。

（38）“应付股利”项目，反映企业分配的现金股利或利润。企业分配的股票股利不通过本项目列示。本项目根据“应付股利”账户余额填列。

（39）“其他应付款”项目，反映企业除应付票据、应付账款、预收款项、应付职工薪酬、应交税费、应付利息、应付股利等经营活动以外的其他应付、暂收的款项。本项目应根据“其他应付款”账户的期末贷方余额填列。

（40）“持有待售负债”项目，反映资产负债表日处置组中与划分为持有待售类别的资产直接相关的负债的期末账面价值。本项目应根据在负债类科目新设置的“持有待售负债”科目的期末余额填列。

（41）“一年内到期的非流动负债”项目，反映企业非流动负债中将于资产负债表日后1年内（含1年）到期的部分金额。本项目应根据有关账户的期末余额分析计算填列。

（42）“其他流动负债”项目，反映企业除上述流动负债项目外的其他流动负债。本项目应根据有关账户余额填列。

（43）“长期借款”项目，反映企业借入尚未归还的1年期以上（不含1年）的借款本息。本项目应根据“长期借款”账户的期末余额填列。

（44）“应付债券”项目，反映企业为筹集长期资金而发行的债券本金及利息。本项目根据“应付债券”账户期末余额填列。

（45）“长期应付款”项目，反映企业除长期借款和应付债券以外的其他各种长期应付款。本项目应根据“长期应付款”账户的期末余额，减去“未确认融资费用”账户期末余额后的金额填列。

（46）“专项应付款”项目，反映企业取得政府作为企业所有者投入的具有专项或特定用途的款项。本项目应根据“专项应付款”账户的期末余额填列。

（47）“预计负债”项目，反映企业确认的对外提供担保、未决诉讼、产品质量保障、重组义务、亏损性合同等预计负债。本项目应根据“预计负债”账户的期末余额填列。

（48）“递延所得税负债”项目，反映企业确认的可抵扣暂时性差异产生的递延所得税负债。本项目应根据“递延所得税负债”账户期末余额填列。

（49）“其他非流动负债”项目，反映企业除以上非流动负债以外的其他非流动负债。被划分为持有待售的非流动负债应当归于流动负债。本项目应按照有关账户的期末余额减去将于1年内（含1年）到期需偿还金额后的余额填列。

（50）“实收资本”项目，反映企业各投资者实际投入的资本（或股本）总额。本项目应根据“实收资本（或股本）”账户的期末余额填列。

（51）其他权益工具，反映企业发行的除普通股以外的归类为权益工具的各种金融工具。

（52）“资本公积”项目，反映企业资本公积的期末余额。本项目应根据“资本公积”账户的期末余额填列。

（53）“库存股”项目，反映企业持有尚未转让或注销的本公司股份金额。本项目应根据“库存股”账户的期末余额填列。

（54）“其他综合收益”项目是指企业根据其他会计准则规定未在当期损益中确认的各项利得和损失。本项目应根据“其他综合收益”账户的期末余额填列。

（55）“盈余公积”项目，反映企业盈余公积的期末余额。本项目应根据“盈余公积”

账户的期末余额填列。

（56）“未分配利润”项目，反映企业尚未分配的利润。本项目应根据“利润分配——未分配利润”账户的期末余额填列。期末累计未分利润为负数的，在本项目中以“-”号填列。

3. 资产负债表编制举例

【案例 8-2】华泰股份有限公司为增值税一般纳税人，适用的增值税税率为 16%，所得税税率为 25%。该公司 2018 年 12 月 1 日账户余额表如下：

账户余额表

账户名称	借方余额	账户名称	贷方余额
库存现金	800	短期借款	120 000
银行存款	561 720	应付票据	80 000
交易性金融资产	6 000	应付账款	381 520
应收票据	98 400	其他应付款	20 000
应收账款	120 000	应付职工薪酬	44 000
坏账准备	-360	应交税费（不含增值税）	14 640
预付账款*	80 000	应付利息	400
其他应收款	2 000	长期借款	640 000
材料采购	90 000	其中：一年内到期的长期负债	400 000
原材料	220 000	股本	2 000 000
周转材料	35 220	盈余公积	40 000
库存商品	672 000	未分配利润	20 000
材料成本差异	14 780		
长期股权投资	100 000		
固定资产	600 000		
累计折旧	-160 000		
在建工程	600 000		
无形资产	240 000		
长期待摊费用	80 000		
合计	3 360 560	合计	3 360 560

注：*含年初未摊的印花税和车间固定资产修理费。

华泰股份有限公司 2018 年 12 月年发生如下经济业务：

（1）12 月 1 日，购入原材料一批，用银行存款支付款项共计 69 600 元，其中进项税额 9 600 元，款已通过银行支付，材料未到。

（2）12 月 1 日，收到银行通知，用银行存款支付到期商业承兑汇票 40 000 元。

（3）12 月 2 日，购入原材料一批，用银行存款支付材料货款 39 920 元，支付增值税税额6 387.20元，原材料验收入库的计划成本为 40 000 元。

（4）12 月 3 日，收到上月采购原材料一批，材料已验收入库，实际成本 40 000 元，计划成本 38 000 元，货款已于上月支付。

（5）12 月 4 日，对外销售商品一批，应收取的款项 139 200 元，其中含增值税税额19 200元。该商品实际成本 72 000 元，商品已发出，但款项尚未收到。

(6) 12月5日，公司将账面成本为6 000元的股票投资全部出售，公司按照交易性金融资产管理，收到款项6 600元存入银行，发生金融资产交易增值税36元。

(7) 12月6日，公司购入不需要安装的设备一台，通过银行存款支付款项40 000元，其中增值税6 400元。设备已投入使用。

(8) 12月7日，用银行存款支付购入的工程物资款50 000元，支付的增值税税额8 000元。物资已入库。

(9) 12月8日，分配应付工程人员工资80 000元及福利费11 200元。

(10) 12月9日，计提在建工程应承担教育费附加40 000元。

(11) 12月10日，工程完工交付使用，固定资产价值为560 000元。

(12) 12月11日，计算未完工程应负担的长期借款利息为60 000元。利息尚未付现。

(13) 12月12日，基本生产车间报废一台设备。设备原价80 000元，已计提累计折旧72 000元。清理费用200元，残值收入320元，均通过银行存款收支。清理工作已经完毕。

(14) 12月13日，为购建固定资产从银行借入3年期借款160 000元。借款已存入银行。

(15) 12月14日，销售商品一批，价款280 000元，应交增值税税额44 800元。该商品的实际成本为168 000元。款项已存入银行。

(16) 12月15日，公司将一张到期的无息银行承兑汇票（不含增值税）80 000元到银行办理转账并存入银行。

(17) 公司长期股权投资采用成本法核算。12月16日，收到现金股利12 000元存入银行并确认为投资收益。公司与接受投资方适用的所得税税率均为25%。

(18) 12月17日，出售一台设备，收到价款120 000元，设备原价160 000元，已折旧60 000元。

(19) 12月18日，用银行存款100 000元归还短期借款的本金。

(20) 12月19日，用银行存款归还短期借款的利息5 000元。

(21) 12月20日，从银行提取现金200 000元备发工资。

(22) 12月20日，用现金200 000元支付经营人员工资120 000元，支付工程人员工资80 000元。

(23) 12月30日，分配经营人员工资120 000元，其中生产经营人员工资110 000元，车间管理人员工资4 000元，行政管理人员工资6 000元。（注：工程人员工资分配已通过第9笔业务处理完毕）

(24) 12月31日，提取职工福利费用16 800元，其中生产工人福利费15 400元，车间管理人员福利费560元，行政管理人员福利费840元。（注：工程人员福利费分配已通过第9笔业务处理完毕）

(25) 12月31日，计提短期借款利息4 600元。

(26) 12月31日，计提长期借款利息（利息费用化）4 000元。

(27) 12月31日，生产车间生产产品领用原材料计划成本280 000元。

(28) 12月31日，生产车间生产产品领用低值易耗品计划成本20 000元（采用一次摊销法）。

(29) 12月31日，结转上述领用原材料和领用低值易耗品的材料成本差异。材料成本差异率为5%。

(30) 12月31日，摊销无形资产24 000元，摊销印花税4 000元，摊销车间固定资产修理费用36 000元。

(31) 12月31日，车间固定资产计提折旧32 000元；管理部门计提折旧8 000元。

（32）12月31日，收到银行通知收到应收的销售商品的货款19 200元，已存入银行。

（33）12月31日，按应收账款余额的3‰计提坏账准备。

（34）12月31日，用银行存款支付产品广告等费用共8 000元。

（35）12月31日，结转制造费用入生产成本。

（36）12月31日，结转完工产品成本476 960元。

（37）12月31日，公司对外销售商品一批，货款100 000元，增值税16 000元。收到无息商业承兑汇票一张面值116 000元。该批产品实际成本60 000元。该公司于收到票据的当天就到银行办理贴现，银行扣除贴现利息8 000元。

（38）12月31日，从银行提取现金20 000元准备支付未统筹退休金。

（39）12月31日，用现金20 000元支付未统筹退休金。

（40）12月31日，结转本期商品销售成本300 000元。

（41）12月31日，本期应计提教育费附加800元。

（42）12月31日，用银行存款上缴教育费附加40 800元。

（43）12月31日，用银行存款上缴增值税40 000元。

（44）12月31日，将各损益类账户发生额转入"本年利润"账户，计算出本年应交所得税并将所得税费用转入本年利润。计算出本年净利润。

（45）12月31日，按本月净利润的10%提取法定盈余公积。

（46）12月31日，按本月净利润的5%提取任意盈余公积。

（47）12月31日，宣告分派普通股现金股利12 886元。

（48）12月31日，将利润分配各明细账户的余额转入"未分配利润"明细账户，结转本年利润。

（49）12月31日，用银行存款上缴所得税税额24 901元。

（50）12月31日，用银行存款归还长期借款400 000元。

要求：

（1）根据上述资料编制会计分录。

（2）将年初余额、本期会计分录登记到T形账，并结出T形账的年末余额。

（3）编制2018年12月31日资产负债表。

【案例8-2解答】

（1）编制会计分录：

①

借：材料采购	60 000	
应交税费——应交增值税（进项税额）	9 600	
贷：银行存款		69 600

②

借：应付票据	40 000	
贷：银行存款		40 000

③

借：材料采购	39 920	
应交税费——应交增值税（进项税额）	6 387. 20	
贷：银行存款		46 307. 20
借：原材料	40 000	
贷：材料采购		39 920
材料成本差异		80

④
借：原材料　38 000
　材料成本差异　2 000
　贷：材料采购　40 000

⑤
借：应收账款　139 200
　贷：主营业务收入　120 000
　　应交税费——应交增值税（销项税额）　19 200

⑥
借：银行存款　6 600
　贷：交易性金融资产　6 000
　　应交税费——转让金融商品应交增值税　36
　　投资收益　564

⑦
借：固定资产　40 000
　应交税费——应交增值税（进项税额）　6 400
　贷：银行存款　46 400

⑧
借：工程物资　50 000
　应交税费——应交增值税（进项税额）　8 000
　贷：银行存款　58 000

⑨
借：在建工程　91 200
　贷：应付职工薪酬——工资　80 000
　　　　——职工福利　11 200

⑩
借：在建工程　40 000
　贷：应交税费——应交教育费附加　40 000

⑪
借：固定资产　560 000
　贷：在建工程　560 000

⑫
借：在建工程　60 000
　贷：应付利息　60 000

⑬
借：固定资产清理　8 000
　累计折旧　72 000
　贷：固定资产　80 000
借：固定资产清理　200
　贷：银行存款　200
借：银行存款　320
　贷：固定资产清理　320
借：营业外支出——处理非流动资产损失　7 880

贷：固定资产清理 7 880

⑭

借：银行存款 160 000

贷：长期借款——本金 160 000

⑮

借：银行存款 324 800

贷：主营业务收入 280 000

应交税费——应交增值税（销项税额） 44 800

⑯

借：银行存款 80 000

贷：应收票据 80 000

⑰

借：银行存款 12 000

贷：投资收益 12 000

⑱

借：固定资产清理 100 000

累计折旧 60 000

贷：固定资产 160 000

借：银行存款 120 000

贷：固定资产清理 120 000

借：固定资产清理 20 000

贷：资产处置损益 20 000

⑲

借：短期借款 100 000

贷：银行存款 100 000

⑳

借：应付利息 5 000

贷：银行存款 5 000

㉑

借：库存现金 200 000

贷：银行存款 200 000

㉒

借：应付职工薪酬——工资 200 000

贷：库存现金 200 000

㉓

借：生产成本 110 000

制造费用 4 000

管理费用 6 000

贷：应付职工薪酬——工资 120 000

㉔

借：生产成本 15 400

制造费用 560

管理费用 840

贷：应付职工薪酬——职工福利　16 800

㉕

借：财务费用　4 600

贷：应付利息　4 600

㉖

借：财务费用　4 000

贷：应付利息　4 000

㉗

借：生产成本　280 000

贷：原材料　280 000

㉘

借：制造费用　20 000

贷：周转材料——低值易耗品　20 000

㉙

借：生产成本　14 000

制造费用　1 000

贷：材料成本差异　15 000

㉚

借：管理费用——无形资产摊销　24 000

贷：累计摊销　24 000

借：税金及附加　4 000

管理费用　36 000

贷：预付账款　40 000

（预付款项中的年初未摊销的印花税和固定资产修理费）

㉛

借：制造费用　32 000

管理费用　8 000

贷：累计折旧　40 000

㉜

借：银行存款　19 200

贷：应收账款　19 200

㉝

借：信用减值损失　840

贷：坏账准备　840

㉞

借：销售费用——广告费　8 000

贷：银行存款　8 000

㉟

借：生产成本　57 560

贷：制造费用　57 560

㊱

借：库存商品　476 960

贷：生产成本　476 960

㊲

借：应收票据　116 000

　贷：主营业务收入　100 000

　　　应交税费——应交增值税（销项税额）　16 000

借：银行存款　108 000

　　财务费用——贴现利息　8 000

　贷：应收票据　116 000

㊳

借：库存现金　20 000

　贷：银行存款　20 000

㊴

借：管理费用　20 000

　贷：库存现金　20 000

㊵

借：主营业务成本　300 000

　贷：库存商品　300 000

㊶

借：税金及附加　800

　贷：应交税费——应交教育费附加　800

㊷

借：应交税费——应交教育费附加　40 800

　贷：银行存款　40 800

㊸

借：应交税费——应交增值税（已交税金）　40 000

　贷：银行存款　40 000

㊺

借：本年利润　432 960

　贷：主营业务成本　300 000

　　　税金及附加　4 800

　　　销售费用　8 000

　　　管理费用　94 840

　　　财务费用　16 600

　　　营业外支出　7 880

　　　资产减值损失　840

借：主营业务收入　500 000

　　投资收益　12 564

　　资产处置损益　20 000

　贷：本年利润　532 564

本年应交所得税＝（532 564－432 960）×25%＝24 901（元）

借：所得税费用　24 901

　贷：应交税费——应交所得税　24 901

借：本年利润　24 901

　贷：所得税费用　24 901

借：本年利润　　74 703

　贷：利润分配——未分配利润　　74 703

㊺

借：利润分配——提取法定盈余公积（99 604-24 901）×10%=7 470.30　　7 470.30

　贷：盈余公积——法定盈余公积　　7 470.30

㊻

借：利润分配——提取任意盈余公积　　3 735.15

　贷：盈余公积——任意盈余公积　　3 735.15

㊼

借：利润分配——应付普通股股利　　12 886

　贷：应付股利　　12 886

㊽

借：利润分配——未分配利润　　24 091.45

　贷：利润分配——提取法定盈余公积　　7 470.30

　　　　　　——提取任意盈余公积　　3 735.15

　　　　　　——应付现金股利或利润　　12 886

2018年12月累计未分配利润=20 000+（74 703-24 091.45）=70 611.55（元）

㊾

借：应交税费——应交所得税　　24 901

　贷：银行存款　　24 901

㊿

借：长期借款　　400 000

　贷：银行存款　　400 000

（2）登记T形账户略，编制账户余额表如下：

账户余额表

单位：华泰股份有限公司　　2018年12月31日　　计量单位：元

账户名称	借方余额		账户名称	贷方余额	
	年初数	年末数		年初数	年末数
库存现金	800	800	短期借款	120 000	20 000
银行存款	561 720	293 431.8	应付票据	80 000	40 000
交易性金融资产	6 000	0	应付账款	381 520	381 520
应收票据	98 400	18 400	其他应付款	20 000	20 000
应收账款	120 000	240 000	应付职工薪酬	44 000	72 000
坏账准备	-360	-1 200	应交税费	14 640	24 288.8
预付账款	80 000	40 000	应付利息	400	64 000
其他应收款	2 000	2 000	长期借款	640 000	400 000
材料采购	90 000	110 000	应付股利	0	12 886
原材料	220 000	18 000	股本	2 000 000	2 000 000
周转材料	35 220	15 220	盈余公积	40 000	51 205.45
库存商品	67 200	848 960	未分配利润	20 000	70 611.55

表(续)

账户名称	借方余额		账户名称	贷方余额	
	年初数	年末数		年初数	年末数
材料成本差异	14 780	1 700			
长期股权投资	100 000	100 000			
固定资产	600 000	960 000			
累计折旧	-160 000	-68 000			
在建工程	600 000	231 200			
无形资产	240 000	240 000			
累计摊销	0	-24 000			
长期待摊费用	80 000	80 000			
工程物资	0	50 000			
合计	3 360 560	3 156 511. 8	合计	3 360 560	3 156 511. 8

注：应交税费期末余额为："应交税费——应交城建税及教育费附加""应交税费——应交增值税"和"应交税费——应交所得税"账户余额之和。

(3) 根据各账户余额表和明细账账户余额，编制资产负债表如下：

资产负债表

编制单位：华泰股份有限公司　　　　2018 年 12 月 31 日　　　　单位：元

资　　产	期末余额	期初余额	负债和所有者权益	期末余额	期初余额
流动资产：			流动负债：		
货币资金	294 231. 8	562 520	短期借款	20 000	120 000
交易性金融资产	0	6 000	交易性金融负债		
衍生金融资产			衍生金融负债		
应收票据	18 400	98 400	应付票据	40 000	80 000
应收账款	238 800	119 640	应付账款	381 520	381 520
预付款项	40 000	80 000	预收款项		
应收利息			应付职工薪酬	72 000	44 000
应收股利			应交税费	24 288. 8	14 640
其他应收款	2 000	2 000	应付利息	64 000	400
存货	993 880	1 032 000	应付股利	12 886	0
其中：原材料	18 000	220 000	其他应付款	20 000	20 000
库存商品	884 960	672 000	预计负债		
持有待售资产			持有待售负债		
一年内到期的非流动资产			一年内到期的非流动负债		400 000
其他流动资产			其他流动负债		
流动资产合计	1 587 311. 8	1 900 560	流动负债合计	614 694. 8	660 560
非流动资产：			非流动负债：		

表(续)

资　　产	期末余额	期初余额	负债和所有者权益	期末余额	期初余额
可供出售金融资产			长期借款	400 000	640 000
持有至到期投资			应付债券		
长期应收款			其中：优先股		
长期股权投资	100 000	100 000	永续债		
投资性房地产			长期应付款		
固定资产	892 000	440 000	专项应付款		
在建工程	231 200	600 000	递延所得税负债		
工程物资	50 000	0	其他非流动负债		
固定资产清理			非流动负债合计	400 000	640 000
生产性生物资产			负债合计	1 014 694.8	1 300 560
油气资产			所有者权益（或股东权益）：		
无形资产	216 000	240 000	实收资本	2 000 000	2 000 000
开发支出			资本公积		
长期待摊费用	80 000	80 000	盈余公积	51 205.45	40 000
递延所得税资产			未分配利润	70 611.55	20 000
其他非流动资产			所有者权益合计	2 121 817	2 060 000
非流动资产合计	1 569 200	1 460 000			
资产合计	3 156 511.8	3 360 560	负债和所有者权益合计	3 156 511.8	3 360 560

企业负责人　　　　　　　　　　财务负责人　　　　　　　　　　会计

三、利润表的编制

（一）利润表的概念

利润表又称损益表或收益表，是反映企业一定期间生产经营成果的会计报表，是动态报表。

一定期间是指某一特定的时间段，如月度、季度、半年度、年度。

经营成果是企业一定会计期间的收入与同一会计期间相关的费用进行配比后，以计算企业一定时期的净利润（或净亏损）。

（二）利润表的作用

（1）反映企业生产经营的收益和成本耗费情况。

（2）反映企业经营的业绩和管理者的经营能力。

（3）评价企业今后的发展趋势和获利能力。

（4）评价企业的长期偿债能力。

（5）了解投资者投入资本的保值增值情况。

（三）利润表的内容和格式

利润表的格式主要有多步式利润表和单步式利润表两种。我国企业的利润表一般采用多步式利润表，如下表：

利润表

编制单位： 年 月 单位：

项 目	行次	本月金额	累计金额
一、营业收入	1		
减：营业成本	2		
税金及附加	3		
销售费用	4		
管理费用	5		
财务费用（收益以“-”号填列）	6		
资产减值损失	7		
加：公允价值变动收益（损失以“-”号填列）	8		
投资收益（损失以“-”号填列）	9		
其中：对联营企业和对合营企业的投资收益	10		
资产处置收益（亏损以“-”号填列）	11		
其他收益	12		
二、营业利润（损失以“-”号填列）	13		
加：营业外收入	14		
减：营业外支出	15		
三、利润总额（损失以“-”号填列）	16		
减：所得税费用	17		
四、净利润（净亏损以“-”号填列）	18		
（一）持续经营净利润（净亏损以“-”号填列）	19		
（二）终止经营净利润（净亏损以“-”号填列）	20		
五、其他综合收益的税后净额	21		
（一）以后不能重分类进损益的其他综合收益	22		
1. 重新计量设定受益计划净负债或净资产的变动	23		
2. 权益法下在被投资单位不能重分类进损益的其他综合收益中享有的份额	24		
……			
（二）以后将重分类进损益的其他综合收益	25		
1. 权益法下在被投资单位以后将重分类进损益的其他综合收益中享有的份额	26		
2. 可供出售金融资产公允价值变动损益	27		
3. 持有至到期投资重分类为可供出售金融资产损益	28		
4. 现金流量套期损益的有效部分	29		
5. 外币财务报表折算差额	30		
……			
六、综合收益总额	31		
七、每股收益	32		

表(续)

项　　目	行次	本月金额	累计金额
（一）基本每股收益	33		
（二）稀释每股收益	34		

企业负责人　　　　　　　　　　财务负责人　　　　　　　　　　会计

（四）利润表的编制方法

(1)“营业收入”项目，反映企业经营业务所取得的收入总额。本项目应根据“主营业务收入”账户和“其他业务收入”账户的发生额分析填列。

(2)“营业成本”项目，反映企业经营业务发生的实际成本。本项目应根据“主营业务成本”账户和“其他业务成本”账户的发生额分析填列。

(3)“税金及附加”项目，反映企业经营主要业务应负担的消费税、城市维护建设税、资源税、土地增值税和教育费附加等。本项目应根据“税金及附加”账户的发生额分析填列。

(4)“销售费用”项目，反映企业在销售商品和商品流通企业在购入商品等过程中发生的费用。本项目应根据“销售费用”账户的发生额分析填列。

(5)“管理费用”项目，反映企业发生的管理费用。本项目应根据“管理费用”账户的发生额分析填列。

(6)“财务费用”项目，反映企业发生的财务费用。本项目应根据“财务费用”账户的发生额分析填列。

(7)“资产减值损失”项目，反映企业各项资产发生的减值损失。本项目应根据“资产减值损失”账户的发生额分析填列。

(8)“投资收益”项目，反映企业以各种方式对外投资所取得的收益。本项目应根据“投资收益”账户的发生额分析填列。如为投资损失，以“-”号填列。

(9)“公允价值变动收益”项目，反映企业应当计入当期损益的资产或负债公允价值变动收益。本项目应根据“公允价值变动损益”账户的发生额分析填列。如为损失，本项目应以“-”号填列。

(10)“资产处置收益”项目，反映企业出售划分为持有待售的非流动资产（金融工具、长期股权投资和投资性房地产除外）或处置组时确认的处置利得或损失，以及处置未划分为持有待售的固定资产、在建工程、生产性生物资产及无形资产而产生的处置利得或损失。债务重组中因处置非流动资产产生的利得或损失和非货币性资产交换产生的利得或损失也包括在本项目内。本项目应根据在损益类科目新设置的“资产处置收益”科目的发生额分析填列。如为处置损失，以“-”号填列。

(11)“其他收益”项目，反映计入其他收益的政府补助等。本项目应根据在损益类科目新设置的“其他收益”科目的发生额分析填列。

(12)“营业利润”项目，反映企业实现的营业利润。本项目根据有关计算公式计算填列。如为亏损，应以“-”号填列。

(13)“营业外收入”项目，反映企业发生的营业利润以外的收益，主要包括债务重组利得、与企业日常活动无关的政府补助、盘盈利得、捐赠利得等。本项目应根据“营业外收入”科目的发生额分析填列。

(14)“营业外支出”项目，反映企业发生的营业利润以外的支出，主要包括债务重组损失、公益性捐赠支出、非常损失、盘亏损失、非流动资产毁损报废损失等。本项目应根据“营业外支出”科目的发生额分析填列。

（15）“利润总额”项目，反映企业实现的利润总额。本项目应根据有关计算公式计算填列。如为亏损总额，以“-”号填列。

（16）“所得税费用”项目，反映企业按规定从本期损益中减去的所得税。本项目应根据“所得税费用”账户的发生额分析填列。

（17）“净利润”项目，反映企业实现的净利润。本项目应根据有关计算公式计算填列。如为净亏损，以“-”号填列。

（18）“持续经营净利润”和“终止经营净利润”项目，分别反映净利润中与持续经营相关的净利润和与终止经营相关的净利润。如为净亏损，以“-”号填列。该两个项目应按照《企业会计准则第42号——持有待售的非流动资产、处置组和终止经营》的相关规定分别列报。

（19）“其他综合收益的税后净额”项目，反映企业根据其他会计准则规定未在当期损益中确认的各项利得和损失扣除所得税影响后的净额的合计数。本项目应根据“其他综合收益”账户及其所属的有关账户明细账户的本期发生分析填列。

（20）“综合收益总额”项目，反映企业在某一期间除与所有者以其所有者身份进行的交易之外的其他交易或事项所引起的所有者权益变动。本项目反映企业净利润和其他综合收益税后净额的合计金额。

（21）“基本每股收益”和“稀释每股收益”项目，应根据《企业会计准则第34号——每股收益》的规定计算填列。

“基本每股收益”=归属于普通股股东的当期净利润/当期发行在外普通股的加权平均股数

“稀释每股收益”根据潜在普通股分析填列。

（五）月份报表“本年累计数”栏各项目填列方法

本年累计数指自年初起至本月末止的累计实际发生数。根据上月利润表的“本年累计数”栏的数据，加上本月利润表的“本月数”栏的数据，可以得出各项目本月的“本年累计数”，然后填入相应的项目内。

编制年度利润表时应将“本月数”栏改为“上年数”，填列上年累计实际发生数，与“本年累计数”栏各项目进行比较。如果上年度利润表与本年度利润表的各项目名称和内容不相一致，应按本年度的规定对上年度报表项目的名称和数字进行调整，填入“上年数”栏内。

12月份利润表的“本年累计数”，就是本年度利润表的“本年累计数”，可以直接结转。由于年终结账时，全年的收入和支出已全部转入“本年利润”，并且通过收支对比结出本年净利润的数额，因此，应将年报中“净利润”数据，与“本年利润”结转到“利润分配——未分配利润”的数据相核对，检查报表编制和账簿记录的正确性。

【案例8-3】根据【案例8-2解答】资料

要求：编制华泰股份有限公司2018年12月利润表。

【案例8-3解答】根据利润表编制方法编制华泰股份有限公司2018年12月利润表如下表：

利润表

编制单位：华泰股份有限公司　　　　2018年12月　　　　单位：元

项　　目	行次	本月金额	累计金额
一、营业收入	1	500 000	
减：营业成本	2	300 000	

表(续)

项　　目	行次	本月金额	累计金额
税金及附加	3	800	
销售费用	4	8 000	
管理费用	5	94 840	
财务费用（收益以“-”号填列）	6	16 600	
资产减值损失	7	840	
加：公允价值变动收益（损失以“-”号填列）	8		
投资收益（损失以“-”号填列）	9	12 564	
二、营业利润（损失以“-”号填列）	11	107 484	
加：营业外收入	12		
减：营业外支出	13	7 880	
其中：非流动资产处置损失（净收益以“-”号填列）	14		
三、利润总额（损失以“-”号填列）	15	99 604	
减：所得税费用	16	24 901	
四、净利润（净亏损以“-”号填列）	17	74 703	
五、每股收益	18		
（一）基本每股收益	19		
（二）稀释每股收益	20		

企业负责人　　　　　　　　　　财务负责人　　　　　　　　　　会计

四、所有者权益变动表的编制

（一）所有者权益变动表的概念

所有者权益变动表是反映企业在某一特定日期所有者权益增减变动情况的报表，还包括所有者权益增减变动的重要结构性信息，特别是要反映直接计入所有者权益的利得和损失。所有者权益变动表包括在年度会计报表中，是资产负债表的附表（见下表）。

所有者权益变动表

单位名称：　　　　　　　　　年度　　　　　　　　　　单位：元

	本年金额										上年金额									
	实收资本（或股本）	其他权益工具			资本公积	减库存股	其他综合收益	盈余公积	未分配利润	所有者权益合计	实收资本（或股本）	其他权益工具			资本公积	减库存股	其他综合收益	盈余公积	未分配利润	所有者权益合计
		优先股	永续债	其他								优先股	永续债	其他						
一、上年年末余额																				
加：会计政策变更																				
前期差错更正																				
其他																				
二、本年年初余额																				

表(续)

	本年金额										上年金额									
	实收资本（或股本）	其他权益工具			资本公积	减库存股	其他综合收益	盈余公积	未分配利润	所有者权益合计	实收资本（或股本）	其他权益工具			资本公积	减库存股	其他综合收益	盈余公积	未分配利润	所有者权益合计
		优先股	永续债	其他								优先股	永续债	其他						
三、本年增减变动金额（减少以“-”号填列）																				
（一）净利润																				
（二）其他综合收益																				
（三）所有者投入和减少资本																				
1. 所有者投入的普通股																				
2. 其他权益工具持有者投入资本																				
3. 股份支付计入所有者权益的金额																				
4. 其他																				
（四）利润分配																				
1. 提取盈余公积																				
2. 对所有者（或股东）的分配																				
3. 其他																				
（五）所有者权益内部结转																				
1. 资本公积转增资本（或股本）																				
2. 盈余公积转增资本（或股本）																				
3. 盈余公积弥补亏损																				
4. 其他																				
四、本年年末余额																				

企业负责人　　　　　　　　　　财务负责人　　　　　　　　　　会计

（二）所有者权益变动表的编制方法

本表各项目应当根据当期净利润、直接计入所有者权益的利得和损失项目、所有者投入资本和向所有者权益分配利润、提取盈余公积等情况分析填列。

（三）所有者权益变动表各项目的列报说明

（1）“上年年末余额”项目，反映企业上年资产负债表中实收资本（或股本）、资本公积、盈余公积、未分配利润的年末余额。

（2）“会计政策变更”和“前期差错更正”项目，分别反映企业采用追溯调整法处理的会计政策变更的累计影响金额和采用追溯重述法处理的会计差错更正的累计影响金额。

为了体现会计政策变更和前期差错更正的影响，企业应当在上期期末所有者权益余额的基础上进行调整得出本期期初所有者权益，根据“盈余公积”“利润分配”“以前年度损益调整”等账户的发生额分析填列。

（3）“本年增减变动金额”项目。

①“净利润”项目，反映企业当年实现的净利润（或净亏损）金额，并对应列在“未分配利润”栏。

②“其他综合收益”项目，反映企业当年直接计入所有者权益的利得和损失金额。其中，“可供出售金融资产公允价值变动净额”项目，反映企业持有的可供出售金融资产当年公允价值变动的金额，并对应列在“资本公积”栏；“权益法下被投资单位其他所有者权益变动的影响”项目，反映企业对按照权益法核算的长期股权投资，在被投资单位除当年实现的净损益以外其他所有者权益当年变动中应享有的份额，并对应列在“资本公积”栏；“与计入所有者权益项目相关的所得税影响”项目，反映企业应计入所有者权益项目的当年所得税影响金额，并对应列在“资本公积”栏。

③“所有者投入和减少资本”项目，反映企业当年所有者投入的资本和减少的资本。其中，“所有者投入资本”项目，反映企业接受投资者投入形成的实收资本（或股本）和资本溢价或股本溢价，并对应列在“实收资本”和“资本公积”栏；“股份支付计入所有者权益的金额”项目，反映企业处于等待期中的权益结算的股份支付当年计入资本公积的金额，并对应列在“资本公积”栏。

④“利润分配”下各项目，反映当年对所有者（或股东）分配的利润（或股利）金额和按照规定提取的盈余公积金额，并对应列在“未分配利润”和“盈余公积”栏。其中，“提取盈余公积”项目，反映企业按照规定提取的盈余公积。“对所有者（或股东）的分配”项目，反映对所有者（或股东）分配的利润（或股利）金额。

⑤“所有者权益内部结转”下各项目，反映不影响当年所有者权益总额的所有者权益各组成部分之间当年的增减变动。其中，“资本公积转增资本（或股本）”项目，反映企业以资本公积转增资本或股本的金额。“盈余公积转增资本（或股本）”项目，反映企业以盈余公积转增资本或股本的金额。“盈余公积弥补亏损”项目，反映企业以盈余公积弥补亏损的金额。

（四）上年金额栏的列报方法

所有者权益变动表“上年金额”栏内各项数据，应根据上年度所有者权益变动表“本年金额”栏内所列数据填列。如果上年度所有者权益变动表规定的各个项目的名称和内容同本年度不相一致，应按本年度的规定对上年度所有者权益变动表各项目的名称和数据进行调整，填入所有者权益变动表“上年金额”栏内。

（五）本年金额栏的列报方法

所有者权益变动表“本年金额”栏内各项数据一般应根据“实收资本（或股本）”“资本公积”“盈余公积”“利润分配”“库存股”“以前年度损益调整”等账户的发生额分析填列。

企业的净利润及其分配情况作为所有者权益变动的组成部分，不需要单独设置利润分配表列示。

五、现金流量表的编制

（一）现金流量表的含义

现金流量表是以现金为基础编制的财务状况变动表。它反映公司或企业一定会计期间内有关现金和现金等价物的流入和流出的信息，表明企业获得现金和现金等价物的能力。

（二）编制现金流量表的目的

编制现金流量表是为会计报表使用者提供企业一定会计期间内现金和现金等价物流入和流出的信息，便于报表使用者了解和评价企业获取现金和现金等价物的能力，并据以预测企业未来现金流量。

（三）现金流量表的作用

（1）现金流量可以提供企业的现金流量信息，从而对企业整体财务状况做出客观评价。

（2）现金流量表是在以营运资金为基础编制的财务状况变动表基础上发展起来的，它提供了新的信息。

（3）通过现金流量，不但可以了解企业当前的财务状况，还可以预测企业未来的发展情况。

（四）现金流量表的编制基础

现金流量表是以现金为基础编制的。这里的现金是指企业库存现金、可以随时用于支付的存款及现金等价物。具体包括以下几种：

（1）库存现金。

（2）银行存款。

（3）其他货币资金。这是指企业存在金融机构有特定用途的资金。

（4）现金等价物。这是指企业持有的期限短、流动性高、易于转换为已知金额的现金、价值变动风险很小的短期投资。现金等价物通常指购买在3个月或者更短时间内即到期或即可转换为现金的投资。

（五）现金流量表的编制原理

企业按照收付实现制要求编制现金流量表。

（六）现金流量表的分类

1. 经营活动产生的现金流量

经营活动是指企业投资活动和筹资活动以外的所有交易和事项。各类企业由于行业特点不同，对经营活动的认定存在一定差异。例如，对于工业企业而言，经营活动主要包括销售商品、提供劳务、购买商品、接受劳务、支付税费等。

2. 投资活动产生的现金流量

投资活动是指企业长期资产的购建和不包括在现金等价物范围内的投资及其处置活动。长期资产是指固定资产、无形资产、在建工程、其他资产等持有期限在一年或一个营业周期以上的资产。这里所讲的投资活动，既包括实物资产投资，也包括金融资产投资。这里之所以将“包括在现金等价物范围内的投资”排除在外，是因为已经将包括在现金等价物范围内的投资视同现金。不同企业由于行业特点不同，对投资活动的认定也存在差异。例如，交易性金融资产所产生的现金流量，对于工商业企业而言，属于投资活动现金流量，而对于证券公司而言，属于经营活动现金流量。

3. 筹资活动产生的现金流量

筹资活动是指导致企业资本及债务规模和构成发生变化的活动。这里所说的资本，既包括实收资本（股本），也包括资本溢价（股本溢价）；这里所说的债务，指对外举债，包括向银行借款、发行债券以及偿还债务等。通常情况下，应付账款、应付票据等商业应付款等属于经营活动，不属于筹资活动。

此外，对于企业日常活动之外的、不经常发生的特殊项目，如自然灾害损失、保险赔款、捐赠等，应当归并到相关类别中，并单独反映。比如，对于自然灾害损失和保险赔款，如果能够确认属于流动资产损失，应当列入经营活动产生的现金流量；如果属于固定资产损失，应当列入投资活动产生的现金流量。

4. 汇率变动对现金及现金等价物的影响

汇率变动对现金的影响，指企业外币现金流量及境外子公司的现金流量折算成记账本位币时，所采用的是现金流量发生日的汇率或按照系统合理的方法确定的、与现金流量发生日即期汇率近似的汇率，而现金流量表“现金及现金等价物净增加额”项目中外币现金净增加额是按资产负债表日的即期汇率折算的。这两者的差额即为汇率变动对现金的影响。

在编制现金流量表时，对当期发生的外币业务，也可不必逐笔计算汇率变动对现金的影响，可以通过现金流量表补充资料中“现金及现金等价物净增加额”数额与现金流量表中“经营活动产生的现金流量净额”“投资活动产生的现金流量净额”“筹资活动产生的现金流量净额”三项之和比较，其差额即为“汇率变动对现金的影响额”。

5. 现金流量表补充资料

除现金流量表反映的信息外，企业还应在附注中披露将净利润调节为经营活动现金流量、不涉及现金收支的重大投资和筹资活动、现金及现金等价物净变动情况等信息。

（七）现金流量表的编制方法及程序

1. 直接法和间接法

编制现金流量表时，列报经营活动现金流量的方法有直接法和间接法两种。在直接法下，一般是以利润表中的营业收入为起算点，调节与经营活动有关的项目的增减变动，然后计算出经营活动产生的现金流量。在间接法下，将净利润调节为经营活动现金流量，实际上就是将按权责发生制原则确定的净利润调整为现金净流入，并剔除投资活动和筹资活动对现金流量的影响。

采用直接法编报的现金流量表，便于分析企业经营活动产生的现金流量的来源和用途，预测企业现金流量的未来前景；采用间接法编报现金流量表，便于将净利润与经营活动产生的现金流量净额进行比较，了解净利润与经营活动产生的现金流量差异的原因，从现金流量的角度分析净利润的质量。所以，我国企业会计准则规定企业应当采用直接法编报现金流量表，同时要求在附注中提供以净利润为基础调节到经营活动现金流量的信息。

2. 工作底稿法、T形账户法和分析填列法

在具体编制现金流量表时，可以采用工作底稿法或T形账户法，也可以根据有关账户记录分析填列。

（1）工作底稿法。

采用工作底稿法编制现金流量表，是以工作底稿为手段，以资产负债表和利润表数据为基础，对每一项目进行分析并编制调整分录，从而编制现金流量表。工作底稿法的程序是：第一步，将资产负债表的期初数和期末数过入工作底稿的期初数栏和期末数栏。第二步，对当期业务进行分析并编制调整分录。编制调整分录时，要以利润表项目为基础，从“营业收入”开始，结合资产负债表项目逐一进行分析。在调整分录中，有关现金和现金等价物的事项，并不直接借记或贷记现金，而是分别计入“经营活动产生的现金流量”“投资活动产生的现金流量”“筹资活动产生的现金流量”有关项目，借记表示现金流入，贷记表示现金流出。第三步，将调整分录过入工作底稿中的相应部分。第四步，核对调整分录，借方、贷方合计数均已经相等，资产负债表项目期初数加减调整分录中的借贷金额以后，也等于期末数。第五步，根据工作底稿中的现金流量表项目部分编制正式的现金流量表。

（2）T形账户法。

采用T形账户法编制现金流量表，是以T形账户为手段，以资产负债表和利润表数据为基础，对每一项目进行分析并编制调整分录，从而编制现金流量表。T形账户法的程序是：第一步，为所有的非现金项目（包括资产负债表项目和利润表项目）分别开设T形账

户，并将各自的期末期初变动数过入各该账户。如果项目的期末数大于期初数，则将差额过入和项目余额相同的方向；反之，过入相反的方向。第二步，开设一个大的“现金及现金等价物”T形账户，每边分为经营活动、投资活动和筹资活动三个部分，左边记现金流入，右边记现金流出。与其他账户一样，过入期末期初变动数。第三步，以利润表项目为基础，结合资产负债表分析每一个非现金项目的增减变动，并据此编制调整分录。第四步，将调整分录过入各T形账户，并进行核对。该账户借贷相抵后的余额与原先过入的期末期初变动数应当一致。第五步，根据大的“现金及现金等价物”T形账户编制正式的现金流量表。

（3）分析填列法。

采用直接法具体编制现金流量表时，可以采用工作底稿法或T形账户法。业务简单的，也可以根据有关账户的记录分析填列。

现金流量表格式参见下表。

现金流量表

编制单位：　　　　　　　　　　年　月　　　　　　　　　　单位：元

项　目	本月金额	累计金额
一、经营活动产生的现金流量：		
销售商品、提供劳务收到的现金		
收到的税费返还		
收到的其他与经营活动有关的现金		
经营活动现金流入小计		
购买商品、接受劳务支付的现金		
支付给职工以及为职工支付的现金		
支付的各项税费		
支付的其他与经营活动有关的现金		
经营活动现金流出小计		
经营活动产生的现金流量净额		
二、投资活动产生的现金流量：		
收回投资所收到的现金		
其中：出售子公司所收到的现金		
取得投资收益所收到的现金		
处置固定资产、无形资产和其他长期资产所收回的现金净额		
处置子公司及其他营业单位收到的现金净额		
收到的其他与投资活动有关的现金		
投资活动现金流入小计		
购建固定资产、无形资产和其他长期资产所支付的现金		
投资所支付的现金		
取得子公司及其他营业单位所支付的现金净额		
支付的其他与投资活动有关的现金		

表(续)

项　　目	本月金额	累计金额
投资活动现金流出小计		
投资活动产生的现金流量净额		
三、筹资活动产生的现金流量：		
吸收投资所收到的现金		
取得借款所收到的现金		
收到的其他与筹资活动有关的现金		
筹资活动现金流入小计		
偿还债务所支付的现金		
分配股利、利润或偿付利息所支付的现金		
支付的其他与筹资活动有关的现金		
筹资活动现金流出小计		
筹资活动产生的现金流量净额		

会计主管：　　　　　　　　　　　　　　　　　　　　审核：

由于编制比较复杂，且超过了高职学生的实际操作水平，因此不再举例。

六、财务报表附注的编制（略）

任务四　主管会计岗位核算实训

一、实训目的

通过实训，学生能掌握资产负债表和利润表的编制方法。

二、实训要求

根据实训资料编制天和有限公司2018年12月31日的资产负债表（填列期末数栏）和振华公司2018年12月份的利润表。

三、实训资料

（1）天和有限公司2018年12月31日有关总账和明细账户的余额见下表：

资产账户	借或贷	余额	负债和所有者权益账户	借或贷	余额
库存现金	借	2 100	短期借款	贷	249 800
银行存款	借	803 770	应付票据	贷	19 600
其他货币资金	借	91 560	应付账款	贷	71 400
交易性金融资产	借	114 140	——丙企业	贷	73 000
应收票据	借	20 000	——丁企业	借	1 600
应收账款	借	77 000	预收账款	贷	14 700
——甲公司	借	80 000	——C公司	贷	14 700
——乙公司	贷	3 000	其他应付款	贷	5 000
坏账准备	贷	2 000	应付职工薪酬	贷	7 000
预付账款	借	36 160	应交税费	贷	6 580
——A公司	借	36 000	应付股利	贷	22 434

表(续)

资产账户	借或贷	余额	负债和所有者权益账户	借或贷	余额
——B 公司	借	160			
其他应收款	借	5 510	长期借款	贷	340 000
应收股利	借	3 000	应付债券	贷	63 700
材料采购	借	3 500	其中：一年到期的应付债券	贷	23 000
原材料	借	813 127	长期应付款	贷	165 900
周转材料	借	117 600	实收资本	贷	3 518 830
材料成本差异	贷	32 277	资本公积	贷	110 000
生产成本	借	265 485	盈余公积	贷	48 100
库存商品	借	75 600	利润分配	贷	2 961
存货跌价准备	贷	10 000	——未分配利润	贷	2 961
持有至到期投资	借	174 200	本年利润	贷	30 000
固定资产	借	2 887 800			
累计折旧	贷	1 034 920			
在建工程	借	256 760			
固定资产清理	贷	6 875			
无形资产	借	24 015			
资产合计		4 699 005	负债及所有者权益合计		4 699 005

（2）振华公司适用的所得税税率为 25%。该公司 2018 年 1 月至 11 月各损益类账户的累计发生额和 12 月底转账前各损益类账户的发生额见下表：

账户名称	12 月份发生数		2018 年 12 月发生数	
	借方	贷方	借方	贷方
主营业务收入		208 000		196 000
主营业务成本			140 000	
销售费用			1 000	
税金及附加	132 000		1 500	
其他业务成本	2 000		8 500	
营业外支出	1 000		1 000	
财务费用	7 500		2 000	
管理费用	2 000		4 000	
其他业务收入	3 000	9 000		
营业外收入	3 400	1 000		10 000
投资收益		10 000		
所得税费用				

（3）实训用品如下：

资产负债表

会企 01 表

编制单位：　　　　　　　　　　年　月　日　　　　　　　　　　单位：元

资　　产	期末余额	年初余额	负债和所有者权益（或股东权益）	期末余额	年初余额
流动资产：			流动负债：		
货币资金			短期借款		
交易性金融资产			交易性金融负债		
衍生金融资产			衍生金融负债		
应收票据			应付票据		
应收账款			应付账款		
预付款项			预收款项		
应收利息			应付职工薪酬		
应收股利			应交税费		
其他应收款			应付利息		
存货			应付股利		
持有待售资产			其他应付款		
一年内到期的非流动资产			持有待售负债		
其他流动资产			一年内到期的非流动负债		
流动资产合计			其他流动负债		
非流动资产：			流动负债合计		
可供出售金融资产			非流动负债：		
持有至到期投资			长期借款		
长期应收款			应付债券		
长期股权投资			其中：优先股		
投资性房地产			永续债		
固定资产			长期应付款		
在建工程			专项应付款		
工程物资			预计负债		
固定资产清理			递延收益		
生产性生物资产			递延所得税负债		
油气资产			其他非流动负债		
无形资产			非流动负债合计		
开发支出			负债合计		
商誉			所有者权益（或股东权益）：		
长期待摊费用			实收资本（或股本）		

表(续)

资　　产	期末余额	年初余额	负债和所有者权益（或股东权益）	期末余额	年初余额
递延所得税资产			其他权益工具		
其他非流动资产			其中：优先股		
非流动资产合计			永续债		
			资本公积		
			减：库存股		
			其他综合收益		
			盈余公积		
			未分配利润		
			所有者权益（或股东权益）合计		
资产总计			负债和所有者权益（或股东权益）总计		

利润表

编制单位：　　　　　　　　年　月　　　　　　　　单位：

项　　目	行次	本月金额	累计金额
一、营业收入	1		
减：营业成本	2		
税金及附加	3		
销售费用	4		
管理费用	5		
财务费用（收益以“-”号填列）	6		
资产减值损失	7		
加：公允价值变动收益（损失以“-”号填列）	8		
投资收益（损失以“-”号填列）	9		
其中：对联营企业和对合营企业的投资收益	10		
资产处置收益（亏损以“-”号填列）	11		
其他收益	12		
二、营业利润（损失以“-”号填列）	13		
加：营业外收入	14		
减：营业外支出	15		
三、利润总额（损失以“-”号填列）	16		
减：所得税费用	17		
四、净利润（净亏损以“-”号填列）	18		
（一）持续经营净利润（净亏损以“-”号填列）	19		
（二）终止经营净利润（净亏损以“-”号填列）	20		
五、其他综合收益的税后净额	21		

表(续)

项　　目	行次	本月金额	累计金额
（一）以后不能重分类进损益的其他综合收益	22		
1. 重新计量设定受益计划净负债或净资产的变动	23		
2. 权益法下在被投资单位不能重分类进损益的其他综合收益中享有的份额	24		
……			
（二）以后将重分类进损益的其他综合收益	25		
1. 权益法下在被投资单位以后将重分类进损益的其他综合收益中享有的份额	26		
2. 可供出售金融资产公允价值变动损益	27		
3. 持有至到期投资重分类为可供出售金融资产损益	28		
4. 现金流量套期损益的有效部分	29		
5. 外币财务报表折算差额	30		
……			
六、综合收益总额	31		
七、每股收益	32		
（一）基本每股收益	33		
（二）稀释每股收益	34		

企业负责人　　　　　　　　　　财务负责人　　　　　　　　　　会计

【基本任务训练】

一、单项选择题

1. 资产负债表所依据的基本等式是（　　）。

A. 资产=所有者权益　　　　B. 资产=负债

C. 负债=资产-所有者权益　　　　D. 资产=负债+所有者权益

2. 期末，若“预付账款”账户有贷方余额，应将其计入资产负债表中的项目是（　　）。

A. 预收款项　　　　B. 应收账款

C. 应付账款　　　　D. 其他应付款

3. 资产负债表的“未分配利润”项目，应根据（　　）填列。

A.“本年利润”账户余额

B.“资本公积”账户余额

C.“利润分配”账户余额

D.“本年利润”和“利润分配”账户的余额计算

4. 某企业“应付账款”账户月末贷方余额50 000元，其中，“应付甲公司账款”明细账户贷方余额30 000元，“应付乙公司账款”明细账户贷方余额20 000元。“预付账款”账户贷方余额35 000元，其中，“预付A工厂账款”明细账户贷方余额55 000元，“预付B工厂账款”明细账户借方余额20 000元。则该企业月末资产负债表“应付账款”项目的金额为（　　）。

A. 105 000 元　　B. 85 000 元

C. 50 000 元　　D. 35 000 元

5. 下列各项利润表项目中，不影响营业利润的是（　　）。

A. 投资收益　　B. 公允价值变动损益

C. 资产减值损失　　D. 营业外收入

6. 下列现金流量表项目中，能引起现金流量净额变动的是（　　）。

A. 将现金存入银行　　B. 提取固定资产的折旧

C. 用银行存款 10 万元清偿债务　　D. 用银行存款购买 2 个月到期的债券

7. 下列关于所有者权益变动表的等式，正确的是（　　）。

A. 所有者投入和减少的资本=所有者投入的资本+股份支付计入所有者权益的金额+与计入所有者权益项目相关的所得税影响等

B. 直接计入所有者权益的利得和损失=可供出售金融资产公允价值变动净额+权益法下被投资单位其他所有者权益变动的影响

C. 利润分配=提取盈余公积+对所有者（或股东）的分配等

D. 所有者权益内部结转=盈余公积转增资本（或股本）+盈余公积弥补亏损

8. 处置固定资产的净损益属于（　　）产生的现金流量。

A. 经营活动　　B. 筹资活动

C. 投资活动　　D. 经营活动或投资活动

9. 采用间接法将净利润调节为经营活动现金流量，下列项目中属于调减项目的是（　　）

A. 存货的减少　　B. 递延所得税资产减少

C. 应收账款坏账准备　　D. 经营性应付项目减少

10. 企业披露分部信息时，不包括在分部资产项目中的是（　　）。

A. 经营活动的固定资产　　B. 经营活动的无形资产

C. 经营活动的流动资产　　D. 递延所得税借项

二、多项选择题

1. 下列各项中，属于经营活动产生现金流量的有（　　）。

A. 销售材料取得的收入　　B. 支付的委托加工物资款

C. 处置固定资产取得的净收入　　D. 出租固定资产取得的租金收入

E. 支付给离退休人员的各项费用

2. 下列项目，直接计入所有者权益变动表中所有者权益的利得和损失项目的是（　　）。

A. 可供出售金融资产公允价值变动净额

B. 权益法下被投资单位其他所有者权益变动的影响

C. 与计入所有者权益项目相关的所得税影响

D. 现金流量套期工具公允价值变动净额

E. 股份支付计入所有者权益的金额

3. 财务报表附注的内容包括（　　）。

A. 企业的基本情况　　B. 财务报表的编制基础

C. 遵循企业会计准则的声明　　D. 分部报表

E. 重要会计政策和会计估计

4. 采用间接法编制现金流量表，将净利润调整为经营活动现金流量时，需要调整的项目包括（　　）。

A. 不属于经营活动的收益　　B. 没有实际收到现金的收益
C. 没有实际支付现金的费用　　D. 实际支付的现金
E. 经营性应收项目的增减变动

5. 下列各项，属于编制财务报表的基本原则的是（　　）。
A. 实质重于形式　　B. 权责发生制
C. 持续经营　　D. 抵消原则
E. 重要性和项目列报

三、判断题

1. 企业应当披露重要的会计政策和会计估计，不具有重要性的会计政策和会计估计可以不披露。（　　）

2. 企业出售固定资产收到的现金，属于经营活动产生的现金流量。（　　）

3. 资产负债表反映的是企业某一时点的财务状况及偿债能力，是时点报表。利润表反映的是企业某一时期的经营成果的时期报表。（　　）

4. 销售商品、提供劳务收到的现金=当期销售商品、提供劳务收到的现金+当期收回前期的应收账款和应收票据+当期预收的账款-当期销售退回支付的现金+当期收回前期核销的坏账损失。（　　）

5. 稀释性潜在普通股应当按照其稀释程度从大到小的顺序计入稀释每股收益，直至稀释每股收益达到最小值。（　　）

6. 分部利润（亏损），是指分部收入减去分部费用后的余额。在合并利润表中，分部利润（亏损）应当在调整少数股东损益后确定。（　　）

7. 支付在建工程人员的工资属于筹资活动产生的现金流量。（　　）

8. 所有者权益变动表中，“会计政策变更”“前期差错更正”项目，分别反映企业采用未来适用法处理的会计政策变更的影响金额。（　　）

9. 风险和报酬主要受企业的产品和劳务差异影响的，披露分部信息的主要形式应当是地区分部，次要形式是业务分部。（　　）

10. 现金流量表中，罚款支出、支付的差旅费、业务招待费支出、支付的保险费等应在“经营活动产生的现金流量”项下“支付的各项税费”中反映。（　　）

四、账务处理题

1. 诺雷股份有限公司为增值税一般纳税人，适用的增值税税率为16%、所得税税率为25%。该公司2018年12月1日有关账户的余额如下：

账户名称	借方余额	账户名称	贷方余额
库存现金	3 600	短期借款	550 000
银行存款	2 500 000	应付票据	300 000
其他货币资金	238 000	应付账款	1 205 600
交易性金融资产	25 000	其他应付款	100 000
应收票据	490 000	应付职工薪酬	200 000
应收账款	500 000	应交税费	66 200
坏账准备（全为应收账款计提）	−2 200	应付利息	1 200
预付账款	400 000	长期借款	3 200 000
其他应收款	10 000	其中：一年内到期的非流动负债	2 000 000

表(续)

账户名称	借方余额	账户名称	贷方余额
材料采购	450 000		
原材料	1 000 000		
周转材料	176 000	股本（10 000 000 股，每股面值 1 元）	10 000 000
库存商品	3 359 000	盈余公积	200 000
材料成本差异	73 600	利润分配（未分配利润）	100 000
长期股权投资	500 000		
固定资产	3 000 000		
累计折旧	−800 000		
在建工程	3 000 000		
无形资产	600 000		
长期待摊费用	400 000		
合计	15 923 000	合计	15 923 000

该公司 2018 年 12 月发生如下经济业务：

（1）收到银行通知，以银行存款支付到期商业承兑汇票 100 000 元，增值税已于前期支付。

（2）购入原材料一批，以银行存款支付货款 200 000 元，增值税税额 32 000 元，材料未到。

（3）验收入库前期采购材料一批，货款已付，实际成本 150 000 元，计划成本为 160 000元。

（4）以银行汇票支付材料采购价款 194 800 元，增值税税额 31 168 元，材料已运到并验收入库。收到银行汇票多余款收账通知，转回汇票多余款 12 032 元。该批原材料计划成本为 200 000 元。

（5）赊销产品一批，价款 500 000 元，增值税税额 80 000 元；该批产品实际成本为 260 000元，产品已发出。

（6）购入不需安装的机床一台，以银行存款支付价款 175 000 元，增值税税额 28 000 元，第一次按照 60% 计入进项税额，一年后按照 40% 计入进项税额，运费 2 000 元，增值税进项税额为 200 元（一次全部计入增值税进项税额）。机床已交付使用。

（7）购入工程物资一批，以银行存款支付货款及增值税 348 000 元（增值税分两次计入，第一次计 60%，一年后计 40%）。

（8）一项更新改造工程发生应付职工薪酬 550 000 元。计算应负担的长期借款利息为 220 000元，尚未支付。

（9）一项更新改造工程完工，已办理竣工手续并交付使用，固定资产价值1 500 000元。

（10）基本生产车间报废车床一台，原价 220 000 元，已提折旧 196 000 元，发生清理费用 1 000 元，残值收入 1 500 元，均以银行存款收支。年末该项固定资产已清理完毕。

（11）将要到期的一张面值为 200 000 元的无息银行承兑汇票交银行办理转账，收到银行盖章退回的进账单一联。款项已收妥。

（12）出售不需用设备一台，售价 250 000 元。该设备原价 600 000 元，已提折旧 450 000元。设备已由购买单位运走。

（13）偿还短期借款本金 350 000 元，利息 10 000 元

（14）提取现金 1 000 000 元，准备支付职工工资。

（15）支付职工薪酬，分配应支付的职工工资 500 000 元（不包括更新改造工程应负担的工资），其中，生产人员工资 450 000 元，车间管理人员工资 20 000 元，行政管理部门人员工资 30 000 元。按工资总额的 14%提取福利费（不包括更新改造工程应负担的工资）。

（16）提取本期的借款利息 41 000 元，应计入本期损益，其中，短期借款利息18 000 元，长期借款利息 23 000 元。

（17）基本生产领用原材料，计划成本 1 200 000 元。结转当期领用原材料材料成本差异，材料成本差异率为 4%。

（18）摊销无形资产 60 000 元。

（19）提取固定资产折旧 300 000 元，其中应计入制造费用 180 000 元、管理费用 120 000元。

（20）计算并结转本期完工产品成本 1 963 800 元。无期初在产品，本期生产的产品全部完工入库。

（21）以银行存款支付广告费 20 000 元。

（22）采用商业承兑汇票结算方式销售产品一批，价款 1 000 000 元，增值税税额为 160 000元，收到商业承兑汇票。产品实际成本 550 000 元。

（23）将上述承兑汇票到银行办理贴现，贴现息 70 000 元。

（24）提取现金 50 000 元，支付退休费，退休费未统筹。

（25）本期产品销售应缴纳的教育费附加为 5 000 元。

（26）以银行存款缴纳增值税 160 000 元、教育费附加 5 000 元。

（27）采用应收账款账龄分析法计提坏账准备 1 800 元。

（28）结转各收支账户。

（29）计算并结转应交所得税

（30）按税后净利润的 15%提取法定盈余公积和任意盈余公积。

（31）将利润分配各明细账户余额转入“未分配利润”明细账户，结转本年利润。

要求：

（1）编制上述业务的相关会计分录。

（2）编制诺雷公司 2018 年 12 月 31 日的资产负债表。

2. A 公司为增值税一般纳税人，主营业务包括销售商品和提供劳务，适用的增值税税率为 16%、企业所得税税率为 25%。2018 年 8 月发生如下经济业务：

（1）向 B 公司销售一批商品，价款 80 000 元，商品已发出，增值税专用发票已开具，全部款项已收到并存入银行。该批商品实际成本为 62 000 元。

（2）委托 C 公司销售商品，根据代销协议，该批商品的协议价 100 000 元，C 公司直接从代销商品协议价中扣取 10%作为手续费。该批商品实际成本 58 000 元。月末，收到 C 公司开来的代销清单，已售出代销商品的 30%，同时收到扣除手续费的代销款并存入银行。

（3）与 D 公司签订一项设备维修服务协议，此项服务的劳务款为 585 000 元。月末，A 公司完成该服务，D 公司验收合格，收到劳务款 585 000 元并存入银行。此项服务，A 公司支付维修人员工资 153 000 元。

（4）由于质量问题，收到 E 公司退回的上月购买的商品一批。该批商品售出时已确认收入，款项尚未收取。月末，商品已存入仓库，已办妥退货手续并开具红字增值税专用发票。该批商品的销售价格为 50 000 元，实际成本 35 000 元。

（5）与 F 公司签订一项设备安装合同，合同规定设备的安装期为两个月，总安装价款

为50 000元，分两次收取，本月收取20 000元，剩余款项于工程完工时收取。月末收到第一笔价款并存入银行。支付安装人员工资15 000元。

要求：

（1）根据上述资料，编制A公司相关会计分录。

（2）编制A公司2018年8月份利润表。

A公司8月发生的其他经济业务的账户余额如下：

单位：万元

账户名称	借方余额	贷方余额
其他业务收入		1
其他业务成本	1.5	
投资收益		2.3
营业外收入		27
营业外支出	33	
税金及附加	12	
管理费用	6	
财务费用	2	

【案例分析训练】

中实股份有限公司为工业企业，该公司2018年有关资料如下：

（1）资产、负债类部分账户年初、年末余额和本年发生额如下：

单位：万元

资　　产	年初余额		本年发生额		年末余额	
	借方	贷方	借方	贷方	借方	贷方
交易性金融资产	100		300	400	200	
应收票据	300			300		
应收账款（总）	500		3 000	2 800	700	
——甲公司	600		2 500	2 200	900	
——乙公司		100	500	600		200
坏账准备		6		3		9
应收股利			10	10		
原材料	300		2 000	2 200	100	
制造费用			800	800		
生产成本	100		4 000	3 800	300	
库存商品	200		3 800	3 500	500	
固定资产	5 000		400	1 000	4 400	
累计折旧		2 000	800	200		1 400

表(续)

资　　产	年初余额		本年发生额		年末余额	
	借方	贷方	借方	贷方	借方	贷方
在建工程	1 000		300		1 300	
短期借款			200	250		50
长期借款		1 000				1 000
应付账款（总）		300	1 300	1 200		200
——丙公司		500	1 200	1 000		300
——丁公司	200		100	200	100	
应付职工薪酬		30	1 160	1 200		70
应交税费（总）		55	1 319. 3	1 325. 3		60
——应交增值税			850	850		
——未交增值税		30	180	200		50
——应交其他税金		25	289. 3	275. 3		11

（2）损益类部分账户本年发生额如下：

单位：万元

账户名称	借方发生额	贷方发生额
营业收入		5 000
营业成本	3 500	
税金及附加	51	
销售费用	300	
管理费用	500	
财务费用	25	
投资收益		30
营业外支出	20	
所得税费用	198	

（3）其他有关资料如下：

①交易性金融资产的取得及出售均以现金结算，且交易性金融资产不属于现金等价物。

②“制造费用”及“生产成本”账户借方发生额含工资及福利费 1 000 万元、折旧费 180 万元，不含其他摊入的费用。

③“固定资产”账户借方发生额为现金购入的固定资产 400 万元，“在建工程”账户借方发生额含用现金支付的资本化利息费用 30 万元，以及用现金支付的出包工程款 270 万元。

④应付职工薪酬为生产经营人员的工资及福利费。

⑤“应交税费——应交增值税”账户借方发生额含增值税进项税额 340 万元、已交税金 310 万元、转出未交增值税 200 万元，贷方发生额为销售商品发生的销项税额 850 万元；“应交税费——未交增值税”账户借方发生额为缴纳的增值税 180 万元。

⑥“销售费用”及“管理费用”账户借方发生额含工资及福利费200万元、离退休人员费80万元、计提坏账准备3万元、折旧费20万元、房产税和印花税30万元以及用现金支付的其他费用467万元。

⑦“财务费用”账户借方发生额含票据贴现利息5万元以及用现金支付的其他利息。

⑧“投资收益”账户贷方发生额含出售股票获得的投资收益20万元以及收到的现金股利。

⑨“营业外支出”账户借方发生额为出售固定资产发生的净损失20万元（出售固定资产原价1 000万元、累计折旧800万元，支付的清理费用30万元，收到的价款210万元）。

⑩假定该公司本期未发生其他交易或事项。

要求：

（1）分析填列该公司资产负债表所列示项目的年初数和年末数。

资产负债表（部分项目）

编制单位：中实股份有限公司　　2018年12月31日　　单位：万元

资　　产	年初数	年末数	负债和所有者权益	年初数	年末数
应收账款			应付账款		
预付款项			预收款项		
存货					

（2）分析填列该公司现金流量表所列示项目的金额。

现金流量表（部分项目）

编制单位：中实股份有限公司　　2018年12月31日　　单位：万元

项　　目	计算过程	金　　额
销售商品、提供劳务收到的现金		
购买商品、接受劳务支付的现金		
支付给职工以及为职工支付的现金		
支付的各项税费		
支付其他与经营活动有关的现金		
收回投资收到的现金		
取得投资收益收到的现金		
处置固定资产收到的现金净额		
购建固定资产支付的现金		
投资支付的现金		
取得借款收到的现金		
偿还债务支付的现金		
偿还利息支付的现金		

【项目小结】

本项目主要工作任务包括会计主管稽核和财务报告编制两项主要任务。稽核是稽查和复核的简称。内部稽核制度是内部控制制度的重要组成部分。会计稽核是会计机构本身对于会计核算工作进行的一种自我检查或审核工作，包括原始凭证稽核、记账凭证稽核、会计账簿稽核和财务报告稽核等。进行会计稽核是为了保证财务报告信息的准确性。财务报告是反映企业财务状况和经营成果的书面文件，包括资产负债表、利润表、现金流量表、所有者权益变动表（新的会计准则要求在年报中披露）、附表及会计报表附注和财务情况说明书。编制和提供财务报告有利于财务报告使用者全面、正确地理解财务报告信息，做出正确的决策。

【关键概念】

会计稽核　财务报告　资产负债表　利润表　现金流量　现金流入量　现金流出量　现金净流量　报表附注　收付实现制

参考文献

[1] 中华人民共和国财政部. 企业会计准则 2006 [M]. 北京：经济科学出版社，2006.

[2] 中华人民共和国财政部. 企业会计准则应用指南 [M]. 北京：中国时代经济出版社，2006.

[3] 梁建民. 财务会计实务 [M]. 北京：北京交通大学出版社，2010.

[4] 林秀琴. 财务会计 [M]. 北京：北京交通大学出版社，2011.

[5] 陈德萍. 财务会计 [M]. 8 版. 大连：东北财经大学出版社，2016.